City of Kitakyushu

北九州市

Clinic

JN046867

CITY OF KITAKYUSHU CONTENTS

| 基本情報 | 歩き方の使い方 | 6 |
| | ジェネラルインフォメーション | 8 |

12 北九州市早わかりナビ
13 各区の魅力
20 北九州市観光カレンダー
22 北九州市イベントカレンダー
24 北九州市でしたいこと10
26 1泊2日＆日帰りモデルプラン

33 巻頭特集 テーマで楽しむ北九州市

34 北九州市の夜景
巻頭特集1

定番夜景スポット ———————————— 34
必見！観光スポットの夜景・工場夜景 ——— 36
各地のイルミネーションイベント ————— 38

40 門司港レトロの歩き方
巻頭特集2

THE RAMPAGEの藤原樹さんがナビゲート ——— 40
ディープな門司港を散策 ——————————— 44
ひと足延ばして！まだまだ見ておきたい
門司港エリアをチェック ——————————— 46

48 ここがすごいョ！ 北九州市
巻頭特集3

52 日本近代化の歴史を刻んだ
巻頭特集4 北九州市

54 「ものづくりの町」を
巻頭特集5 とことん知りたい！

60 北九州発祥グルメ
巻頭特集6

八幡×鉄なべぎょうざ ——————————— 60
小倉×焼うどん ————————————————— 62
門司×焼きカレー ———————————————— 64

66 巻頭特集7 プロスポーツを応援

市民スポーツもCheck！ ………………………… 69

70 巻頭特集8 小倉城を遊び尽くす！

74 巻頭特集9 日本発のポップカルチャー
九州随一の発信地

あらゆるポップカルチャーの発信地
あるあるCity ……………………………………… 76
北九州市漫画ミュージアム …………………… 78
北九州、アニメ・漫画聖地巡礼 ……………… 80

82 巻頭特集10 旦過市場の過去・現在・未来

86 巻頭特集11 アーバンアウトドアのすすめ

日本3大カルスト平尾台を探検 ……………… 86
自然と触れ合う市民のオアシス ……………… 88
自然のなかで動物たちと戯れる ……………… 90
旅先で感動の釣り体験を！ …………………… 91
花＆絶景スポット ……………………………… 92

94 巻頭特集12 ミュージアムへいこう！

100 巻頭特集13 公営競技場で遊ぼう！

104 巻頭特集14 「映画の街・北九州」で聖地巡礼

「映画の街」のロケグルメ ……………………… 108

110 巻頭特集15 エコツアーが人気！

113 | 第1章　交通ガイド

市内へのアクセス･････････ 114
鉄道･･･････････････････ 115
北九州モノレール･･･････ 116
観光列車／ケーブルカー･･ 118
小倉駅の歩き方･････････ 119
バス･････････････････ 120
お得で便利なきっぷ情報･･ 122
渡船････････････････ 124
観光クルーズ／タクシー･･ 125
レンタカー／カーシェア･･ 126
シェアサイクル･･････････ 128
交通にまつわる重要文化財 129

131 | 第2章　エリアガイド

132 | エリアナビ
門司区

特命大使のわが町自慢／
ロバート 秋山竜次・馬場裕之･･･ 133

152 | エリアナビ
小倉北区

特命大使のわが町自慢／町田そのこ 153

176 | エリアナビ
小倉南区

特命大使のわが町自慢／原口あきまさ
･････････････････････ 177

192 | エリアナビ
若松区

特命大使のわが町自慢／日野真一郎
･････････････････････ 193

210 | エリアナビ
八幡東区

特命大使のわが町自慢／山田章仁
･････････････････････ 211

222 | エリアナビ
八幡西区

特命大使のわが町自慢／今永昇太
･････････････････････ 223

234 | エリアナビ
戸畑区

特命大使のわが町自慢／早田ひな
･････････････････････ 235

245 | 第3章　歴史と文化

年表で見る北九州の歴史･･････ 246
北九州の歴史を支えた偉人たち
･････････････････････ 254
北九州市の祭り＆イベント･･ 256
北九州市にゆかりの深い文人たち
･････････････････････ 262
『雲のうえ』がおもしろい！･･ 266
ド派手成人式の秘密に迫る･･ 268
北九州芸術劇場の魅力･･････ 270
北九州弁講座･･････････ 272

275 | 第4章 グルメ

北九州のローカルグルメ………276
うどん／チャンポン／折尾かしわめし／
北九州ラーメン
"北九州前"の寿司をいただきます！
………284
リーズナブルに楽しめる寿司店……286
海の幸てんこ盛りの海鮮丼………288
関門ふぐを味わう………290
地元民に愛されるベーカリー………292
地元で愛される喫茶店＆カフェ……294
角打ちに潜入………298
小倉のオーセンティックバーを巡る
………300

301 | 第5章 ショッピング

北九州市自慢のおみやげ………302
伝統工芸とご当地雑貨………308
復元・再生され進化する小倉織…310
お買い物クルーズ………311
地元スーパーへ行ってみよう！…315
北九州の食材と旬………316

索引 INDEX………356

321 | 第6章 宿泊

プレミアムなホテル7選………322
民泊・ゲストハウス………326
リーズナブルにステイ………330
グランピング＆キャンプ場………332

335 | 第7章 旅の準備と技術

旅のプランニング………336
北九州市への道………338
北九州市へのアクセス早わかり…340
旅の予算………342
旅のシーズン………344
旅の情報収集………346
便利なサービス………349
旅の安全情報とトラブル対策……350
習慣とマナー………352

取り外して
持ち歩ける
北九州市
別冊マップ

エリアガイドの見方

人口の数値は北九州市ホームページより（2023年10月1日現在）、面積は国土交通省国土地理院公表（2023年1月現在）のデータです。

レトロな街並みと歴史が残る九州の玄関口

門司区
（もじく）

人口▶ 8万9822人（2023年10月1日）
面積▶ 73.66km²

門司港レトロは県内随一の観光スポット。たくさんの人でにぎわう

本誌で紹介した物件に行くときに利用する各区内の駅を紹介しています。

🚉 エリア利用駅
門司港駅
門司駅
小森江駅
JR 鹿児島本線

門司区への行き方

北九州空港 ▶ 北九州エアポートバス 所要40分（710円）▶ 小倉駅 ▶ JR鹿児島本線 所要15分（280円）▶ 門司港駅

小倉駅 ▶ JR鹿児島本線 所要15分（280円）▶ 門司港駅

原則として北九州空港または小倉駅からバスや鉄道、モノレールを利用した場合のアクセス手段とおよその所要時間、金額を示しています。アクセス手段や所要時間はさまざまなので、あくまでも一例としてご利用ください。

🏛 観光案内所

● 門司港駅観光案内所
MAP 別冊 P.22-A3
住 北九州市門司区西海岸 1-5-31
JR門司港駅1階
営 9:00〜18:00
休 無休

各区にある観光案内所を紹介しています。観光案内所がない区もあります。

九州の最北部に位置し、「九州の玄関口」として栄えてきた門司区。明治22（1889）年に門司港が国の特別輸出港に指定され、鉄道が敷設されたことで、筑豊の石炭の輸出港として発展し始めた。その後、セメント会社、製糖会社などが事業所を構え、製品輸出・原料輸入の拠点となったことから日本有数の貿易港に。当時の繁栄を映し出す大正ロマン漂う歴史的建造物が数多く残る町並みは、「門司港レトロ」として年間200万人以上が訪れる観光地となった。小倉と門司港の中間地点である大里地区は、門司赤煉瓦プレイス、商業施設、住宅地、公園などの整備が進み、住宅地としても人気のエリアに。周防灘に面した新門司地区は物流拠点になっていて、東部には史跡が豊富に残されている。

132 info 三方を海で囲まれた門司区は、大正ロマン漂う門司港地区、「大里赤煉瓦タウン」の愛称で親しまれる大里地区、日本有数の物流拠点である新門司地区に分かれる。

本文で紹介できなかった補足情報やクチコミなどを記載しています。

データ欄の記号

MAP 別冊 P.5-A1
別冊地図上の位置を表示

住 住所
電 電話番号
料 料金（税込み）
P 駐車場の有無

営開 営業時間または開館時間。24時間出入り自由な場所は（見学自由）（入園自由）などと記載
休 定休日
決まった定休日がない場合は不定休。年末年始やお盆、臨時の休日については基本記載していません。

交 鉄道やバスなど、公共交通機関を利用する場合の最寄り駅と駅からのおよその所要時間。駅から徒歩20分以上かかる物件については駅から車を使った場合の時間
IN チェックインの時間
OUT チェックアウトの時間
客 客室数
URL URL（http://、https://は省略）

6

地図の記号

本書掲載物件

⭐	体験
🍴	見どころ
🍴	グルメ
🛍	ショップ
🏨	ホテル
🚏	道の駅
P.000	掲載ページ

コンビニエンスストア

🅇	セブン-イレブン
🔲	ファミリーマート
🅛	ローソン

ファストフード・カフェ

Ⓜ	マクドナルド
🄳	ドトール

鉄道

━━━━	新幹線
━━━	JR線
━━━	私鉄線
○──○	ロープウエイ

道路

▦▦▦	高速・有料道路
🛣51	国道
24	県道・一般道

記号

◎	県庁
◎	市区役所・町役場
🏨	宿泊施設
⊗	学校
卍	寺
⛩	神社
✈	空港
⊤	郵便局
⊗	警察署／交番
⊗	消防署
§	銀行
⊕	病院
▲	山頂
🚦	信号
🅿	ガソリンスタンド

年号について

本書では原則的に年号表記を和暦（西暦）年としています。一部、令和以降の年号については西暦のみを記載しているものもあります。

■本書の特徴

本書は、日帰り旅行から滞在型の旅まで、北九州市をじっくり楽しみたい方のためのガイドブックです。旅行者の方はもちろん、市民の方にも北九州市の新たな魅力を発見していただけるよう情報を充実させるとともに、できるだけ使いやすいものを心がけて作りました。

■掲載情報のご利用に当たって

編集部では、できるだけ最新で正確な情報を掲載するように努めていますが、現地の規則や手続きなどがしばしば変更されたり、またその解釈に相違が生じたりすることもあります。このような理由に基づく場合、または弊社に重大な過失がない場合は、本書を利用して生じた損失や不都合などについて、弊社は責任を負いかねますのでご了承ください。また、本書をお使いいただく際は、掲載されている情報やアドバイスがご自身の状況や立場に適しているか、すべてご自身の責任で判断のうえご利用ください。

■取材および調査期間

この本は2023年5～10月の取材をもとに編集されています。記載の住所、料金などのデータは基本的にこの時点のものです。料金については原則として税込みで表示。入場料などは一般料金のみを表示、子供や学生料金などは省略しています。定休日についてはゴールデンウイーク、お盆休み、年末年始を省略しています。ホテルのチェックイン、チェックアウトについては基本的なプランの時間を記載しています。プランやお部屋のタイプによって時間が異なる場合があります。
※福岡県は宿泊税が別途1名1泊当たり200円がかかります。

また、時間の経過とともにデータの変更が生じることが予想されるとともに、新型コロナウイルス感染症拡大防止のため、営業時間等の変更や臨時休業などが実施される可能性があります。そのことをお含みおきのうえ、事前に最新の情報を入手されることをおすすめします。

■発行後の情報の更新と訂正、旅のサポート情報について

発行後に変更された掲載情報や訂正箇所は、『地球の歩き方』ホームページ「更新・訂正情報」で可能なかぎり案内しています（ホテル、レストランにおける料金の変更などは除く）。また、「サポート情報」もご旅行の前にお役立てください。

🔗www.arukikata.co.jp/travel-support

❖ 市章

周囲の5つの花びらは、合併による旧5市の一体化を表したもの。中央は北九州の"北"、九州の"九"および"大"の字を表している。また星型に図案化されているのは、歯車で工業を、放射形で市の発展を表現。

❖ 北九州市歌

北九州市歌は、北九州市制発足時（昭和38（1963）年）に、まちづくりのシンボルとして作成された。歌詞は全国からの一般公募によるもので、約4000件の応募のなかから、小倉区在住（当時）の平尾一男氏の作品が選ばれ、東京藝術大学の教官であった長谷川良夫氏が作曲を担当。

❖ 市の花
つつじとひまわり

昭和57（1982）年に市制20周年を記念し、市民からの応募をもとに制定された。「つつじ」は、公園や街路などの緑化に多く用いられ、太陽の方向を向いて花を咲かせる「ひまわり」は、活力とダイナミックさを感じさせる。どちらも市民に親しまれている。

❖ 市のシンボルツリー
いちいがし

古来から北九州市域に自生していた「いちいがし」の森は、人々の暮らしが豊かになるにつれて失われていった。失われていった自然があることを忘れずに、市民が自然とのつながりを考えて行動ができるよう願いを込めて昭和49（1974）年に「いちいがし」がシンボルツリーに指定された。

❖ 市役所所在地

小倉北区

❖ 北九州市の面積

492.5平方キロメートル
※国土交通省国土地理院公表
※2023年1月現在

❖ 北九州市の人口

総数：91万6241人
男：43万2717人
女：48万3524人
※北九州市ホームページより
※2023年10月1日現在　推計人口

❖ 日本の人口

1億2434万人
※総務省統計局人口推計
※2023年10月1日現在（概算値）

❖ 北九州市長

武内和久
※2023年12月1日現在
市長の任期は4年で、北九州市全域からひとりを選出するための北九州市長選が行われ、市民の投票によって決まる。

❖ 北九州市の予算

2023年度の当初予算額
一般会計：6092億円
特別会計：4212億円
※北九州市ホームページより

北九州市の構成

❖ **北九州市の7つの区ごとにご紹介**

● **門司区**
区役所所在地：北九州市門司区清滝1-1-1

● **小倉北区**
区役所所在地：北九州市小倉北区大手町1-1

● **小倉南区**
区役所所在地：北九州市小倉南区若園5-1-2

● **若松区**
区役所所在地：北九州市若松区浜町1-1-1

● **八幡東区**
区役所所在地：北九州市八幡東区中央1-1-1

● **八幡西区**
区役所所在地：北九州市八幡西区黒崎3-15-3

● **戸畑区**
区役所所在地：北九州市戸畑区千防1-1-1

❖ **各区の面積**

● **門司区**
73.66平方キロメートル

● **小倉北区**
39.23平方キロメートル

● **小倉南区**
171.51平方キロメートル

● **若松区**
72.09平方キロメートル

● **八幡東区**
36.26平方キロメートル

● **八幡西区**
83.13平方キロメートル

● **戸畑区**
16.61平方キロメートル

❖ **各区の人口**

● **門司区**
総数：8万9822人
男：4万1242人
女：4万8580人

● **小倉北区**
総数：18万39人
男：8万4446人
女：9万5593人

● **小倉南区**
総数：20万5006人
男：9万7461人
女：10万7545人

● **若松区**
総数：7万8462人
男：3万7522人
女：4万940人

● **八幡東区**
総数：6万2624人
男：2万9627人
女：3万2997人

● **八幡西区**
総数：24万4585人
男：11万5319人
女：12万9266人

● **戸畑区**
総数：5万5703人
男：2万7100人
女：2万8603人

※2023年10月1日現在（推計人口）
※北九州市ホームページより

❖ **北九州市が誕生した日**

2月10日	昭和38（1963）年2月10日に旧5市合併により北九州市が誕生して2023年で市制60周年、人の年齢でいうと「還暦」を迎えた。節目の年には、これからの未来を創造し、今後一層の発展につなげるため「みらいつなぐ北九州」をキャッチフレーズに周年事業が実施された。

❖ **国民の祝日**

元日　1月1日	年のはじめを祝う。
成人の日　1月の第2月曜日	おとなになったことを自覚し、みずから生き抜こうとする青年を祝いはげます。
建国記念の日　2月11日	建国をしのび、国を愛する心を養う。
天皇誕生日　2月23日	天皇の誕生日を祝う。
春分の日　3月20または21日	自然をたたえ、生物をいつくしむ。
昭和の日　4月29日	激動の日々を経て、復興を遂げた昭和の時代を顧み、国の将来に思いをいたす。
憲法記念日　5月3日	日本国憲法の施行を記念し、国の成長を期する。
みどりの日　5月4日	自然に親しむとともにその恩恵に感謝し、豊かな心をはぐくむ。
こどもの日　5月5日	こどもの人格を重んじ、こどもの幸福をはかるとともに、母に感謝する。
海の日　7月の第3月曜日	海の恩恵に感謝するとともに、海洋国日本の繁栄を願う。
山の日　8月11日	山に親しむ機会を得て、山の恩恵に感謝する。
敬老の日　9月の第3月曜日	多年にわたり社会につくしてきた老人を敬愛し、長寿を祝う。
秋分の日　9月22または23日	祖先をうやまい、なくなった人々をしのぶ。
スポーツの日　10月の第2月曜日	スポーツを楽しみ、他者を尊重する精神を培うとともに、健康で活力ある社会の実現を願う。
文化の日　11月3日	自由と平和を愛し、文化をすすめる。
勤労感謝の日　11月23日	勤労をたっとび、生産を祝い、国民たがいに感謝しあう。

・「国民の祝日」は、休日とする。
・「国民の祝日」が日曜日に当たるときは、その日後においてその日に最も近い「国民の祝日」でない日を休日とする。
・その前日及び翌日が「国民の祝日」である日（「国民の祝日」でない日に限る。）は、休日とする。
※内閣府ホームページより

おもな地方都市からの移動時間

▶ 北九州へのアクセス
早わかり
→P.340

❖ **飛行機（北九州空港へ）**
東京　約1時間50分

❖ **長距離バス（各地から小倉へ）**
東京八重洲　13時間20分
大阪難波　9時間10分
広島駅南口　3時間20分

❖ **新幹線（各駅から小倉駅へ）**
東京駅　4時間35〜46分
名古屋駅　3時間2分
新大阪駅　2時間11〜13分
広島駅　45〜50分
博多駅　15〜17分

連絡橋によって陸地と結ばれた北九州空港

モノレールも発着する小倉駅

北九州市は九州の最北端に位置し、北部は日本海、東部は瀬戸内海に面しているため、日本海気候と瀬戸内海気候が混ざった比較的温暖な気候。季節風の影響を受けやすく、冬は西からの風が強く、春から秋にかけては南からの風が強く吹く。北部は日本海特有の冬の風の影響を受けるが、北部瀬戸内海側は平穏な海域となる。春先は関門海峡で濃い霧が発生することも。梅雨明け後は太平洋高気圧に覆われ、晴れて猛暑となり、最高気温35度以上の日が増え、台風が通過することもある。冬型の気圧配置になると曇った日が多く、雪が降ることもある。春・秋が過ごしやすい。

北九州市の気温／降水量

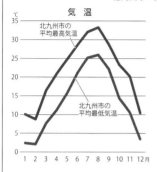

気温

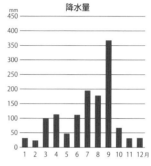

降水量

※2022年八幡における気温と降水量。気象庁気象統計情報より

▶ 安全情報
→P.350

夜の繁華街や祭り、大規模イベントなど、多くの人が集中する時期やエリアでは、トラブルに巻き込まれないように気をつけよう。また、北九州市でも台風やゲリラ豪雨などの自然災害による被害が発生している。公共交通機関の計画運休が実施されることがあるので、気象情報をチェックしよう。そのほか地震による被害も想定されるエリアなので地震が起きたときの行動を確認しておこう。

●**福岡県警察　北九州市警察部機動警察隊**
☎093-583-1110

▶ 習慣とマナー
→P.352

❖ **喫煙**

受動喫煙防止対策として、原則屋内はすべて禁煙となっている。たばこは喫煙専用室でのみ、加熱式たばこも専用喫煙室での喫煙となる。喫煙室には標識の掲示が義務付けられていて、飲食店の全部または一部を喫煙可能とする場合、市への届出が必要。喫煙可能な場所には20歳未満の未成年者は立ち入ることができない。

また、北九州市公共の場所における喫煙の防止に関する条例に基づき、迷惑行為防止重点地区（小倉都心地区および黒崎副都心地区）内の公共の場所における喫煙を禁止しており、違反者は過料1000円が科される。

❖ **運転マナー**

JAFの交通マナーが悪いと思う都道府県アンケートで、常に上位にランクインしている福岡県において、福岡や筑豊ナンバーに比べると北九州ナンバーはマナーがいいという人も多い。もちろん、マナーの悪いドライバーもいるので十分な注意が必要だ。また都部はバスなどを含めて交通量が多いので運転は慎重に。

❖ **写真撮影**

スマホやデジタルカメラでも、市内の観光スポットは撮影そのものや自撮り棒での撮影を規制しているところがある。また、店舗で撮影する場合もお店の人に声をかけてから撮影するようにしたい。

北九州市早わかりナビ

7区の概要をチェック!

5市対等合併によってできた北九州市はどんな地域なのか、どのような特徴があるのか、まずは基礎知識をしっかり頭に入れて、お出かけプランを練ってみよう。

エリアナビ P.234 戸畑区

北側エリアの約45%を日本製鉄株式会社九州製鉄所が占める工業地域。戸畑を代表するのが、ユネスコ無形文化遺産にも登録された「戸畑祇園大山笠」。金糸銀糸の刺繍を施した昼の幟山笠が夜には12段309個の提灯に彩られた提灯山に変わり、どちらも圧巻。また、約1400年前の古墳が発見された歴史の古いエリアでもある。

エリアナビ P.152 小倉北区

市のほぼ中央部に位置する小倉北区。江戸時代には細川藩、小笠原藩の城下町として、明治以降は鉄道の発達により商業、金融、情報などの機能が集まる市の中心として発展してきた。繁華街やオフィス街が広がり、昼夜を問わず多くの人でにぎわっている。文化人や芸術家を多く輩出しており、その足跡をたどる楽しみもある。

エリアナビ P.132 門司区

北九州市の北端にあり、関門海峡を挟んで本州と向かい合う町。海上交通の要衝として発展した歴史があり、かつての文化的な建築物や施設が残るレトロな街並みは、他県や海外からたくさんの人が集まる九州きっての観光スポットとなっている。また、三方を海に囲まれ、ふぐなど海鮮系グルメも充実している。

エリアナビ P.192 若松区

かつて石炭の積出港として栄えた港町、北九州市のエコタウン事業の拠点としての産業振興エリア、海水浴場のある美しい北部の海岸線、平地に広がるのどかな田園風景など、いくつもの異なる顔をもつ若松区。日本有数の漁場に恵まれ、海産物、農産物ともに食材が豊富。知れば知るほどおもしろいエリアだ。

エリアナビ P.222 八幡西区

北九州市の中で最も人口の多い区。中心市街地は黒崎駅周辺で、江戸時代には長崎街道の宿場町としても栄えた。また、折尾地区は、大学や高校などが集中する学研都市として発展している。南側は藤の名所やホタルの飛翔地や森林浴を楽しむ貯水池など、豊かな自然にも恵まれている。

エリアナビ P.210 八幡東区

日本の近代化に貢献してきた工業地域として知られる八幡東区。その一方、SNSで話題の河内藤園など豊かな自然もある。また、日本新三大夜景が見られる皿倉山、ミュージアムや大型ショッピングモールなど、ファミリーやデート向けの観光スポットもコンパクトにまとまっていて一日中楽しめる。

エリアナビ P.176 小倉南区

北九州市全体の面積の約35%を占め、7区の中で最も面積が広い。東部は海に面し、南部には日本有数のカルスト台地「平尾台」が広がる。多彩で豊かな自然に恵まれていることから、古くから農業が盛んに行われている。また、恵まれた環境のもと住宅地やマンションも多く、ベッドタウンとして人気が高い。

海峡と歴史ロマンあふれる

門司区

小倉北区

城下町としての歴史をもつ市の中核

小倉南区

豊かな自然を誇る

若松区
美しい海岸とエコタウン事業の町

日本の近代化を導いてきた
八幡東区

八幡西区

歴史と自然が融合する副都心

祭りを受け継ぐ文教の町
戸畑区

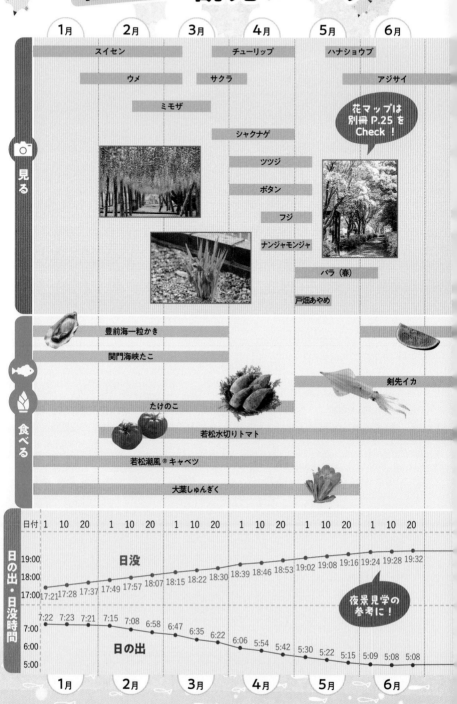

北九州市 観光カレンダー

| | 1月 | 2月 | 3月 | 4月 | 5月 | 6月 |

見る

- スイセン
- チューリップ
- ハナショウブ
- ウメ
- サクラ
- アジサイ
- ミモザ
- シャクナゲ
- ツツジ
- ボタン
- フジ
- ナンジャモンジャ
- バラ（春）
- 戸畑あやめ

花マップは
別冊 P.25 を
Check！

食べる

- 豊前海一粒かき
- 関門海峡たこ
- 剣先イカ
- たけのこ
- 若松水切りトマト
- 若松潮風®キャベツ
- 大葉しゅんぎく

日の出・日没時間

| 日付 | 1 | 10 | 20 | 1 | 10 | 20 | 1 | 10 | 20 | 1 | 10 | 20 | 1 | 10 | 20 | 1 | 10 | 20 |

日没

17:21　17:28　17:37　17:49　17:57　18:07　18:15　18:22　18:30　18:39　18:46　18:53　19:02　19:08　19:16　19:24　19:28　19:32

日の出

7:22　7:23　7:21　7:15　7:08　6:58　6:47　6:35　6:22　6:06　5:54　5:42　5:30　5:22　5:15　5:09　5:08　5:08

夜景見学の
参考に！

| 1月 | 2月 | 3月 | 4月 | 5月 | 6月 |

あの花を見るならいつ？ 冬においしい食材は？ など、旬の目安をご紹介。
その時々の天候や気候などによって、時期が前後することも多いので行く前に現地に確認を。

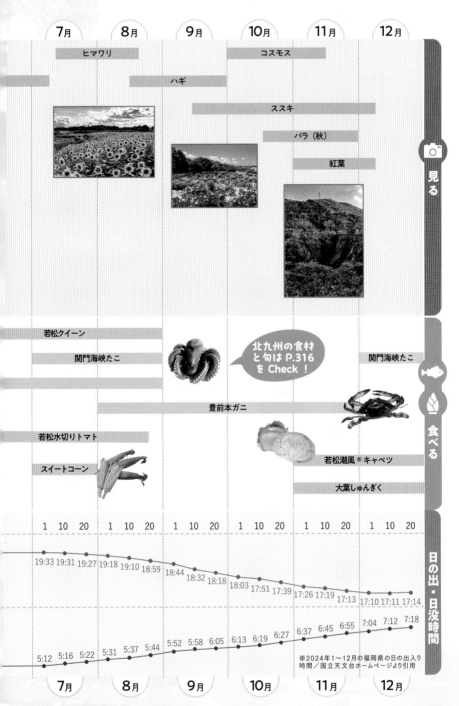

| | 7月 | 8月 | 9月 | 10月 | 11月 | 12月 |

見る

ヒマワリ

コスモス

ハギ

ススキ

バラ（秋）

紅葉

食べる

若松クイーン

関門海峡たこ

関門海峡たこ

北九州の食材
と旬は P.316
を Check ！

豊前本ガニ

若松水切りトマト

若松潮風® キャベツ

スイートコーン

大葉しゅんぎく

日の出・日没時間

| | 1 | 10 | 20 | 1 | 10 | 20 | 1 | 10 | 20 | 1 | 10 | 20 | 1 | 10 | 20 | 1 | 10 | 20 |

19:33 19:31 19:27 19:18 19:10 18:59 18:44 18:32 18:18 18:03 17:51 17:39 17:26 17:19 17:13 17:10 17:11 17:14

5:12 5:16 5:22 5:31 5:37 5:44 5:52 5:58 6:05 6:13 6:19 6:27 6:37 6:45 6:55 7:04 7:12 7:18

※2024年1〜12月の福岡県の日の出入り
時間／国立天文台ホームページより引用

7月　8月　9月　10月　11月　12月

21

北九州市 イベントカレンダー

	1月	2月	3月	4月	5月	6月

上旬

小倉十日ゑびす祭 宝恵かご道中（小倉北区）
芸者姿の「ミス十日ゑびす」が町を練り歩き、福を呼び込む

十日ゑびす祭（若松区）
1月8～11日に若松惠比須神社（→P.198）で開催される祭り

🌸 三岳梅林公園の梅（小倉南区）
北九州随一の梅の名所。見頃は3月上旬は露店も出て見物客でにぎわう

門司港レトロひな祭り（門司区）
2月上旬～3月上旬にかけて、歴史的建造物に華やかなひな人形を展示

「豊前海一粒かき」のかき焼き祭り（門司区）
門司港レトロ中央広場に約120台の焼き台が並び、門司名物の大粒なかきを味わえる

折尾節分祭り（八幡西区）
折尾神楽の鬼が町を練り歩き、鬼や和をモチーフにしたコスプレ＆音楽イベントも開催

門司海峡フェスタ（門司区）
GW中に開催。門司レトロ中央広場でライブやバナナの叩き売りのショーがある（→P.259）

🌸 とばた菖蒲まつり（戸畑区）
30種2万本の菖蒲が咲き誇る夜宮公園が舞台。バザーやグルメを楽しめる

中旬

お多福門（小倉北区など）
1月中旬から2月上旬の節分の時期に、市内の神社にお多福門が登場

平尾台クロスカントリー（小倉南区）
日本3大カルストである平尾台を走る絶景ランニングレース（→P.69）

北九州マラソン（小倉北区）
小倉城など北九州の名所を走り抜ける！（→P.69）

北九州の祭りやイベントは P.256 を Check！

北九州・平尾台トレイルランニングレース（小倉南区）
世界的なトレイルランナーが監修し、全国からランナーが参加する（→P.69）

紫川こいのぼりまつり（小倉南区）
紫川に架かる桜橋を中心に、約600匹の鯉のぼりが大空にたなびく姿は圧巻

🌸 若松あじさい祭り（若松区）
6月中旬、高塔山に6万株のアジサイが咲く。高塔山公園などでフリーマーケットなども開催

下旬

平尾台野焼き（小倉南区）
2月下旬から3月上旬に行われる野焼きは平尾台の春の風物詩。『ソラランド平尾台』から観覧できる

🌸 河内藤園（八幡東区）
4月下旬～5月上旬まで22種類の藤の花が咲く。アメリカのCNNで「日本の美しい風景31選」に選出された

🌸 小倉城桜祭り（小倉北区）
天守閣から望む桜は絶景！お堀でのカヌー体験やマルシェも人気

🌸 白野江植物公園さくらまつり（門司区）
3月下旬～4月上旬まで約60種の桜が咲く。スタンプラリーや物販、コンサートも開催

門司みなと祭（門司区）
2日間開催される日本3大みなと祭りのひとつ。約2000人が参加する祝賀パレードが目玉（→P.258）

黒崎よさこい祭り（八幡西区）
黒崎エリア各所で華麗な演舞が披露される

香月・黒川ほたる祭り（八幡西区）
5月下旬から6月上旬に黒川に約3000匹のゲンジボタルが飛び交う

年間をとおして祭りやイベントを数多く開催している北九州市。花や紅葉など季節を楽しめる名所もチェックして訪れよう。

7月	8月	9月	10月	11月	12月

わっしょい百万夏まつり（小倉北区）
8月に3日間開催される北九州を代表する祭り。約1万人が練り歩く「百万踊り」など見どころ満載！（→P.258）

小石観音寺 四万六千日大祭（若松区）
8月9日に行われる縁日。火渡り行事は一般客も参加できる

まつり起業祭八幡（八幡東区など）
官営八幡製鐵所の開所式がルーツの祭り。八幡東ねぶたの運行もある（→P.259）

北九州国際音楽祭（八幡東区など）
国内外の旬のアーティストを招いた国際レベルのコンサートを開催

門司港レトロ浪漫灯彩（門司区）
約30万球のライトアップと歴史的建造物のイルミネーションが幻想的（→P.261）

食肉祭（小倉北区）
北九州の食×エンタメのイベント。牛の丸焼きやステーキ、からあげなど肉料理を満喫できる

小倉お城まつり（小倉北区）
10月に約1ヵ月かけて行われる。太鼓の演舞や小倉城武将隊の公演などで大にぎわい！

筑前黒崎宿場まつり（八幡西区）
長崎街道の宿場町として栄えた黒崎ならではの武者行列や演舞を行う

八幡南お盆祭り・花火大会（八幡西区）
八幡西区最大の夏祭り。キッズダンスやマーチング演奏、総盆踊りがある

北九州夏まつり・小文字焼き（小倉北区）
毎年8月13日、小文字山に盆の迎え火として「小」の字が浮かび上がる

関門海峡花火（門司区など）
毎年8月13日に開催。門司側・下関側に約1万5000発の花火が打ち上がる

小倉イルミネーション（小倉北区）
小倉駅周辺の一帯が色とりどりのイルミネーションに包まれる（→P.261）

関門まちかどジャズ（門司区）
レトロな町並みを舞台に行われる生演奏にうっとり

🌸 **北九州市立響灘緑地 秋のバラフェア（若松区）**
10月中旬～11月中旬まで約450種のバラが咲き誇る。グルメイベントも開催

黒崎祇園山笠（八幡西区）
400年の歴史ある祭り。見どころは大迫力の「山笠競演会」！（→P.257）

戸畑祇園大山笠（戸畑区）
ユネスコ無形文化遺産に登録。夜と昼で姿を変える山笠が見事（→P.256）

小倉祇園太鼓（小倉北区）
山車に積んだ太鼓をたたきながら、町を練り歩く勇壮な祭り（→P.257）

くきのうみ花火の祭典（若松区）
夏の洞海湾を彩る音と光の競演。海上から真上に上がる迫力の花火を満喫（→P.260）

平尾台観光まつり（小倉南区）
消防音楽隊などのコンサートや観光まつり総踊り、約9000発の花火は必見

北九州ポップカルチャーフェスティバル（小倉南区）
2日間開催される九州最大級のポップカルチャーの祭典

若松イルミネーション（若松区）
10月下旬～翌年1月まで若戸大橋などがライトアップされる（→P.261）

🌸 **則松金山川コスモスまつり（八幡西区）**
金山川両岸のコスモスの開花に合わせて開催。ステージイベントやバザーなども

🌸 **白野江植物公園 紅葉まつり（門司区）**
11月後半に800本の紅葉の色づきに合わせて開催

門司港レトロ カウントダウン（門司区）
大晦日の深夜にカウントダウンをスタート、1月1日午前0時に船の汽笛がいっせいに響き渡り新年を祝う

楽しみ方は無限大!!

北九州市で したいこと ⑩

歴史や文化に触れ、絶景に感動し、名物グルメを満喫して未知なる体験に挑戦。進化を続ける北九州市で、朝から晩まで楽しめること間違いなし!

① 発祥&ご当地グルメを食べ歩き!

→P.60（発祥グルメ）、
P.276（ローカルグルメ）

鉄なべぎょうざにうどん、ラーメンなどなど!現地で食べたいメニューをチェック。各区に名物があるのも北九州市のおもしろさだ。

② 100億ドルの夜景にうっとり!

→P.34（夜景）

「日本新三大夜景都市」のひとつとして認定された北九州市の夜景をいろいろなテーマでご紹介。山から、海から、さまざまな夜景を楽しもう。

③ ノスタルジックな港町さんぽ

→P.40（門司港レトロ）、
P.140（門司赤煉瓦プレイス）、
P.195（若松南海岸通り）

定番人気の門司港をはじめ、若松南海岸通りなど、古きよき時代を感じさせるノスタルジックな雰囲気の港町を散策してみよう。

④ ちょっと贅沢に海の幸を堪能

→P.284（寿司）、P.290（関門ふぐ）

世界からも注目を集める北九州前の寿司に、関門のふぐ。新鮮な海の幸と職人の技との融合に感動するはず。せっかくなら少し奮発して味わいたい。

5 大自然のなかで リフレッシュ！

→P.86（アーバンアウトドア）、
P.332（グランピング＆キャンプ）

　世界3大カルストのひとつ
である平尾台など、自然が
織り成す絶景を見に行こう！
町から近いキャンプ場やグラ
ンピングもチェック！

6 ディープな カルチャー を体験

→P.74（ポップカルチャー）、
P.100（公営競技）、
P.104（映画の街・北九州）

　日本が世界に誇るポップカ
ルチャーに浸り、映画のロケ
地を巡って、多彩な公営競技
も体験するなどディープな文化
を感じてみよう。

7 地元っ子たちと 触れ合う

→P.82（旦過市場）、P.298（角打ち）

　昔ながらのにぎやかな市場や北九州が
発祥といわれる角打ちなど、人情たっぷ
りのスポットで町のあたたかみに触れよう。

8 歴史と文化を探ねる

→P.70（小倉城）、P.262（北九州ゆかりの文人）

　城下町・小
倉や長崎街道沿
いの宿場町など、
歴史をたどって
みるのもおもしろ
い。また、文人
ゆかりのスポット
も充実している。

9 産業系 スポットで 大人の社会科見学

→P.54（工場見学）、P.110（エコツアー）

　日本の近代化を支えてきた
企業のミュージアムや未来を
担うエコタウン事業など、北
九州市の産業の過去と未来を
楽しみながら学ぼう。

10 ザ・北九州な おみやげ探し

→P.302（おみやげ）

　定番の地元銘
菓に、ウケ間違
いなしのスイーツ、
伝統工芸品、地
元スーパーのオリジナル商品やとれ
たて野菜などなど、買うべきおみや
げを紹介。

北九州市をまるごと楽しむ
1泊2日＆日帰りモデルプラン

各区ごとに違う魅力が広がる北九州市を楽しむ5つのプランを提案。
行きたい場所を組み合わせながら効率的に回ろう！

PLAN 01 1泊2日

門司港レトロ地区をめぐり日本新三大夜景＆小倉も満喫

1日目 →

北九州空港に到着

START!

バス+電車で約1時間

エアポートバスでJR小倉駅へ、JR鹿児島本線に乗り継いで門司港駅へ

9:30

11:00 門司港エリアでレトロ散策

趣のある駅舎が迎えてくれるJR門司港駅に到着。駅を出たら、明治から昭和初期にかけて建てられたレトロ建築を見学しよう。

門司港レトロ散策→P.40

徒歩10分圏内

12:00 地元の名物グルメ 焼きカレーをランチに

ルーをまぶしたご飯の上に具材を乗せ、オーブンで焼き上げた焼きカレーは門司港の名物グルメ。

焼きカレー→P.64

徒歩10分圏内

13:00 散策を楽しみながら おみやげをチェック＆購入

北九州市観光コンベンション協会直営の「北九州おみやげ館」は充実の品揃え。まずは特産品を把握しよう。

北九州おみやげ館→P.147・307〜309

17:00 ホテルにチェックインし 小倉で早めの夜ご飯

小倉は北九州いちの繁華街。高級店からカジュアル系まで充実の寿司店に行くもよし、名物・焼うどんを味わうのもいい。

電車で15分

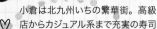

寿司→P.284
焼うどん→P.62

電車で15分+シャトルバス5分

20:00 圧巻の美しさを誇る 夜景を鑑賞

「日本新三大夜景都市」に認定された北九州市。皿倉山から見る夜景は必見だ。

北九州市の夜景→P.34

2日目 → ⏱9:00 小倉のシンボルを見学し 歴史に触れてみよう

⏱11:00 活気あふれる市場で お買い物&ランチ

徒歩 10分

「北九州の台所」と呼ばれる「旦過市場」へ。 小倉名物のぬか炊きはここでゲットしよう。

旦過市場→P.82

小倉のシンボルである名城「小倉城」へ。エンターテインメント性の高い展示を楽しもう。江戸時代の雰囲気が漂う「小倉城庭園」や「しろテラス」、「勝山公園」もチェック!

小倉城→P.70

⏱13:00 地元に愛されてきた デパートや商業施設へ

「小倉井筒屋」と「リバーウォーク北九州」へ。リバーウォーク北九州では「ゼンリンミュージアム」も訪れてみよう。

徒歩 5〜10分

徒歩7分

小倉井筒屋→P.311
リバーウォーク北九州→P.313
ゼンリンミュージアム→P.55

⏱15:00 北九州が生んだ 文豪の功績を知る

「北九州市立松本清張記念館」を訪ね、約40年の作家生活で多くの作品を遺した松本清張の生涯に触れよう。

北九州市立松本清張記念館→P.155・265

徒歩 15分

⏱16:30 小倉を代表する 名喫茶でお茶

魚町銀天街の中にある「湖月堂」は名菓・栗饅頭で知られる老舗菓舗。ショップの奥に喫茶スペースが広がり、甘味から食事まで充実のメニューが揃う。

湖月堂→P.302

徒歩 3分

©北九州市立松本清張記念館

⏱17:30 JR小倉駅から 北九州空港へ

GOAL

駅から徒歩圏内の博物館ハシゴ＆世界遺産を見学する日帰りプラン

START!

9:30 世界文化遺産を見学

まずは「官営八幡製鐵所旧本事務所眺望スペース」へ。ものづくりの町・北九州市の原点を感じよう。

官営八幡製鐵所旧本事務所眺望スペース→P.53

徒歩10分

10:30 アウトレットでお買い物＆ランチ

広大な敷地を誇る「THE OUTLETS KITAKYUSHU」でお買い物。多彩なメニューが揃うフードコートでランチを。

THE OUTLETS KITAKYUSHU→P.312

徒歩15分

> 100mに及ぶ進化の大通りは見応えあり

13:00 見応えたっぷりな自然史・歴史博物館へ

西日本最大級の規模を誇る自然史・歴史博物館「北九州市立いのちのたび博物館」へ。迫力ある展示を堪能しよう。

北九州市立いのちのたび博物館→P.94

徒歩4分

15:00 隣接する科学館も見逃せない！

「スペースLABO（北九州市科学館）」には国内最大の大型竜巻発生装置をはじめ、プラネタリウムなどもある。

スペースLABO（北九州市科学館）→P.96

徒歩15分

17:00 日本3大ぎょうざのひとつ八幡鉄なべぎょうざを味わおう

「八幡izakaya1901」へ。熱々の鉄なべで提供される焼きぎょうざを堪能しよう。

八幡izakaya1901→P.61

> カリカリの食感がたまらない

GOAL

戸畑から渡船に乗って若松へ レトロ建築を楽しむ日帰りプラン

START!

10:00 近代建築の粋を集めた建物を見学

夜宮公園の一角にある「旧安川邸」へ。北九州市指定文化財でもある貴重な建物を見学しよう。

旧安川邸→P.236

> 「筑豊御三家」のひとり安川敬一郎により建てられた

徒歩20分

12:30 戸畑名物のチャンポンでランチ

地元産野菜がたっぷりと入ったとんこつ100%のスープに細い蒸し麺がからむ名物のチャンポンを「戸畑チャンポン福龍」で。

戸畑チャンポン福龍→P.280

電車+徒歩で18分

14:00 渡船に乗って洞海湾を渡り若松へ

九州工大前駅から戸畑駅まで移動し、徒歩で「若戸渡船」戸畑渡場へ。美しい若戸大橋を眺めながら船で若松へ渡ろう。

若戸渡船→P.199

船で3分

14:10 石炭積出港として栄えた港町を散策

レトロ建築が並ぶ「若松南海岸通り」へ。若戸大橋を望む絵になるスポットがめじろ押しだ。

若松南海岸通り→P.195

徒歩15分

15:00 若松が生んだ文豪の旧居を訪ねる

若松出身の芥川賞作家、火野葦平が生涯を終えるまで過ごした「火野葦平旧居（河伯洞）」へ。名作が生まれた書斎も見学できる。

火野葦平旧居（河伯洞）→P.197・263

絵になる景色にうっとり！

©北九州市観光物産協会

GOAL

北九州の雄大な自然を満喫する 日帰りドライブプラン

START!

9:00 レンタカーを借りて ドライブへGO！

北九州市ならではの美しい自然を体験すべくレンタカーを借りよう。JR小倉駅周辺には多くのレンタカー会社がある。

レンタカー→P.126

車で40分

10:00 日本3大カルストで トレッキングを楽しむ

草原に純白の石灰岩が散在する「平尾台」。その様子は草原に遊ぶ羊の群れにたとえられ、天然記念物・国定公園・県立自然公園の指定を受けている。

平尾台→P.86

羊のような岩がユニーク！

車で5分

11:00 鍾乳洞めぐりで 自然の神秘を体験

平尾台には200以上の鍾乳洞があるといわれ、3つの鍾乳洞は観光客でも見学できる。小川のなかを進む場所もあり、冒険気分満点！

千仏鍾乳洞→P.179
目白鍾乳洞→P.179
牡鹿鍾乳洞→P.179

13:30 うどんのランチで ホッとひと息

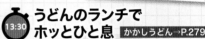

かかしうどん→P.279

羅臼コンブとカツオ節、イリコなどからとっただしと釜ゆでされた太めの麺が相性抜群の「かかしうどん」でランチ。

車で20分

車で20分

15:00 落差約30mの滝で マイナスイオンを浴びる

小倉を流れる紫川上流の「菅生の滝」へ。上段の滝は落差約30mと迫力があり、春の桜、夏の緑、秋の紅葉と自然を満喫できる。

菅生の滝→P.181

17:00 世界中から観光客が 訪れる藤の名所へ

4月下旬から5月中旬の藤の季節ならぜひ「河内藤園」へ。アメリカCNNの「日本の美しい風景31選」に選出された名所だ。現地でのチケット販売はないため、見学の際は事前にチケットを購入しておこう。

河内藤園→P.212

車で40分

GOAL

知的好奇心を刺激する ちょっとオトナの小倉めぐり

START! 10:00

ものづくりの町・北九州市を感じられるミュージアムを見学

「TOTO株式会社」の本社がある北九州市。「TOTOミュージアム」では創業の精神やものづくりの思いを伝えている。

TOTOミュージアム→P.54

徒歩18分

12:00

江戸時代から継承された美しい小倉織に触れる

繊細なたて縞が美しい小倉織のアイテムを「小倉 縞縞 本店」でお買い物。その歴史なども聞いてみよう。

小倉 縞縞 本店→P.310

徒歩15分

13:00

小倉を代表する老舗で鰻ランチを

昭和元（1926）年の創業以来、地元はもとより遠方からも訪れる人が後を絶たない人気の鰻料理専門店「田舎庵 小倉本店」でちょっと贅沢なランチを。

田舎庵 小倉本店→P.172

徒歩15分

15:00

著名な漫画家を数多く輩出した北九州市の漫画文化拠点へ

松本零士やわたせせいぞうなど、著名な漫画家を輩出してきた北九州市。「北九州市漫画ミュージアム」ではさまざまな角度からその文化を伝えている。

北九州市漫画ミュージアム→P.78

約7万冊の単行本を観覧できる

徒歩15分

17:00

ハシゴが楽しい小倉ナイトを堪能

GOAL!

地元で人気の居酒屋「酒房 武蔵」で夜ご飯を楽しんだ後は、オーセンティックなバー「BAR KILIN」でカクテルを味わおう。

酒房 武蔵→P.173
BAR KILIN→P.300

カクテルを楽しみながら1日を締めくくろう

日本でも数少ない海上空港。

24時間眠らない空港として飛行機の運航を支える。

国内線は東京/羽田線が1日最大15往復、
国際線は韓国/仁川へ定期便が就航。
24時間発着可能という海上空港の強みを活かし、
早朝から深夜まで旅客便が運航。

地方空港では珍しい貨物空港。
大韓航空やUPS社が国際貨物定期便で就航し、
九州の物流を支える。

https://www.kitakyu-air.jp

@kitakyushu.airport_kkj

北九州空港
KITAKYUSHU AIRPORT

テーマで楽しむ北九州市 CONTENTS

北九州市の夜景 ……………………………… P.34

門司港レトロの歩き方 ……………………… P.40

ここがすごいョ！ 北九州市 ………………… P.48

日本近代化の歴史を刻んだ北九州市 ……… P.52

「ものづくりの町」をとことん知りたい！ … P.54

北九州発祥グルメ …………………………… P.60

北九州市のプロスポーツを応援 …………… P.66

小倉城を遊び尽くす！ ……………………… P.70

日本発のポップカルチャー九州随一の発信地 …… P.74

旦過市場の過去・現在・未来 ……………… P.82

アーバンアウトドアのすすめ ……………… P.86

ミュージアムへいこう！ …………………… P.94

公営競技場で遊ぼう！ ……………………… P.100

「映画の街・北九州」で聖地巡礼 ………… P.104

エコツアーが人気！ ………………………… P.110

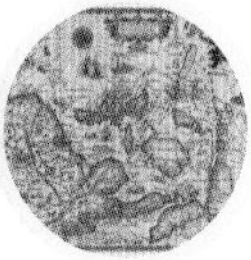

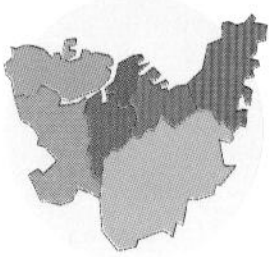

「日本新三大夜景都市」に全国1位で認定
北九州市の夜景

どこから見る?

2022年3月、夜景のすばらしい町として『日本新三大夜景都市』に全国1位で認定された北九州市。城下町として栄えた小倉、国際貿易港として栄えた門司港、日本の近代化を支えた八幡など、多様な歴史をもつ各エリアで美しい夜景を楽しめる。

八幡東区
さらくらやま
皿倉山
（DATA➡P.215）

北九州屈指の夜景スポット。ケーブルカーとスロープカーを乗り継いで標高622mの山頂展望台に到着。デートスポットとしても人気で、「恋人の聖地」にも選定されている。

定番夜景
北九州市民なら誰もが一度は訪れた

若松区
たかとうやまこうえん
高塔山公園
（DATA➡P.196）

洞海湾に架かる若戸大橋が美しく、八幡、戸畑、遠く小倉までの工場群が一望できる。標高124mの展望台は2階建てとなっており、雨の日でも夜景鑑賞を楽しめる。

スポット

ことがあるといわれる王道スポット

小倉
北区

あだちこうえん
足立公園
(DATA➡P.166)

足立山の山裾にある森林
公園。展望台からは小倉
駅周辺のきらめく夜景が
パノラマ状に広がる。駐
車場からも夜景が楽しめ
るため、カップルや家族連
れで訪れる人も多い。

必見！観光スポットの夜景

昼の顔とはひと味違う雰囲気にうっとり！

門司区

もじこうれとろちく
門司港レトロ地区
（DATA➡P.40～）

歴史的建造物が数多く残る門司港レトロ地区。代表的な建物はライトアップされ、ロマンティックな雰囲気が漂う。門司港レトロ展望室（→P.139）からはエリア全体を見下ろせる。

**若松区
戸畑区**

わかとおおはし
若戸大橋
（DATA➡P.194）

昭和37（1962）年の建設当時は東洋一の長さを誇っていた若戸大橋。真っ赤に染まった橋梁のライトアップが夜に映える。若松側にはベンチなどが整備され、迫力ある景色を楽しめる。

小倉
北区

こくらじょう
小倉城
(DATA➡P.154)

毎日日没後から22時まで
天守閣がライトアップさ
れている。城のある勝山
公園は桜の名所としても
知名度が高く、桜の季節
の夜景の美しさは息をの
むほど。

きたきゅうしゅうやけいかんしょうていきくるーず
北九州夜景鑑賞定期クルーズ

モノづくりの町としての北九州市。工場夜景を船上から
楽しめるクルーズが小倉港から発着している。写真は日
本製鉄（株）九州製鉄所。

問い合わせ：関門汽船株式会社 ☎093-331-0222

工場夜景

北九州市には"工場萌え"
スポットが多数！

各地のイルミネーションイベント

毎年、市民が楽しみにする期間限定のイベント

小倉北区

こくらいるみねーしょん
小倉イルミネーション

毎年11月初旬から2月中旬まで開催予定の「小倉イルミネーション」。JR小倉駅や紫川周辺などが美しく彩られ、小倉の夜の町歩きが楽しくなる。期間中は各種イベントも開催。

問い合わせ：小倉イルミネーション実行委員会事務局
☎093-541-0191

小倉北区

こくらじょうたけあかり
小倉城竹あかり

毎年10月末から11月初旬に開催予定。小倉城・虎ノ門および周辺エリアで開催。竹林被害のある山林の竹を使って市民が作った3万個の竹灯籠にみんなで火をともす。その光景は幻想的。

問い合わせ：小倉竹あかり実行委員会
☎093-236-2995

門司港レトロ浪漫灯彩

もじこうれとろろまんとうさい

通常行われている歴史的建造物や船だまり周辺のライトアップがさらに美しく！約30万個の電球が使われた幻想的な光景が広がる。11月中旬から3月中旬まで開催予定。

問い合わせ：門司港レトロ総合インフォメーション
TEL093-321-4151

黒崎イルミネーション

くろさきいるみねーしょん

11月から2月中旬まで、黒崎駅前のペデストリアンデッキには八幡西区の名所である吉祥寺の藤をイメージしたイルミネーションが登場し、行き交う人々を柔らかな光で包み込む。

問い合わせ：八幡西区役所総務企画課
TEL093-642-1339

若松イルミネーション

わかまついるみねーしょん

若戸大橋を望む若松南海岸通りでライトアップが行われ、橋と文化財が織りなす美しい世界が広がる。毎年12月上旬から1月下旬まで開催予定。

問い合わせ：若松区役所総務企画課
TEL093-771-3559

WAKAMATSU

THE RAMPAGEの藤原樹さんがナビゲート
門司港レトロの歩き方

かつて国際貿易港として栄え、明治から昭和初期の面影を残す建物が点在する歴史ある門司港を、THE RAMPAGE のメンバー藤原樹さんがご案内。北九州市出身で観光大使を務める藤原さんとともに、定番施設から穴場のさんぽスポットまで散策してみよう。

【門司港レトロ】の由来とは？

門司港は明治の面影をしのばせる古い町並みと新しい都市機能が融合した都市型観光地。町の雰囲気を表現すべく、英語の「RETROSPECTIVE（回顧的）」を略した「レトロ（RETRO）」をプラスして「門司港レトロ」と名づけられた。

モデルコース

10:00
①JR 門司港駅
↓徒歩1分
10:30
②旧門司三井倶楽部
↓徒歩1分
11:00
③旧大阪商船
↓徒歩3分
11:30
④ミツバチカレー
↓徒歩3分
13:00
⑤旧門司税関
↓徒歩1分
13:30
⑥ Mooon de Retro
↓徒歩1分
14:30
⑦北九州おみやげ館

10:00 旅の始まりは、大正ロマンあふれる駅から

❶ JR 門司港駅
（じぇいあーるもじこうえき）

門司港レトロの旅の起点となる JR 門司港駅。木造2階建てのネオルネサンス様式の駅舎は大正3（1914）年に建築され、駅舎としては日本で初めて国の重要文化財に指定された。平成31（2019）年に大規模な復原工事を終え、大正ロマンあふれる優美な姿を今に伝えている。

一直線の長いホームと「もじこう」の駅名標が人気のフォトスポット。構内には「旅立ちの鐘」や「0哩（ゼロマイル）標」などもあり見どころ満載だ。駅員の肉声アナウンスとオリジナルのレトロな制服が旅情を一層かきたてる。

DATA → P.134

大正ロマンあふれる外観

柱や屋根などが木造で昔にタイムスリップしたような気分になります。夜のライトアップされた門司港も行ってみたい！
From Itsuki

ヨーロッパの駅のような情緒ある一直線の頭端式のホーム

徒歩1分

随所に当時の面影が残る

From Itsuki

レトロな雰囲気を感じて心が落ち着きます。アインシュタインが宿泊したと聞いたときはとても驚きました。焼きカレーとふぐ刺身も本当においしくて、門司港に来たらまた行きたい場所のひとつです

これも
Check!

門司港名物の焼きカレーはここでも味わえる

ため息が出るよ
うな優美な外観

徒歩1分

10:30

世界の客人をもてなした
当時の繁栄を物語る洋館

② 旧門司三井倶楽部
きゅうもじみついくらぶ

大正10（1921）年に三井物産の社交倶楽部として建築。門司港レトロを象徴する洋館で、国の重要文化財に指定されている。柱や梁を見せるハーフティンバー形式の優雅な外観は、門司港の全盛期の華やかさを物語る。アインシュタインをはじめ世界の客人をもてなしたことでも知られており、1階にはレストランや客間、2階にはアインシュタインが泊まった部屋を再現したメモリアルルーム、門司生まれの作家・林芙美子の資料室がある。

DATA ➡ P.135

11:00

大正ロマン漂う
門司港のランドマーク

③ 旧大阪商船
きゅうおおさかしょうせん

徒歩3分

大正6（1917）年に海運会社「大阪商船」の門司支店として建築。明るいオレンジ色のタイルと、当時は灯台としての役割を果たしたという八角形のガラス張りの塔屋がひときわ目を引く、門司港のランドマーク的存在だ。大正期モダンの粋が随所に感じられる名建築としても名高い。当時は国際港の発着点として、待合室や税関事務所などがあり、国内外の多くの人でにぎわった。現在は1階に「わたせせいぞうギャラリー」や門司区で活動する作家の作品を展示する「門司港デザインハウス」があり、文化の発信地となっている。

DATA ➡ P.137

モダンな外観。名
建築として名高い

❼北九州おみやげ館
門司港レトロ展望室

❺旧門司税関
❻Mooon de Retro

ブルーウィングもじ

門司守

MOJIKO
モニュメント

❸旧大阪商船
❹ミツバチカレー

mojioji

START
❷旧門司三井倶楽部
❶JR門司港駅

栄町銀天街

てるちゃんの
バナナジュース

KOGU

三宜楼

清滝エリア

moji*loji

1階にある
わたせせい
ぞうギャラ
リー

カレーとチーズが溶け合う ジュージュー焼きカレー ラクレットトッピング 1850円

ビストロのようなおしゃれな空間

2階のセルフカフェも気軽に利用してください！

門司港で初めて食べた焼きカレーでチーズがたっぷりのってとてもおいしかったです。店内も開放感があり、すごく落ち着く空間でした
From Itsuki

11:30 早めのランチは、五感で楽しむ 絶品焼きカレーに決まり！

❹ ミツバチカレー

トロッコ列車の線路脇にある行列のできるカレー専門店。10種類以上のスパイスをはじめ、ハチミツで炊いたリンゴや野菜など、コクと香りがふんだんに詰まったカレーが人気だ。なかでも「ジュージュー焼きカレー ラクレットトッピング」は、その名のとおり鉄板でジュージューと焼ける熱々のカレーと肉の香りに、ラクレットチーズがとろ〜りと絡む至福の味。目の前でチーズをサーブしてくれるライブ感も旅の思い出になりそう。

MAP 別冊 P.22-B2
🏠 北九州市門司区港町2-14　☎ 093-332-4511　⏰ 11:30 〜 14:00、17:30 〜 22:00　休 水　cc AMJDV　P なし
🚉 JR門司港駅北口から徒歩3分

PHOTO SPOT！

門司守は肌触りがとてもよく、触るといいことがあると聞いてたくさん触らせていただきました！
From Itsuki

フォトスポットとして人気のMOJIKOモニュメント

門司港レトロを見守る鳥「門司守」

岸から「ブルーウィングもじ」（→P.137）を眺める

徒歩3分

13:00 エレガントな雰囲気に浸り、ほっとひと息

❺ 旧門司税関

海岸沿いに立つ、赤れんが造りの気品漂う旧門司税関。門司税関の発足を機に明治42（1909）年に税関庁舎として建設されたが、火事で焼失し、明治45（1912）年に再建され、平成7（1995）年にレトロ事業の一環として改修。ネオルネッサンス調を用いた往時の姿を取り戻した。1階はエントランスホールや休憩室、3階は港の風景が一望できる展望台がある。**DATA ➡ P.135**

天井が高く開放感のある館内

徒歩1分

エレガントで気品漂う外観

門司港らしさ満点の焼きバナナパフェ 880円

13:30 旬のフルーツがたっぷり！

⑥ Mooon de Retro
もーんでれとろ

旧門司税関の1階にある、青果店が営む人気のパフェ専門店。季節のフルーツをふんだんに使った、ボリューム満点で目にもうれしいパフェが味わえる。地中海を思わせるような白壁の店内やレトロな港町を見渡すテラス席で、ちょっぴり贅沢なおやつタイムを。

店内からはレトロ街を見渡せる

From Itsuki
以前差し入れでいただいてライブ終わりに飲んだらめちゃくちゃおいしくて、以来ライブのあとに飲むのがルーティンになりました

MAP 別冊 P.22-A2
🏠 北九州市門司区東港町1-24 旧門司税関1F 📞 093-321-1003 🕐 11:00 〜 18:00（季節により変動）　休 不定休　CC 不可　P なし　交 JR 門司港駅北口より徒歩5分

徒歩1分

14:30 北九州の特産品が一堂に

⑦ 北九州おみやげ館
きたきゅうしゅうおみやげかん

北九州観光コンベンション協会直営のみやげ店。「門司港発祥焼きカレー」や「小倉発祥焼うどん」などのご当地グルメから、人気の「ネジチョコ」「門司港地ビール」、伝統の技が光る「小倉織」「孫次凧」などの民芸品まで、北九州ならではの特産品がバラエティ豊かに揃う。

DATA → P.147

これも Check！

From Itsuki
黄色のポストがかわいくて思わず写真を撮りたくなる場所です

北九州おみやげ館の前にある新しいフォトスポット、幸せの黄色いバナナのポスト

藤原 樹

Profile
総勢16名からなる THE RAMPAGE のパフォーマー。2017年1月25日、1st SINGLE「Lightning」でメジャーデビュー。2021年7月には、初の単独東京ドーム公演を2日間成功させる。2023年には5度目となるアリーナツアーを開催。2017年からは演技にも挑戦し、活動の幅を広げている。ファースト写真集『MYSTERIOUS』も大好評発売中。

掛け合いを楽しむ
門司港名物「バナナの叩き売り」

門司港は「バナナの叩き売り」発祥の地。明治時代に台湾産バナナが門司港に荷揚げされた際、熟れたバナナを露天商が安価でさばいたのが始まりとされている。軽妙な口上で客を引き付けながら、掛け合いで値段を下げていく販売手法で、年齢の高い人には懐かしく、若い人には新鮮な響きで人気を呼んでいる。第1〜4土・日の13:00から「北九州おみやげ館」前にて実演。雨天中止。

威勢のいい声に多くの人が集まる

裏路地にこそ魅力あり！
ディープな門司港を散策

新しい店と昔のままの店が混在する商店街や裏路地、
昭和の面影を残したエリアなど人情あふれる町をぶらりさんぽ。

地元民の生活に根づく商店街
栄町銀天街
さかえまちぎんてんがい

昭和 32（1957）年にアーケードが
完成した商店街。門司港レトロ地区か
ら近く、約 300m の通りには、タイム
スリップしたような昭和を感じる店舗も
多い。喫茶店、カフェ、書店、
酒店などが並ぶ。

DATA ➡ P.142

栄町銀天街を隅々
まで知る門司港ゲ
ストハウスポルト
（➡ P.326）の児
嶋さんが案内

焼きカレーやとらふぐ
など、門司港のおみや
げを集めた自動販売機

バナナの甘味が凝縮！
てるちゃんの
バナナジュース
てるちゃんのばななじゅーす

店を切り盛りする7人
兄弟の母てるちゃんの
笑顔に和みます

バナナと牛乳のみで
作られたジュースは、
バナナの甘味が凝縮
された優しい味。バ
ナナケーキやバナナ
ミルクアイスもオス
スメ。

🅜🅐🅟 別冊 P.22-B3
🏠 北九州市門司区栄町 7-5 ※移
転予定 ☎ 080-8374-2042
⏰🈺 日によって変動するため電
話で要確認 🆑 AMJDV 🅿 な
し 🚉 JR 門司港駅から徒歩 6 分

バナナジュース 450 円。ベースは
牛乳か豆乳（＋50 円）を選べる

門司港の新名物
mojioji
もじおじ

「おじさんは、かわいい。」をコンセプトに、
地域を盛り上げようと 2023 年にオープン。
回転焼（今川焼）のようなバター香る生地の
中には北海道産小豆で作ったつぶあんなどが
入っている。洋菓子のような、和菓子のよう
な門司港名物のニューフェイス。

昭和と令和が融合
したような外観

🅜🅐🅟 別冊 P.22-B2
🏠 北九州市門司区栄
町 3-16 ☎ なし
⏰ 11:00〜16:30
🈺 月〜木・祝
🆑 ADJMV 🅿 なし
🚉 JR 門司港駅から徒
歩 6 分

テイクアウトして、町歩きを
楽しみながら味わって！

おじ焼きは
300 円〜

ポルト社長のお父さん
（菊池印章堂の菊池正
幸さん）がモデル

路地裏で一期一会のときめきを
KOGU うつわとライフスタイル雑貨
こぐ うつわとらいふすたいるざっか

栄町銀天街から入った細い路地沿いにある隠れ
家的ショップ。レトロな雰囲気の店内には、器やガ
ラス食器など作り手のぬくもりが感じられる作品を
はじめ、アクセサリーやナチュラルフードなど、こ
だわりの品がずらりと並ぶ。なかなか手に入らな
い人気作家の作品もあり、遠方から訪れる人もい
るとか。旅で訪れた路地裏でお気に入りを見つけて。

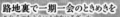

裏路地で見つけた個性派ショップ①

入口から
すでにレ
トロ感た
っぷり

🅜🅐🅟 別冊 P.22-B3
🏠 北九州市門司区栄町 7-5 1F
☎ 093-231-7984 ⏰ 11:00〜18:00
🈺 火・水 🆑 ADJMV 🅿 なし
🚉 JR 門司港駅北口より徒歩 5 分

伝統を大切にしつつも、今のライフ
スタイルになじむ作品が揃う

❶栄町銀天街を西に抜け「三宜楼」へと続く坂道、通称「三宜楼坂」は人気のフォトスポット ❷清年神社へと続く細い路地。眼下に関門海峡を望める ❸角打ちや宿、カフェなどが点在している ❹味わい深いれんが造りの塀

門司港の奥座敷
清滝地区
きよたきちく

　にぎやかなレトロ街を背に、山手へと少し歩いた所にある清滝地区は、門司港が繁栄を極めた大正から昭和初期にかけて、政learned人や文化人の社交場として栄えた町。当時は10軒以上もの高級料亭が建ち並び、芸妓衆や置屋も多く存在していたという。

　路地裏に一歩足を踏み入れると、当時の繁栄ぶりを象徴する料亭や旅館など、今なお当時の面影が残る。また、山の斜面には古民家が建ち並び、その間に細い路地が迷路のように張り巡らされている。苔むした石塀や趣ある木造家屋などが残る町並みは、まるで昭和時代にタイムスリップしたかのよう。

　細い路地を登っていくと、山からは鳥のさえずり、遠くからは関門海峡を行き交う船の汽笛が聞こえ、ノスタルジックな雰囲気が漂う。映画やドラマの撮影が行われたこともある清滝地区の路地裏にはおしゃれなカフェや雑貨店なども点在し、門司港のひと味違う魅力に出合える。

❶かつて踊りや能が披露されていた百畳間と呼ばれる豪華な造りの大広間 ❷高台に立つ三宜楼 ❸部屋ごとに異なる下地窓や欄間は見どころのひとつ

粋が結集した栄華の足跡 三宜楼
さんきろう

　関門海峡を一望する高台に堂々とそびえるように立つのが、かつて門司では最高格の料亭だった建物。昭和6（1931）年に建てられた木造3階建てで、現存する木造建築の料亭としては九州最大級。門司港に集まった企業と鉄道や税関などのお偉方たちの社交の場として利用され、出光興産創業者の出光佐三氏や俳人・高浜虚子など数々の著名人が訪れた。昭和30年代に廃業し解体の危機にあったが、地元有志らの熱心な保存活動により北九州市に寄贈され、平成26（2014）年に補修工事が完了。現在は無料で一般公開されている。※今後は有料になる予定
DATA ➡ P.141

裏路地で見つけた個性派ショップ②

落ち着く雰囲気の空間で、作品のぬくもりに触れて

MAP 別冊 P.22-B3
🏠北九州市門司区清滝4-1-16　📞090-5080-4711
🕐12:00～17:00　📅月～金　💳ADJMV　🅿なし　🚃JR門司港駅北口から徒歩10分

れんが造りの壁が印象的

非日常のひとときを楽しんで
もじろじ
moji*loji

　清滝の町並みに魅了された店主が「清滝地区の魅力をたくさんの人に知ってもらいたい」と開いた雑貨店。築100年の古民家を改修した店内には、地元在住の作家による手漉き和紙の作品や、土のぬくもりが伝わる器がずらりと並ぶ。「アートに触れて、非日常の時間を楽しんでもらえたら」と店主。不定期でワークショップや路地裏マーケットなども開催。

ひと足延ばして！
まだまだ見ておきたい門司港エリアをチェック

レトロ建築だけではなく、多くの観光スポットにあふれた門司港。
徒歩圏内やわざわざ足を延ばしてでも行きたいスポットを紹介！

①

空と海のダイナミックな景観
和布刈公園
めかりこうえん

　関門橋のたもとにある和布刈公園は、関門海峡が目の前に広がるノーフォーク広場や、全国最大級のタコ遊具がある潮風広場、門司港の町並みを一望できる頂上広場など見どころが満載。なかでも関門橋を目の前に、海と空のダイナミックな景観が楽しめる第二展望台のテラスデッキからの眺めはいち押し。

DATA ➡ P.145

①デッキの上から関門海峡と関門橋を望む第二展望台 ②北九州銀行レトロライン門司港レトロ観光列車「潮風号」の終点駅そばにある潮風広場 ③第二展望台にある源平合戦を描いた壁画は迫力満点

広々としたショップ。2階のフードコートからの景色も絶景

まん丸のフォルムが愛らしいふぐ焼き（黒あん 220 円、カスタード 240 円、マヨネーズ 260 円）

大迫力の景色が楽しめる展望デッキ

九州旅のフィナーレはここで決まり！
めかりパーキングエリア
めかりぱーきんぐえりあ

　高速道路を利用した際、ぜひ立ち寄ってほしいおすすめスポット。海に向かってせり出した展望デッキからは、関門海峡と関門橋が目前に迫る大迫力の景色が楽しめる。2階のフードコートで絶景を眺めながら九州最後のグルメを食すのもアリ！ 北九州らしいユニークなおみやげをゲットして、九州旅を締めくくろう。

MAP 別冊 P.22-A1

住 北九州市門司区門司 3491　TEL 093-332-2655　営 コーナーにより異なる　休 無休　カ ADJMV　P あり

サービスエリアではここだけで販売するバナナのたたき売り生大福 216 円

見た目のインパクト大のプレミアムバナナソフト 620 円

海底にある
福岡県と山口県の県境へ！
関門トンネル人道
かんもんとんねるじんどう

　関門海峡を歩いて渡れる全長780mの歩行者用海底トンネル。この中も国道2号線だ。中ほどには福岡県と山口県の県境の標識があり、世界的にも珍しい景色だといわれている。端から端まで片道15分程度となり、両サイドに記念スタンプが用意されているので往復してみよう。

DATA ➡ P.145

自転車や原付バイクでも入れるが、押して歩くのがルール

地上103mの眼下に広がる大パノラマ
門司港レトロ展望室
もじこうれとろてんぼうしつ

①建物は日本を代表する建築家・黒川紀章氏が設計
②展望室からの眺め

　高層マンション「レトロハイマート」の31階にある展望室。地上103mの高さからは、ガラス越しに門司港レトロや関門海峡、下関の町並みまでの大パノラマが一望できる。また、ここからの夜景は日本夜景遺産に認定されていてデートスポットとしても人気。併設のカフェテリアでは、門司港サイダーや門司港地ビールなどが楽しめる。

DATA ➡ P.139

レトロな町並みを海上から眺めよう
関門海峡クルージング
かんもんかいきょうくるーじんぐ

　地上の散策を満喫したら、今度は海上から門司港のレトロな町並みを眺めてみよう。関門海峡クルージングは、跳ね橋「ブルーウィングもじ」が上がる時間に合わせて毎週土曜の13:00に出港。雄大な関門海峡に船出し、関門橋や対岸の赤間神宮、巌流島などさまざまなスポットを眺めながら約40分の遊覧が楽しめる。

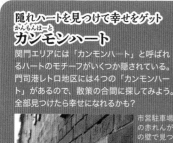

MAP 別冊 P.22-A2
🏠 北九州市門司区西海岸 1-4-1　📞 093-331-0222（関門汽船門司営業所）　⏰ 問い合わせ 10:00 〜不定　🈡 日〜金　💴 1200 円　🅿 なし
🚃 JR 門司港駅北口より徒歩 2 分

隠れハートを見つけて幸せをゲット
カンモンハート
かんもんはーと

関門エリアには「カンモンハート」と呼ばれるハートのモチーフがいくつか隠されている。門司港レトロ地区には4つの「カンモンハート」があるので、散策の合間に探してみよう。全部見つけたら幸せになれるかも？

市営駐車場の赤れんがの壁で見つけたカンモンハート

大連友好記念館の庭でも発見！

ココも Check！

独特の存在感を放つ
アートで町に明かりを
ABA 絵場
えば

独特なタッチで無数の鳥が描かれた建物。ここは北九州市在住のイラストレーター・黒田征太郎氏のアトリエである。2階はフリースペースになっていて、ライブやイベントが行われている。黒田氏のイラストがいたるところに描かれた建物は、通りにパッと明かりをともすかのよう。アトリエ内の見学不可。

MAP 別冊 P.22-A3
🏠 北九州市門司区西海岸 1-4-27　🚃 JR 門司港駅北口から徒歩 3 分

ここがすごいョ！ 北九州市

初めて

1位 × ここだけ

大集合！

夜景や自然などの見どころやグルメはもちろん、市の取り組みなど、日本一や日本初、九州一の「こと」「もの」を一挙紹介。さまざまな角度から北九州市の魅力に迫ってみよう！

No.1 ここがすごいョ！
「日本新三大夜景都市」第1位

2022年の「第13回日本夜景サミット」にて全国6102名の夜景観光士による投票で北九州市が見事1位に輝いた。2位は札幌市、3位は長崎市。

`DATA` →P.34

Only One ここがすごいョ！
世界初！「5市対等合併」

昭和38（1963）年2月10日、門司市、小倉市、若松市、八幡市、戸畑市による世界に類を見ない5市対等合併によって北九州市が誕生。2023年に60周年を迎えた。

ここがすごいョ！
国内最大級のタコ遊具がある

関門海峡のタコをイメージした「和布刈公園」（→P.145）のタコ遊具は国内最大級。このほかにも北九州にはタコ遊具がある公園が11ヵ所もある。

No.1 ここがすごいョ！
小麦粉焼き菓子 生産日本一

昭和32（1957）年創業の「七尾製菓」は、「小麦粉を原料とする焼き菓子」の生産量日本一に認定されたこともある日本屈指の菓子メーカーだ。

No.1 ここがすごいョ！ 100人乗りの 世界最長ブランコ

「響灘緑地/グリーンパーク」には、ギネス世界記録に認定された「世界最長のブランコ」がある。その水平距離は、なんと163.35m。円形に100台のブランコが並ぶ！
DATA →P.88

Only One ここがすごいョ！ 日本唯一の ミャンマー式寺院

昭和33（1958）年に建てられた「世界平和パゴダ」は日本で唯一、ミャンマー仏教会に認められている寺院。美しい姿が目を引く。
DATA →P.144

ここがすごいョ！ 国内初の 「SDG's 未来都市」

SUSTAINABLE DEVELOPMENT GOALS

平成30（2018）年、北九州市は国から「SDG's 未来都市」（全国29自治体）に選定された。また、前年の平成29（2017）年には第1回「ジャパンSDGsアワード」特別賞（SDGsパートナーシップ賞）を受賞している。環境への取り組みを学ぶエコツアーも人気。

No.1 ここがすごいョ！ 日本初の アーケード商店街

昭和26（1951）年、公道上に全長130mのアーケードが架かる日本で初めてのアーケード商店街「魚町銀天街」が誕生した。
DATA →P.163

No.1 ここがすごいョ！ 日本一の タクシー保有台数

日本最大（約8150台）のタクシー台数を保有するのは、小倉北区に本社をもつ「第一交通産業」。昭和35（1960）年に5台のタクシーから始まり、今や福岡県を中心に全国34都道府県に展開する。

No.1 ここがすごいョ！ 政令指定都市12年連続1位 「次世代育成 環境ランキング」

子育て環境（出産、乳幼児保育、児童福祉、児童養護、児童保育、母子福祉、小児医療など）をNPO法人が順位づけする「次世代育成環境ランキング」で北九州市が12年連続政令指定都市1位（政令市、中核市、東京23区 計103自治体が対象）に。2022年度、2位は仙台市、3位は熊本市。

No.1 ここがすごいヨ！ 日本初！重要文化財の 鉄道駅

昭和63（1988）年に鉄道駅として日本で初めて重要文化財に指定されたJR九州の「門司港駅」。大正3（1914）年の創建当時の姿に復原されている。
DATA →P.134

Only One ここがすごいヨ！ 日本唯一の サバイバル訓練施設

戸畑区の「ニッスイマリン工業」が運営する「日本サバイバルトレーニングセンター」は、海洋作業の安全を確保するため、世界基準に則ってさまざまな洋上サバイバル訓練を提供する国内唯一の施設だ。
※一般見学不可 MAP 別冊P.18-B2

No.1 ここがすごいヨ！ 日本一の カンガルー王国

「ひびき動物ワールド」はカンガルーなど387頭の有袋類を自然飼育する国内有数の施設。たくさんのカンガルーを間近に観察することができる。
DATA →P.89

No.1 ここがすごいヨ！ 日本一の クラフトビール

門司港ビール「WEIZEN（ヴァイツェン）」は、「全国地ビール品質審査会2021」において、2回連続「最優秀賞」、「Beer1グランプリ2021」にてグランプリに輝いた。DATA →P.147（北九州おみやげ館）

No.1 ここがすごいヨ！ 「刺身盛り合わせ」 支出額日本一！

北九州市は2種類以上の刺身が盛り合わされた「刺身盛り合わせ」の購入金額が1世帯当たり7716円（全国平均の約1.6倍）で日本一！このデータからも北九州の魚の豊富さ、おいしさがわかる。

No.1 ここがすごいョ 日本初！ 都市モノレール

昭和60(1985)年開業の「北九州モノレール」(→P.116)は九州初&唯一のモノレール。跨座式の都市モノレールとしては国内第一号。

No.1 ここがすごいョ 竹林面積 日本一！

北九州市は竹林面積が日本一。特に粘土質の赤土でよいたけのこが育つ合馬は、たけのこの産地として知られ、合馬産たけのこは高級食材として京都の料亭などでも珍重されている。また、竹を有効利用するために竹灯籠を飾るイベント「小倉城竹あかり」(→P.38)が開催されている。

No.1 ここがすごいョ 日本初の 24時間スーパー

旦過市場入口にある丸和小倉店（現ゆめマート）は、昭和54(1979)年に日本で初めて24時間営業を始めた。以来、41年間24時間営業を続けたが2022年2月末に深夜営業を停止し、現在は22時までの営業となっている。

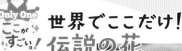

Only One ここがすごいョ 世界でここだけ！ 伝説の花

戸畑区だけに自生し、伝説の花といわれる「戸畑あやめ」。一時は絶滅したと考えられていたが、区内の農園で発見され、地元で保存・普及活動が行われている。5月上〜中旬にかけて「戸畑あやめ公園」で見ることができ、同時期に「戸畑あやめまつり」も開催される。

DATA →P.241

No.1 ここがすごいョ 東洋一！夢の 大つり橋

完成当時は、規模だけでなく土木技術においても日本一だった「若戸大橋」。ライトアップされ、夜景スポットとしても人気だ。ちなみに、日本初のカーフェリーは、若松と戸畑間600mを結ぶ「若戸渡船」に、昭和9(1934)年3月に就航した「第8わかと丸」と「第9わかと丸」といわれている。 DATA →P.194

No.1 ここがすごいョ 日本一！ 「日本水大賞」受賞

北九州市上下水道局の30年以上にわたる国際協力の活動が認められ、水環境問題に取り組む個人や団体に贈られる第25回「日本水大賞」の大賞を受賞（2023年）。

日本近代化の歴史を刻んだ北九州市

幕末以降、欧米列強、西洋諸国に負けない国づくりが急務となった日本で、北九州市は特に「製鉄」や「製鋼」において近代化に大きく貢献した。そして今もその"ものづくり"の精神は受け継がれ、さまざまな業界をリードする企業も多い。

「官営八幡製鐵所 修繕工場」。先人たちの情熱が日本の近代化を押し上げた

©日本製鉄(株)九州製鉄所

平成27（2015）年 ——「明治日本の産業革命遺産」がユネスコ世界文化遺産に登録

　北九州市は大陸に近く、本州にも接し、国内最大規模の筑豊炭田に近かったことから、古くから輸送拠点として発展してきた。明治34（1901）年、日本初の銑鋼一貫製鉄所「官営八幡製鐵所」が誕生。以来、北九州市は「ものづくりの町」として日本の産業を牽引し続けている。平成27（2015）年7月、ユネスコは幕末から明治にかけ急速な産業化を成し遂げた日本のあゆみを証言する8つのエリアの23の構成資産を世界文化遺産「明治日本の産業革命遺産 製鉄・鉄鋼、石炭産業」として登録。北九州市内からも「官営八幡製鐵所」（現：日本製鉄（株）九州製鉄所）の3つの関連施設が登録された。うち1ヵ所は誕生から120年以上たった今でも現役。ぜひその歴史に触れ、北九州市に脈々と受け継がれてきた先人たちのものづくりへの情熱を感じたい。

北九州市内にある 世界文化遺産

外観のみ見学可

©日本製鉄(株)九州製鉄所

官営八幡製鐵所 旧本事務所

製鐵所建設に先駆け明治32（1899）年に建築。長官や技監などが集う中枢施設として経営戦略が練られ、重要な意思決定がなされた。

官営八幡製鐵所 修繕工場

明治33（1900）年築。現存する国内最古の鉄骨建造物。製鐵所で使用される機械の修繕や部材の制作加工などに使われた。現在も現役の工場として稼働している。

非公開

©日本製鉄(株)九州製鉄所

非公開

©日本製鉄(株)九州製鉄所

官営八幡製鐵所 旧鍛冶工場

明治33（1900）年に製鐵所建築に必要な鍛造品の製造を行うために建設。大正6（1917）年に現在の場所に移築され、製品試験所となった。現在は史料室となっている。

info　旧本事務所 眺望スペースにあるデジタルサイネージでは、施設を紹介する貴重な映像が流れるほか、北九州市環境マスコットキャラクター「ていたん」が登場するゲームもあり、みんなで楽しめる。

世界遺産を体験する

「官営八幡製鐵所」の関連施設は製鉄所の構内に立地していることから現在一般には公開されていないが、「旧本事務所」を眺望できるスペースがある。ボランティアガイドが常駐しているが、有料のガイディングもある（7日前までに事前予約が必要、2時間まで1000円。申込先：北九州総合観光案内所 TEL093-541-4189）。また「スペースLABO ANNEX」には「世界遺産ビジターセンター」があり、世界文化遺産「明治日本の産業革命遺産」の歴史や遺産価値を紹介している。 **DATA** →P.212

官営八幡製鐵所
旧本事務所 眺望スペース
MAP 別冊 P.14-B1

スペースLABO ANNEX
世界遺産ビジターセンター
🏠 北九州市八幡東区東田 2-2-11
📞 093-663-0550 🕘 9:00〜17:00
休 月 料 無料 P あり 交 JR スペースワールド駅から徒歩8分
MAP 別冊 P.15-D3

VR体験も！ 「官営八幡製鐵所 旧本事務所 眺望スペース」では VR ゴーグルを使った案内サービスも行っている。「旧本事務所」内部をバーチャル見学できるなど、魅力的なコンテンツが用意されている。

問合せ：北九州市企画調整局総務課 TEL093-582-2158
※雨天時の利用不可 ※13 歳未満は原則タブレットでの見学となる

©日本製鉄(株)九州製鉄所

日本初の銑鋼一貫製鉄発祥の地
「東田第一高炉跡」

日本の近代化に欠かせない鉄鋼を自国で生産する国家プロジェクトのもと、明治34（1901）年2月5日官営八幡製鐵所「東田第一高炉」に最初の火入れが行われた。その後10次にわたる改修を繰り返しながら、鉄を作り続けてきた。現在、一帯は「東田第一高炉跡史跡広場」として整備されている。 **DATA** →P.212

MAP 別冊 P.15-D3
※公開状況は事前に要確認

日本遺産 **「関門"ノスタルジック"海峡**
－時の停車場、近代化の記憶－」も！

JAPAN HERITAGE
日本遺産

文化庁が地域の歴史的魅力や特色を通じて日本の文化・伝統を語るストーリーを認定する「日本遺産」。平成29（2017）年、関門地域が日本遺産となり、門司区および若松区には26件の構成文化財があり、日本が近代国家へと躍動する時代の息吹を今に伝えている。

門司港駅（旧門司駅）本屋
明治24（1891）年に九州鉄道の起点駅として開業。平成31（2019）年に6年におよぶ復元工事を終え大正時代の姿に。風格ある建物は門司港のシンボル的存在だ（→P.134）。

九州鉄道記念館
九州初の鉄道会社「九州鉄道会社」の本社屋。「九州鉄道会社」は石炭産出地の筑豊と積出港・門司港をつなぐ輸送手段として大きな役割を果たした（→P.134）。

三宜楼
昭和6（1931）年に建てられた高級料亭。大手企業の社交場として利用された。現在はふぐ料理を楽しめる店として営業（→P.141）。

旧古河鉱業若松ビル
筑豊炭田で産出された石炭を運ぶための中継地として栄えた若松を代表するれんが造り2階建ての近代建築。大正8（1919）年竣工（→P.195）。

Voice 北九州市は歴史的に価値のある観光スポットがたくさんあるので、遠来の友をもてなすのに助かります。
歴史好きの友人を門司港の日本遺産巡りに連れていったところ、感動していました。

ミュージアムや工場見学で
「ものづくりの町」をとことん知りたい！

A CITY OF MANUFACTURING

世界に誇れる企業が集まる北九州市。日本の近代化を支え、発展し続ける企業を知り、北九州市が「ものづくりの町」と呼ばれるゆえんを深掘りしよう。

ミュージアム **小倉北区**

とーとーみゅーじあむ
TOTOミュージアム

世界に羽ばたく「TOTO」の歴史を学び、今を知る

日本にまだ下水道が整備されていなかった大正6（1917）年に創立。1世紀以上にわたり水洗便器をはじめとする衛生陶器を製造し、クリーンで豊かな暮らしを提案するTOTO株式会社。見応えたっぷりのTOTOミュージアムでは、水回りの文化や歴史とともにTOTOのものづくりへの思いに触れることができる。また、海外での事業展開や進化し続ける商品など、世界に羽ばたく「今」の姿も学べる。

DATA → P.156

創立100周年の記念事業として建てられた

オンライン見学やバーチャルミュージアムも

毎週水曜14:00からは「オンライン見学」（所要時間45分・要事前予約）も開催。また、24時間いつでも展示室を見学できる「バーチャルミュージアム」もある。詳細はHPで確認。
URL jp.toto.com/knowledge/visit/museum

第1展示室

TOTOのあゆみ

「衛生的な陶器の便器を普及させることは社会の発展に貢献する」という創立者・大倉和親の熱い思いから誕生したTOTOの歴史を紹介。昭和45（1970）年まで製造・販売されていた食器類も展示されている。

第2展示室

TOTOのこころざし

水回りの文化と歴史、先人たちの思いを紹介。大倉和親やTOTOのルーツとなる貿易会社「森村組」の創設者・森村市左衛門、良品主義にこだわった5代目社長・江副孫右衛門らの功績をたたえる。

水回り商品の進化

便器、パブリックトイレ、バスルーム、水栓金具、キッチン、洗面所などカテゴリー別に製品の進化を紹介。旧総理大臣官邸や赤坂迎賓館などに設置されていた貴重な製品も空間ごと再現されている。

こんな展示も！

大人用、子供用、おすもうさんサイズの3種類の便器に座ることができる。おすもうさんサイズは両国国技館が建てられる際、実際の力士に座ってもらい開発され、便座も厚くなっている。

第3展示室

グローバルギャラリー

「その国の、TOTOになる。」ことを目指し、世界で販売されている商品をエリア別に展示。地域に根ざした多彩な水回り商品が並ぶ。

おみやげはココで！

書籍やオブジェなど、衛生陶器に関するユニークなアイテムが揃う。手頃な価格のものも多いのでおみやげを探すのにもいい。

トイレットペーパー型のトイレ川柳集もある

「シャボン玉石けん」とコラボしたネオレスト石鹸も

info 「TOTO株式会社」の社名は明治45(1912)年に日本陶器合名会社内にできた製陶研究所が母体となり、大正6（1917）年に設立された「東洋陶器株式会社」の「東」「陶」にちなんでつけられた。

第 1 章では 16 ～ 19 世紀に作られた日本地図の変遷を紹介

ミュージアム 小倉北区

ゼンリンミュージアム
ぜんりんみゅーじあむ

地図がつむぐ
歴史の物語を楽しむ

　北九州市に本社を置く、国内最大手の地図会社「ゼンリン」。リバーウォーク北九州にある地図の博物館「ゼンリンミュージアム」では「歴史を映し出す地図の紹介」をコンセプトに、16～20世紀に作られた約120点の西洋製・日本製の地図や資料を展示。わからないことがあれば、展示室内に常駐する学芸員「Zキュレーター」に質問しよう。

第 2 章の床には、伊能図の原寸複製を展示

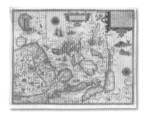

オランダの航海者、リンスホーテンの著書『東方案内記』に収録された「東アジア図」（1595 ～ 1596 年作）。左上部にあるエビのような形の島が日本

🏠 北九州市小倉北区室町 1-1-1 リバーウォーク北九州 14F 📞 093-592-9082 🕐 10:00 ～ 17:00（入館～16:30）🚫 月（祝日の場合は翌平日）💴 1000 円 🅿 あり（リバーウォーク北九州駐車場）🚉 JR 小倉駅小倉城口から徒歩 10 分
MAP 別冊 P.20-A2

洞海湾とともに 1 世紀以上を過ごしてきた「若築建設」

ミュージアム 若松区

わかちく史料館
わかちくしりょうかん

石炭積出港として栄えた
洞海湾の歴史をたどる

　日本の近代化を支えた「石炭」。筑豊炭鉱で取れた石炭は洞海湾から全国各地に運ばれ、"黒いダイヤ"は産業革命の動力となった。当時、石炭積出港の開発・運営を手がけたのが「若松築港会社」（現：若築建設）。創業の地、本店にあるわかちく史料館では会社の歴史のほか、若松や洞海湾の歴史などをジオラマや映像、貴重な資料とともに展示。隆盛を極めた若松の姿を今に伝える。
DATA ➡ P.200

明治・大正・昭和の激動の歴史を感じられる

1. 映像で洞海湾の歴史を紹介 2. 地域の人々から寄せられた資料も展示

 「わかちく史料館」周辺のエリアは昔ながらの港町のレトロな雰囲気が残っていて散策するのが気持ちいいんですよ。私のお気に入りは「石炭会館」の中にある「三日月屋」のクロワッサンです。

資料展示　戸畑区

日本製鉄株式会社 九州製鉄所
にっぽんせいてつかぶしきがいしゃ きゅうしゅうせいてつしょ

八幡地区総合センター西口ゲストスペース
やはたちくそうごうせんたーにしぐちげすとすぺーす

官営八幡製鐵所の魂を今に受け継ぐ

　日本の近代化に大きく貢献した「官営八幡製鐵所」。その鉄作りの魂を受け継ぐ「日本製鉄株式会社 九州製鉄所」の敷地内にあるゲストスペースには、ここで製造され、日本の産業を支えている鉄鋼製品の紹介や、歴史を伝える史料を展示している。

1. ゲストスペースの入口はいちばん海側にある 2. 官営八幡製鐵所の技術向上に貢献した野呂景義に関する史料も

🏠 北九州市戸畑区飛幡町 1-1 ☎ 093-872-6073 🕐 9:00 ～ 16:00
❌ 土・日・祝 💰 無料 🅿 なし 🚃 JR 戸畑駅から徒歩 17 分

MAP 別冊P.19-C1

工場見学　若松区

シャボン玉石けん株式会社 本社工場
しゃぼんだませっけんかぶしきがいしゃ ほんしゃこうじょう

人にも地球にも優しい石けんを作っています

無添加石けんへのこだわりを実感！

　明治43年（1910）年創業。昭和49（1974）年から無添加石けんを作り続けている「シャボン玉石けん株式会社」。完全予約制となる工場見学ではビデオや実験を織り交ぜながら、企業姿勢や商品について学んだあと、工場で音や匂いを感じながら石けんの製造工程を見学できる。見学者は通販限定商品やここでしか買えない見学オリジナル製品などをお得に購入することができる。

CM でもおなじみのキャラクター「シャボンちゃん」がお出迎え

MAP 別冊 P.12-B3

🏠 北九州市若松区南二島 2-23-1 ☎ 093-588-5479（工場見学受付専用ダイヤル）🕐 9:00～12:00 と 13:00～15:00 の間の 90 分間（開催日は公式サイトを参照）❌ 日・祝、休業日 💰 無料 🅿 あり 🚃 JR 二島駅から徒歩 15 分

見学者限定「シャボンちゃん石けん」が購入できる

1. 個人と団体見学（10 名～）の日が分けられ、団体の日は小学校の社会科見学なども受け入れている 2. おなじみの無添加石けんが型打ちされていく

予約方法　見学の2週間前までに公式サイト（🔗www.shabon.com/factory）に掲載されている見学可能日を選び、申し込む（複数日の仮予約は不可）。

所要時間　約70～90分

---

 info 「シャボンちゃん」は前社長・森田光徳の娘がモデル。赤ちゃんがいつの時代も愛される存在であることや、無添加石けんが赤ちゃんにも使えるほど優しいという意味が込められている。

小倉北区

TOTO株式会社小倉第一工場／
とーとーかぶしきがいしゃこくらだいいちこうじょう
TOTOサニテクノ株式会社
とーとーさにてくのかぶしきがいしゃ

本社敷地に隣接した工場

熟練の技術で職人が
品質を守る姿に感動

「TOTO株式会社小倉第一工場」では衛生陶器の製造過程を見学できる。型から出してすぐの製品は軟らかいため熟練の技が必要となる成形工程や、乾燥後や焼成後の肉眼での点検・検査など、最新のテクノロジーを用いながらも、人の手や目でしっかりと品質が守られていることが伝わり、ものづくりへのこだわりが感じられる。

1. 型から取り出した製品は、乾燥前に人による点検が行われる 2. 高温のトンネル窯で時間をかけて焼き上げられる

MAP 別冊 P.8-B2

🏠 北九州市小倉北区中島 2-1-1 📞 093-951-2053（小倉第一工場 事務管理グループ）🕐 月・火・木の 9:30〜10:40、10:30〜11:40 に開催 ❌水・金・土・日・祝、工場休日、5〜7月は開催なし ※変更の場合あり 💴無料 Ｐ あり 🚌小倉駅バスセンターから西鉄バス戸畑駅行き、ジアウトレット北九州行きなどで貴船町下車、徒歩１分

参加は中学生以上、5名から。見学の2週間前までに電話にて予約枠を確認し、その後、申込書（📧tst.jp.toto.com/product/factory/kokuraにあり）を提出。

所要時間 約70分

講堂のように広い２階。観光列車や新幹線のシートが並び、実際に座ることができる

小倉北区

JR九州小倉工場鉄道ランド
じぇいあーるきゅうしゅうこくらこうじょうてつどうらんど

観光列車の深い魅力に
間近で触れる

2022年、日本の鉄道開業150周年を記念し、在来線車両の修繕や改造を行う「JR九州 小倉総合車両センター」に新施設「小倉工場鉄道ランド」が誕生。ツアーに申し込むと小倉駅から専用列車に乗車し、そのまま鉄道ランドへ。広いミュージアムにはミニトレインが走り、子供用の遊具もあるほか、観光列車のシートなども展示。数々の列車デザインを手がけた「ドーンデザイン研究所」の貴重な資料も展示されている。

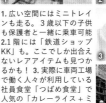 
1. 広い空間にはミニトレインも走る。3歳以下の子供も保護者と一緒に乗車可能 2. 1階には「鉄道ショップ KK」も。ここでしか出合えないレアアイテムも見つかるかも！ 3. 実際に車両工場で働く人々が利用している社員食堂「つばめ食堂」で人気の「カレーライス＋ミニかしわうどん」をいただける 4. 整備中の車両を見学できる特別ツアーも用意されている

🏠 非公開 📞 092-482-1489（JR九州トラベルデスク）🕐 ツアー開催日程は公式サイト（📧www.jrkyushu.co.jp/train/kokurakojo）にて公開 💴6000 円 Ｐ なし

団体ツアーへの事前申し込みが必須。開催日程は公式サイト（📧www.jrkyushu.co.jp/train/kokurakojo）で告知され、オンラインで申し込みと支払いを行う。

所要時間 約4時間30分

---

 info 「JR九州小倉工場鉄道ランド」では観光列車をデザインしてきた水戸岡鋭治直筆のポスターなども展示。「ドーンデザイン研究所」のオフィスも再現されていて、見ごたえがある。

地図ってこんなに楽しい！
ゼンリンミュージアムへGO！

リバーウォーク北九州にある「ゼンリンミュージアム」は地図会社のゼンリンが手がける企業博物館。国内外の古地図などが揃い、地図とその背景にある歴史に触れられる。

大人の知的好奇心を満たす地図の魅力

国内外の古地図コレクションを展示している「ゼンリンミュージアム」。そのコンセプトは"歴史を映し出す地図の紹介"。館内では16〜20世紀に西洋で描かれた日本地図や、伊能図をはじめとする地図を歴史とともに紹介。時系列に沿って地図の旅を楽しめる。また、展示室内には学芸員「Zキュレーター」が常駐し、文章だけでは説明しきれない作り手の思いや時代背景などをわかりやすく解説してくれるので、気軽に話しかけてみよう！

地図の本質的な価値、新しい魅力に触れてもらえたらうれしいです

副館長／学芸員
新井啓太さん

チケットホルダーと入館券は、企画展によってデザインが変わる

住 北九州市小倉北区室町1-1-1リバーウォーク北九州 14F **電** 093-592-9082 **開** 10:00〜17:00（最終入館 16:30）**休** 月（祝日の場合は翌平日）**料** 1000円 **P** あり（リバーウォーク北九州駐車場）**交** JR小倉駅小倉城口から徒歩10分
MAP 別冊 P.20-A2

館内の見どころをチェック！

まずは人と地図の関わりを学んでから展示ゾーンへ！

常設展と企画展合わせて約120点の地図を展示

16〜19世紀「世界の中の日本」

西洋で描かれた日本地図の変遷を展示

ブランクス／モレイラ「日本図」

ポルトガル人地図製作者イグナシオ・モレイラが2年間日本に滞在し、実態に近い日本図を完成させた。写真の図はモレイラの図を基にした銅版画。

19世紀「伊能図の出現と近代日本」

伊能中図の原寸複製を床いっぱいに展示

伊能中図「大日本沿海輿地全図」

伊能忠敬が17年の歳月をかけて約4万kmを実測した正確な日本全図。

窓際の展示スペースからは小倉城がきれいに見え、市街地を描いた昔の地図と現在の街を比較できる

スマホを置いて、伊能中図とともに自撮りができるフォトスタンドが設置されている

地図の余韻に浸りひと休み！

たっぷりと地図を堪能したあとは、入館者限定の休憩スペース「Ligare（リガーレ）」へ。ここではコーヒーなどの飲み物とともに北九州の銘菓を味わえる。

スタッフが厳選した地元のお菓子のほか、企画展に関連した期間限定商品も楽しめる

窓の向こうには関門海峡の絶景が広がる

見たこともない地図グッズがずらり
Map Design GALLERY 小倉に行こう

地図をモチーフにしたセンスあふれるグッズが揃う

「地図に親しむ空間」をコンセプトに、地図をデザインしたさまざまな商品を販売する専門店。ゼンリンミュージアムの公式グッズをはじめ、福岡や九州の地図をデザインしたオリジナルグッズが揃う。

ミュージアムグッズやおみやげはここで！

🏠 北九州市小倉北区室町 1-1-1 リバーウォーク北九州 1F 📞 093-482-3510 🕐 10:30〜18:30
休 無休 CC ADJMV P あり（リバーウォーク北九州駐車場）🚃 JR
小倉駅小倉城口から徒歩 10 分

MAP 別冊 P.20-A2

店長
鈴木貴子さん

ミュージアム見学のあとに、ぜひ立ち寄ってくださいね！

クリアファイルやハンカチなどのミュージアムグッズが人気

風呂敷各 3080 円、コンビニエコバッグ 各 1210 円。どちらも小倉バージョンあり

点線のところで切って重ねると門司港レトロの地図になる仕様のマスキングテープ 715 円

各都道府県の名産品・各所をモチーフにしたシリーズ「街まち 47palette」。福岡県は「めんたいこ」がモチーフ

新商品やクーポン配信など、お得な情報をお届け！

LINE 友だち追加はこちら

ワンポイント刺繍が特徴のタオルハンカチ各 1320 円

小ぶりなサイズのカラーピンズ各 1100 円。佐賀県など近隣県も人気

あのメニューを徹底調査！
北九州発祥グルメ

さまざまな時代背景から生まれた北九州発祥のメニュー。
時を経て、それぞれに進化した地元の味を食べ比べ。

誕生 History

少ない食材でおいしく作ることができるぎょうざは、戦後の貧しい時代に工場で働く労働者の胃袋を満たしてきた。さらに、鉄鉱石などの取引により中国大陸との交流があったことでぎょうざという食文化が北九州に根づいていったとか。
「ぎょうざを通して八幡の魅力を発信しよう」と平成18（2006）年に「八幡ぎょうざ協議会」が発足。現在加盟する店舗は約50店舗。「鉄なべぎょうざ」は八幡ぎょうざのひとつで、ほかにも中国本土系・ラーメン系・お母さん系の4系統に分類される。今では浜松・宇都宮に並ぶ「日本の3大ぎょうざ」として知られるようになった。

アツアツの
ぎょうざを
味わって

焼きぎょうざ（580円）
大きさ＝ 6cm
具のこだわり＝
7割はキャベツなので野菜の甘味がたっぷりでヘルシー

2代目の宇久知紀さん

発祥グルメ ①
「日本3大ぎょうざ」のひとつ
八幡×鉄なべ ぎょうざ

本店鉄なべ
パリッとした食感が魅力
鉄なべぎょうざ発祥の店

　昭和33（1958）年に折尾で誕生した鉄なべぎょうざの店。その誕生のきっかけは創業者の兄が東京で食べた鉄板のせスパゲティ。熱々のまま料理を提供できると18cmサイズの鉄鍋を特注し、パリッとした食感を楽しめる鉄なべぎょうざが誕生した。ぎょうざはキャベツがたっぷり入ったひと口サイズで、子供から高齢者までファンが多い。オープンキッチンをぐるっと囲むカウンターから、ぎょうざを包む職人技を見ることができるのも楽しい。

MAP 別冊 P.16-A3
🏠 北九州市八幡西区黒崎
1-9-13　☎ 093-641-7288
🕐 11:00 ～ L.O.21:30　休木
（祝日の場合は変更あり）　CC
JMV　P なし　交 JR 黒崎
駅南口から徒歩3分

①鉄なべで焼き、できたてのままいただくことができる ②カウンターでぐるりと囲まれたキッチン ③ふたつ並んだ看板が目印

八幡 izakaya1901
全国 9 都市の
ご当地ぎょうざを味わえる

官営八幡製鐵所が創業した年を屋号にした、八幡ぎょうざ協議会会長の店。定番の「八幡 1901 餃子」は、アツアツの鉄なべで提供する「焼き」、カラッとした「揚げ」、つるんとした食感の「スープ」が選べる。揚げた八幡 1901 餃子に甘辛い味噌をのせた「八幡焼結辛みそ餃子」もおすすめ。緑色の皮が特徴の「仙台あおば餃子」やぎょうざを丸く並べる「福島円盤餃子」など他都市のぎょうざと食べ比べよう！

❶八幡中央町商店街の一角にある
❷坂本会長と八幡ぎょうざPR隊長のヤハタン

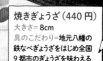

MAP 別冊 P.15-D3
🏠 北九州市八幡東区中央 2-15-14　☎ 093-616-8374　🕐 17:00 ～ 22:00　🈺 日　💳 AJ　🅿 なし　🚃 JR 八幡駅から西鉄バス砂津行きで中央二丁目下車、徒歩 1 分

焼きぎょうざ（440 円）
大きさ= 8cm
具のこだわり=地元八幡の鉄なべぎょうざをはじめ全国 9 都市のぎょうざを味わえる

ぎょうざ工房 風人。
皮もあんも
研究を重ねたぎょうざ

こだわり抜いた手作りぎょうざを味わえる店。自慢の皮は、特上の小麦粉を独自の配合でブレンドし、その日の気温や湿度に応じた水分量を調節している。水ぎょうざではモチモチ感を、焼きぎょうざではパリッとした食感を楽しめる。中のあんは甘味が強いキャベツに、国産の牛肉と豚肉をたたいて入れ、青森県産高級ニンニクをほんの少しプラス。ぎょうざにお好みの一品が付いたランチは食べ応え満点！

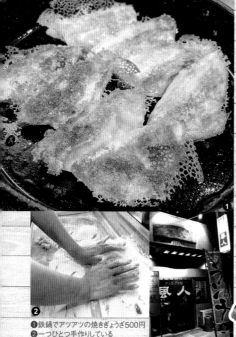

❶鉄鍋でアツアツの焼きぎょうざ500円
❷一つひとつ手作りしている

細部まで計算されたぎょうざをめしあがれ

店主の蒔田隆志さん

MAP 別冊 P.16-B1
🏠 北九州市八幡西区楠木 1-2-20　☎ 093-695-0411　🕐 11:30 ～ L.O.22:00　🈺 月　💳 不可　🅿 あり　🚃 JR 本城駅から徒歩 7 分

焼きぎょうざ（500 円）
大きさ= 7cm
具のこだわり=国産の牛肉と豚肉にキャベツ。ニンニクはほんの少し加える

発祥グルメ 2
各店舗の個性を楽しもう！
小倉×焼うどん

元祖だるま堂の
焼うどん（600 円）
麺の特徴＝乾麺
具（ソース）のこだわり＝
昭和 20（1945）年の創業
当時から変わらぬ味を守
り続けている

誕生 History

　小倉が発祥の地とされる「焼うどん」。終
戦直後、鳥町食道街の「だるま堂」の店主
が、焼そば用の麺がなかったため、ゆでた
乾麺を焼いて出したところモチモチ食感が
好評だったのが始まりとされている。「焼う
どんをとおして町の魅力を知ってほしい」と、
平成 13（2001）年に小倉焼うどん研究
所が結成され、作成する「焼うどんマップ」
には約 40 店舗が名を連ねている。小倉焼
うどんは、キャベツは若松産、小倉の地酒
で香り付けするなどのルールがある。

だるま堂
小倉焼うどん研究所が守り続ける
戦後から続く懐かしの味

　昔ながらの飲食店が連なる鳥町食道街の一角
にある焼うどんの聖地。2 代目店主が亡くなっ
たあと存続が危ぶまれたが、2020 年に小倉焼
うどん研究所が継承。だるま堂の味を復刻させた
「元祖だるま堂の焼うどん」600 円や、焼うど
んに半熟の目玉焼きがのった「天窓」750 円の
ほか、小倉焼うどん研究所が開発した焼うどん
を提供する。焼うどんセットや秘伝のソースも販
売しているので、おみやげに最適。

焼うどんを
次世代に
伝えたい

❹　❶

❶小倉焼うどん研究所・所長の竹中康二さん
❷2代目店主の坂田さん夫妻
❸2020年にリニューアルした店舗
❹小倉焼うどんをPRするだるまちゃん

❷　❸

MAP 別冊 P.21-C2
⌂北九州市小倉北区魚町 1-4-17　☎ 093-287-5215　🕐 11:30 ～
19:00（金・土～ 21:00）、日 11:00 ～ 18:00　休水　CCADJMV
🅿なし　交 JR 小倉駅小倉城口から徒歩 4 分

お好み焼き いしん
オリジナルの焼うどんも
種類が豊富！

　「お好み焼きに革命を」との思いで命
名された店名のとおり、地元食材や海
の幸を使ったお好み焼きをはじめ、多
彩なメニューを提供。醤油ベースのオリ
ジナルソースが香ばしい「小倉発祥
うどん」770 円やクリーミーな「博多
明太子クリーム焼うどん」960 円など
10 種類の焼うどんを楽しんで。

天まど小倉発祥
焼うどん（820 円）
麺の特徴＝乾麺
具（ソース）のこだわり＝
平成 14（2002）年の「天
下分け麺の戦い」の時に
開発した小倉焼うどん専用の
「バトルソース」を使用

❶シックな店構え　❷「天ま
ど」はトロトロの温泉卵と混ぜ
て食べよう！

❶　❷

お好み焼きも
おすすめ！

店主の向井博幸さん

MAP 別冊 P.21-C3
⌂北九州市小倉北区魚町 3-1-11　クロ
スロード魚町 1F　☎ 093-541-0457
🕐 11:00 ～ 21:00（L.O.20:00）　休火
CCADJMV　🅿なし　交 JR 小倉駅小倉
城口から徒歩 8 分

鉄板焼 沢
鉄板で提供するつやつやの焼うどん

　重厚な雰囲気が漂う鉄板焼きの店。国産和牛ステーキをはじめ、お好み焼きなど多彩なメニューを目の前の鉄板で焼いてくれる。野菜や豚肉を強めの火力で焼き、自家製のニンニク醤油で仕上げる焼うどんは、鉄板で提供され、ジューッという音と香ばしさが食欲をそそる。予約をするか 21:00 以降の来店がおすすめ。

MAP 別冊 P.21-D3
🏠北九州市小倉北区堺町 1-8-1
📞 093-511-5821 🕐 17:00 〜
23:00 (L.O.22:30) 🛌日・祝
💳ADJMV 🅿 なし 🚃 JR 小倉駅小倉城口から徒歩 8 分

焼うどん（950 円）
麺の特徴＝**モチモチ麺**
具（ソース）のこだわり＝
鶏がらスープで下味をつけた麺は、まろやかな味わい

本格派
焼うどんを
めしあがれ

店内はL字のカウンターのみで落ち着いた雰囲気

玉川食堂
和風だしが
決め手の醤油味

　大正 8（1919）年に料亭としてスタート。60 年前に小倉に移転して以来「和食のよろず屋」として愛されてきた食堂だ。焼うどんは、野菜を炒める間にうどん麺をスープに浸して下味をつけているのがポイント。カツオとコンブのだしで割った醤油、ウスターソースの 2 種類の味付けを選べる。

焼うどん（780 円）
麺の特徴＝**コシのある太麺**
ソースのこだわり＝だしで割った醤油かウスターソースが選べる

MAP 別冊 P.21-C2
🏠北九州市小倉北区魚町 2-3-21 📞 093-522-6305 🕐 11:30 〜
L.O.21:30 🛌水
💳 不可 🅿 なし 🚃
JR 小倉駅小倉城口から徒歩 4 分

家族で仲よく切り盛りしています

スタッフの奥本康子さんと夕子さん

和羅部　ピリ辛のソースが
クセになる

　小倉駅小倉城口を出てすぐの所にある一銭洋食の店。22mm の厚さの鉄板で作る焼うどんは、火がゆっくり伝わることでシャキシャキのキャベツやもやしとモチモチの麺が絡み合いおいしくなる。パリッとした皮の食感が特徴の看板メニュー「一銭洋食」もぜひ味わって。

愛情込めて作ってます

店主の近谷さん

夜遅くまで開いているのがうれしい

MAP 別冊 P.21-C2
🏠北九州市小倉北区京町 2-6-16 📞 093-541-3401
🕐 12:00 〜 L.O.22:30 🛌不定休 💳不可 🅿なし
🚃 JR 小倉駅小倉城口から徒歩 1 分

焼うどん（600 円）
麺の特徴＝**モチモチ太麺**
ソースのこだわり＝**京都から取り寄せるピリ辛ソースが味のアクセントに**

発祥グルメ3

王道から個性派までさまざま
門司×焼きカレー

野菜ソムリエの王様焼きカレー（1265円）
ルーの特徴=ハーブとスパイスがさわやかに香る
こだわり=野菜ソムリエが厳選した旬の野菜がたっぷり

誕生 History

明治から昭和の初めにかけて国際貿易港として栄えた門司港。当時は多くの洋食店が並び、西洋と東洋の食文化を織り交ぜたメニューも誕生した。焼きカレーの始まりは諸説あるが、昭和30年代、門司港にあった喫茶店が発祥といわれている。店で余ったカレーをオーブンで焼いたところおいしく仕上がったため、新メニューとして提供。以後、人気となり、家庭でも作られるようになった。

オンリーワンのカレーを旅の思い出に！

せかいにひとつだけのやきかれー ぷりんせすぴぴもじこう
世界にひとつだけの焼きカレー
プリンセスピピ門司港
異国情緒あふれる個性派！

世界を旅したシェフが作るオンリーワンの焼きカレーが評判。おすすめは、タイ王国妃殿下も絶賛したという「野菜ソムリエの王様焼きカレー」（1日30食限定）。タイ王宮料理のレシピをベースに、ココナッツミルクと十数種類のハーブやスパイスのフレッシュな香りが食欲をそそる。野菜ソムリエのシェフが厳選した野菜がたっぷり味わえるのもうれしい。異国情緒あふれる店内の雰囲気も魅力だ。

店主のマルコ（岡崎）さん

MAP 別冊 P.22-A3
住 北九州市門司区西海岸 1-4-7 **TEL** 093-321-0303 **営** 11:00 ～ 15:00 (L.O.14:00)、17:00 ～ 21:00 (L.O. 20:00) **休**火
CCADJMV **P**なし
交JR 門司港駅北口から徒歩1分

門司港王様焼きカレー・レトルト各600円はおみやげにぴったり

①自然光が差し込む明るい店内でゆっくり過ごせる
②赤い屋根とにぎやかな旗が目印

スーパー焼きカレー（1045円）
ルーの特徴=辛さとフルーティさがマッチ
こだわり=たっぷりのチーズ&とろ～り半熟卵でおいしさ倍増

べあふるーつ もじこうほんてん
BEAR FRUITS 門司港本店
フルーティさとコクが自慢の実力派！

たっぷりの野菜や果物、スパイスをじっくり煮込んで作る「スーパー焼きカレー」は、焼きカレーコンテストで1位を獲得したこともある看板メニュー。口に入れた瞬間に広がる甘さと、ジワジワと込み上げてくる辛味、果実のフルーティさが絶妙にマッチし、一度食べたらクセになりそう。テーブルに置いてある香味豊かな「びっくりスパイス」で、辛さとコクを自分好みにプラスできるのもうれしい。

MAP 別冊 P.22-A3
住北九州市門司区西海岸 1-4-7 門司港センタービル 1 階
TEL 093-321-3729 **営** 11:00 ～ 21:00 (L.O.20:30)、金・土・祝前日 ～ 22:00 (L.O.21:30) **休** 無休
CCADJMV **P**なし **交**JR 門司港駅北口から徒歩1分

展望レストラン 陽のあたる場所

てんぼうれすとらん ひのあたるばしょ

絶景を眺めながら味わう

　関門海峡を望む海沿いのビルの7階にあり、抜群のロケーションが自慢のイタリアンレストラン。シェフが手がける本格派の焼きカレーは、10年以上継ぎ足しているデミグラスソースをベースにした、ほろ苦さと奥深いコクを感じる上質な味。また、ライスは白米ではなく、牛肉入りのバターライスを使っているのもおいしさの秘訣。焼きカレー定番の卵をあえて使わず、カレーのコクとバターライスのうま味をとことん味わえる渾身の一品だ。

MAP 別冊 P.22-A3

🏠 北九州市門司区西海岸1-4-3日産船舶ビル7階
☎ 093-321-6363
営 11:00～14:00（土・日・祝 ～15:00）、17:00～22:00 休火 CC ADJMV
P なし 交 JR門司港駅北口から徒歩1分

関門海峡を行き交う船を眺めながら癒やしの時間を

シェフの小野さん

伽哩本舗 門司港レトロ店

かりいほんぽ もじこうれとろてん

昔ながらのどこか懐かしい味わい

❶門司港駅を出てすぐ左手にある、海を望むビルの2階 ❷眺めのいい店内でこだわりの味を満喫しよう

　昔ながらの味を大切に受け継ぐ焼きカレー専門店。レトロな雰囲気の店内で、関門海峡を眺めながら食事が楽しめる。いちばん人気の「九州産黒毛和牛の焼きカレー」（Mサイズ・1500円）は、大きくカットしたA5等級の牛肉がゴロゴロと入って食べ応え満点。肉汁のコクがカレーに溶け込み、卵とチーズがまろやかに絡む至福の味だ。特注窯に入れ、320度で焼き上げておいしさを閉じ込めたこだわりの焼きカレーをぜひ味わって。

MAP 別冊 P.22-A2

🏠 北九州市門司区港町9-2阿波屋ビル2階 ☎ 093-331-8839 営 11:00～20:00（L.O.19:30）休不定休 CC MV
P なし 交 JR門司港駅北口から徒歩1分

北九州市の
プロスポーツを応援

本拠地を北九州市に構えたり、北九州市で活動するプロスポーツチームをご紹介。サッカー、ソフトボールなど、地元で愛されているチームの迫力ある試合を見にいこう。

FOOTBALL

© GIRAVANZ

クラブエンブレム
©2009 GVK

公式グッズ

チームカラーのイエローを身に付けて一体感を味わおう

マスコット「ギラン」のぬいぐるみ2200円（左）、小倉織のショルダーストラップカードケース3850円（右）

北九州が誇る名門チーム

ギラヴァンツ北九州
ぎらうぁんつきたきゅうしゅう

　平成13（2001）年にクラブチームとして発足し、平成22（2010）年からJ2リーグに参戦（2023年12月現在はJ3リーグで活躍中）。チーム名は北九州市の市花ヒマワリを意味するイタリア語の"Girasole（ジラソーレ）"と「前進する」という意味の"Avanzare（アヴァンツァーレ）"を合わせた造語。「市民の誇りとして町のシンボルとなるチーム」を目指し、若い選手たちが活躍中！

チームデータ

試合会場	ミクニワールドスタジアム北九州
	最前列は、タッチライン・ゴールラインとの距離がわずか8m！ 選手の目線と同じ高さで観戦できる日本初のゼロタッチスタンドを採用。[ミクニワールドスタジアム北九州] DATA→P.167
シーズン	毎年2〜11月頃
チケット購入方法	「Jリーグ ID」に登録し、QRチケットをゲットしておけば入場もスムーズ。当日券はスタジアム窓口でも販売

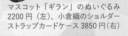

❶1万5000人を収容する大きなスタジアム　❷メインスタンドと両サイドスタンドに屋根があり雨天も安心

九州で唯一の日本リーグ加盟チーム

takagi 北九州 Water Wave
たかぎ きたきゅうしゅう うぉーたー うぇーぶ

北九州にある蛇口一体型浄水器メーカー「タカギ」のチーム。かつて地元で愛されていた「東芝北九州」と「CLUB北九州」のふたつのチームの歴史を引き継ぎ、平成29（2017）年に創部。2022年より日本女子ソフトボールリーグ「JDリーグ」で活躍する期待のチームだ。

ブルーのユニフォーム姿が凛々しい！

©JD.LEAGUE

©JD.LEAGUE

地元出身の選手をはじめ九州外からも実力派の選手が集まる

オリジナルTシャツ
2500円

公式グッズ

オリジナルタオル
1500円

チームデータ

試合会場	北九州市民球場など
	昭和32（1957）年に「小倉球場」として誕生した。北九州で唯一、プロ野球の試合が開催される。［北九州市民球場］　🏠 北九州市小倉北区三萩野2-10-1　🚇 北九州モノレール香春口三萩野駅から徒歩10分　**MAP** 別冊P.9-C2
シーズン	週末を中心に年間29試合
チケット購入方法	前売り券はJD.LEAGUEチケットサイトやチケットぴあ、当日券はスタジアム窓口でも販売

オオカミのように気高く激しく！

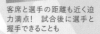

ボルクバレット北九州
ぼるくばれっときたきゅうしゅう

社会人フットサルチーム「WORST!」が前身で、日本フットサルリーグ「Fリーグ」に所属。ロシア語でオオカミを意味するボルク、そして英語で弾丸を意味するバレットを組み合わせたチーム名を体現する、前線からの速いプレスが持ち味。スピード感のある試合に夢中になること間違いなし。

客席と選手の距離も近く迫力満点！ 試合後に選手と握手できることも

瞬きを忘れるほど手に汗握る試合展開

JR陣原駅そばにはチーム公認のカフェ「BORK crescente cafe」もある

チームデータ

試合会場	北九州市立総合体育館など
	3つの競技場がある体育館。「北九州メディアドーム」「アクシオン福岡」でも試合を開催。［北九州市立総合体育館］　🏠 北九州市八幡東区八王寺町4-1　🚇 JR小倉駅小倉城口から西鉄バス魚町・堅町・下到津・七条・折尾駅行きで到津の森公園前下車、徒歩10分　**MAP** 別冊P.15-C1
シーズン	毎年5〜12月頃
チケット購入方法	前売り券はオンライン総合マーケットプレイス「ツクツク!!!」、当日券はスタジアム窓口でも販売

北九州と下関を結ぶ若いチームに注目！

きたきゅうしゅうしものせきふぇにっくす

北九州下関フェニックス

　九州アジアリーグに参戦する「北九州下関フェニックス」。2021年に設立した若いチームで、創立者は福岡県出身・堀江貴文氏。地元を野球×エンタメで盛り上げようと、従来の枠にとらわれない、新たなプロ野球球団としての形を模索している。

球団初の優勝に向けて、選手たちが全力で戦う

チームデータ	
試合会場	北九州市民球場など
	北九州を代表する球場。九州六大学野球連盟のリーグ戦など、大学野球の試合も行われている。［北九州市民球場］　→P.67
シーズン	毎年3月頃〜9月頃
チケット購入方法	球団公式サイトを要確認

公式グッズ

マフラータオル 2000 円、キャップ 4000 円などグッズもいっぱい

ホームタウンのひとつが北九州のチームも！

にっぽんせいてつさかいぶれいざーず

日本製鉄堺ブレイザーズ

　「炎の男たち」という意味の「ブレイザーズ」の本拠地は大阪府堺市。昭和14（1939）年に北九州で創部し、昭和44年（1969）年に本拠地を移すまで活動していたという縁から、現在も北九州市がホームタウンのひとつとなっている。

BLAZERS
SAKAI WAKAYAMA KITAKYUSHU

若い選手が多数活躍中

リーグ最多の優勝 17 回を誇る強豪チーム

マスコットキャラクターの我王（がおう）

チームデータ	
試合会場	北九州市立総合体育館など
	国際大会から個人利用まで可能。バスケットボールやバドミントンなど、さまざまな試合が行われる。［北九州市立総合体育館］　DATA→P.67
シーズン	毎年10月頃〜翌4月頃
チケット購入方法	日本製鉄堺ブレイザーズチケット販売サイト、Vリーグ公式チケット販売サイト、チケットぴあ、当日券は会場でも販売

市民スポーツもCheck!

北九州市は市民スポーツも盛ん。町や自然のなかで開催される大会をご紹介しよう。

北九州の名所を走る！
北九州マラソン
<small>きたきゅうしゅうまらそん</small>

　小倉北区の北九州市役所前をスタートし、小倉城や八幡東区の東田第一高炉跡などの名所を走る。ペアリレー、ファンラン、女性限定20kmマラソンなどのコースもあり、途中で提供される北九州の銘菓や小倉牛の丸焼きはランナーに大好評。

アップダウンが少なくマラソン初心者大歓迎

完走者は完走メダルがもらえる

門司では海を眺めながら走ることができる。沿道の応援が多いことでも有名

大会データ	
開催時期	毎年2月頃（ランナー募集は前年8月頃～）
問い合わせ先	北九州マラソン実行委員会事務局 ☎093-582-2831

10kmの一般の部と3kmの一般・中学生の部などがある

大自然のなかをランナーが走る

自然と共存するランニングレース
平尾台クロスカントリー
<small>ひらおだいくろすかんとりー</small>

　舞台は日本3大カルストに数えられ、国の天然記念物に指定される「平尾台（→P.86）」。羊群原とも呼ばれる広大な台地は、絶景が広がる最高のレース会場だ。レース時には、オキナグサやヒトリシズカなどの絶滅危惧種の植物を目にすることができるかも。

大会データ	
開催時期	毎年3月頃（ランナー募集は前年12月頃）
問い合わせ先	平尾台クロスカントリー実行委員会事務局（小倉南区役所コミュニティ支援課内）☎093-951-1037

世界的なトレイルランナーが監修
北九州・平尾台トレイルランニングレース
<small>きたきゅうしゅう・ひらおだいとれいるらんにんぐれーす</small>

　国内外で活躍するトレイルランナー・石川弘樹氏が監修するレース。自然と人、スポーツが共生するレースを目指し、羊群原や大平山、周防台など平尾台の大自然を体感できる、見どころ満載のコースが評判で、全国からランナーが訪れている。

羊の群れのような白い石灰岩が点在する羊群原

ロングコース40km、ショートコース17kmがある

最高に気持ちいい！

大会データ	
開催時期	毎年4月頃（ランナー募集は2月頃）
問い合わせ先	北九州・平尾台トレイルランニングレース実行委員会事務局 ☎093-531-6481

小倉城を遊び尽くす!

撮影スポット

小倉城庭園の中庭にある「城見テラス」は、城の周りに近代的な建物が写り込まない、城だけの風景が撮影できる貴重なスポットだ。

堂々たる姿で町を見守る

小倉城（こくらじょう）

　関ヶ原の戦いの功績により細川家が小倉に入り、大規模改修を行って全国有数の規模を誇る天守閣を完成させた小倉城。JR小倉駅や繁華街などからほど近い町の中心に位置し、敷地内には小倉城庭園やしろテラス、北九州市立松本清張記念館、八坂神社といった観光スポットをはじめ、北九州市役所やリバーウォーク北九州などがあり、小倉のランドマークとなっている。

DATA ➡ P.154

小倉城武将隊

小倉城の魅力向上を目指し、2022年に結成された「スーパー城エンターテイメント集団」。小倉藩ゆかりの武将や武士に扮する俳優陣の演劇や演舞を見ることができ、地元ファンも多い。開催は天守閣5階で13:00～、15:00～

所要時間
城だけなら1時間、じっくり回るなら3時間

散策のポイント

天守閣の見学のみなら40分ほどでOK。城に入った所にチケット売り場がある。ゆっくり回るなら、まずは小倉城庭園を見学し、敷地内の公園を散策し、小倉城へ。共通券もある。小倉城内はさまざまな体験スポットが設けられているので、チャレンジするのも楽しい。おみやげはしろテラスで。御城印もこちらでもらえる。

リバーウォーク北九州

八坂神社

小倉城庭園

小倉城

しろテラス

松本清張記念館

北九州市役所

城内散策

天守閣のある本丸のほか、北の丸や松の丸など、城壁や門が残る城内を散策

城の玄関口となる大手門。立派な巨石を多用した正門にふさわしい姿が印象的

天守閣前広場には佐々木小次郎と宮本武蔵のモニュメントが設置されている

▲ 白装束の忍者を探せ！

　まるで城内を走っているかのように見えるとSNSで話題になっているのが石垣の白装束の忍者。小倉城の石垣は自然の石をそのまま積み上げた「野面積み」が特徴的で、足立山系から運び出された自然石が使用されている。石垣の四隅に積まれた白い花崗岩が白装束の忍者の正体だ。

【小倉城の歴史】

永禄 12（1569）年
中国地方の毛利氏が現在の地に城を築いたことに始まる。

慶長 7（1602）年
関ヶ原合戦の功労により細川忠興が入城し、本格的な築城が始まる。約7年の歳月をかけて城が完成。外国貿易を積極的に行ったほか、祇園祭りを誕生させた。

寛永 9（1632）年
細川氏が熊本に転封後、細川家と姻戚関係のある小笠原忠真が入国。小倉・小笠原藩は徳川3代将軍家光から九州諸大名監視の特命を受けた。小倉は九州各地に通ずる街道の起点として重要な地位を確立し、城下町も栄えた。

天保 8（1837）年
火災により全焼。2年後に再建されるが天守閣は再建されず。

慶応 2（1866）年
幕末期には長州攻めの基地となり、小倉藩と熊本藩は勇敢に戦ったが、自ら火を放って戦線を後退。

明治 31（1898）年
陸軍の司令部が城内に置かれたが、戦後米国に接収され、昭和32（1957）年に解除。

昭和 34（1959）年
市民の熱望によって天守閣が再建された。

【ここがすごい！】

●層塔型（1階から最上階まで四角い箱を順番に積み上げていくような形）の天守のなかでは1階の床面積日本一。
●全国の天守のなかで6番目の高さ。床面積×高さで求める容積は3番目。
●小倉城の総構え（城や城下町一帯を堀や石垣で囲った部分）の周囲の長さは大阪城と同じぐらいで約8km。
●東を紫川、西を板櫃川、南を寒竹川（現在の神嶽川）が流れ、小倉城は天然の河川を堀として利用している。北側には響灘があり、川と海に囲まれた総構えとなっている。

天守閣

平成 31（2019）年にリニューアルし、体験スポットが充実

小倉城武将隊がお迎えします！

1階

シアター

北九州市出身の俳優・草刈正雄のナレーションで小倉城400年の歴史を解説。約10分間のドラマチックな映像が楽しめる

流鏑馬ゲーム
大人も子供も大喜び！うまく的に当てられるかな!?

なりきり体験スポット
お姫様や侍の衣装を着て記念撮影。駕籠に乗ることもできる

大谷翔平選手の兜
元エンゼルスの大谷翔平選手がホームランのあとにかぶっていたのと同じメーカーの兜。小倉藩の武士の人形とともに、兜をかぶって撮影できる「兜かぶり体験」も不定期に開催している

細川藩・小笠原藩の歴史

2階は町の礎を築いた偉大な武将・細川忠興をはじめ、小倉藩主や周りの人物などにスポットを当てて紹介。創建当時の天守閣を再現した模型なども展示

2階

迎え虎

小倉城のシンボルである2枚の虎の絵は、小倉城が焼失した慶応2（1866）年が寅年だったことにちなんで天守閣再建の際に描かれた

送り虎

1階の「迎え虎」は千客万来を、2階の「送り虎」は麗虎招福の意味をもつ

4階 **5階**

4階はギャラリースペース、5階は展望スペースになっている。5階は週末不定期でバーとしても営業している

3階

宮本武蔵と佐々木小次郎

関門海峡にある巌流島の戦いで有名なふたりの謎に満ちた生涯を紹介している。佐々木小次郎の愛刀を再現した真剣と宮本武蔵の木刀を展示。頭上から降りかかってくる宮本武蔵のフィギュアと記念撮影できる

天守閣最上階で城飲み！
小倉城ナイトキャッスル

　夜の天守閣を開城し、最上階に「天守閣バー」がオープン。小倉の夜景を眺めながら、北九州の地酒をはじめ、さまざまなドリンクが楽しめる。オリジナルカクテル「ガラシャピンク」も人気。開催日の確認や予約は公式サイトから。

☎ 19:00 ～、20:00 ～、21:00 ～の3交代制　🈹 3000円（55分間。入城料、1ドリンク・おつまみ付き）

庭園を見ながら優雅なひとときを
小倉城庭園 アフタヌーンティー

　小倉城そばにある小倉城庭園で開催されるアフタヌーンティー。しっとりと落ち着いた環境のなか、美しい景色を眺めながら目の前で点てた抹茶と、北九州銘菓や季節ごとの生菓子が味わえる。期間限定で開催されており、開催日の確認や予約は公式サイトから。

🈹 5000円～（90分間、2部制、各回先着2～4名）

優雅な気分に浸れる
小倉城庭園
（こくらじょうていえん）

小笠原氏の別邸であった下屋敷（御遊所）跡を復元した庭園と、典型的な江戸時代の武家の書院を再現。茶室や展示棟なども備え、さまざまなイベントが開催されている。

DATA ➡ P.154

伝統的な建築様式である書院造りの本格的木造建築物と池泉回遊式庭園

隣接する立礼席で抹茶と季節のお菓子を味わえる

夏期は抹茶づくしのかき氷800円も人気

散策のあとの休憩＆おみやげ探し
しろテラス
（しろてらす）

ラウンジ、飲食コーナー、ショップ、観光案内所と4つの機能を兼ね備えた施設。ショップでは小倉でしか手に入らないさまざまなおみやげが揃う。飲食コーナーでは小倉の老舗茶屋「辻利茶舗」（➡ P.173）のメニューが味わえる。

DATA ➡ P.155

小倉城と小倉城庭園を散策したあとはここでひと休み

小倉城をかたどったボックスに入った石垣チョコ680円

御城印各500円の購入はしろテラスのみ

小倉名物のぬか炊きもいろいろなメーカーのものが揃う

小倉城武将隊のオリジナル商品もある。トートバッグ1800円

73

Pop Culture!

九州随一の発信地

ポップカルチャーとは大衆向けの文化全般を表すが、代表的なものとして日本発の漫画やアニメ、ゲームやコスプレなどが挙げられる。北九州市はそれらポップカルチャーの発信地として、全国のマニアやオタクたちから注目を集めている町。北九州市がいかにしてポップカルチャーの聖地として知られるようになったのか。発端のひとつとなった「北九州市漫画ミュージアム」の学芸員・表智之さんに話を聞いた。

漫画トンネル→P81

なぜ、北九州市はポップカルチャーの聖地となったのか？

漫画文化の歴史を背景に漫画ミュージアムが開館

北九州市はその地の利から昔から多様な文化が交流してきた。明治期には官営八幡製鐵所が創業し、貿易港・門司港も繁栄。新聞や社内報での掲載用に漫画の需要が高まった。その後も漫画文化は発展し、『銀河鉄道999』などで知られる松本零士をはじめ、数多くの著名な漫画家を輩出してきた。「2001年の『北九州博覧祭』や2004年の『とびうめ国文祭』などでは、松本零士先生や畑中純先生にご尽力いただきました。こんなにもすば

らしい漫画家がいるということを、北九州市の文化遺産として後世に遺したいというのが『北九州市漫画ミュージアム』の出発点でした」と表さん。当時、JR小倉駅北側に位置するビル（旧ラフォーレ原宿・小倉）のリニューアルが決定。「ビルを再活性化すべく、ポップカルチャーを主軸としたミニ秋葉原的なビルを作ろうという企画が進められました。その旗艦店舗として漫画ミュージアムが誕生したのです」。そのビルこそが「あるあるCity」。平成24（2012）年、同ビル5・6階に「北九州市漫画ミュージアム」が開館した。

町に徐々に根づくポップカルチャー

「あるあるCity」は漫画やアニメ、ゲームなどのポップカルチャー発信地であり、最新コンテンツが楽しめる。一方「漫画ミュージアム」は芸術文化施設として歴史的評価が高いコンテンツを紹介している。これらの施設誕生が起爆剤となって、漫画文化が町に根づい

あるあるCityと漫画ミュージアムが起爆剤となり、ポップカルチャーの基盤ができました

北九州市漫画ミュージアム
学芸担当係長
表 智之さん

北九州ゆかりの漫画家

出身や在住をはじめ、幼少期に住んでいたり市内の学校の通学歴があったり、また活動拠点を置いているなど、北九州ゆかりの漫画家は実に100名以上！ 代表的な漫画家をご紹介。

- 秋吉由美子
- 井上正治
- 上田信舟
- キクチマサフミ
- 国友やすゆき
- 神江里見
- 佐藤友生
- 篠塚ひろむ
- すえのぶけいこ
- 末松正博
- せきやてつじ
- 関谷ひさし
- たーし
- 高倉みどり
- 高田慎一郎
- 田中時彦
- 谷村ひとし
- 千代
- 中島史雄
- 永吉たける（武）
- 萩岩睦美
- 畑中純
- 藤原ここあ
- 文月今日子
- 冬木るりか
- 北条司
- 星里もちる
- 前川涼
- 松本零士
- Maria
- 陸奥A子
- ムロタニ・ツネ象
- 山口かつみ
- 山口美由紀
- 山田圭子
- わたせせいぞう

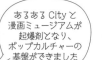

1.関谷ひさし 2.畑中純 3.文月今日子

※50音順、敬称略　出典元：北九州市漫画ミュージアム公式サイト

info 北九州は漫画家のみならず、漫画原作者、イラストレーター、アニメーション作家、絵本作家など、ゆかりの作家がたくさん！ 詳しくは北九州市漫画ミュージアムの公式サイトで公開されている。

北九州市漫画ミュージアム→P.78

あるあるCity→P.76

わたせせいぞうギャラリー門司港→P.81

あるあるCity→P.76

アニメ・漫画聖地一→P.80

陸奥A子ギャラリー花café→P.81

漫画トンネル→P.81

あるあるCity→P.76

ていった。平成27（2015）年には「街を
MANGAにする」をコンセプトとしたプロデュース会社「株式会社COLT」が誕生。漫画ミュージアムや行政機関、一般企業などと連携し、コンテンツの制作やプロデュース、コーディネート、作家の育成やマネジメントなどを行っている。また、平成26（2014）年からは九州最大のアニメやコスプレの祭典「北九州ポップカルチャーフェスティバル」（→P.77）が、平成29（2017）年からは創作同人誌展示即売会「九州コミティア」が毎年開催されるように。「点が線、そして面へ。ポップカルチャーがムーブメントとして広がり、根づいていきました。それがかなったのは北九州市がコンパクトで、距離感の近さというアドバンテージがあったから」と振り返る。

ポップカルチャーが産業になりえる未来

「この10年間でようやく作家さんを応援していくための土壌ができました。これからは北九州市から新しい漫画家やクリエイター、作品が世に出るときに具体的に支援できるかが重要な課題です。作家たちの制作拠点が増え、企業の誘致にも結び付くようなスキームをつくりたいですね」。そもそも北九州市は「ものづくりのまち」。聖地巡礼で人を集めるだけでなく、ポップカルチャーがひとつの産業として北九州市を盛り上げていく日も近いかもしれない。

© 松本零士／零時社

さらにCheck！
街をMANGAにする会社「株式会社COLT」

漫画家やクリエイターが制作に打ち込める仕組みを作ろうと、平成27（2015）年に設立。コワーキングスペース「TOKIWA創（ときわそう）」では新人漫画家を育成するほか、彼らを漫画ミュージアムのワークショップ講師として派遣したり、地域企業とマッチングして制作物を手がけるなど、地域と漫画を結び付ける架け橋となっている。また、P.80の「デザインマンホール」、P.81の「漫画トンネル」の制作も行った。近年は「ベテラン作家にもう一度脚光を」と陸奥A子のギャラリー兼カフェ（→P.81）を開き、グッズの制作・販売も行っている。

現在35人が所属する「TOKIWA創」

陸奥A子による門司港の「黄色いバナナ」を題材にしたオリジナルポストカード

株式会社COLT
社長 大野光司さん

漫画を地域とつなげ、世界とも結んでいきたいですね

さらにCheck！
オリジナルに特化の同人誌即売会「九州コミティア」

マンガ同人誌展示即売会「コミティア」（東京）の九州版として平成29(2017)年に発足。二次創作やパロディではないオリジナル作品限定で、プロアマ問わず作家たちが集う。北九州市主催の創作支援事業「CMJ（クリエイターズミーティングJAPAN）」に参画し、毎年1回開催中。

これまで開催された「九州コミティア」のカタログ

info 株式会社COLTでは、童画家・漫画家の畑たいむが描く「北九州路地裏シリーズ」の缶バッジなど、北九州ゆかりの作家グッズも制作。門司港レトロ地区にある「港ハウス」にて販売中だ。

75

アニメ・漫画・ゲーム etc.

あらゆるポップカルチャーの発信地

あるあるしてぃ
あるあるCity

マニア・オタク心をくすぐるテナントが勢揃いする聖地。さまざまなジャンルのショップのなかから、ぜひ訪れてほしいショップをピックアップ。

ビルを巡れば流行がまるわかり！

1階のエントランス付近には、来館したゲストのサイン色紙、ポスター、ポストカードが展示されている

地下1階から地上7階まで、アニメ、漫画、ゲームなど、ポップカルチャーに特化したテナントが集結。キャラクターグッズやアニメ・漫画・同人誌の専門店も複数あり「北九州のオタクの聖地」として名高い。流行をいち早く取り入れるテナントが多く、ビルを巡れば、ポップカルチャーやキャラクターの"今"がまるわかりだ。音楽スタジオやカラオケもある。**DATA** ➡ P.168

あるあるCity
ポップカルチャー系テナントガイド

7階
7階ホール（マルチスペース）
6階
北九州市漫画ミュージアム（博物館）→ P.78
5階
北九州市漫画ミュージアム（博物館）／ Under Land（コスプレ専門撮影スタジオ）／ジーストア小倉（アパレル＆グッズメーカーの総合ショップ）
4階
スマイルステーション（クレーンゲーム専門店）／まんだらけ（漫画・アニメ・同人誌・アンティークグッズなどの販売・買取）／駿河屋2号店（ゲームソフト・トレカなどの中古販売・買取）
3階
アニメイト（アニメ・コミック・ゲーム関連グッズの専門店）／カードラボ（トレカ販売・買取）／カードラボ＆ゲーマーズ小倉店（トレカ・ゲーム販売・買取）／メロンブックス（コミック・同人誌・PCゲームなどの専門店）／らしんばん（書籍・CD/DVDの中古販売・買取）
2階
ufotable Cafe ＆ マチ★アソビ CAFE 北九州（コラボカフェ）／ JUNGLE（フィギュア・超合金・プラモデルなどの販売・買取）／ G-stage（UFOキャッチャー・音楽ゲーム）／駿河屋1号店（アニメグッズ・フィギュアなどの販売・買取）／ジャングル キャラクター本舗 小倉店（乙女向けグッズなどの販売・買取）
1階
メディアカフェポパイ（インターネット・漫画喫茶）／めいどりーみん 小倉あるあるCity店（メイドカフェ）／ Delta Village（ゲーミングカフェ）
B1
コロッケクラブ（カラオケ）／ Hunaudieres（スロットカー専門店）／ soundBoogie（音楽スタジオ）／ B1F スタジオ（レンタルスタジオ）

---

pickup 1階
めいどりーみん こくらあるあるしてぃてん
めいどりーみん 小倉あるあるCity店

1. 買い物のあとにひと息つけるゆったりスペース
2. 外部のイベントにも出演する選抜キャスト

メイドキャストが
わくわくドキドキの萌えでご奉仕

おひとり様から友人同士、家族連れ、女子会までいろいろなシチュエーションで楽しめるメイドカフェ。訪れる「ご主人様」「お嬢様」が笑顔になるサービスを提供し、1時間に1回「ショータイム」も開催される。ドリンクやフードも食材、おいしさにこだわりあり。

☎ 093-967-8665　🕐 12:00 〜 22:00
無休　1時間 880円＋ワンオーダー
ADJMV

森の木陰のうさちゃんパフェ（いちご）1045円

お得な特典がいっぱい！

あるある City パスポート
スマホから簡単登録。会員になるとさまざまな特典が受けられ、プレゼント企画への応募もできる。

---

info あるある City のテナントには、ポップカルチャー系以外に飲食店やカラオケも入っているので、丸々1日かけてあるある City 館内で遊ぶことができる。

ufotable Cafe & マチ★アソビCAFE北九州

ゆーふぉーてーぶる　かふぇ　あんど　まちあそびかふぇ　きたきゅうしゅう

カフェ利用は店頭での受付順。週末は行列必至だ

鬼滅をはじめ、人気アニメとコラボ

アニメ『鬼滅の刃』などを手がける「ufotable」が運営するカフェと、徳島で毎年開催されるアニメを中心としたイベント「マチ★アソビ」の雰囲気を楽しめるカフェのWネームをもつ複合エンターテインメント空間。『鬼滅の刃』をはじめとする、さまざまなアニメコンテンツのライブやアニメ上映なども行っている。

☎ 093-967-3155 ⏰ 11:00 〜 20:00(カフェ〜 L.O.19:00)
休 無休 CC ADJMV

Under Land

あんだーらんど

1. 撮影ブース「白廃墟」

「なりきりたい」をかなえる コスプレ専門スタジオ

「カフェ」「ライブステージ」「花魁」「教室」「路地裏」など、20以上の撮影ブースを用意。好みのシチュエーションを背景に撮影が楽しめるのみならず、時間制で店外への出入り可能なのでコスプレのまま遊んだり、買い物もできる。毎月開催されるイベント「あるコス」はレイヤーたちの交流の場にもなっている。土・日・祝のみ営業（平日は貸切予約のみ）。

☎ 093-482-2098 ⏰ 11:00 〜 20:00（最終入場 19:30）
休 月〜金 4 時間まで 2200 円、最大 9 時間まで 3300 円（平日貸切は別料金）CC 不可

ジーストア小倉

じーすとあこくら

1. 陳列棚は常に入れ替わる
2. 『劇場版 ONE PIECE FILM RED』
麦わらの一味 T シャツ 3190 円
© 尾田栄一郎／ 2022「ワンピース」製作委員会

ポプカルのトレンドが大集結

アニメ、ゲーム、コミックのキャラクター、さらにはVチューバーまで、ポプカル・サブカルのグッズが集まる。カードやフィギュア、生活雑貨からアパレルなど多様なアイテムを揃え、人気キャラのポップアップストアも展開。欲しいものが見つかりやすく、ポプカルチャーのトレンドも知ることができる。

☎ 093-533-0660 ⏰ 11:00 〜 20:00
休 無休 CC AJMV

『夏目友人帳』ニャンコ先生つままれ
キーホルダー 660 円
© 緑川ゆき・白泉社／「夏目友人帳」
製作委員会
※「つままれ」はコスパの登録商標

さらにCheck！

あるあるCity 主催！
声優トークイベント 「YATTEKURU」

コンパクトなホールで、ゲストに大接近！

声優や 2.5 次元俳優などをゲストに迎え、お笑い芸人が MC を務めるトークイベント。笑いの絶えないトークのほか、朗読劇、観客参加型ゲームなど楽しさめじろ押し。月数回のペースで開催されている。

九州最大級のアニメ、コスプレの祭典
「北九州ポップカルチャーフェスティバル withあるあるCity」

キャラクターをラッピングした「痛車」

西日本総合展示場新館やあるある City などを会場に、毎年 11 月、市を挙げて開かれる年に 1 度のポプカルチャーの祭典。人気声優のトークショー、アニソンライブ、コスプレイベント、地元コラボ企画、アニメ作品などの展示や体験、物販にグルメと魅力満載の 2 日間だ。

info 「YATTEKURU」ではトークはもちろんのこと、ゲストと一緒に楽しめる観客参加ゲームが醍醐味。その一例が「What Mission」で、観客全員が参加できる。ぜひ、体験してみて。

77

あるあるCity 5・6階

きたきゅうしゅうしまんがみゅーじあむ
北九州市 漫画ミュージアム

あるあるCityの核
「北九州市漫画ミュージアム」
その魅力、楽しみ方を徹底解剖!

エントランスにある
『宇宙海賊キャプテ
ンハーロック』の等身
大フィギュアは、館内
随一の映えスポット!

見て、読んで、さらに描く!
ひたすら浸れる漫画ワールド

　地元ゆかりの漫画家を中心に、幅広く作品や関連資料を収集・保存し、公開・発信。「見る・読む・描く」の3つのテーマのもと、日本が誇る漫画文化の魅力を学び、楽しめる。常設展示では松本零士をはじめとする地元ゆかりの漫画家を紹介。歴史や技法について知ることができる。大人気の「閲覧(よむ)ゾーン」では、過去から現代までの人気作品約7万冊の漫画単行本が読み放題だ。2022年に2代目名誉館長・わたせせいぞう(→P.81)が就任。

DATA ➡ P.156

さらにCheck！

深掘りが魅力の企画展

　5階の展示エリアでは、オリジナル企画展、全国の大型巡回企画展、他館との共同企画展を年4〜5本のペースで開催。大御所から注目作家まで、幅広くフィーチャーしたファン垂涎の展覧会がめじろ押しだ。

ミュージアムの柱、常設展を巡ってみよう

スタート

直筆サイン色紙に感涙!

エントランス前

　ミュージアムに来館したり、展覧会やイベントに参加した漫画家の直筆サインがずらり。総勢約250人ぶんあり、なかにはフランスや韓国、台湾など海外の漫画家も。大好きな漫画家のサインもあるかも！

コーナー1

巨匠のバックグラウンドを深掘り

**北九州発・銀河行き
〜松本零士を生んだ街**

　初代名誉館長・松本零士の業績を、生い立ちや作風などさまざまな角度から、資料とともに紹介。自宅に飾られていたメーテルの等身大フィギュアも展示されている。

名誉館長に就任した頃の貴重なインタビュー動画も

info　「北九州発・銀河行き〜松本零士を生んだ街」コーナーではインタビュー動画のほかにも、作画の様子にズームアップした映像や、ここでしか見られないオリジナルアニメ映像も公開されている。

コーナー2

日本漫画のさまざまな「しかけ」を解明

漫画の七不思議

「効果線」を使った撮影コーナー。漫画の登場人物になりきっちゃおう！

ゆかりのある作家の作品を実例に、擬音語や擬態語を使う工夫、「漫符」を用いた人物の感情表現など、知られざる漫画のテクニックやルールを解明するほか、漫画の制作過程、作品を読者のもとへ届ける漫画業界の仕組みなども紹介。

コーナー3

ゆかり作家の層の厚さを実感

漫画の街・北九州

漫画家、原作者、イラストレーター、アニメーション作家、造形作家、絵本作家といったさまざまなジャンルのゆかり作家を代表作とともに順次紹介。大型スクリーンではキャラクターになりきって遊ぶこともできる。

コーナー5

漫画界の「あした」を発信

あしたのギャラリー

コンテスト受賞作品展や、新進気鋭の地元クリエイターを応援するためのミニ企画展を数多く開催。人気漫画家の原画展なども行っている。

さらにCheck！

実際に漫画を描いてみない？

初心者から楽しめる漫画体験

ミュージアムでは、漫画の模写、漫画家のアシスタント体験、4コマ漫画制作、塗り絵などができる「漫画体験」と、テーマに沿って講師が漫画の描き方のコツや上達方法などを指導する「漫画スクール」を定期開催。「見る」「読む」に「描く」を加え、漫画の楽しみをコンプリート！

コーナー4

懐かしの名作がずらり！

漫画タイムトンネル

世代によっては「あった、あった」と思わず笑える流行語

昭和20（1945）年の終戦からミュージアム開館の平成24（2012）年まで、漫画の歴史を一望。棚には時代ごとの代表作が並び、手にとって読むことができる。さらに対面には流行語、足元には当時の報道写真も展示されている。

こんな展示も1 「ゆかり作家」の作品紹介

ミュージアムでは約10万点の原画（漫画原稿）を収蔵。定期的に展示替えしながらゆかり作家の作品を紹介している。

こんな展示も2 世界に誇る日本の漫画

翻訳され海外で出版されている代表的な作品を紹介。

コーナー6

1日中、読みふけりたい

閲覧ゾーン

往年の名作から新作まで、約7万冊もの単行本がずらり。本棚から自由に選んで、ゆったりしたソファや、寝転びスペースで楽しみながら漫画の世界に没頭できる。あまりの数の多さに迷ったら、スタッフがピックアップして紹介する「特集コーナー」をチェック！

待ってるよ！

松本零士作品『男おいどん』の大山昇太フィギュアも展示

1. 蔵書は専用端末で検索可 2. 受話器でスタッフに直接問い合わせることもできる

© 松本零士／零時社

info　何度も通って思う存分、漫画単行本を読みたい！という方には、年間パスポートの購入がおすすめ。（1年）一般2400円、中高生1800円、小学生1200円、小学生未満は無料だ。

あのキャラクター、名作に合いたい！
北九州、アニメ・漫画聖地巡礼

北九州市内にはゆかりの漫画家の作品やアニメ作品に関連するスポットがいっぱい！
フォトスポットにもなっていて旅の思い出づくりにも最適だ。ぜひ、散策してみよう。

松本零士 (まつもとれいじ) Profile

昭和13（1938）年福岡県久留米市生まれ。小学4年生から高校生までを小倉で過ごす。上京の際、小倉駅から乗車した列車が関門トンネルに通って地上に出た時の様子がヒントとなり『銀河鉄道999』が誕生したという逸話がある。『男おいどん』『宇宙海賊キャプテンハーロック』など代表作多数。

もっと松本作品をたどりたいアナタに

「銀河鉄道999 まち歩き フォトスポット MAP」では、街なかにある松本零士作品を紹介。北九州市漫画ミュージアム、JR小倉駅北九州市総合観光案内所などで配布中。

JR小倉駅周辺には『銀河鉄道999』をはじめ松本作品のキャラクターが点在

スポット1

Welcome to 小倉！ハーロックがお出迎え

新幹線口2、2階のデッキに出た所には『宇宙海賊キャプテンハーロック』のブロンズ像がある。堂々と凛々しく、かっこいい！

🏠 JR小倉駅新幹線口2F デッキ

MAP 別冊 P.21-D1

スポット2

鉄郎、メーテルと記念撮影

ハーロック像の隣には『銀河鉄道999』の主人公、星野鉄郎とメーテルのブロンズ像がある。ふたつの像の間に座って記念撮影ができる絶好のフォトスポット。

🏠 JR小倉駅新幹線口2F デッキ

MAP 別冊 P.21-C1

スポット3

「999」の乗客になった気分!?

駅コンコース内、新幹線口そばで待ち受けているのは車掌の等身大フィギュア。緑のシートも再現され「999」の乗客気分になれる。

🏠 JR小倉駅構内新幹線口そば

MAP 別冊 P.21-C1

スポット4

美しく見つめる5枚のメーテル

新幹線口1階にある松本零士ギャラリーでは、メーテルが描かれた大きなタペストリーが5枚展示されている。

🏠 JR小倉駅新幹線口1階

MAP 別冊 P.21-D1

スポット5

北九州モノレール、銀河鉄道999号出発！

銀河鉄道のレールを思い起こさせる北九州モノレールでは、松本零士の描き下ろしラッピング列車が運行中。見かけた人はラッキー！

スポット6

メーテルの美声によるアナウンス

小倉城口のペデストリアンデッキでは、メーテルの声を務めた池田昌子さんのアナウンスが流れている。美しい声に思わずうっとり。

🏠 JR小倉駅小倉城口ペデストリアンデッキ

スポット7

空の玄関口にもメーテルが！

開港15周年を記念して、北九州空港が2021年に設置したメーテルの等身大フィギュアが旅人を優しく見守ってくれている。

🏠 北九州空港2階フライトインフォメーション横

MAP 別冊 P.11-D1

© 松本零士／零時社

さらにCheck！
歩いて探してみよう！松本作品のデザインマンホール

小倉駅周辺には、北九州市下水道事業100周年を記念して作られた松本作品のマンホールが9種類設置されている。『クイーンエメラルダス』『トラジマのミーめ』などファン必見の名作デザインもある。

🏠 JR小倉駅周辺

🔗 onl.tw/G6NUAqU

CHECK！

全国展開されている、ポケモンのマンホール蓋「ポケふた」。北九州市でも市内5ヵ所（5種類）で見ることができる。

©Pokémon. ©Nintendo/Creatures Inc./GAME FREAK inc.

info デザインマンホールを設置した各自治体が発行し、コレクションにトレードに大人気の「マンホールカード」。漫画ミュージアム6階では、人気の「メーテル」柄のカードを配布中で、日本語版と英語版がある。

北条 司
ほうじょう つかさ *Profile*

昭和 34（1959）年北九州市（当時小倉市）生まれ。九州産業大学在学中に『スペース・エンジェル』で『週刊少年ジャンプ』が主催する第 18 回手塚賞に準入選し、翌年デビュー。『キャッツ♥アイ』『シティーハンター』『エンジェル・ハート』など人気作を生み出す。

冴羽獠、キャッツアイ3姉妹らが北九州市の夜をご案内

© 北条司／コアミックス

JR小倉駅東側公共連絡通路にある「漫画トンネル」内には北条司のイラスト壁画がある。『エンジェル・ハート』『シティーハンター』『キャッツ♥アイ』の人気キャラクターたちが、門司港や皿倉山など夜景が楽しめる5つのエリアをご案内。キャラクターの魅力を味わうとともに、夜のおでかけ情報もゲットしよう。

さらにCheck！
さまざまな壁画が集まる
「漫画トンネル」
じぇいあーるこくらひがしがわこうきょうれんらくつうろ
JR小倉駅東側公共連絡通路

JR 小倉駅の 1 階にある東側公共連絡通路は、漫画家やアニメーター、クリエイターらによる壁画や、漫画関連資料の壁画などが集まる絶好のフォトスポットだ。
📍 JR 小倉駅1階東側
MAP 別冊 P21-D1

1. 登場人物になって撮影できる「なりきり撮影スポット」
2.2019 年に開かれた「アジア MANGA サミット北九州大会」での寄せ書き

陸奥A子
むつえーこ *Profile*

昭和 29（1954）年福岡県生まれ、現在は北九州市に在住。昭和 47（1972）年にデビュー、70 ～ 80 年代に雑誌『りぼん』の看板作家として活躍し、「おとめちっく御三家」のひとりとして人気を博す。代表作に『こんぺい荘のフランソワ』『すこしだけ片想い』『金色のユウウツ銀色のメランコリー』など。

乙女チックな世界観を体感

1970～80 年代に夢見る乙女たちを虜にした、陸奥A子の世界観を堪能できるギャラリー＆カフェ。高台にある古民家は外壁を白、屋根や窓枠を赤く塗り替えるなどして改装。店内は漫画キャラクターのパネルなどが飾られている。展示しているのは陸奥A子が活躍した70～80 年代の『りぼん』やその付録、複製原画や単行本など。往年のファンにとっては懐かしさがこみ上げ、若い世代にとっては「レトロかわいい」と心つかまれる空間だ。土・日のみ営業。

1. 急勾配の坂道を登ると、周囲の雰囲気も含め訪れる価値大
2. 記念撮影をしたり、当時の漫画を読んだり。思いおもいの時間を 3. ポストカードや小物雑貨などグッズもたくさん販売。マグカップ 1500 円〜

むつえーこぎゃらりーはなかふぇ
陸奥A子ギャラリー花café
📍 北九州市門司区清滝 5-1-4 ☎ 093-332-2770 🕐 12:00 ～ 17:00 休 月～金 料 500 円（1 ドリンクつき）ADJ MV 🅿 なし 🚃 JR門司港駅北口から徒歩10分
MAP 別冊 P.22-B3

わたせせいぞう
わたせせいぞう *Profile*

昭和 20（1945）年兵庫県神戸市生まれ。生後まもなく北九州市（当時小倉市）に移り住み、高校時代まで過ごした。昭和 49（1974）年に『ビッグコミック』の第 13 回小学館ビッグコミック賞入選を皮切りに、代表作『ハートカクテル』『菜』など、大人のラブストーリーを描き続けている。

懐かしくもおしゃれなシティポップ漫画

全国に3ヵ所ある常設ギャラリーのひとつ。「旧大阪商船」内にあり、門司港の風景を背景にしたイラスト、『ハートカクテル』などの原画、北九州市で過ごした幼少期の写真、黒電話やタイプライターを置いた昔の作業デスクなどを展示。シティポップの象徴的なイメージを創った作家だけあり、懐かしさとおしゃれ感が共存している。

門司港の雰囲気にぴったり。大人のラブストーリーのようなイメージが漂う

わたせせいぞうぎゃらりーもじこう
わたせせいぞうギャラリー門司港
DATA ➡ P.137

さらにCheck！
もっと、ゆかりの漫画スポットをたどりたいアナタに

北九州市漫画ミュージアムで発売しているオリジナル豆本マップ「北九州マンガ散歩～小倉編～」では、小倉北区を中心に漫画に関するスポットを紹介。組立式キットになっているので、豆本を作る楽しさも味わえる。400 円。

ⓘ **info** 「漫画トンネル」では人気アニメーター・刈谷仁美の作品も！ 北九州でお試し居住をした際に見たもの感じたものを描いた移住推進 PR ポスター 6 作品と、移住体験マンガの導入部分が壁画になっている。

81

北九州市民の台所
旦過市場の
過去・現在・未来
火災から復興中!
懐かしくて新しい市場

　市民の台所として愛されている旦過市場は、もともと大正時代の初めに神嶽川を上る船から荷をあげ、商売を始めたことが始まりといわれる。戦後の闇市的な建物から今の市場になったのは昭和30（1955）年頃。老朽化が進み、2021年に再整備事業が進み始めた矢先の2022年4月と8月、不運にも2度の火災に見舞われる。

　被害は大きかったが、復活を望む周囲の人々や企業の支援もあって再スタートを切った。鮮魚店、青果店、総菜店のほか、小倉ならではのぬか炊きの店や角打ち、飲食店やカフェなど、地元の人たちはもちろん、観光客でも気軽に立ち寄れるスポットが多く、いつも活気にあふれている。「旦過青空市場（仮設店舗）」も増設され、懐かしさを残しつつも新しい市場へと生まれ変わる旦過市場を歩いてみよう。 **DATA** ➡P.162

1. 活気ある市場で対面販売の楽しさを味わおう 2. 入口には日本で初めて24時間営業を始めたスーパーがある 3. 神嶽川沿いに建つ市場。再整備が進められている

TANGA A

3

**SNSで話題のスパイスと
サクサクとりかつ丼をチェック**

かしわやくろせ・とりかつどんのくろべえ
かしわ屋くろせ・
とりかつ丼の黒兵衛

　黒崎に本店を構える鶏料理専門店。正面向かって左はから揚げやコロッケなどの総菜や調味料を販売、右はカウンターでボリュームたっぷりのとりかつ丼が味わえる。

🏠 北九州市小倉北区魚町4-1-37
📞 093-531-0972 🕐 9:00～17:00（とりかつ丼の黒兵衛は11:00～16:00） 休日・祝 CC 不可

1. 旦過市場に店舗を出したのは約25年前 2. とりかつのサクサク感を残すために卵は別に調理して乗せるとりかつ丼 660円 3. キャンプブームもあり、SNSで火が付いた「黒瀬のスパイス」650円。醤油粉末が入っているので和食にも合う

2

皆さんのご支援が本当にありがたいです

旦過市場の組合長を務める店主の黒瀬善裕さん

旦過市場紹介マップ

	A	B	D		E	G			H	スーパーゆめマート	小文字通り
モノレール旦過駅				C						I	
							旦過青空市場			F	J

TANGA B

売り切れ御免！の
手打ちうどんを

旦過うどん
（たんがうどん）

鍋の中央には、おでんくんの焼き印がある巾着が！

創業40年目を迎える老舗の食堂。こしがありつつ軟らかい手打ちうどんは、カツオやいりこ、コンブのだしがよく合う。店先にはおでんの大鍋があり、これはリリー・フランキーの「おでんくん」のモチーフになったのだとか。うどんと一緒に味わおう。

住 北九州市小倉北区魚町 4-1-36
TEL 093-521-5226 営 11:00 〜 18:00 休日
CC 不可

1. おでんは1個180円〜。約16種が入っている 2. いちばん人気のごぼう天うどん 650円は上品な味わい。夏は細麺、冬は太麺になる 3. 昼過ぎには売り切れるので早めに訪れたい 4. うどんのだしも販売している

TANGA C

旦過市場で最も古い店のひとつ
歴史を感じながら一杯いかが？

赤壁酒店
（あかかべさけてん）

今の旦過市場の形になる前からこの地で商売を営んできた老舗酒店。気軽に角打ちが楽しめるとあって、地元はもちろん国内外のお客さんも多い。地酒や自家製のつまみが揃う。

住 北九州市小倉北区魚町 4-5-4 TEL 093-521-3646
10:30 〜 19:00（角打ち 11:00 〜）休日・祝 CC 不可

八幡東区にある溝上酒造の酒など、北九州の地酒もラインアップ

1. 知らない人同士で話が盛り上がるのも角打ちの魅力 2. 趣ある店構えが歴史を物語る

戦前からここで商売をしていたと聞いています。気軽に立ち寄ってください

5代目店主の
森野敏明さん

角打ち文化については
DATA → P.298 へ

健康的でおいしい北九州の郷土料理を多くの人に知ってほしいです

3代目代表の
宇佐美雄介さん

次ページへつづく

TANGA D

おばあちゃんのぬか床を
大切に受け継ぐ

百年床 宇佐美商店
（ひゃくねんどこ うさみしょうてん）

創業昭和21（1946）年のぬか炊き専門店。3代目・宇佐美雄介さんの祖母が嫁入りで持ってきたぬか床を守り、そのぬか床で漬けた漬物や、ぬか床を使って煮たイワシやサバが店頭に並ぶ。東京から帰郷して家業を継いだ宇佐美さんが考案した缶詰は、おみやげに最適。

住 北九州市小倉北区魚町 4-1-30 TEL 093-521-7216 営 10:00 〜 18:00 休不定 CC ADJMV（3000円以上利用の場合のみ）

1. 定番のイワシやサバ、辛口、スペアリブなどのぬか炊きは 150 円〜 2. 商品は店頭のほか、公式サイトでも販売している

買って
旦過市場を盛り上げよう！

気軽に応援

市場内に設置されているカプセルトイや自動販売機で商品を購入すると、売り上げの一部が「旦過市場火災」復興支援に寄付される。地元出身の作家が手がけたオリジナル缶バッジはおみやげにもよさそう。

1. リリー・フランキーや黒田征太郎などが参加。オリジナルバッジ2個入り500円 2. 市場内の数ヵ所に自動販売機が設置されている

TANGA E

行列しても食べたい
フルーツたっぷりかき氷

KOKURA堂
こくらどう

6〜9月に提供されるかき氷が話題。自家製のフルーツシロップをかけたかき氷にたっぷりのフレッシュフルーツと生クリームをトッピング。フルーツは旦過市場の青果店から仕入れたものを使用。10〜5月はフルーツパフェが登場する。

🏠 北九州市小倉北区魚町 4-1-22
☎ 093-533-3288 🕐 11:00 〜 19:00
📅水（7・8月無休）💳不可

1. 桃のかき氷 1680 円のほか、いちごミルク、フレッシュマンゴー、キウイフルーツなどが季節ごとに揃う
2. 店内はカウンター 6 席とテーブル 4 席

週末は混み合うので、平日の夕方が狙い目です

店長の西原賢志さん

TANGA F

質のよい素材を燻して
さらにおいしく

燻製処 いぶしや
くんせいどころ いぶしや

サバやサーモン、ベーコン、ナッツなど、厳選した素材をサクラやウイスキーオークのチップでていねいに燻すことでスモーキーに変身させた燻製専門店。さまざまな食材を使った燻製はおみやげにおすすめ。

🏠 北九州市小倉北区魚町 4-2-26 B-1 ☎ 080-6401-9901 🕐 11:00 〜 18:00 📅日・祝 💳ADJMV

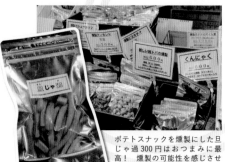

ポテトスナックを燻製にした旦じゃ過 300 円はおつまみに最高！ 燻製の可能性を感じさせる充実のラインアップ

「今日の旦過市場」を YouTube 「チャンネル 884」で毎日配信しています

店主の林貴寛さんは旦過市場の広報も担当

TANGA G

買い物の合間に
上質なコーヒーでひと休み

BENNY'S COFFEE
べにーずこーひー

現役競輪選手の別所英幸さんが営むカフェ。ショッピングの合間に、ていねいに入れてくれる自家焙煎のコーヒーを味わいながらホッとひと息つける。手作りのベイクドチーズケーキ 500 円も一緒に。オリジナルのドリップバッグはおみやげによさそう。

🏠 北九州市小倉北区魚町 4-1-18 🕐 なし 🕐 11:00 〜 17:00 📅木 💳不可

1. コーヒーの種類は季節によって異なる。アメリカーノ 400 円 2. 2階は貸しスペースになっている 3. スペシャルティ＆プレミアムドリップバッグコーヒー 1 袋 200 円

コーヒーを通じてつながりの場を作りたいです

オーナーの別所英幸さん

TANGA H

上質なマグロを
リーズナブルに

お店で
待ってます！

九州まぐろ 旦過店
きゅうしゅうまぐろたんがてん

　上質な天然マグロを扱う大卸し直営のマグロ専門店。店頭には寿司や刺身の持ち帰りが並び、店の奥では各種丼が楽しめる。15:00からはプロフットサルチーム「ボルクバレット北九州（→P.67）」の選手たちが接客を担当しているのもユニーク。

🏠 北九州市小倉北区魚町
4-1-8 ☎ 093-513-1500
🕐 11:00～20:00(L.O.19:30、
土～16:00) 休日 CC 不可

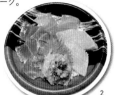

1. ボルクバレット北九州の元気な選手たちと交流できる 2. まぐろ尽くし丼 2000円

見るからにおいしそうなマグロの柵や寿司などが並ぶ

TANGA I

一つひとつ職人が作るかまぼこ
揚げたてをほおばろう

小倉かまぼこ 旦過店
こくらかまぼこたんがてん

　創業大正9（1920）年の老舗かまぼこ店。素材を厳選し、毎日その日使用するぶんだけすり身にし、職人がていねいに手作業で作るかまぼこは、風味と弾力が格別。旦過店名物のカナッペは揚げたてを味わえる。

1. 約20種のかまぼこがずらりと並ぶ 2. 店内で職人さんが一つひとつ手作りしている 3. タマネギやニンジン、コショウが入ったすり身を薄いパンで巻いて揚げたカナッペ170円 4. 半熟たまご天、椎茸天、もろこし天など、具は季節によって変わる

🏠 北九州市小倉
北区魚町 4-2-19
☎ 093-531-5747
🕐 9:30 ～ 17:30
休日・祝 CC 不可

おみやげは
DATA ➡ P.306

魅力いっぱいの
旦過市場にぜひ
足を運んで
ください

4代目の森尾泰之さん

TANGA J

ショッピングのあとに
立ち寄りたい

丸和前ラーメン
まるわまえらーめん

　小倉っ子が飲んだあとのシメとして訪れるのがここ。遅くなるほどにぎわいを増し、コクのある濃厚な豚骨ラーメンや大きな鍋で炊かれるおでん、串焼きなどが味わえる。以前は屋台としても営業。小倉の屋台はアルコールを出さないことや、おはぎがあることで知られていたが、ここでもおはぎは健在（期間限定）。持ち帰りもできる。

🏠 北九州市小倉
北区魚町 4-2-2
☎ 093-962-4064
🕐 17:00～翌3:00
休不定休 CC 不可

旦過市場を
盛り上げて
いきたいです

スタッフの古賀さんと大本さん

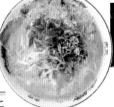

こってりとした"ザ・豚骨"ラーメン 850円

おでんは1個170円（タコのみ 750円）。約30種類の具材が大きな鍋に入っている

旦過市場のこれから

　旦過市場は、2024年からブロックごとに解体作業が始まり、建て替え工事が行われる。再整備により安全性を高めるとともに、今の魅力を残しながら新しい市場へと生まれ変わる。完成は2027年を目指している。

アーバンアウトドアの すすめ

市街地から山も海も近い北九州市は、思い立ったらすぐに自然と触れ合えるのが魅力！ 四季を楽しめる大型の公園や動物園などの施設から、釣りやキャンプ、サップなどのアクティビティまで、都市型アウトドアが大充実！

小倉南区 **平尾台**
ひらおだい

日本3大カルスト 平尾台を探検

Activity

1. 羊のような白くて丸い石灰岩が特徴 2. 秋に咲くウメバチソウ。散策していると季節の花々に出合える 3. 初夏に見頃を迎えるシラン。繊細な野草に自然の力強さが感じられる 4. 夏に咲くノヒメユリにとまるベニシジミ 5.2月に行われる野焼き。枯草を焼くことで日当たりをよくしたり、山火事防止の役割がある 6. 平地より気温が低いため、積雪で真っ白な景色になることも 7. ドリーネと呼ばれるすり鉢状の窪地がところどころに見られる

平尾台観光のスタートはまずここから！

平尾台自然観察センター
ひらおだいしぜんかんさつせんたー

自然を守り、育て、その大切さを次世代に伝えていくための施設。平尾台の歴史や生態について学べるほか、撮影スポットや見どころ、散策コースなどもアドバイスしてくれるので、平尾台観光の前に立ち寄ってみよう。 `DATA` → P.178

館内には平尾台に関するさまざまな資料が揃うのでまずは平尾台のことを知ろう

平尾台は こうしてできた

山口県の秋吉台、愛媛県と高知県の四国カルストと並ぶ日本3大カルストのひとつである「平尾台」。南北約6km、東西約2km、標高350〜600m以上の台地にあり、うち320ヘクタールが国指定天然記念物に、1144ヘクタールが北九州国定公園に指定されている。カルストとは、石灰岩でできた地質が雨水や地中の水によって溶食、浸食されてできた地形のこと。「平尾台」の石灰岩は3億4000万年前、赤道近くに堆積した海洋生物の死骸が石灰化し、地殻移動によってここまで移動してきたのだとか。観光鍾乳洞をはじめ広大なレジャー施設、キャンプ場や宿泊施設などがあり、自然のなかで楽しめるアクティビティが充実。大自然の神秘に抱かれながら思いっきり遊ぼう！

 info カルスト台地が広がる平尾台には200を超える鍾乳洞があるといわれている。ガイドとともに洞窟の中へ潜入するケイビングツアー（要予約）などが行われている所もある。

平尾台アスレ
石灰岩が点在する斜面を利用した高低差のあるアスレチック施設。カルスト台地を肌で感じることができる。料800円。

●きたぽっぽ（左）
広い園内を回る電車。時計塔〜広場駅〜果樹園駅の3つの駅に止まる。1回100円、4〜11月の土・日・祝のみ運行。

●ハイジブランコ（右）
思わず歌いたくなる!?ブランコ。カルストの絶景と吹き抜ける風を感じながら、絵本の世界へ飛び込もう。

カルスト台地をまるごと遊ぼう！

そららんどひらおだい（ひらおだいしぜんのさと）
ソラランド平尾台（平尾台自然の郷）

　東京ドーム5個ぶんという広大な敷地には、カルストの地形を利用したアスレチックをはじめ、体験工房、レストラン、キャンプ場、グランピング施設、ドッグランなどを完備。見渡すかぎり空とカルスト台地が広がり、大自然のなかで思いっきり遊べる。 DATA ➡ P.178

●展望台（左）
施設内にある展望台からはカルスト台地特有のドリーネと呼ばれる窪地を観察できる。

●パークゴルフ（右）
スタッフの声から生まれたパークゴルフは大人も子供も楽しめる。絶景をバックにラウンドを楽しもう。料クラブ1本・ボール1個のレンタル2時間400円

ひらおだいてらす
平尾台テラス

RV PARK & DOG RUN
平尾台テラス
Hiraodai Terrace
受付

　オートキャンプができるRVパーク、ドッグラン、アメリカンキャンピングトレーラーを改造したカフェがある。平尾台の絶景を眺めながらティータイムを楽しんで。

TEL 070-2341-1522 営 10:00 〜 17:00 休 火
MAP 別冊 P.10-B3

1.隣の行橋市にある焼肉店「TORAYA」の人気メニュー、宮崎牛カレー800円 2.季節ごとに変わる平尾台テラスオリジナルの"ヒラ"ペチーノ。写真はキャラメルバナナのヒラペチーノ600円

ひんやり気持ちいい〜！ # 3つの鍾乳洞に潜入

　平尾台には水の中をジャブジャブと進む洞窟や竪穴の洞窟、水平天井のある洞窟など、個性的な鍾乳洞が3つ公開されていて、夏は涼しく冬は暖かいのでいつでも楽しめる。アップダウンが激しい鍾乳洞もあるので覚悟を！

せんぶつしょうにゅうどう
千仏鍾乳洞 DATA ➡ P.179

1.途中から水につかりながら凸凹とした道を約1kmほど進んでいく 2.サツマイモあんが入ったカルスト饅頭1個120円

おじかしょうにゅうどう
牡鹿鍾乳洞 DATA ➡ P.179

全国的にも珍しい竪穴の鍾乳洞。階段を下りて入っていく

めじろしょうにゅうどう
目白鍾乳洞 DATA ➡ P.179

1.横穴と一枚天井が見どころ。上級者向けのガイド付きケイビングも行っている 2.キャンプ場も併設。夜は月と星の光に照らされた幻想的な景色が広がる

Voice 「ソラランド平尾台」にある「平尾台テラス」は見晴らし抜群の立地にあるオートキャンプ場で、ドッグランも併設しているのでワンちゃんとのお泊りキャンプにおすすめです。

若松区 響灘 ひびきなだ

若松区 響灘 ひびきなだ

自然と触れ合う 市民のオアシス
Activity

市内随一の面積を誇る開放感たっぷりの自然公園

巨大パークで動植物に出合う

北九州市立響灘緑地／グリーンパーク
きたきゅうしゅうしりつひびきなだりょくち／ぐりーんぱーく

「水・緑・そして動物たちとのふれあい」をテーマに造られた北九州市内最大の公園。熱帯生態園や遊具、動物と触れ合える広場など、アクティビティが充実し、1日では遊び尽くせないほど。園内には無料で利用できる施設と有料施設が混在している。キャンプ場もあるので宿泊して遊び尽くすのもいい。 DATA → P.198

●世界最長のブランコ
ギネス世界記録に認定された100人乗りの「世界最長のブランコ」。水平距離163.35mのサークルに100台のブランコが並ぶ。

●童話の森
春にはチューリップ、夏から秋にかけてコキアが見頃。ミニチュアの家や人形が飾られ、おとぎの国に迷い込んだような雰囲気が漂う。

●化石の谷
実物大の古生物化石を造形した壁に囲まれた円形の空間。化石を眺めながらボルダリングを体験できる壁と、チョークを使って落書きを楽しめる壁や床がある。

大人も子供も大満足！

● Agrizm Cafe（アグリズムカフェ）
地元の食材をふんだんに使った料理が味わえるカフェ。ほっとひと息つきたいときにおすすめ。
🕐 11:00 ～ 16:30（L.O.16:00）

●バラ園
約450種、2700株のバラが咲き誇る。毎年春と秋のシーズンに開催される「バラフェア」はたくさんの人でにぎわう。

水辺を周るサイクリングも！

貯水池を1周する起伏に富んだコースでサイクリングを楽しめる。レンタサイクルは、子供用・大人用はもちろん、タンデム2人乗り自転車などもある。
🕐 9:00 ～ 16:50
💴 1台 300円／2時間

 Voice 「響灘緑地／グリーンパーク」は桜の名所でもあり、2月末頃からカワヅザクラが見頃を迎え、ヤマザクラ、ヨウコウザクラ、ソメイヨシノまで、園内各所でお花見が楽しめます。

体と頭を使って
思いきり遊ぼう！

●響灘ディノパーク

鳴き声をあげてリアルに動く実物大の恐竜たちがお出迎え。またがって楽しめる恐竜「ガオガオライド」や卵の「フォトスポット」がある。
※土・日・祝日の営業。
⏰ 9:30〜17:00(受付9:00〜16:00) 💴 入場料500円

●ポニー広場

ポニーやヤギ、ウサギ、モルモットなどを間近に見ることができる広場。週末には福岡県で唯一ヤギ＆ポニーショーが開催されるほか、乗馬やポニー馬車、えさやり・触れ合い体験ができる。
💴 乗馬500円(体重70kg以下)

●熱帯生態園

熱帯を代表する樹木や色とりどりの花々、爬虫類や鳥、魚をはじめ、日本最大の蝶・オオゴマダラの姿を観察することができる。コツメカワウソやカピバラなどのえさやり体験や、ヘビとの記念撮影なども不定期で開催。💴入場料350円

●空中冒険遊具あみ〜ご！

11種類の冒険遊具が空中に設置された西日本初の新感覚ネット＆アスレチック。各層の床は安全ネットが張られているのでトランポリンのようにも遊べる。※土・日・祝日の営業。
⏰ 10:00〜16:30(受付9:30〜16:00) 💴入場料500円

ひびき動物ワールド（カンガルー広場）

ひびきどうぶつわーるど（かんがるーひろば）

カンガルーやワラビーなど4種387頭の有袋類を自然飼育する国内有数の施設。カンガルーのふるさと、オーストラリアからの旅行者も驚くほど、たくさんの有袋動物がのんびりと暮らしている。放し飼いされたカンガルーとの距離感が近いのも魅力だ。

DATA ➡ P.199

オオカンガルー

フサオネズミカンガルー

ケナガワラルー

シマオイワワラビー

1. 昼間はあまり動かず、木陰でのんびりと過ごしている 2. 響灘緑地／グリーンパーク内にあり、別途入場料が必要 3. **オオカンガルー** 袋はメスのみ。オスは筋骨隆々で力比べの闘争は迫力あり 4. **ケナガワラルー** ワラビーより大きく、カンガルーより小さいワラルー 5. **フサオネズミカンガルー** 体長30cmほど。見た目がネズミのようなカンガルーの仲間 6. **シマオイワワラビー** 縞模様の尻尾が特徴で岩場に暮らしている。ジャンプ力に優れる

HIBIKINADA CAMP BASE

ひびきなだきゃんぷべーす

響灘緑地／グリーンパーク内に設置されたオートキャンプ場。公園の開園時間内は自由に遊ぶことができ、ファミリーに大人気。「手ぶらde楽キャンサイト」もあるので、旅行者やキャンプ初心者でも気軽に利用できる。

DATA ➡ P.332

気軽にキャンプを楽しんでください

1. 遊んで泊まれる楽しい施設 2. キャンプ場の管理棟。カフェも併設

スタッフの
亀川優太さん

自然のなかで 動物たちと戯れる

Itozu-no-mori Zoological Park

夏休みなどはいろいろなイベントも開催しているのでぜひ参加してください

広報担当の山鹿舞子さん

1. いちばん人気のセイロンゾウ、サリーとランの2頭が交代で運動場に出る。えさやり体験もできる 2. オスのリアンとメスのライ、2頭のライオンが見られる。昼はほとんど寝ているが、ガラスの目の前に来てウロウロすることも 3. アミメキリンのマリアも人気者。長～い首を伸ばして、あちらこちらの草や葉っぱをむしゃむしゃ食べる姿が見られる 4. しぐさがユニークなワオキツネザル。小さいのに驚くほどの運動能力で3m以上ジャンプできるのだとか

小倉北区

到津の森公園
いとうづのもりこうえん

　JR小倉駅から車で約10分の場所にある動物公園。平成10(1998)年に前身となる「到津遊園」の閉園が決定した際に市民から存続の声があがり、平成14(2002)年に現在の「到津の森公園」として開園した。「市民と自然とを結ぶ『窓口』となる公園」をテーマに、広々とした敷地内には約80種470頭羽の動物たちが暮らしている。さまざまな動物と触れ合える工夫が盛りだくさんで、大人も子供も楽しめる。 **DATA** ➡ P.158

5. 南ゲートへは実物大のキリンのイラストが描かれたエレベーターが設置されている。 6. 20周年を記念して新しくなった南ゲート 7. 南ゲートを入った所にある「もりのいりぐち」。ここを抜けて動物たちに合いにいこう! 8. ズーショップは南と北のゲート側にある。それぞれ違う商品を扱っているので、どちらもチェックしてみて!

9. 飼育員のなかしままみさんのかわいいイラストが描かれたオリジナルグッズが人気。トートバッグ2000円 10. 到津の森限定のネジチョコ800円も、なかしまさんのイラスト入り 11. 動物たちへの愛情たっぷりのイラストを描く飼育員のなかしまさん。毎年好評の到津オリジナルカレンダーのイラストも担当

ズーショップの人気は、カスタードやあんこがたっぷり入ったもっちもちのらいおんくん焼き1個200円

info 園内各所に設置されている「飼育員の手作り看板」は必見! 心を込めて描かれた動物のイラストや気持ちが込められた解説からは飼育員の思いが伝わる。

手ぶらでOK！
旅先で感動の釣り体験を！
Fishing

北九州釣りいこか倶楽部
（きたきゅうしゅうつりいこかくらぶ）

　玄界灘に響灘、関門海峡など、豊かな海に囲まれた魚の宝庫・北九州市。ここでは小倉港や門司港など、JRの駅からほど近い漁港から出港し、近海で気軽に釣りが楽しめる多種多様なプランを提案している。遊漁船乗船・レンタル釣り具・釣魚料理がセットになった「船釣りパック」は、初心者や旅行者でも安心して参加できる。

問い合わせ・申し込み
北九州釣りいこか倶楽部事務局
☎ 080-9067-5833（受付平日 9:00 ～ 18:00）

釣り Q&A

Q まったく釣りをしたことがないけど大丈夫？

A 「釣りガイド」サービス（有料）などもあるし、初心者でも大丈夫な釣り方を教えてくれる。

Q 竿もリールも持っていないのですが……。

A 道具のレンタルがセットになったパッケージがある。

Q 釣った魚はどうするの？

A 帰港後、港近くの施設で入浴して食事ができるプランがあり、板前さんが調理してくれる。

日明・海峡釣り公園
（ひあがり・かいきょうつりこうえん）

　JR小倉駅から車で10分ほど、小倉北区西港にある海釣り公園。夏はアジゴやキス、冬はメバルやクロなど、四季折々のさまざまな魚が狙える。駐車場や入場料は無料で、売店やトイレなどの設備もあり、ファミリーでも安心して釣りが楽しめるスポットだ。**DATA** ➡ P.167

1.週末はたくさんの人でにぎわうので早めに行くのがおすすめ 2.マナーを守って安全に釣りを楽しもう

脇田海釣り桟橋
（わいたうみづりさんばし）

　響灘の沖合に約500mせり出した釣り桟橋では、船釣り感覚のダイナミックな釣りが楽しめる。餌の販売や釣り道具のレンタルもあるので、気軽に釣り体験ができると初心者やファミリーに人気。1年を通じて魚種豊富で大物も狙えるとあって、年中釣り好きでにぎわう。**DATA** ➡ P.202

1.「親子釣り教室」なども開催している 2.期間限定で投げ釣りやルアー釣り、エギング釣りなども楽しめる

 info 「北九州釣りいこか倶楽部」では、初心者も存分に楽しめるようになっていて、小さい子連れのファミリーでも参加できる。釣ってから食べるところまでセットになっているのも旅行者にはありがたい。

八幡東区
かわちふじえんのふじ
河内藤園の藤
米国CNNの「日本の美しい風景31選」に選ばれた話題のスポット。約1000坪に広がる藤の花は圧巻！

見頃
桜:3月下旬～4月上旬
アジサイ:5月下旬～6月
DATA → P.196

若松区
たかとうやまこうえんの
高塔山公園の
さくらとあじさい
桜とアジサイ
かつて山城があったとされる標高124mの小高い山。春は1800本の桜が、梅雨には約7万4300株ものアジサイが咲く。

見頃
1月下旬～2月上旬
DATA → P.180

小倉南区
はなのおかこうえんのうめ
花農丘公園の梅
園内の日本庭園では枝垂れ梅が、白洲梅園では16品種170本の梅が栽培されている。3200平方メートルもの広さを誇るバラ園は5～6月頃と10～11月頃が見頃。

見頃
4月下旬～5月中旬
DATA → P.212

旬を逃さず訪れたい！
Flower & Scenic Spots
花&絶景スポット

自然豊かな北九州市には街中に花が咲き誇る絶景スポットがあり、四季折々の花を楽しむことができる。フォトジェニックな景色を見つけに出かけよう！

戸畑区
よみやこうえんのはなしょうぶ
夜宮公園の花菖蒲

見頃
5月下旬～6月
DATA → P.238

公園内の夜宮池と日本庭園の2ヵ所で50品種約2万本の花菖蒲が見られる。6月には「とばた菖蒲まつり」が開催されている。

若松区
ありげのひまわり
有毛のひまわり
冬キャベツ収穫後に、美しい景観をつくるために植えられている。私有地なので立ち入り禁止。

見頃
7月中旬～8月上旬
DATA → P.208

門司区
しらのえしょくぶつこうえんのもみじ
白野江植物公園の紅葉
秋の紅葉はもちろん、春の桜やツツジ、ボタン、シャクナゲ、アジサイ、夏のハス、冬のサザンカやツバキ、スイセンなど、1年を通して植物が楽しめる。

見頃
11月下旬～12月上旬
DATA → P.146

小倉北区

アーバンサップ *Urban Sup*

市街地で話題のサップに挑戦！

北九州アーバンサップ協会

小倉城をバックに紫川をサップで楽しめる。水面に立ったらパドルで自由に移動。川から見る小倉の景色はひと味違う。60分の初心者向けコースからカフェクルーズやサップヨガ、ナイトサップなど、さまざまなコースを用意。手ぶらでOKなので、旅行者も気軽に参加できる。予約は kcitysup@yahoo.co.jp から。

1. 小倉城をバックにサップヨガ。小倉織の柄のサップもある
2. 大人も子供も気軽にチャレンジできる
3. ドリンクを楽しみながらサップできるカフェクルーズなどさまざまなプランがある

🏠 北九州市小倉北区城内 3 勝山公園大芝生広場横 水上ステージ 📞 なし 🕐 4〜11 月中旬まで開催。時間はコースにより異なる 🈺 不定休 3000 円〜 🅿 なし 🚉 JR 小倉駅小倉城口から徒歩 15 分 **MAP** 別冊 P.20-A3

若松区

北九州市のグランピング施設は P.332 をチェック！

グランピング *Glamping*

ビーチで遊んで、ビーチに泊まる

TOMORROW COAST

豊かな自然を生かしたさまざまなグランピング施設が増えている北九州市。2023 年春にオープンしたこの施設は、若松区の玄海ともろビーチの目の前にあり、180 度に広がるオーシャンビューを満喫できる。宿泊は一棟貸切のトレーラーハウスとなり、夕日を一望できるビーチ沿いのタイプやドッグラン付きなど、全 4 タイプを用意。海を間近に感じながら、開放感たっぷりのリゾート気分を満喫しよう。

1. 敷地内には目の前に海が広がるトレーラーハウスが並ぶ 2. 海を望みながら楽しむことができる BBQ エリア 3. シンプルで清潔感のある室内でくつろごう 4. 美しいサンセットにうっとり 5. 開放感あふれる屋外での BBQ で盛り上がること間違いなし！

🏠 北九州市若松区安屋 2843 📞 093-742-0100 🕒 15:00 🕙 10:00 🈺 不定休 1 泊 2 食付 1 名 1 万 1500 円〜 💳 ADJMV 🅿 あり 🚉 JR 二島駅から北九州市営バス亀の井ホテル玄界灘行きで後下車、徒歩 12 分 **MAP** 別冊 P.12-A1

実は名門ゴルフコースが充実！ *Golf*

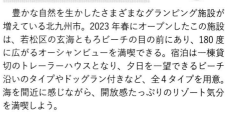

ビジター利用が可能なゴルフ場

都市部近郊に魅力的なゴルフコースがあり、気軽に楽しめるのが北九州市の魅力のひとつ。町の近くにある丘を利用して造成された「小倉カンツリー倶楽部」や、海岸近くにレイアウトされた「若松ゴルフ倶楽部」、昭和 9 (1934) 年開業の歴史ある「門司ゴルフ倶楽部」など個性豊か（いずれも利用はメンバー同伴か紹介が必要）。自然と歴史が調和する北九州エリアで、ゴルフと観光を堪能してみては？

瀬板の森北九州ゴルフコース

豊かな自然を生かして設計された都会のオアシス的ゴルフ場。丘陵、林間、森林、レイクサイドなど、雰囲気的にも戦略的にも飽きのこない変化に富んだ個性豊かなホールが揃う。

🏠 北九州市八幡西区樋口町 8-1 📞 093-622-6002 🕐 7:00 〜不定 🈺 不定休 💳 ADJMV 🅿 あり 🚉 筑豊電鉄森下駅から徒歩 15 分 **MAP** 別冊 P.17-C1

Voice 　紫川でサップを体験しました。川なので波もなく、インストラクターの方もていねいに教えてくれて初心者でも存分に楽しむことができました。ボードが小倉織の柄なのも、とてもすてきでした！

ミュージアムへいこう!

所要時間 約2時間

北九州市には好奇心を刺激する個性的な博物館&美術館が多い。
大迫力の展示で、歴史やアート、宇宙に触れよう。

🏛 北九州市立いのちのたび博物館
きたきゅうしゅうしりついのちのたびはくぶつかん

恐竜時代に
タイムスリップ!

恐竜好き必見!
生命の進化をたどる
壮大な展示

西日本最大級の自然史・歴史博物館。2023年3月にリニューアルし、全長約15mのスピノサウルスや全長約4mのエレモテリウムなど、大型の骨格標本が新登場! 館内は自然史ゾーンと歴史ゾーンに分かれ、約9000点以上の資料をエンタメ性の高い展示で楽しませてくれる。不定期でナイトミュージアムも開催している。

博物館の目玉である中生代コーナーに、最大級の肉食恐竜「スピノサウルス」を展示
Courtesy of The University of Chicago

見て触れられる
展示に
リニューアル!

歴史ゾーン

北九州地域の歴史や暮らしの変遷を約1500点の資料で紹介。一角にある文化学習園では北九州の農家の家屋を部分的に再現し、昔の知恵と工夫を学べる。

昔の暮らしを体験できる文化学習園

昔の
暮らしを体験

昔の着物や道具が展示された暮らし体験コーナー

希少な農具が
いっぱい

実際に使われていた農具が並ぶ昔の米作り体感コーナー

こんな
場所も!

「こどもミュージアム」では、恐竜パズルや土器パズル、絵本、カルタがあり、石うす体験などもできる

「エンパイラマ館」では、白亜紀の北九州地域をジオラマで360度再現。恐竜が動き、吠える姿は大迫力

地球の誕生から現在までの自然と命の歴史を約8000点の展示で紹介。100mの回廊にティラノサウルスやトリケラトプスなどの骨格標本が並ぶ大展示室「アースモール」は必見！

アフリカゾウやキリンの剥製も

新生代コーナーにはカバやダチョウなどの骨格標本が並ぶ。北九州の海に迷い込んで話題になったコビレゴンドウの標本も仲間入りした

4mを超える巨大なオオナマケモノ類「エレモテリウム」

多様なサメのつり展示を見上げよう

「生命の多様性館」は海や陸、さまざまな場所に生息する多様な生物を紹介。イリエワニやバショウカジキなどの巨大な動物標本も見どころ

鍾乳岩の展示

地層や岩石から地球のなり立ちを学べるコーナー

おみやげもチェック！

恐竜パッケージのお菓子がいっぱい

恐竜フィギュアも豊富

飴やゴーフレットなど博物館限定のお菓子も揃う

広々とした店内におみやげがぎっしり

太古のロマンを感じる！

ジュラ紀や白亜紀のアンモナイトの化石を販売

北九州市立いのちのたび博物館
DATA ➡ P.213

IIIII スペースLABO（北九州市科学館）

すぺーすらぼ（きたきゅうしゅうしかがくかん）

ワクワクする展示がいっぱい

8 7

ものづくりの町・北九州市らしく、展示をとおして来場者の皆さんの「自ら考え学ぶ」きっかけとなる科学館を目指しています！

館長 川村康文さん
東京理科大学 理学部第一部 物理学科　教授
博士（エネルギー科学）

2022年4月にリニューアルオープン

科学や宇宙の不思議を楽しく体感できる

「スペースワールド」跡地の「THE OUTLETS KITAKYUSHU」（→ P.312）内にある科学館。「フシギがれ！」をコンセプトに生活や暮らしのなかの不思議や驚きを楽しめる展示が充実している。国内最大の大型竜巻発生装置や、最新の投映機器で満天の星を満喫できるプラネタリウムが人気だ。入館はホームページから要予約。

1階 北九州市と科学をテーマにした展示室

4本の柱から出る風の作用でミストが渦となり、高さ約10mの竜巻となる「竜巻発生装置」

展示をよく観察したり実際に体験したりして、科学を楽しもう

災害×情報、災害×技術など「災害をカガクする」がテーマのエリア

2階 不思議な科学現象をテーマにした展示室

5

風で浮かせたボールがなぜ飛ばされないのかを考える「空気の噴水」

6

長さ340mのパイプをとおして音速を体感できる「音の全力疾走」

こんな場所も！

トイレや階段、ロッカーなどに科学のトピックが隠れている「あちこち科学」

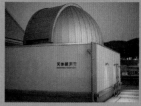
館内に点在するQRコードをスマホで読み込んで特別映像を楽しむ「AR・VR展示」

屋上の「天体観測室」では大きな望遠鏡で天体観測を楽しめる ※イベント時のみ

3階 プラネタリウムと宇宙をテーマにした展示室

西日本最大級！ 内径30mのドームに再現された美しい星空と高精細なデジタル映像が融合したハイブリッドなプラネタリウム

投映中に子供が泣いても安心なシートも用意している

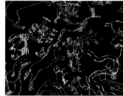
季節に合わせたプログラムが楽しめる

ダイナミックな映像や資料で広大な宇宙へ思いをはせよう

おみやげもチェック！

「スペースラウンジ」で月の石やアポロ司令船などの貴重な資料を見学しよう

オリジナルの金箔入り金平糖1缶594円、オリジナルバッグ1320円〜

分館 ANNEX

科学工作やロボットプログラミングなどの教室や実験ショーなどを開催 ※おもに事前予約制となる

分館ANNEXは本館と別の場所にある

スペースLABO（北九州市科学館）
DATA ➡ P.213

ミュージアムへいこう！

所要時間
約2時間

北九州市立美術館

（きたきゅうしゅうしりつびじゅつかん）

建物自体も
アート作品！

まるで双眼鏡の鏡筒のような外観が目を引く。絶景スポットとしても知られる

フォトジェニックなエントランス
や回廊で写真を撮る人も多い

北九州が誇る圧巻のコレクション

世界的な建築家・磯崎新が手がけた美術館で、「丘の上の双眼鏡」と呼ばれるユニークな建築でも知られる。国内外の近現代作品を中心にした豊富なコレクションは見応えたっぷりで、有名作品だけでなく、市民ギャラリー・アネックスもあるので幅広い作品に触れられる。海と町を一望できるカフェも人気。

海外作品

海外作品のなかでも、鮮やかな色彩と軽やかなタッチで光を表現した印象派の名作は必見。実際の作品は迫力満点で感動もひとしお。

クロード・モネ
「睡蓮、柳の反影」
1916-19 年

エドガー・ドガ
「マネとマネ夫人像」
1868-69 年

オーギュスト・ロダン
「ピエール・ド・ヴィッサン」
1884-95 年

ピエール=オーギュスト・ルノワール
「麦わら帽子を被った女」
1880 年

※展示内容は時期により異なる

国内作品 約 7700 点のうち浮世絵版画のコレクションは約 1300 点と充実。また、北九州市ゆかりの竹久夢二など珠玉の現代日本画も所蔵。

葛飾北斎
「冨嶽三十六景 神奈川沖浪裏」
1831-34 年 錦絵

竹久夢二
「桐下別離」
1922 年 紙本着色

青柳喜兵衛
「天翔ける神々」
1937 年 キャンバスに油彩

※展示内容は時期により異なる

ミュージアムショップではオリジナルグッズや収蔵品の関連グッズなどを販売
DATA ➡ P.237

🏛 北九州市立美術館分館
（きたきゅうしゅうしりつびじゅつかんぶんかん）

　商業施設「リバーウォーク北九州」内にある都市型ギャラリー。常設展はなく、さまざまな企画展を開催する。
DATA ➡ P.161

🏛 出光美術館（門司）
（いでみつびじゅつかん（もじ））

所要時間
約1時間

文化財も展示！

生前「いつも美にリードされてきた」と語っていた出光氏。日本屈指のコレクションは必見

出光佐三氏の審美眼に選ばれた美術品に圧倒される

　出光興産の創業者・出光佐三が収集したコレクションを中心に展示。実業家としてだけでなく美術蒐集家としても優れていた出光氏の独自の審美眼で選ばれた日本の書画や中国・日本の陶磁器などを、年 5 回テーマを変えて展示。また併設する「出光創業史料室」では、出光氏の軌跡を貴重な資料で紹介する。

出光創業史料室
（いでみつそうぎょうしりょうしつ）

　激動の時代のなか、「人間尊重」の理念を掲げ、世界を渡りながら日本の石油事業に情熱を注いだ出光佐三。その人生を、資料やジオラマ、映像などで学べる。

はるばるイランから石油を運んだタンカー・日商丸のジオラマ

門司で創業した「出光商会」時代の法被

展示室の入口には出光佐三氏が使っていた机が置かれている

美術館は出光興産の創業の地・門司港レトロの一角にある
DATA ➡ P.142

公営競技場で遊ぼう！

極限のスピードレース・競輪、水上の格闘技といわれるボートレース、競走馬が力強く疾走する競馬……。日本の公営競技4つの内、3つが揃う北九州。熱いレースを観戦しにいこう。

Q. 公営競技場って何？
A. 国や地方自治体など公的機関が運営する競輪、ボートレース、競馬、オートレースのこと。収益は社会福祉などに役立てられている。

Q. 何歳から楽しめるの？
A. 馬券や車券、舟券を買えるのは20歳以上。ただし見学だけなら入場料を払えば何歳からでも可能なので、レースやイベント、施設内のグルメを楽しみに訪れる家族連れも多い。

keirin 小倉けいりん

北九州発祥の
スピードレースを満喫

自転車に乗って速さを競う競輪は、実は北九州発祥！今やオリンピック種目にもなっている世界に誇る日本発のプロスポーツだ。競輪は9人、または7人の選手が走って1着を競い、ゴール直前の選手は時速約70kmにも！極限のスピードレースで熱くなろう。

速い選手が必ず勝つわけではなく、選手同士の駆け引きがあるのが競輪の醍醐味

北九州メディアドーム
DATA ➡ P.102
2F部分に1周400mの競輪バンクを備え、競輪場とイベント施設の要素を融合させた全天候型多目的施設

カウンターやソファが並ぶ有料のラウンジ席もある

北九州市出身で一時代を築いた吉岡稔真氏の功績をたたえる「吉岡稔真記念館」

keiba JRA小倉競馬場

中央競馬が
九州で唯一開催される

九州で唯一、毎年夏と冬に中央競馬が開催され、全国から名馬やスター騎手が集まる。応援したい馬や騎手を見つけたら、馬券を買って大迫力のレースを観戦しよう。和洋中を味わえる飲食店やショップ、大型遊具で遊べるキッズプラザもある。
DATA ➡ P.187

迫力のあるレースに手に汗握る！九州産馬限定のレースも開催

ボートレース若松 *boatrace*

レディースコーナーはカフェのような空間でゆっくり過ごせる。食べ物の持ち込みも OK

水上を走る白熱のドラマに感動

激しい水飛沫を上げて、熱いドラマを繰り広げる水上の格闘技・ボートレース。若松はナイター場で、20:30 前後までレースが行われる。施設内はフードコートやキッズ向けのコーナーなど充実しており、テーマパーク感覚で遊べる。北九州市出身のボートレース界のレジェンド・植木通彦氏の功績をたたえる記念館「フェニックスホール」もある。

フードコートで腹ごしらえ

個性豊かなレーサーたちから目が離せない

フルCGのVRでレースを体感できるコーナーも！土・日・祝限定

for kids

わかわくらんど
知育玩具や遊具があり、生後 6 ヶ月から小学 3 年生まで遊べるゾーン。家族連れが楽しく過ごせる

RED ROCK
幼児から小学生まで遊べるボルダリング体験施設。指導員が初心者にも優しく教えてくれる

ボートレース若松
DATA ➡ P.103

❶開放感抜群の芝生のスタンドで、のんびり観戦するのもおすすめ ❷大画面で観戦できる席が並ぶプラザ 99 エリア

❶屋内の指定席は 2 人掛けや 4 名 1 組のボックス席がある ❷広々とした敷地にさまざまなスポットがある。モノレールの駅に直結して便利

for kids

サンシャインパーク
併設する公園「サンシャインパーク」には、馬と触れ合える「おひさまホースリンク」（写真上）や飛び跳ねて遊べる「ふわふわドーム」（写真下）などがある

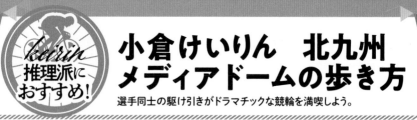

小倉けいりん 北九州 メディアドームの歩き方

選手同士の駆け引きがドラマチックな競輪を満喫しよう。

keirin 推理派におすすめ！

小倉(こくら)けいりん

　レースの舞台となる「北九州メディアドーム」は、競輪場としては珍しいドーム型。全天候に対応する冷暖房完備で快適な観戦が可能。レースは同じ出身地などで選手同士が協力し合い、一列になって走る"ライン"の後に、ラストは個人戦になるなど駆け引きがおもしろい！ 各選手の得意な戦法から、勝敗を予想してみよう。

MAP 別冊 P.9-C2

北九州市小倉北区三萩野 3-1-1 **TEL** 093-941-0945 **開休** レースにより異なる **料** 入場料 100 円 **P** あり **交** 北九州モノレール香春口三萩野駅から徒歩 7 分

後続をブロックしたり、一気に追い抜いたり、一瞬たりとも目が離せない

11月20日は競輪発祥の日！

競輪が初めて小倉競輪場で開催されたのは昭和 23(1948) 年 11 月 20 日。この日を記念日として 2023 年 10 月に認定登録！

100円で入場！

GO!

いざ入場
ゲートで 100 円を払って入場しよう

ドームで年中快適
広々としたドーム内。雨の日の観戦も安心！ アリーナではイベントも開催

予想しよう
出走表を見て選手の勝率などをチェック！ マークカードに予想を記入しよう

100円から楽しめる！

車券を買おう
マークカードを券売機に入れて車券をゲット！

車券の買い方は7つ

3 連単	1・2・3 着を着順どおりに予想する
3 連複	着順にかかわらず 1～3 着を予想する
2 車単	1・2 着を着順どおりに予想する
2 車複	着順にかかわらず 1～2 着を予想する
2 枠単	枠番で 1・2 着を着順どおりに予想する
2 枠複	枠番で着順にかかわらず 1～2 着を予想する
ワイド	1～3 着のうちの 2 車を予想。初心者におすすめ

レースを楽しもう
勝負が大きく動くのはラスト 1 周！ 緩急のある試合展開に胸が踊る

必見のレースはこれ！

競輪祭 (GⅠ)　小倉競輪場（北九州メディアドーム）が競輪発祥の地であることを記念して開催。ガールズケイリン GⅠ「競輪祭女子王座戦」も同時開催！

boatrace 初心者でも楽しめる！

ボートレース若松の歩き方

ルールがわかりやすく、かつ奥深いボートレースの世界をのぞいてみよう。

ナイターは水面にライトがきらめいて幻想的

ボートレース若松（わかまつ）

6艇が1周600mのコースを3周するボートレースは、ルールがわかりやすく初心者にもぴったり。それぞれの個性を生かしたレーサーたちの戦いは迫力満点で、「逃げ」や「まくり」などの決まり手に、スタンドでは大歓声が上がる。グルメやVRコーナーなどエンタメ要素も豊富な施設で、一日中楽しく過ごせる。

迫力あるターンなど、見どころ満載！

MAP 別冊 P.13-C3

住 北九州市若松区赤岩町 13-1　**TEL** 093-791-3400　**開休** レースにより異なる　**料** 入場料 100 円　**P** あり　**交** JR 奥洞海駅下車徒歩 4 分

100円で入場！ GO!

いざ入場
ゲートで 100 円を払って入場しよう

100円から楽しめる

舟券を買おう
マークカードに買いたい舟券の種類や金額を記入して券売機で購入して

ピザを味わえる店も

グルメもチェック
食事を楽しみながら観戦できるカフェや食堂などもある

オールレディース
ツョカワ（強くてかわいい）な女子レーサーも多数活躍中！レディースチャンピオンへの出場枠をかけて戦うレースも人気

これも CHECK！

レースを楽しもう
エンジン音が響くなか、迫力のレースを観戦しよう

競輪やボートレースの収益金

収益金の一部は、子育て環境や教育の充実、救急体制の強化、大規模災害に備える事業などに使われ、広く役立てられている。

必見のレースはこれ！

全日本覇者決定戦（GⅠ）

ボートレース若松の開設を記念して年1回開催。ボートレーサーの最上級であるA1クラスのレーサーが出場しハイレベルなレースを繰り広げる。

競輪・ボートレースは無理のない資金で適度に楽しみましょう。

あの名シーンの舞台を探して……

「映画の街・北九州」で聖地巡礼

全国に先駆け、フィルム・コミッション事業に取り組んできた北九州市は、これまで多くの作品に登場してきた「映画の街」。知っていると町歩きがもっと楽しくなるロケ地巡りをエリア別に紹介。作品を観てから訪れてみて。

フィルム・コミッションとは

映画やTVドラマ、CMなどのロケーションを誘致し、撮影がスムーズに進行するようサポートする非営利団体のこと。観光客の増加や地域経済の活性化を目指し、自治体が中心となって組織化されることが多い。

1. 北九州市役所周辺で行われた『劇場版 仮面ライダービルド Be The One』の撮影風景 2. 門司港レトロ地区での映画『ワイルド7』の爆破シーン 3. 筑豊電鉄の萩原駅周辺が映画『おっぱいバレー』ではレトロな町並みに

北九州が「映画の街」になるまで

北九州市が日本におけるフィルム・コミッション（FC）の先駆け「北九州市広報室イメージアップ班」を設置し、映画・ドラマなどの撮影誘致と支援を始めたのは平成元（1989）年。地道な誘致活動を続け、平成12（2000）年に「北九州フィルム・コミッション（KFC）」が設立された。

「No guts, No glory, Go for it.」を座右の銘に、町なかや観光地での爆破シーン、空港でのハイジャックシーンなど、日本では不可能とされてきた大規模ロケを次々と成功させ、今や日本の映像制作業界になくてはならない存在に。その功績が認められ、現在は国内のみならず海外の制作者からも注目を集めている。

ロケ地として愛される3つの理由

1 多彩なロケーション
近代的な都市景観からレトロな町並み、豊かな自然まで、バラエティ豊かなロケーションが揃う。

2 ハリウッド級のアクションシーンが撮れる
道路を封鎖しての本格的なカーアクションや爆破シーンなど、他都市では困難な大規模ロケに果敢にチャレンジ。

3 市民のあたたかい応援と協力
約9000人（市民の約100人にひとり）がエキストラ・サポートスタッフに登録。道路や多くの施設で大規模ロケができるのは市民の理解があってこそ。

これまで北九州でロケが行われた作品は通算約700本。海外からの問い合わせも多く、現在は年間約50本を受け入れています

北九州フィルム・コミッション
木村まゆみさん

info　北九州FCの奮闘はTVドラマ化もされた。北九州発地域ドラマ『GO! GO! フィルムタウン』（2017年10月BSプレミアム放送）では、映画・ドラマなどの撮影支援に奔走するスタッフの活躍が描かれている。

小倉北区

都心の爆弾テロ、迫力のカーアクション、架空の近未来都市……などなど。人どおりの多い小倉駅周辺、オフィス街、商店街が、映画やドラマなどの巨大なオープンセットに早変わり！

「東京ドラマアウォード2014」でFC初の特別賞を受賞！

小倉井筒屋・クロスロード
こくらいづつや・くろすろーど

北九州空港やJRA小倉競馬場、商店街など市内各所で1ヵ月にわたるロケが行われたTVドラマ『MOZU Season1』。ギンザ井筒屋という設定の爆弾テロシーンは、のべ6日間に及ぶ通行規制のもと撮影された。

DATA ➡ P.167

おもなロケ作品
『MOZU Season1 ～百舌の叫ぶ夜～』('14)、『劇場版MOZU』('15)、『相棒-劇場版IV-』('17)、『劇場版 仮面ライダービルド Be The One』('18)

『劇場版MOZU』Blu-ray&DVD 発売中
発売元：TBS　販売元：TC エンタテインメント
©2015 劇場版「MOZU」製作委員会
© 逢坂 剛／集英社

北九州市立中央図書館
きたきゅうしゅうしりつちゅうおうとしょかん

映画『図書館戦争』で、国家によるメディアの検閲が正当化された近未来の日本で読書と表現の自由を守る自衛組織「図書隊」の本拠地として登場。内部も独創的なデザインで映画の世界観にぴったり。

DATA ➡ P.160
おもなロケ作品
『図書館戦争』('13)、『図書館戦争 THE LAST MISSION』('15)

設計は磯崎新

小倉駅周辺
こくらえきしゅうへん

人どおりも多い小倉城口のペデストリアンデッキ。『劇場版シグナル』では、深夜に回廊を封鎖し、バイクの暴走シーンを撮影。映画『S-最後の警官-』では、駅前の道路を封鎖して大がかりなカーアクションが撮られた。

北九州市小倉北区浅野　**MAP** 別冊 P.21-D1
おもなロケ作品
『S-最後の警官 - 奪還 RECOVERY OF OUR FUTURE』('15)、『劇場版シグナル 長期未解決事件捜査班』('21)

小文字通り
こもんじどおり

『相棒-劇場版IV-』では東京都内という設定で、エキストラ3000人が参加したテロ犯の捜索シーンに登場。通り300mを12時間封鎖しての撮影は、周辺企業や商店約150ヵ所の同意を得て実現したそう。

北九州市小倉北区　**MAP** 別冊 P.21-D3
おもなロケ作品
『風が強く吹いている』('09)、『相棒 - 劇場版IV -』('17)

COLUMN ロケ地巡りの情報はここで収集！
KFC BASE
けいえふしーべーす

北九州市役所1階市民ホール内にある「映画の街・北九州」の情報発信拠点。作品ごとのロケ地マップも揃っているので、ロケ地巡りの前にぜひ立ち寄ってみよう。

北九州市小倉北区城内1-1　093-582-2389（KFC事務局）　8:30～17:15　土・日・祝　なし　JR小倉駅小倉城口から徒歩15分
MAP 別冊 P.20-A2

『MOZU』の西島秀俊、羽住英一郎監督らの手形モニュメントも展示

北九州オールロケ作品
『逃げきれた夢』

北九州市出身の名優・光石研主演作。人生のターニングポイントを迎えた中年男の物語が、人々の日常が息づく魅力的な風景の中で描かれる。

『逃げきれた夢』Blu-ray&DVD 発売中
発売元・販売元：キノフィルムズ／木下グループ
販売元：ハピネット・メディアマーケティング
©2022『逃げきれた夢』フィルムパートナーズ

 info 「映画の街・北九州」の立役者ともいえるのが羽住英一郎監督。『海猿』シリーズ、『おっぱいバレー』、『MOZU』シリーズ、『カラダ探し』など北九州で数々の作品を撮影。北九州市文化大使も務める。

105

「映画の街・北九州」で聖地巡礼

門司区

九州と本州をつなぐ関門海峡や、日本3大港に数えられた門司港を有する門司。明治～昭和初期の趣ある建物が残るこのエリアは、話題作にたびたび登場するロケ地のメッカでもある。

門司港レトロ地区
もじこうれとろちく

絵になるロケ地の筆頭格。高倉健の遺作となった『あなたへ』では、300人以上のエキストラが参加した感動のラストシーンの舞台として登場。『ワイルド7』(写真P.104の2)ではド派手な爆破シーンも行われた。

DATA ➡ P.40

おもなロケ作品
『ワイルド7』('11)、『あなたへ』('12)、『jam』('18)

『あなたへ（2枚組）』Blu-ray&DVD 発売中
発売元：テレビ朝日／電通
販売元：東宝
©『あなたへ』製作委員会

門司港西海岸
もじこうにしかいがん

劇場版第3弾『THE LAST MESSAGE 海猿』で、ドラマの要となった海上の巨大ガスプラント内の撮影は新門司の旧清掃工場で。門司港西海岸では、仙崎（伊藤英明）と家族の感動の再会シーンが撮影された。

感動の海上スペクタクル！

🏠 北九州市門司区西海岸　**MAP** 別冊 P.22-A3

おもなロケ作品
『海猿』('04)、『THE LAST MESSAGE 海猿』('10)

和布刈公園第二展望台
めかりこうえんだいにてんぼうだい

関門海峡と関門橋を一望できる絶景スポット。映画『ザ・マジックアワー』では、架空の町「守加護」の入口として8mのカモメ像が登場。響灘に沈む夕日や、本州・九州間の海峡夜景も見事。

DATA ➡ P.145

おもなロケ作品
『ザ・マジックアワー』('08)、『レッドシューズ』('22)

絶叫ホラーのスイートな1シーン

Mooon de Retro
もーんでれとろ

北九州でオールロケされた『カラダ探し』で主人公たちがおいしそうなパフェを食べているのがこちら。門司港レトロ地区の旧門司税関1階にあるフルーツ専門店だ。白いパラソルのテラス席もすてき。

DATA ➡ P.43

おもなロケ作品 『カラダ探し』('22)

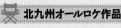

北九州オールロケ作品

『カラダ探し』
橋本環奈ら注目の若手スターが顔を揃える大ヒットホラー。舞台となる学校のロケは、西南女学院中学校・高等学校で。その他、足立公園、岩屋海水浴場など市内各地で撮影が行われた。

出演者は撮影中、資さんうどんや焼きカレーなどの北九州グルメを楽しんだそう

『カラダ探し』デジタル配信中　Blu-ray & DVD 発売中
発売元：ワーナー・ブラザース ホームエンターテイメント
販売元：NBC ユニバーサル・エンターテイメント
©2022「カラダ探し」製作委員会

COLUMN レトロな街の映画・芸能資料館
松永文庫
まつながぶんこ

故松永武氏が収集した大正末期から現在にいたる貴重な映画関連資料など約6万点を所蔵。所蔵資料からテーマごとにセレクトし公開する年4回の企画展にも注目だ。

🏠 北九州市門司区西海岸 1-3-5 旧大連航路上屋1F　☎ 093-331-8013　🕘 9:00～17:00　休月（祝日の場合は翌日）　無料　P なし　🚉 JR 門司港駅北口から徒歩5分
MAP 別冊 P.22-A3

劇場ごとに作られていた大正期からのプログラムなど貴重な資料がずらり。なかには手のひらサイズのカードタイプの資料も

info 日本映画を代表する俳優、高倉健。中間市生まれの彼は、東筑高校を卒業するまでの青春期を北九州市で過ごした。門司港の海岸を歩いていくラストシーンが印象的な映画「あなたへ」は最後の主演作品。

戸畑区 若松区

旧八幡製鐵所に代表される工業地帯・戸畑。日本一の石炭の積出港として栄えた若松。歴史的建造物や近代的建物、海、山、昭和の商店街や路地裏まで、幅広いロケ地が点在している。

北九州市立美術館
（きたきゅうしゅうしりつびじゅつかん）

北九州市立中央図書館と同様、磯崎新による設計。大理石が張りつめられた、高い吹き抜けのエントランスでは、『DEATH NOTE デスノート』の主人公・夜神月（藤原竜也）と、L（松山ケンイチ）が対峙する緊迫のシーンが撮影された。

DATA ➡ P.237

おもなロケ作品
『DEATH NOTE デスノート』（'06）、『図書館戦争』（'13）、『図書館戦争 THE LAST MISSION』（'15）

『DEATH NOTE デスノート』【スペシャルプライス版】Blu-ray & DVD 発売中
発売元：バップ

©大場つぐみ・小畑健／集英社
© 2006「DEATH NOTE」FILM PARTNERS

若戸大橋
（わかとおおはし）

洞海湾に架かる長さ627mの赤いつり橋は、若松・戸畑両区のシンボル的存在。『サッドヴァケイション』（'07）では、橋がよく見える駐車場に、物語の舞台となる間宮運送のセットが建てられた。

DATA ➡ P.194

おもなロケ作品
『サッド ヴァケイション』（'07）、『レッドシューズ』（'22）

『サッド ヴァケイション』【プレミアム・エディション】DVD 発売中
発売元：NBC ユニバーサル・エンターテイメント
© 間宮運送組合 2007

旧松本家住宅（西日本工業倶楽部）
（きゅうまつもとけじゅうたく（にしにほんこうぎょうくらぶ））

洋館と日本館が渡り廊下でつながっている明治時代の格調高い貴紳住宅。『K-20 怪人二十面相・伝』では貴族令嬢の屋敷として、天海祐希主演のドラマ『お家さん』では、洋館がドイツ商館、日本館が料亭として登場した。

DATA ➡ P.236

おもなロケ作品
『K-20 怪人二十面相・伝』（'08）、ドラマ『お家さん』（'14）

上野海運ビル
（うえのかいうんびる）

国の有形文化財に登録！

旧三菱合資会社若松支店として大正2（1913）年に建設。当時の面影が色濃い建物として、映画やTVドラマにたびたび登場している。『K-20 怪人二十面相・伝』では、主人公と怪人二十面相の戦いの舞台に。

DATA ➡ P.195

おもなロケ作品
『K-20 怪人二十面相・伝』（'08）、ドラマ『お家さん』（'14）

北九州オールロケ作品

『レッドシューズ』

『リトル・マエストラ』（'13）、『カノン』（'16）の雑賀俊朗監督が、故郷である北九州市全7区でオールロケを敢行。娘を取り戻すため、女子ボクシングのチャンピオンを目指すシングルマザーを描く感動作。

ボクシングシーンの試合会場はボートレース若松→P.101）で撮影！

『レッドシューズ』
企画・制作：サーフ・エンターテイメント
配給：SDP © 映画レッドシューズ製作委員会

COLUMN 北九州が生んだ世界的映画監督

青山真治
（あおやましんじ）

2022年、57歳で逝去した青山監督。『サッド ヴァケイション』（'07）、『共喰い』（'13）など海外的評価も高い青山作品には、印象的なシーンでたびたび北九州の風景が登場。

『青山真治クロニクルズ』（出版社：株式会社リトルモア）には、映画『共喰い』の北九州ロケを振り返る菅田将暉のコメントも収録

🔊 voice 映画『共喰い』のロケ地となった門司区恒見地区の山田橋。主演の菅田将暉は、音楽を始めるきっかけになった場所として、1st アルバム『PLAY』の初回生産限定盤特典映像の撮影でこの地を再訪したそう。

107

ロケ弁 ケータリング 差し入れ Location Gourmet
「映画の街」のロケグルメ

ときには昼夜を問わず撮影が行われる映画などのロケ現場で、俳優、スタッフのパワーの源になっているのがロケ食。関係者気分で食べてみたくなるロケグルメと、「映画の街」ならではの最新トピックスを紹介。

ハンバーグ&から揚げ、チキン南蛮&エビフライなど人気メニューがセットになったロケ弁 880 円

おにぎり、サンドイッチといった朝食用のロケ弁 550 円もある

冷めてもおいしい！
映画の街のロケ弁指定店

鶏の北湘 （とりのほくしょう）

「北九州からあげ王座決定戦」で3年連続グランプリを受賞しているから揚げ店。素材と味にこだわったサクサクジューシーなから揚げは「揚げたてはもちろん、冷めてもおいしい！」と俳優やスタッフに大人気だそう。

🏠 北九州市小倉北区田町 5-17 　📞 093-581-0549　🕐 10:00 ～ 20:00　休日　CC 不可　P なし　交 JR 西小倉駅から徒歩5分
MAP 別冊 P.8-B2

オリジナルロケ弁や
公開記念弁当で映画を応援！

丸ふじ （まるふじ）

作品に合わせたオリジナルかけ紙がかけられたロケ弁が現場で大好評。映画公開に合わせた期間限定オリジナル弁当の企画・販売をはじめ、九州シネマ・ポートとして支援作のPRや映画の街を盛り上げる活動も積極的に行っている。

🏠 北九州市小倉北区下富野 5-10-12　📞 093-541-1948　🕐 9:00 ～ 17:30　休無休　CC AJMV　P あり　交 JR 小倉駅から徒歩5分、小倉駅入口から西鉄バス霧丘三丁目行きで営団入口下車、徒歩 8 分
MAP 別冊 P.9-C2

© 松本零士／零時社

丸ふじの看板弁当「小倉名物 牛丸むすび」（一段・1500 円／注文販売）は、俳優陣にも大人気

※弁当は、丸ふじ各店舗での受け取りも可。詳しくは問い合わせを

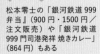

松本零士の「銀河鉄道999弁当」（900 円・1500 円／注文販売）や「銀河鉄道999 門司港発祥 焼きカレー」（864 円）もある

info 「丸ふじ」の後藤祐平社長が会長を務める九州シネマ・ポートは、2007年映画好きの有志で立ち上げた団体。北九州 FC と連携しながら同市で撮影される映画を幅広く支援している。

ハリウッドスタイルのケータリングを実現！

CUOCUO! CATERING
（くーくーけーたりんぐ）

ケータリングで参加した映画・ドラマは100本以上！長いときは1ヵ月以上撮影隊に帯同することもあるそう。

ほかに劇場、ライブのケータリングや、プロサッカーチーム選手への食事サポートも。出店情報や営業時間はインスタグラムで確認を。

豊富なメニューのなかでも、鉄板焼きで提供する「火の本豚のわさび焼」は特に人気。出店時は1000円

2トンロングワイドの本格的なキッチンカー

北九っ子のソウルフードが差し入れに⁉

北九州名物かしわうどん
旦過市場店
（きたきゅうしゅうめいぶつ かしわうどん たんがいちばてん）

『逃げきれた夢』のロケ中に差し入れされ、キャスト・スタッフ一同に喜ばれたというのが小倉駅構内の立ち食いうどん。座ってゆっくり味わいたい人には、2022年にオープンした旦過市場店がおすすめ。

住北九州市小倉北区魚町4-2-18旦過市場内 ☎093-533-0111（北九州駅弁当株式会社）営8:00～17:30（変動あり）休日・祝（変動あり）交不可 P なし 交JR小倉駅小倉城口から徒歩10分
MAP 別冊 P.21-C3

持ち帰り用「北九州名物 かしわうどん」はおみやげにもぴったり

「うまい、早い、安い」の三拍子が揃った北九っ子の隠れたソウルフード「かしわうどん」

---

info「映画の街・北九州」は、数多くの映画やドラマが撮影されているだけでなく、高倉健をはじめ、光石研、リリー・フランキー、松尾スズキなど、個性際立つ名優や才能を多数輩出している町でもある。

TOPICS

「北九州国際映画祭」始動

北九州市で初となる国際映画祭が2023年12月13日から5日間にわたり北九州芸術劇場、小倉昭和館、シネプレックス小倉で開催された。

北九州出身のリリー・フランキーがアンバサダーを務め、明治末期の小倉を舞台にした『無法松の一生』などのオープニング上映を皮切りに、青山真治監督や松本零士作品の追悼上映、みうらじゅんがセレクトした松本清張作品上映会など、北九州にゆかりのある映画をはじめとする多彩な作品を上映。町が映画一色で彩られた。

北九州国際映画祭2023
ポスタービジュアル

「小倉昭和館」再建オープン！

旦過地区一帯を襲った火災で焼失した小倉のミニシアターが、2023年12月装いも新たにオープン。「新しい昭和館は皆さまと一緒に作っていく、皆さまの映画館」と言うのは館主の樋口智巳さん。再建に向けては、北九州市の市民や企業だけでなく、全国の映画ファン、故奈良岡朋子、仲代達矢、リリー・フランキー、光石研などそうそうたる映画関係者たちから合計2万人以上のあたたかい応援メッセージと支援が寄せられたそう。

かつての雰囲気を残した外観（左）。音響にもこだわった134席の劇場内（右）。応援してくれた映画人の名前が入れられたシートもある

住北九州市小倉北区魚町4-2-9 ☎093-600-2923 営不定 休不定休 P なし 交JR小倉駅小倉城口から徒歩10分
MAP 別冊 P.21-C3

楽しみながら環境について考える
エコツアーが人気！

北九州市にはリサイクルの工場見学やビオトープなど、
いろいろな角度から環境について学べるスポットが充実している。

©ていたん＆ブラックていたん.北九州市

北九州市の環境マスコットキャラクター「ていたん＆ブラックていたん」。鼻と口が「エコ」の文字に

Why? なぜ北九州市でエコツアーなの？

1900年代に日本で初めての銑鋼一貫製鉄所が誕生して以来、日本の近代工業を牽引してきた北九州市。しかし、その弊害として1960年代には公害に悩まされることになり、子供たちの健康が心配……と、まず母親たちが立ち上がった。行政や企業もその声を真剣に受け止め、市民・企業・行政が一丸となって公害問題に取り組んだ結果、少しずつ環境が改善され、昭和62（1987）年には環境省から「星空の街」に選定されるほどに。環境都市としての取り組みを一般にも公開しているため、エコツアーが人気というわけだ。

Eco Key Words

エコタウン
北九州市では、これまでのものづくりの歴史を生かし、環境と経済を両立させるべくあらゆるごみを他の産業の原料として活用し、可能なかぎりごみをゼロに近づける資源循環型の社会を築く「エコタウン」事業を推進。若松区響灘地区は北九州エコタウンの中心となっている。

ビオトープ
bio（＝生命）、topos（＝場所）を合成した言葉で、直訳すると「生物の生息空間」。動物や植物などの生き物が安定して暮らせる区域のこと。アマゾンの熱帯雨林などの大きな空間から、池や小鉢などの小さな空間まで多様な生物が暮らす所はビオトープと呼ばれる。

カーボンニュートラル
気候変動の原因にもなっている二酸化炭素をはじめとする温室効果ガスの排出量から、森林などによる吸収量を差し引いた、合計を実質ゼロにすること。平成27（2015）年のパリ協定で120以上の国と地域が「2050年カーボンニュートラル」という目標を掲げている。

若松区 エコタウンの環境学習拠点
北九州市エコタウンセンター
きたきゅうしゅうしえこたうんせんたー

廃棄物を資源として活用することで「資源循環型社会」を目指す北九州市の「エコタウン事業」の環境学習拠点。エコタウンの取り組みに関する展示のほか、各リサイクル工場への案内を行っている。また、別館の次世代エネルギーパーク展示コーナーではエネルギーについて楽しく学べる。

DATA ➡ P.199

❶リサイクルの仕組みなど、エコタウン事業で取り組んでいることを紹介　❷響灘地区では再生可能エネルギーのひとつである風力発電施設も見られる　❸工業都市・北九州市ならではのエコツアーはここからスタート

見学できるリサイクル事業の一例

ペットボトルリサイクル
分別収集したペットボトルをリサイクルして食品容器や飲料ボトル、繊維などの原料となる再生PET樹脂（フレーク・ペレット）を生産する。
■西日本ペットボトルリサイクル㈱

自動車リサイクル
特殊機械と高度な技術を用い、車を製造する逆の手順で部品を解体。工場内60mのラインに沿って行われる精微な作業は圧巻！
■西日本オートリサイクル㈱

家電リサイクル
エアコン、テレビ、冷蔵庫など、身近な電化製品が分解され、鉄、アルミ、プラスチックなど、素材別に選別されていく。
■西日本家電リサイクル㈱

廃木材・廃プラスチックリサイクル
廃木材と廃プラスチックを混合し、耐水性・耐久性に優れた建設資材を製造する工程を見学できる。
■㈱エコウッド

日本最大級の規模を誇る

響灘ビオトープ
（ひびきなだびおとーぷ）

　廃棄物処分場だった41ヘクタールの埋立地に湿地や淡水池ができ、そこにさまざまな生物が集まる日本最大級のビオトープ。まずは入口のネイチャーセンターで園のなり立ちや生息する生物の展示を見たあと、広い敷地内を自由に見学するとわかりやすい。絶滅危惧種も生息しているのでじっくりと観察したい。

DATA ➡ P.200

❶広々とした湿地に昆虫や鳥などが暮らしている
❷❸受付はネイチャーセンターで。ここで情報をゲットしてから回るのがおすすめ

2004年からここで繁殖していることがわかった「チュウヒ」。繁殖は九州では初記録

4月中旬～5月中旬にかけて見られる「国内希少野生動植物種」の「ベッコウトンボ」

環境学習＆活動の拠点

タカミヤ環境ミュージアム
（たかみやかんきょうみゅーじあむ）
（北九州市環境ミュージアム）

　平成13（2001）年に開催された北九州博覧祭のパビリオンとして誕生。公害克服の歴史や地球の環境問題、身近なエコ活動や環境への取り組みを紹介している。「見て・触れて・楽しみながら学べる」楽しい展示が揃う。

DATA ➡ P.214

❶2022年にリニューアルした「第3ゾーン」は「カーボンニュートラル」や「地球温暖化」について学べる
❷週末や長期休暇の期間中にはワークショップなどのイベントが開催される　❸入口では北九州市の豊かな自然を写真や映像で紹介　❹深刻な公害問題を克服し、豊かな自然を取り戻すまでの歩みが展示されている

国内初！水素とバイオ燃料で進むエコな観光船が運航開始！

　環境に優しい水素とバイオディーゼルを活用した船が2024年春から関門エリアで運航を開始。船内はバリアフリー設計で、1階客室は98型の大型モニターが設置されておりイベント会場としての利用も可能。2階は開口部を広くし、太陽、風、潮の香りなど、自然を五感で感じられる。近未来的デザインの船とレトロな門司港の町並みのギャップもおもしろい。

上／流線形の美しいデザインが特徴　左／夜景クルーズや花火観賞、ダイナミックな船の行き来を体験できる

第1章
交通ガイド

北九州空港から市内へのアクセス … P.114

鉄道 ……………………………… P.115

北九州モノレール ……………… P.116

観光列車／ケーブルカー ……… P.118

小倉駅の歩き方 ………………… P.119

バス ……………………………… P.120

お得で便利なきっぷ情報 ……… P.122

渡船 ……………………………… P.124

観光クルーズ／タクシー ……… P.125

レンタカー／カーシェア ……… P.126

シェアサイクル ………………… P.128

交通にまつわる重要文化財 …… P.129

小倉織
〈小倉 縞縞　藍凛〉

全方位から解説！
北九州の交通 完全攻略ガイド

関門海峡で本州と隣接することから、古来九州の玄関口・交通の要衝としての役割を担ってきた北九州市。現在も鉄道やバス、渡船など市内の交通網が発達し、7区のさまざまな場所へ足を運ぶことができる。手段やルートをプランニングし、快適かつ効率よく旅を始めよう。

まずは、北九州空港到着後の市内へのアクセスを確認しよう

連絡橋によって陸地と結ばれた海上空港、北九州空港。便数の多さや金額、使い勝手のよさから、まずおすすめしたいのがエアポートバス。中心地である小倉駅へはノンストップ便もあり、33分で到着。また、最寄りの朽網（くさみ）駅までエアポートバスで行き、そこから鉄道に乗り継ぐ方法や、自分の好きな時間に移動できるレンタカーや定額タクシーもあるため、旅程に合わせて賢く選択しよう。

空の玄関口、北九州空港

バス

空港から各地へ乗り換えいらずの楽ちん移動

空港の1階から出発するエアポートバスは、北九州の代表的な地域を結んでいる。まずはバス移動を検討してみよう。

●お問い合わせ先
▶小倉・黒崎・朽網・福岡方面
西鉄バス お客さまセンター
☎ 050-3616-2150
☎ 0570-00-1010
▶ジ アウトレット北九州・岡垣方面
福岡観光バス
☎ 0948-65-0324

小倉駅の降車場は新幹線口（北口）小倉城口（南口）の2ヵ所

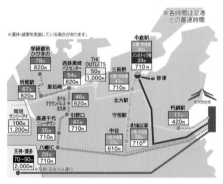

※運休・減便を実施している場合があります。
※各時間は空港との最速時間

学研都市ひびきの	78分 820円
西鉄黒崎バスセンター	54分 1,000円
THE OUTLETS	50分 1,000円
小倉駅 ノンストップ便 33分 710円	
折尾	67分 820円
皇后崎	46分 820円
三萩野 43分 710円	
砂津	
岡垣サンリーアイ	100分 1,200円
ホテルクラウンパレス	
高速千代ニュータウン 35分 710円	
引野口 41分 710円	北方駅
守恒駅	
朽網駅 17分 420円	
天神・博多 70〜90分 2,000円	八幡IC 29分 710円
中谷 23分 610円	貫水高速口 710円

※早朝・深夜のみ運行

バスの時刻表と路線図は www.kitakyu-air.jp から

北九州空港⇄小倉

1番乗り場から発車する小倉方面行きのバスは、細かく停車する「小倉・中谷便」と小倉駅まで停車しない「ノンストップ便」のふたつがある。急いでいるときは後者がおすすめ

北九州空港⇄黒崎・折尾・学研都市

3番乗り場から出発。黒崎駅前の西鉄黒崎バスセンターまでは54分、折尾駅までは67分。両駅とも鉄道線の結節駅であるため、その先の移動も便利

北九州空港⇄朽網駅

2番乗り場から出発。北九州空港最寄りの駅である朽網駅へは、17分で到着。降車後、小倉駅に行く場合は、日豊本線に乗って18分で到着

北九州空港⇄ジ アウトレット北九州

5番乗り場から出発。バス1本50分で現地へ直行できるので、すぐにショッピングを楽しめる

鉄道＋バス

空港最寄りのJR 朽網駅までバス移動

まずは、朽網駅行きのエアポートバスに乗り、降車後に日豊本線に乗り換え。小倉行きの日豊本線は1時間に3、4本運行。また、京築方面への移動にも便利。

レンタカー

空港の各社カウンターで簡単手続き

北九州空港1階の到着ロビーには、レンタカー会社のカウンターがあるため、到着後の動きもスムーズ。レンタカー会社のさらに詳しい情報は**P.126**へ。

定額タクシー

金額が定額で安心！複数人利用でお得に

複数人で利用すれば断然お得な移動手段。利用するには予約が必要なため、北九州空港の公式サイトを確認しよう。

＜金額例＞	
小倉北区	3980円
門司区	4980円
戸畑区	8400円
若松区（東部）	9200円

info 便利な早期便や深夜便を利用する際も、北九州空港発着のエアポートバスが飛行機の発着時刻に合わせて運行しているため移動も安心。金額を抑えられるうえに、移動もらくらく。

鉄道

JR九州4路線が7区のあらゆる場所を網羅し、各地を有機的に連絡。モノレールは主要駅である小倉駅、筑豊電鉄は副都心の黒崎駅でJRと接続し、都市内および都市間の移動を担う。

JR九州

市内の主要エリアを走る

運賃 初乗り 170円
※一部区間異なる
www.jrkyushu.co.jp

鹿児島本線を幹線に、北九州市内を全4つの路線が走る。小倉駅を起点に、黒崎、折尾方面へ行く際は鹿児島本線、北九州空港へ行く際は日豊本線、平尾台方面に行く際は日田彦山線に乗ろう。

鹿児島本線 かごしまほんせん

市街地の交通を支える幹線

門司区の門司港駅を起点に、博多駅、熊本駅を経由して八代駅まで、さらには鹿児島県川内市の川内駅から鹿児島市の鹿児島駅までを結ぶ

九州の西岸を縦貫（一部を除く）するJR九州の重要幹線

JR九州の重要幹線。北九州市内の主要な住宅地を多く経由することから、特急、快速、普通列車が数多く設定されている。博多駅にも乗り換えなしで行けるので便利。

筑豊本線 ちくほうほんせん

近隣都市に欠かせない市民の足

若松区の若松駅から福岡県筑紫野市の原田駅までを結ぶ。かつて筑豊の石炭産業が盛んだった頃多くの貨物支線を有していたが、炭鉱閉山

普通列車のみが運行されている

により現在は旅客列車のみが運行。直方市、飯塚市など近隣都市から北九州市へ通勤、通学利用が主体に。黒崎駅−折尾駅−桂川駅−博多駅間には「福北ゆたか線」、若松駅−折尾駅間には「若松線」の愛称がある。

日豊本線 にっぽうほんせん

東海岸を走る九州一長い路線

小倉北区の小倉駅を起点に、大分駅、延岡駅、宮崎駅など九州の東海岸を南下し、都城駅を経由して鹿児島市の鹿児島駅までを結ぶ。九州

ブルーメタリックの883系の特急「ソニック」

では最も長い在来鉄道路線で全長462.6km、全112駅。

日田彦山線 ひたひこさんせん

緑豊かな山間を走る

小倉南区の城野駅から大分県日田市の夜明駅までを結ぶ路線。筑豊地域で産出される石灰石や石炭を運ぶために敷設された。現在、特急列車はな

列車の多くが小倉駅へ直通運転している

く、普通、快速列車のみの運行。「平尾台自然観察センター」（→P.86）に行く場合は石原町駅が最寄りとなる。

一部区間（添田駅〜夜明・日田駅）で運行中
日田彦山線BRT（愛称 BRTひこぼしライン）

2023年8月に「BRTひこぼしライン」が開業。「平成29（2017）年7月九州北部豪雨」で被災した添田駅〜夜明・日田駅間（約40km）をバス高速輸送システム（BRT）の運行により復旧した

筑豊電気鉄道

西部エリアの交通を担う

運賃 初乗り 210円
www.chikutetsu.co.jp

通称筑鉄（ちくてつ）で、北九州市の副都心・黒崎から中間を経て直方市を結ぶ鉄道。JR黒崎駅前にある筑豊電鉄の黒崎駅前駅を発車し、住宅街やアップダウンの激しい山のなか、終点に近づくにつれて田園、福智山や遠賀川など、車窓からの多彩な風景を楽しむことができる。

ホームとの段差をほぼなくした超低床式電車が運行

 筑豊電気鉄道は、かつて西鉄北九州線の軌道路線に乗り入れる形で運行していたため、鉄道でありながら路面電車の車両が走る珍しい路線です。車両が走る姿はどこか愛らしく、ほっこりとします。

小倉の町を空中散歩！
おでかけに便利な 北九州モノレール

小倉北区の市街地から小倉南区のベッドタウンまでを結ぶ、全長約8.8kmのモノレール。町の中心地を縦走するため、沿線の見どころもたくさん。

銀河鉄道999号も運行中！

北九州モノレール

運賃 初乗り 180 円

※企画券の初乗りは 100 円
北九州モノレールで発行する IC カード「mono SUGOCA（モノスゴカ）」のほか、JR 九州「SUGOCA」なども使える。

URL www.kitakyushu-monorail.co.jp

観光地へのお出かけに便利

駅ビルからモノレールが走り出す光景は、小倉駅を象徴する光景。そのくらい北九州モノレールは、この町に根づいている。小倉駅を出発し、平和通駅、旦過駅……と、各駅の周りには北九州らしい特色ある町が広がり、通勤や通学など移動手段のみならず、観光の足としての役割も担う。また、1日乗り放題の1日乗車券（大人700円）もあるので、旅の足として効率よく活用しよう。

モノレールからの眺めは最高だよ！

北九州モノレール
公式キャラクター **モーノくん**

北九州モノレール路線図

●区間：小倉駅〜企救丘駅（13 駅）　●全長：8.8km（駅間平均距離 733m）
●全区間所要時間：19 分　●運転間隔：ラッシュ時 7 分、昼間 10 分

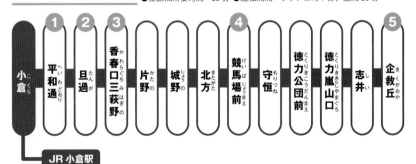

| 小倉 | ① 平和通 | ② 旦過 | ③ 香春口三萩野 | 片野 | 城野 | 北方 | ④ 競馬場前 | 守恒 | 徳力公団前 | 徳力嵐山口 | 志井 | ⑤ 企救丘 |

JR 小倉駅

info 北九州モノレールの小倉駅〜旦過駅間の乗車券はなんと 100 円。わずか 2 分で到着するため、時間がないときの移動はもちろん、モノレールで空中散歩を楽しみたいときにも気軽に利用できる。

沿線は見どころたくさん！小倉の観光スポットを紹介

北九州モノレールの停車駅は全13駅。モノレールで高い位置からの車窓の風景を楽しみつつ、気になる場所があれば下車して、沿線の町の魅力を探しにいこう。

① 平和通駅 へいわどおりえき

明治の文豪の足跡を体感
森鷗外旧居
もりおうがいきゅうきょ

駅から徒歩3分

小説家として知られる森鷗外が、旧陸軍第12師団軍医部長として小倉に赴任した際に住んでいた家。

明治30年頃に建てられた

DATA ➡ P.159

② 旦過駅 たんがえき

北九州市民の台所
旦過市場
たんがいちば

駅から徒歩2分

地元の海産物や野菜、総菜を売る店が集まる活気に満ちた市場。2度の大火災を乗り越え、元気に営業中！

名物「ぬか炊き」も販売

DATA ➡ P.82

③ 香春口三萩野駅 かわらぐちみはぎのえき

ものづくりの歴史を学ぶ
TOTOミュージアム
とーとーみゅーじあむ

駅から徒歩12分

北九州が誇る企業、TOTOの歴史と水まわりの進化を体感できる施設。ミュージアムショップでのおみやげ探しも楽しい。

入館は無料

DATA ➡ P.54

ドーム周辺は憩いの場
北九州メディアドーム
きたきゅうしゅうめでぃあどーむ

駅から徒歩7分

「小倉けいりん」も開催される九州最大級の全天候型多目的施設。隣には芝生広場や複合遊具が整備された「三萩野公園」がある。

写真提供：北九州市「ARCHITECTURE OF KITAKYUSHU 〜時代で建築をめぐる〜」

DATA ➡ P.167

④ 競馬場前駅 けいばじょうまええき

家族で遊べる屋外公園が誕生
JRA小倉競馬場サンシャインパーク
じぇいあーるえーこくらけいばじょうさんしゃいんぱーく

駅から徒歩5分

2022年夏に「JRA小倉競馬場」の屋外公園エリアがリニューアル。ポニーの乗馬体験や馬車の試乗体験で癒やしのひとときを。

子供から大人まで楽しめる

DATA ➡ P.100

⑤ 企救丘駅 きくがおかえき

夏の定番レジャースポット
アドベンチャープール（志井公園）
あどべんちゃーぷーる（しいこうえん）

駅から徒歩3分

夏季限定のレジャープールで、波のプールや流水プール、川下りプールなどの個性的なプールを備える。

水深20〜40cmの幼児プールも

DATA ➡ P.185

モノレール列車内でイベントも実施！

「ビール列車」「イルミネーション列車」など、普段とは違うモノレールの楽しみ方をイベントで提案。運行中の列車から車窓の風景を楽しみつつ、イベントを楽しめるとあって毎回チケットが完売するほど大人気。詳しくはウェブをチェックしてみて。

毎年実施予定のイベント「イルミネーション列車」の様子

Voice 北九州モノレールで発行するICカード「mono SUGOCA（モノスゴカ）」。ユニークなネーミングはもちろん、券面にはデザインされたキャラクターのモノーくんにひかれて思い出にゲットしました！

休日や春・夏休みを中心に運行中！

北九州銀行レトロライン
門司港レトロ観光列車
「潮風号」

九州鉄道記念館駅から関門海峡めかり駅まで走る「潮風号」は、最高時速15kmと日本で最も遅く・短い列車。のんびり進む列車の車窓から、関門海峡の美しい景色をゆっくりと楽しめる。

🎫 大人片道 300 円　小人 150 円　☎ 093-331-1065（平成筑豊鉄道 門司港事業所）🌐 www.retro-line.net

潮風号の乗り方

トロッコ客車2両を小型のディーゼル機関車が挟む「潮風号」

列車番号	九州鉄道記念館駅発	関門海峡めかり駅着	列車番号	関門海峡めかり駅発	九州鉄道記念館駅着
1	10:00	10:10	2	10:20	10:30
3	10:40	10:50	4	11:00	11:10
5	11:20	11:30	6	11:40	11:50
7	12:00	12:10	8	12:20	12:30
☆ 9	12:40	12:50	☆ 10	13:00	13:10
11	13:20	13:30	12	13:40	13:50
13	14:00	14:10	14	14:20	14:30
15	14:40	14:50	16	15:00	15:10
17	15:20	15:30	18	15:40	15:50
19	16:00	16:10	20	16:20	16:30
21	16:40	16:50	22	17:00	17:10

路線図

① 九州鉄道記念館駅　② 出光美術館駅　③ ノーフォーク広場駅　④ 関門海峡めかり駅

JR 門司港駅から歩いてすぐ！

関門トンネル人道まで徒歩約5分！

☆マークの列車（9、10列車）は、夏休み運行期間中（8月13〜15日を除く）の平日は運休

デートスポットの大定番

皿倉山
ケーブルカー・
スロープカー

ケーブルカーとスロープカーで楽しむ皿倉山の幻想的な夜景。山頂の展望台から望む景色の美しさはもちろんのこと、ゆっくりと標高が上がり、移りゆく車窓からの眺めも一興。山頂の展望台にはレストランもある。

🎫 ケーブルカー＆スロープカー往復通し券大人 1230 円　小人 620 円　☎ 093-671-4761　🌐 www.sarakurayama-cablecar.co.jp

皿倉山の山頂への行き方

時刻表はこちらから！

❶ 皿倉山ケーブルカー山麓駅へ

JR 八幡駅（ロータリー交番前付近）から、皿倉山ケーブルカー山麓駅までの無料シャトルバスが運行。予約は不要。

JR 八幡駅 ── 無料シャトルバス（所要時間 10 分）── ケーブルカー 皿倉山 山麓駅

オレンジのバスが目印！
・無料シャトルバスの乗車は先着順
・ケーブルカー＆スロープカーの運行日と同日に運行

❷ 山麓駅から山上駅までケーブルカーで移動（約6分）

山麓駅でチケットを購入して乗車。山上駅まで全長1100m、標高差440m、緑のなかを走る。全面ガラス張りの車窓からパノラマの景色を楽しめる。

❸ 山上駅から展望台までスロープカーで移動（約3分）

ケーブルカーを下車し、スロープカーに乗り換え。全長159mと短距離ながらも、最大勾配は22度もあり、進むごとに車窓からの景色が様変わりする。

❹ 標高 622m の皿倉山山頂に到着！

展望台駅に到着。若戸大橋や関門海峡まで北九州市全体の景色を見ることができる。「日本新三大夜景都市」の第1位にも選ばれた北九州市の代表的夜景スポット。

ℹ️ info 　北九州市でもっとも高い場所にある、皿倉山の山頂レストラン。若戸大橋や八幡製鉄所、さらには下関方面までが一望でき、食事とともにロマンチックなひと時を楽しめる。デートのハイライトにぴったり！

駅長が見どころを案内！

交通の起点
小倉駅の歩き方

小倉駅は、北九州の旅で一度は必ず訪れる、北九州最大の駅。小倉駅を知り尽くす、JR九州の小倉駅駅長が、駅の特徴と見どころを案内！

駅長さん、小倉駅の魅力ってどんなところ？

北九州最大のターミナル駅
こくらえき
小倉駅　MAP 別冊 P.21-D1

JR九州の在来線各線、JR西日本の山陽新幹線、北九州モノレールが乗り入れる小倉駅。グルメや買い物、宿泊など設備が充実し、移動時だけに立ち寄るのはもったいないほど、見どころがたくさん！

現在4代目の駅舎である小倉駅は1998年3月に開業し2023年に25周年を迎えました。JR九州のなかでは博多に次ぎ、毎日約3万〜3.5万人（JR九州のみ）の方が利用されています。駅ビルにはあらゆる交通機能や商業施設が集結し、3階にあるイベントスペース「JAM広場」では定期的に催しを実施するなど、情報発信地としての機能も。移動目的だけではなく、常に人が行き交い、交流する活気にあふれた駅です。駅のデザインも、25年以上たったとは思えないほどとても近代的で、モノレールが駅ビルから出ていく姿は小倉の町の風景を形作っています。

JR九州の小倉駅駅長
雲田昭慶さん

ここはハズせない！ 小倉駅の立ち寄りスポット

グルメもショッピングもワンストップで！
あみゅぷらざこくら
アミュプラザ小倉

地下1階から8階の9フロアにまたがる商業施設。おもにファッション関連のショップが並び、1階と地下1階では食品やおみやげを扱う。1階には"ちょい飲み"にも最適な飲食店街「小倉宿 駅から三十歩横丁」も。

改札口からは3階フロアが直結

アクセスに困ったらまずここへ！
きたきゅうしゅうしそうごうかんこうあんないじょ
北九州市総合観光案内所

改札口と同フロアの3階にある好立地な観光案内所。市内全域・近隣地域の観光案内やパンフレットの配布のほか、モバイルバッテリーのレンタル、手荷物預かりも行う。

最新のおでかけ情報を探しにいこう

ファン垂涎！
北九州ゆかりの作家のスポット

小倉駅周辺には漫画家・松本零士や北条司など、北九州ゆかりの作家の足跡に触れられるスポットが点在。漫画のキャラクターたちが旅人を優しく迎えてくれる。

新幹線口のペデストリアンデッキにある『銀河鉄道999』のメーテル＆鉄郎の銅像
© 松本零士／零時社

同デッキにある『宇宙海賊キャプテンハーロック』の銅像

小倉駅東側連絡通路にあるフォトスポット

空いた時間に気軽に立ち寄れる
びえらこくら
ビエラ小倉

新幹線の改札口を出て、すぐ正面にある飲食中心の商業施設。蕎麦店やラーメン店、カフェなど気軽に利用できる店が多いため、列車の待ち時間などにも利用しやすい。

おみやげ探しにもおすすめ

小倉駅の真上でどこへ行くにも便利！
じぇいあーるきゅうしゅうすてーしょんほてるこくら
JR九州ステーションホテル小倉

小倉駅の真上という、立地のよさが最大の魅力。10〜16階に位置するため、小倉の夜景を楽しむことができる。2023年末に客室などを大幅リニューアル（→ P.325）。

フロントは7階にある

小倉駅改札内の大人気立ち食いうどん。
1・2番ホームより、7・8番ホームがおいしいってホント？

小倉駅グルメを代表する、駅ホームの立ち食いうどん。これを食べるために、わざわざ途中下車したり、ホームを移動したりする人も多数。1・2番と7・8番ホームに店があるが、いつからか「7・8番ホームのほうがおいしいらしい」とのうわさが。ところがおいしさはどちらも同じ。両店は経営が同じで、味や調理法は変わらない。ぜひ、混んでいないほうを利用しよう（→ P.279）。

どちらもおいしいです！

かしわうどん
450円

1・2番ホーム

7・8番ホーム

スピーディな提供で、サッと食べられる

バス

北九州市内には、北九州市営バスと西鉄バス北九州が乗り入れており、それぞれに得意なエリアがあるため、目的地ごとに乗り分けをしよう。両バスともに、西鉄の交通系 IC の nimoca や JR 九州の SUGOCA のほか、Suica など全国の交通系 IC カードが利用できる。

バスの乗り方

バス中央のドアから乗車し、交通系 IC カードを利用する場合は、ドア横のカードリーダーにタッチ。下車する際は前方のドアから、同様にタッチして降りよう。現金の場合は乗車時に整理券を取るのを忘れずに。均一運賃ではないため、整理券に記載された番号を参考に運賃を確認し、運転席横の運賃箱に支払いを。

北九州市営バス

運賃 初乗り 190 円
🔗 kitakyushucity.jp

ウェブでバスの現在地がわかる『バス予報』が便利！

バスの位置情報、運行情報をリアルタイムにスマートフォンのブラウザ上で確認できる

若松区や八幡西区を中心に運行

運行エリアは若松区とその周辺がメイン。若松区内と、小倉駅、戸畑駅、折尾駅など主要駅をつなぐ路線があり、「若戸大橋」や「響灘緑地 / グリーンパーク」など観光地へも運行。

おもな運行系統

7	北九州市役所〜若松区役所・上原〜若松営業所
14	若松渡場〜大橋通り・本町・上原〜二島郵便局前
42	二島駅〜脇田〜亀の井ホテル玄界灘
64	折尾駅〜九州共立大・学研都市ひびきの〜二島駅

西鉄バス北九州

運賃 初乗り 180 円
※エリアにより初乗り運賃が異なる
🔗 nishitetsu-ktq.jp

使い勝手◎のスマホアプリ『にしてつバスナビ』

位置情報のほか、バスの時刻やバス停の場所など、事細かに調べられる優秀アプリ

北九州を縦横無尽に走る市民の足

若松区以外の市内 6 区を走り、小倉駅、戸畑駅、門司港レトロなど主要駅や観光地を中心に数多くのバスを運行。路線が多く複雑だが、専用のアプリがあれば乗り継ぎも楽ちん。

おもな運行系統

1	砂津〜魚町〜到津の森公園前〜黒崎・折尾駅
25	砂津〜三萩野〜南小倉駅〜戸畑駅
10	砂津〜三萩野〜湯川〜恒見営業所
70	青葉車庫〜魚町〜砂津〜門司駅〜門司港レトロ〜田野浦

小倉を起点に黒崎・戸畑・恒見へ

通常のバスの長さ 2 倍！「連節バス」も運行中

連節バスは、全長 18m の 128 人乗り。混みがちな主要都市間の路線で運行されるため、ゆったりと乗車できるのが魅力。通常の一般路線バスと同運賃で乗車できる。

外観デザインは、小倉織をモチーフにし、市花であるひまわりやつつじの花びらをあしらう

 バスは 5000 円札、1 万円札などの紙幣は両替ができないので要注意。事前に小銭に崩しておくか、交通系 IC の準備を。北九州市営バスも西鉄バス北九州も全国相互利用のカードが利用できる。

コミュニティバスや乗合タクシー

北九州では、地域住民の日常生活や外出を支援する生活交通の確保のため、公共交通空白地区にコミュニティバスや乗合タクシー（通称おでかけ交通）が運行している。バス路線廃止地区やバス路線のない高台地区などもくまなく走らせているため、鉄道やバスでは足を運べないエリアにも行くことができる。

※詳細は www.city.kitakyushu.lg.jp/shisei/menu01_0521.html をチェック

地区	運行会社	車両	時間	運行便数	運賃
合馬・道原（小倉南区）	ひまわりタクシー	9人乗りジャンボタクシー	平日 8:00〜16:00台（土・日・祝は運休）	定期運行・合馬ルート7便・道原ルート8便（デマンド予約便運行）・合馬ルート4便（15:00〜16:00台）	大人300円均一 子供200円均一（一部100円区間）
平尾台（小倉南区）	ひまわりタクシー	9人乗りジャンボタクシー、4人乗り乗合タクシー	土・日・祝 9:00〜15:00台 ※デマンド予約便 9:00〜17:00台（随時）	定期運行 土・日・祝8便（3月中旬〜11月末）※デマンド予約便運行 ※3名以上で随時運行	大人400〜600円 子供200〜300円
木屋瀬・楠橋・星ヶ丘（八幡西区）	第一観光バス	9人乗りジャンボタクシー	平日 7:00〜17:00台（土・日・祝運休）	定期運行 楠橋地域交流センター〜星ヶ丘9便	200円均一（小学生以上）
田代・河内（八幡東区）	第一交通	4人乗り乗合タクシー	平日 7:00〜18:00台、土・日・祝 8:00〜11:00台	要予約（運行の前日まで）田代〜大蔵平日14便、土・日・祝4便	高校生以上400円 中学生以下200円
恒見・喜多久（門司区）	北九州第一交通	9人乗りジャンボタクシー	平日 6:00〜17:00台、土 7:00〜16:00台（日・祝運休）	定期運行 平日恒見周回16便、土14便、恒見〜喜多久4便	大人250円、高校生200円小中学生100円
枝光（八幡東区）	光タクシー	12人乗りジャンボタクシー	月〜土 8:00〜18:00台（日・祝運休）	定期運行 荒手ルート21便、枝光ルート7便、日の出ルート15便、山王ルート10便、山王藤見ルート3便	200円均一（小学生以上）乗り放題定期券3500円
大蔵（八幡東区）	南国興業	9人乗りジャンボタクシー	平日 8:00〜17:00台（土・日・祝運休）	定期運行 勝山ルート6便、羽衣ルート10便、末広ルート2便	200円均一
東谷（小倉南区）	勝山自動車	9人乗りジャンボタクシー	7:00〜18:00台	定期運行 13便（上り7便、下り6便）	大人600円、小学生300円、1歳以下無料

※デマンド予約便……利用者の予約に応じて運行する地域公共交通

121

お得で便利なきっぷ情報 総まとめ

各鉄道、バス会社で販売中の北九州市などで使えるお得なきっぷを一覧で紹介。移動が多い日は、丸１日や３日連続など乗り放題のきっぷを使えば、金額を気にせず利用できるため賢く活用しよう。

JR九州

旅名人の九州満喫きっぷ

運賃 大人１万1000円（小人同額）

JR九州や北九州モノレールなど北九州内の路線のほか、西日本鉄道、福岡市地下鉄など九州の全鉄道の快速・普通列車が１日乗り放題になるきっぷが３回（人）分セットに。ひとりで３回乗ってもよし、３人で一緒に使ってもよし。当日購入ができ、有効期限は購入日より３ヵ月。

北九州モノレール

一日乗車券

運賃 大人 700円 小人 350円

モノレール全線を何度でも乗車できるお得な乗車券。通常５区間で大人ひとり当たり320円のため、何度も乗り降りする場合は断然お得。発売当日かぎり有効。同価格でスマホアプリで利用できる、デジタル乗車券も販売。

筑豊電気鉄道

へい！ちくてつ１日フリーきっぷ

運賃 大人 1500円（小人同額）

筑豊電気鉄道（ちくてつ）と、直方市から田川市を経て行橋市を結ぶ平成筑豊鉄道（へいちく）とのコラボきっぷ。有効日に限り１日何回でも乗り降りできる。両社の鉄道が乗り放題になるきっぷを利用して、自然豊かな２つエリアへ鉄道旅に出かけよう。

北九州市営バス

一日乗車券

運賃 大人 700円 小人 350円

全路線を１日何度でも利用可能。若松区を中心に運行しているため、若松観光にはうってつけだ。交通局営業所、案内所およびバス車内で販売。同価格でモバイルチケットもあり、ジョルダンのアプリ「乗換案内」で購入可。

西鉄バス北九州

北九州都市圏 １日フリー乗車券

運賃 大人 1200円 小人 600円

北九州都市圏をバスで１日に何度も乗り降りする際に便利な乗車券。北九州市と隣接する行橋市、苅田町、中間市も一部対象エリアに。北九州地区の西鉄各窓口で購入できる。

北九州都市圏 １日フリー乗車券（デジタル）

	24時間	48時間
運賃	大人 1000円 小人 500円	大人 1800円 小人 900円

１日フリー乗車券はデジタル版だともっとお得。専用アプリ「my route」で即購入ができる。しかも、大人１名につき小学生１名分の乗車が無料に！

SUNQパス

運賃	九州全県＋下関・長門 ３日間１万1000円 北部九州＋下関・長門 ３日間 9000円

対象エリアの高速バスと路線バス、さらにはフェリーが連続する３日間乗り放題に。北九州を起点に、九州各地に高速バスで出かけ、現地で路線バスを駆使して観光するのもよい。フェリーは、唐戸（下関）〜門司港をつなぐ「関門連絡船」など、各地のさまざまな船に乗車できる。インターネットまたはバス事業者窓口などで購入可。

info ローカル鉄道の旅を楽しめる筑豊電気鉄道。ノスタルジックな駅舎や愛らしい車両が旅情を盛り上げてくれる。平成筑豊鉄道に乗り継げば、よりディープなローカル線の旅がお待ちかね。

北九州銀行レトロライン 門司港レトロ観光列車「潮風号」

1日フリー乗車券

運賃 大人 600円　小人 300円

　2.1kmの距離を最高速度15kmでゆっくりと走る「潮風号」。九州鉄道記念館、出光美術館、ノーフォーク広場、関門海峡めかりと個性的な4つの停車駅があるため、何度も乗り降り自由なフリー乗車券があると便利。

関門海峡クローバーきっぷ

運賃 大人 800円　小人 400円

　1枚のきっぷで「潮風号（または西鉄バス）」に乗り、関門人道トンネルで本州へ渡って、「サンデンバス（みもすそ川～唐戸）」、そして「関門汽船（下関唐戸～門司港）」に乗り継ぐという、関門海峡を1周できるきっぷ。「潮風号」が運行していない場合は西鉄バス北九州に乗車可能。

押さえておきたい！便利な交通情報

　知っておくとスムーズに旅ができる交通の小ネタを紹介。地元の交通系ICカードは1枚持っておくと、移動時だけでなく、市内の施設で買い物の際にもポイントが付いてお得！

交通系ICカード

mono SUGOCA

北九州モノレールで発行するICカードで、各駅窓口で販売。初回購入時に500円のデポジットが必要。アミュプラザ小倉などの買い物でポイントがたまる。

SUGOCA

JR九州が発行する交通系ICカード。SUGOCAエリア内の駅のみどりの窓口やSUGOCA発売機能付自動券売機で発売する。販売価格は2000円で、このうち500円がデポジット。

nimoca

福岡市を拠点に鉄道とバス事業を展開する西日本鉄道（西鉄）が発行。西鉄バス北九州の路線を利用する際、乗り継ぎ割引（60分以内）があるため、1枚持っておくと便利。

nimoca払いだと乗り継ぎ割引で最大90円引きに

似ている駅名の位置関係と特徴

JR 門司港駅
と
JR 門司駅

　観光地として有名な門司港レトロは、JR門司港駅が最寄り。ただし、JR下関駅など鉄道で本州に行く際は、山陽本線の乗り継ぎ駅であるJR門司駅でしか渡れないため要注意。

北九州モノレール
志井駅
と
日田彦山線
志井駅

　鉄道会社違いの同名駅。北九州モノレールのほうは比較的町中にあるが、JR日田彦山線のほうは山間にあるローカル駅で、両駅は徒歩で30分以上離れた場所にある。

北九州から福岡へ行くなら！

西鉄高速バス 福岡～北九州（小倉）

所要時間：最速1時間35分
運賃 大人片道1350円、往復2500円　※スマホ2枚回数券：大人片道1150円、往復2300円

　福岡市の天神方面に遊びにいくなら、JR小倉駅前から発車する西鉄の高速バスが便利。5～60分間隔で、毎日約90往復が運行しており、予約なしで乗車OK。片道利用であれば運賃箱への現金払い、またはICカード払いでOK。往復券などの場合は事前に窓口での購入が必要。

Voice 北九州市から福岡市へ移動する際、時間に余裕があれば、高速バスが安くて便利。Wi-Fiもコンセントも完備（車両によって異なる場合あり）しているため、移動中もノンストレス。あっという間に到着です！

渡船

離島や本州の下関側へスピーディに移動できる渡船。渋滞もなく早いうえに、旅気分をさらに盛り上げてくれる船旅を、旅程に組み込んでみてはいかが？

北九州市営渡船

小倉航路（藍島〜馬島〜小倉）

所要時間 片道約40分

ふらっと気軽に船で島旅

　北九州市営渡船の航路のひとつで、小倉北区と、その北の海上に浮かぶ馬島、藍島を結ぶ航路。小倉渡場を出発し、福岡県の有人島のなかで最も小さい島という馬島、そのあとに猫が多いことでも知られる藍島へ渡る。関門海峡の北西に浮かぶふたつの島、のどかな時間を楽しもう。

バリアフリー対応の「こくら丸」

🏠 北九州市小倉北区浅野 3-9-1（小倉渡場）
📞 093-531-1712（小倉待合所）
💴 小倉ー藍島大人600円 小人300円、小倉ー馬島大人420円 小人210円、馬島ー藍島大人180円 小人90円
🚃 JR小倉駅から徒歩10分

若戸航路（戸畑〜若戸）

所要時間 片道約3分

ロマンが香る3分の船旅

　洞海湾によって隔てられた若松区と戸畑区を結ぶ航路。運賃わずか100円で乗船時間約3分という短さながらも、若戸大橋の横をゆっくりと進む船から望む景色はとてもドラマチック。1時間に3〜5本は運行しており、観光目的はもちろん移動手段としても利用価値が高い。

現在も市民の通勤や通学に大活躍

🏠 北九州市戸畑区北鳥旗町 11-1（戸畑渡場）、北九州市若松区本町 1-15-21（若松渡場）
📞 093-861-0961（北九州市渡船事業所）
💴 片道大人100円、小人50円

関門汽船

下関（唐戸）〜門司港

所要時間 片道約5分

関門海峡の美しさを間近に

　門司港と、本州側の下関・唐戸をわずか5分で結ぶ航路。東側に関門橋、西側に巌流島を望む最高の眺めとともに船旅を楽しめる。1時間に約3往復運航。本州と九州を結ぶ市民の足として重要な航路のため、近年まで「海上国道2号線」と呼ばれていた。

🏠 北九州市門司区西海岸 1-4-1（マリンゲートもじ）
📞 093-331-0222
💴 片道大人400円、小人200円

オープンデッキに出て潮風を感じよう

門司港〜巌流島

所要時間 片道約10分

あの決闘の地へ渡る

　宮本武蔵と佐々木小次郎の決闘の地で有名な、関門海峡に浮かぶ巌流島（船島）へ渡る航路。船内では巌流島の歴史や両岸風景の案内も行うため、遊覧船気分を味わえる。現在、門司港発着の航路は土・日・祝のみ、1時間に1、2本運航。

巌流島は周囲約1.6kmの小さな島

🏠 北九州市門司区西海岸 1-4-1（マリンゲートもじ）
📞 093-331-0222
💴 門司港発着大人900円、小人450円

観光クルーズ

北九州市が誇る海岸沿いの工場夜景や関門海峡の夜景、煌びやかな町の明かりを船上から観賞できるクルーズプラン。地上から見ていた景色も、船上からだとまた違った魅力に気づくはず。

運航コースと概要

小倉港発	**工場夜景観賞コース 大人 2500 円、小学生 1250 円** 【運航日】第 1・2・3・5 土・日 【集合場所】小倉渡場	小倉港→小倉の工場夜景→若戸大橋→洞海湾→渡船乗場
門司港発	**関門夜景 + 工場夜景コース 大人 2500 円、小学生 1250 円** 【運航日】第 4 土・日 【集合場所】マリンゲートもじ	門司港→関門橋→関門海峡→小倉の工場夜景→連絡船乗場
門司港発	**関門海峡クルージング 大人 1200 円、小人 600 円** 【運航日】毎週土 【集合場所】門司港レトロ内桟橋	ブルーウィング門司（恋人の聖地）・和布刈神社・関門橋・壇ノ浦・赤間神宮・唐戸市場・下関国際港・巌流島など船上から展望→関門連絡船乗場
門司港発	**門司港レトロクルーズ 大人 1000 円、小人 500 円** 【運航日時】デイクルーズ 11:00 〜（土・日 10:00 〜）、ナイトクルーズ日没後から 【集合場所】門司港レトロ内桟橋	門司港レトロの街並みを海上から眺める

関門汽船 TEL 093-331-0222 URL www.kanmon-kisen.co.jp

タクシー

小倉駅、門司港駅、戸畑駅、黒崎駅など、主要駅にはタクシー乗り場が設けられているため乗車もスムーズ。北九州交通圏のタクシー事業者のほとんどが「初乗距離短縮運賃制度」を導入しており、以前よりも初乗り料金が70 円安くなり、さらに利用しやすく。

初乗り運賃 610 円／ 1040m まで （一社）北九州タクシー協会 TEL 093-551-6784

 北九州で使える！**タクシー配車アプリ**

DiDi
平均 5 分と迎車が早く、ドライバー情報も確認できる点が魅力のアプリ。オンライン決済も可能

第一交通 モタク
北九州のタクシー会社のアプリ。アプリでのタクシーの配車予約のほかに、電話予約や代行予約もできる

移動楽々！観光タクシーもおすすめ
観光タクシーは、周りを気にせず、好きに観光地を回れる自由さが魅力。各社おすすめのコースが設定されているため、初めての人でも安心。

おもなタクシー会社

■**第一交通タクシー（北九州エリア）**
コース例：関門海峡と門司港レトロめぐり（3 時間）、工場夜景めぐり（4 時間）
TEL 093-541-3530 URL kitakyushu.0152.jp

■**勝山タクシー**
コース例：小倉城下町めぐり（2 時間 30 分）、石の羊（平尾台）と鍾乳洞探検（4 時間 30 分）
TEL 0570-08-5280 URL katsuyama-taxi.jp

Voice 小倉駅など大きな駅の周辺や大通り沿いであればタクシーは捕まりやすいが、少し街を離れるとなかなかそうはいかない。そんな時のために事前にタクシー配車アプリをダウンロードしておこう。

レンタカー

地域ごとに特色豊かな7区を存分に楽しむなら、時間効率を考えレンタカー利用をおすすめしたい。ただし、小倉駅周辺は車の交通量が多いため、小倉駅周辺を周遊する際は公共交通機関で移動し、遠方への移動時のみレンタカーを借りるのがベター。

代表的なドライブルート

- ●北九州空港→小倉駅周辺　　　約40分／約21km
- ●北九州空港→門司港レトロ地区　約45分／約28km
- ●小倉駅→皿倉山　　　　　　　約40分／約17km
- ●小倉駅→到津の森公園　　　　約15分／約4km
- ●小倉駅→めかりパーキングエリア（上り）約25分（高速利用時）／約20km

> 北九州を周遊するなら車移動が断然効率的！

おもなレンタカー会社

市内の主要な町をカバー

とよたれんたかー
トヨタレンタカー

国内最大手の自動車メーカー・トヨタ自動車系列のレンタカーチェーン。北九州空港、門司港駅、小倉駅、黒崎駅などに店舗を構えるなど、主要な観光地を網羅。市内では最も店舗数が多く、旅行者にとっては使い勝手のよさも魅力的。小型車からワゴン車まで幅広い車種を取り揃え、人数やシーンに応じてフレキシブルに選択できる。お得な割引サービスも充実。

TEL 0800-7000-111（予約センター、受付時間8:00〜20:00）　料 乗用車（C1クラス）12時間5500円〜、24時間7150円〜（超過料金1100円〜／時）、トヨタレンタカー安心Wプラン1650円／24時間　URL rent.toyota.co.jp

小倉駅前店

北九州空港店

最新の電気自動車も選べる

にっさんれんたかー
日産レンタカー

北九州空港、小倉駅前、黒崎駅前に店舗を構える。自動車メーカー直営だけに日産の幅広い車種を取り扱い、最新の電気自動車の予約も可能。ワンウェイドライブ（乗り捨て）サービスも行う。

TEL 0120-00-4123（予約センター、受付時間8:00〜20:00、土・日・祝9:00〜18:00）　料 軽自動車6時間6270円〜、24時間8360円〜、スタンダード6時間9130円〜、24時間1万2100円〜（超過料金1430円〜／時）、フルサポートプラン2200円／24時間　URL nissan-rentacar.com

割引の活用でグンとお得に！

ばじぇっとれんたかー
バジェットレンタカー

北九州空港と小倉駅前の2店舗を展開。会員限定の割引サービスがあるほか、早期予約による割引キャンペーンなども実施する。事前予約で同一県内での乗り捨てが無料に。

TEL 0570-054-317（予約受付センター、受付時間8:00〜20:00、土・日・祝9:00〜18:00）　料 軽自動車12時間6050円〜、24時間7480円〜（超過料金1100円／時）、免責補償1430円〜／24時間　URL www.budgetrentacar.co.jp

> info 「皿倉山ケーブルカー・スロープカー」の山麓駅まで車で行く場合、平日は比較的スムーズに移動できるが、休日は混雑する可能性が高い。そのため、休日に行く際は交通機関の利用が断然おすすめ。

キャンペーンやプランが豊富
オリックスレンタカー

北九州空港と小倉駅周辺を中心に店舗展開。公式サイトで公開されるキャンペーン、プランが豊富で、お得な早予約などもある。出発店舗以外で返却できる乗り捨てサービス「ワンウェイ」も好評。

📞 0120-30-5543（予約センター、受付時間 8:00～20:00、土・日・祝8:00～17:00）🅿 KSS クラス（軽自動車）24時間8250円～（以降、24時間ごとに6160円～、超過料金 1320円～/時）、保険・補償制度「免責補償制度」24時間1100円～（車両クラスにより異なる）、「レンタカー安心パック」24時間660円～（車両クラスにより異なる）🔗 car.orix.co.jp（予約は公式サイトで受付）

お得なプランがたくさん
スカイレンタカー

北九州空港と小倉駅前に店舗を展開。大手レンタカー会社と比べて値段設定が良心的かつ、車両の品質や補償制度などもばっちり。長期滞在にうれしいマンスリーレンタルのプランもある。

📞 093-967-2221（九州予約センター、受付時間 8:00～18:00）🅿 軽自動車 1 日 4950 円～、コンパクト 1 日 6600 円～、ミニバン・ワゴン 1 日 9900 円～、ワイド補償 770 円／1 日、免責補償 1430 円／1 日 🔗 www.skyrent.jp/kyushu

短時間利用ならカーシェアが便利！

利用しやすさがピカイチ
タイムズカーシェア

24 時間いつでも使え、15 分単位（220 円～）から利用できる気軽さが評判。北九州市内には約 60 ヵ所ステーションがあり、ガソリン代、保険料込みの価格設定で、余計な手間もかからず、利用もスムーズ。ウェブで手続きが完結するスグ乗り入会は最短 15 分で利用できる。

📞 会員専用 0120-24-5037（受付時間 24 時間）、その他の問い合わせ 0120-20-5037（月～金 9:00～19:00）🔗 share.timescar.jp

スマホで簡単に手続き完了！
トヨタシェア

トヨタならではの安心・安全なカーシェアサービス。登録無料で 15 分 220 円（利用条件あり）から利用可能で、スマホで予約と利用、精算までが完結できる。安全装備のついた幅広い車種を揃え、用途に応じて利用しやすいのも魅力。追加運転者の登録もでき、運転中に交代も OK。ステーションは北九州内に 10 ヵ所（2023 年 12 月時点）あり。

📞 0800-666-2077（トヨタシェアお問い合わせ窓口、24 時間）🔗 mobility.toyota.jp/r-toyotashare

高速道路 & おすすめ SA・PA 情報

北九州市内には九州自動車道と北九州都市高速のふたつの高速道路が走る。小倉駅方面へ遠方からアクセスする場合は、九州自動車道を利用の場合、「小倉南インター」から、北九州都市高速を利用の場合は「小倉駅北ランプ」から行くのがおすすめ。また、九州最北の PA であり、関門海峡を眼前に捉えるロケーションで有名な「めかりパーキングエリア（上り）」（→ P.46）は、ドライブの際にぜひ立ち寄りたい。

めかりパーキングエリア（上り）。関門海峡を望む展望デッキもある

info カーシェアリングの大手「タイムズカー」は、北九州市の小倉北区と八幡西区を中心にステーションを展開。駅近のステーションもあるので、電車移動と組み合わせて効率よく移動するのもよいだろう。

シェアサイクル

移動手段として定番化したシェアサイクルやレンタサイクル。「短距離だけど、歩くのはちょっと……」というときに使えば、その使い勝手のよさを実感できるはず。北九州市内にもさまざまなサービスがあるため、その特性や使いやすさを知って効率よく利用しよう。

おもなシェアサイクルのサービス

何度も利用したくなる手軽さ
ミクチャリ　シェアサイクル

電動アシスト付き自転車
15分 100円
12時間 1000円

　市内では小倉北区を中心に展開する、電動アシスト自転車のシェアサイクル。専用のアプリをダウンロードして無料会員登録後、すぐに利用できる。アプリで近くのステーションを簡単に検索でき、1アカウントで複数台の予約が可能なため、一気にまとめて予約できるのが便利。
URL mikuchari.hellocycling.jp

多彩なプランから選べる
I-DO　レンタサイクル

電動アシスト付き自転車
8時間（10:00〜18:00）800円
1日（10:00〜23:59）1000円

　小倉駅北口そばの好立地なレンタサイクルサービス。電動アシスト付き自転車で楽々移動ができ、8時間や丸1日、長期レンタルまでさまざまなプランを用意する。中心地は車の交通量が多いため、交通ルールを守って安全に移動しよう。

住 北九州市小倉北区浅野 2-14-2 リーガロイヤルホテル1F　TEL 093-531-2200　時 10:00〜18:00
交 JR 小倉駅から徒歩3分
URL www.npo-ido.com

自転車で関門海峡も渡れる！
ジョイント門司港　レンタサイクル

電動アシスト付き自転車
8時間（10:00〜18:00）
800円

　門司港レトロ地区を自転車でくまなく散策。門司港を存分に楽しめるおすすめのルートを参考に、潮風を感じながらゆっくりとサイクリングを楽しもう。関門海峡の人道トンネルを渡るとお隣の下関にも行くことができる。電動アシスト付き自転車のほか、ふたり乗り自転車も。

住 北九州市門司区東港町 6-66　TEL 093-321-2272
時 4〜10月 10:00〜18:00、11〜3月〜17:00
交 JR 門司港駅から徒歩8分
URL www.npo-ido.com/business/rent/oneday_2

シェアサイクルの借り方
─ミクチャリの場合─

　予約から実際の利用シーンまでの手順を紹介。スマホひとつですべて手続きが完了するため、思い立ったときにすぐ利用できる使い勝手のよさを、いざ体験！

1. 専用アプリをダウンロードし予約

まずは、専用のアプリ「HELLO CYCLING」をホームページからダウンロード。会員登録の際にクレジットカードかキャッシュレス決済か支払い方法も選択

2. 予約した場所で自転車をピックアップ

アプリで近くのステーションを探し、利用開始30分前から予約ができる。アプリ内の「解錠」ボタンをタップ、または登録済みの IC カードで解錠ができるため、鍵は不要

3. ステーションであればどこでも返却 OK

「HELLO CYCLING」のロゴのあるステーションであればどこでも返却可。ラックにセットし、自転車のロックの「RETURN」ボタンを押して返却手続きが完了

info 「ミクチャリ」のステーションは、到津の森公園や北九州メディアドームなど観光地近くにも設置。いずれも自転車で15分〜20分ほど。小倉駅周辺で借りて、サイクリングがてらおでかけするのもよい。

人の移動に歴史あり！
交通にまつわる重要文化財

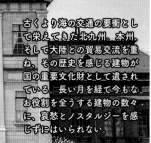
6年の工事を終え、2019年に大正時代の姿に復原され、グランドオープンした

古くより海の交通の要衝として栄えてきた北九州。本州、そして大陸との貿易交流を重ね、その歴史を感じる建物が国の重要文化財として遺されている。長い月を経て今もなお役割を全うする建物の数々に、哀愁とノスタルジーを感じずにはいられない。

駅として全国初の重要文化財に
JR門司港駅（旧門司駅） DATA → P.40

1988年、駅として初めて国の重要文化財に指定されたJR門司港駅。1914年に門司駅（当時）として開業後、1942年に門司港駅と改称。創業当時の雰囲気を残す、駅舎の横に独立したトイレや、木製の柱が使われたホームなど、大正時代にタイムスリップしたかのような気分に浸れる。

ホームにはベンチなどなくシンプル

鉄道の歴史を今に伝える
九州鉄道記念館 DATA → P.134

明治24（1891）年に建設された九州初の鉄道会社、九州鉄道会社（現JR九州）の本社屋を改修し、鉄道記念館に。当初仮本社を博多に置いていたが、門司駅（現門司港駅）の開業に合わせて駅の南側に本社を移転。この背景には明治22（1889）年に門司港が石炭、米、麦、麦粉、硫黄を扱う国の特別輸出港に指定されたことがあった。

開館の際に大規模改修が行われたが、壁は建設当時のまま。明治時代のれんがが構造物の技術を伝える貴重な建築物

館内で展示している「キハ四二〇五五号気動車」も2021年に国の重要文化財に

1937年製の全長19mの半鋼製車両。九州に現存する鉄道車両として初めて、かつ気動車としても日本初の指定に

九州最古、現役の洋式灯台
部埼灯台 DATA → P.147

1867年、幕府が兵庫開港に備えて英国公使と約定した5灯台のうちのひとつ。初点灯して百数十年を経てもなお、航行の安全を見守り続けている。青い空に映える重厚な白御影石造りの灯塔や、フランスから輸入した回転式レンズが美しい。

国内初の本格的な長大つり橋
若戸大橋 DATA → P.194

若松区と戸畑区を結ぶ、日本初の本格的な長大つり橋である若戸大橋。日本の長大吊橋の技術的原点として歴史的、技術史的見地から重要であるとの評価を受け、開通60周年を迎える2022年に国の重要文化財に指定された。

2018年には無料化を実現。1日約3万台の車が通る

灯台横の電光表示盤（部埼潮流信号所）で、関門海峡を渡る船舶に潮流の状況を知らせる

 交通にまつわる歴史的建造物の多さからも、北九州市を含む関門地域が、古来陸上・海上交通の要衝であったことがよく分かる。何気なく渡る橋も、歴史を知れば旅を飾る素敵な思い出になるはず！

THE OUTLETS
KITAKYUSHU

西日本最大級のアウトレットモール。
国内外の人気ブランドなど、約170店舗が集結。

ACCESS

🚃 電車をご利用の方（主要駅からのアクセス）

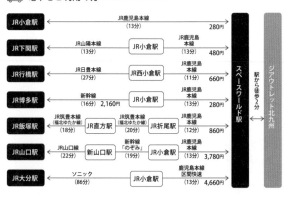

出発駅				到着
JR小倉駅	JR鹿児島本線（13分） 280円			スペースワールド駅 / ジアウトレット北九州 駅から徒歩2分
JR下関駅	JR山陽本線（13分）	JR小倉駅	JR鹿児島本線（13分） 480円	
JR行橋駅	JR日豊本線（27分）	JR西小倉駅	JR鹿児島本線（11分） 660円	
JR博多駅	新幹線（16分） 2,160円	JR小倉駅	JR鹿児島本線（13分） 280円	
JR飯塚駅	JR筑豊本線（福北ゆたか線）（18分）	JR直方駅 JR筑豊本線（福北ゆたか線）（20分） JR折尾駅	JR鹿児島本線（12分） 860円	
JR山口駅	JR山口線（22分）	新山口駅 新幹線「のぞみ」（19分） JR小倉駅	JR鹿児島本線（13分） 3,780円	
JR大分駅	ソニック（86分）	JR小倉駅	鹿児島本線区間快速（13分） 4,660円	

🚗 車をご利用の方（主要地域からの所要時間・料金）

都市高速枝光ICにて乗降

出発地	所要時間	料金		
福岡中心部（福岡IC）	45分	1,690円	枝光IC	ジアウトレット北九州
山口県（山口南IC）	90分	3,420円		
大分県（大分IC）	120分	4,340円 ※通常料金		

駐車料金 無料

駐車台数 4,500台

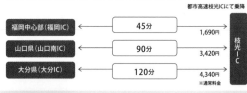

詳しい施設情報は
アプリをチェック！

THE OUTLETS
KITAKYUSHU

営業時間 10:00〜20:00 ※店舗により一部異なります。
the-outlets-kitakyushu.aeonmall.com

〒805-0071　福岡県北九州市八幡東区東田4丁目1-1
TEL:093-663-7251

第2章

エリアガイド

門司区 ……………………………… P.132

小倉北区 …………………………… P.152

小倉南区 …………………………… P.176

若松区 ……………………………… P.192

八幡東区 …………………………… P.210

八幡西区 …………………………… P.222

戸畑区 ……………………………… P.234

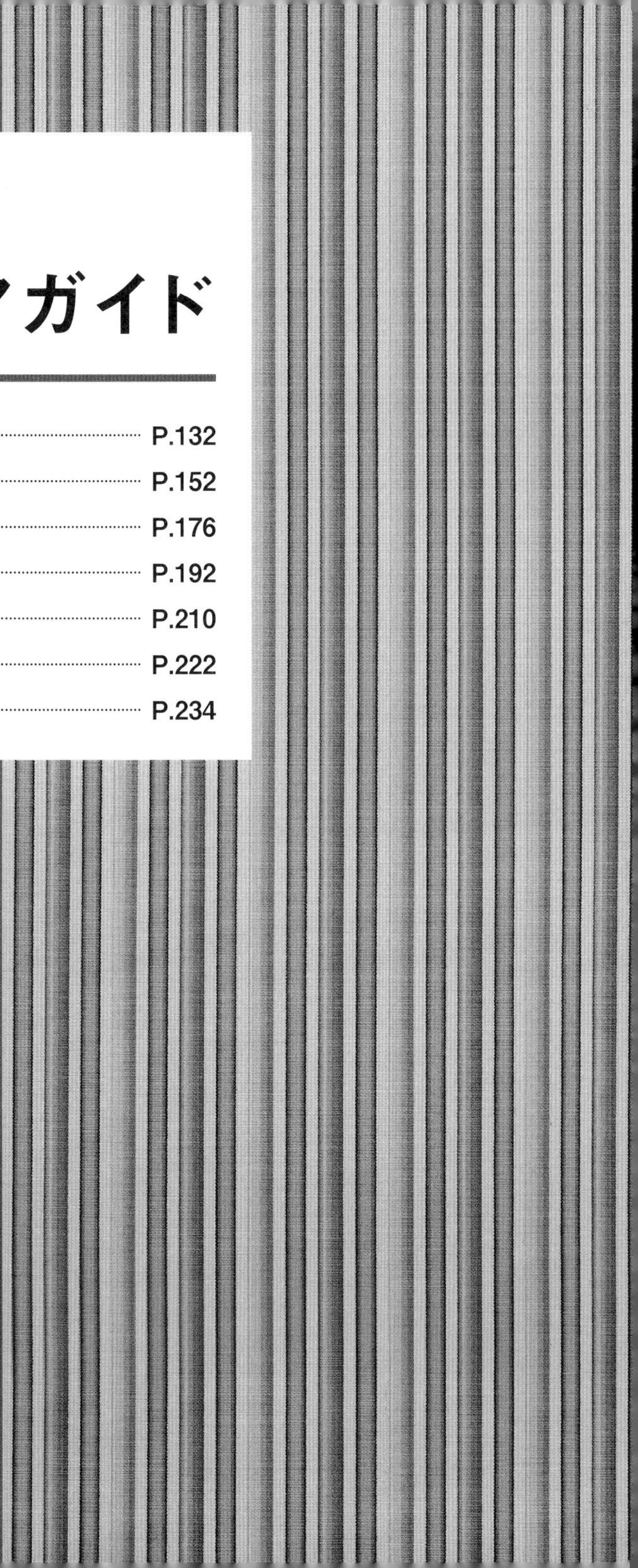

小倉織
〈小倉 縞縞　香桜〉

門司区
もじく

人口 ▶ 8万9822人
（2023年10月1日）
面積 ▶ 73.66㎢

門司港レトロは県内随一の観光スポット。たくさんの人でにぎわう

🚉 エリア利用駅
門司港駅
門司駅
小森江駅
JR 鹿児島本線

門司区への行き方

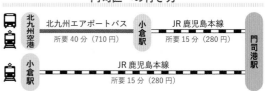

| 北九州空港 | 北九州エアポートバス 所要 40 分（710 円） | 小倉駅 | JR 鹿児島本線 所要 15 分（280 円） | 門司港駅 |

| 小倉駅 | JR 鹿児島本線 所要 15 分（280 円） | 門司港駅 |

📍 観光案内所

● 門司港駅観光案内所
MAP 別冊 P22-A3
🏠 北九州市門司区西海岸 1-5-31
JR 門司港駅 1 階
🕐 9:00〜18:00
休 無休

　九州の最北部に位置し、「九州の玄関口」として栄えてきた門司区。明治 22（1889）年に門司港が国の特別輸出港に指定され、鉄道が敷設されたことで、筑豊の石炭の輸出港として発展し始めた。その後、セメント会社、製糖会社などが事業所を構え、製品輸出・原料輸入の拠点となったことから日本有数の貿易港に。当時の繁栄を映し出す大正ロマン漂う歴史的建造物が数多く残る町並みは、「門司港レトロ」として年間 200 万人以上が訪れる観光地となった。小倉と門司港の中間地点である大里地区は、門司赤煉瓦プレイス、商業施設、住宅地、公園などの整備が進み、住宅地としても人気のエリアに。周防灘に面した新門司地区は物流拠点になっていて、東部には史跡が豊富に残されている。

info 三方を海で囲まれた門司区は、大正ロマン漂う関門港地区、「大里赤煉瓦タウン」の愛称で親しまれる大里地区、日本有数の物流拠点である新門司地区に分かれる。

門司区の歩き方

JR門司駅を行き来して歴史を感じよう

JR門司駅を出たら、北九州市門司麦酒煉瓦館、旧サッポロビール醸造棟などが連なる「門司赤煉瓦プレイス」で重厚な近代化遺産を体感しよう。再び門司駅に戻り、柳中央通りへ。

門司駅近くにある門司赤煉瓦プレイスは歴史を感じさせる

昔から地元の人に親しまれている店やおしゃれな店など新旧入り交じる通りで、グルメや買い物を楽しんで。そして、御所神社へ。「柳の御所」とも呼ばれるこの神社は、安徳天皇が北九州各地を転々としたあとに門司の地で7日間政務を行ったとされる場所。町の中にありながら緑豊かで静かなこの場所でしばし歴史を感じてみて。

おさんぽプラン

❶ JR門司駅
　🚶 徒歩5分
❷ 門司赤煉瓦プレイス
　🚶 徒歩10分
❸ 柳中央通り
　🚶 徒歩5分
❹ 御所神社
　🚶 徒歩10分
❺ JR門司駅

特命大使のわが町自慢 TOKUMEI

Q 門司区の好きなスポットや思い出の場所を教えてください。

A 秋山：部埼灯台（→P.147）の上から見る大パノラマな景色がとんでもなく好き。和布刈公園（→P.145）にある和布刈プールも全国でいちばん好きなプール。塩水でしょっぱくて、ノスタルジックな雰囲気がたまらない。中央市場にある狭くて1組しか座れないレア過ぎる焼肉屋さん、南大門（→P.150）も行ってみてほしい。中央市場そのものが激シブ！

A 馬場：関門トンネル人道（→P.145）の入口前の階段から見る関門橋、関門海峡や、珈琲テラス すいげつ（→P.295）から見る景色が好き。大三元（→P.151）の焼豚麺や、スイートルームカワシマ（→P.151）、なごし（→P.148）のお菓子はおすすめ。

Q 北九州市の好きなところやお気に入りのスポットはどこですか？

A 秋山：飾らないところが最高に心地がいい。門司港はハイカラなおじいちゃんおばあちゃんが多くて、それが似合うところが好きです。

A 馬場：北九州カニ・カキロード（→P.316）の豊前海一粒かきの時期のかき小屋。

Profile
ロバート 秋山竜次
（ろばーと あきやまりゅうじ）

昭和53（1978）年生まれ、門司区出身。吉本興業所属。平成21（2011）年「キングオブコント」で優勝を果たし、バラエティ番組、ドラマなどに多数出演。

Profile
ロバート 馬場裕之
（ろばーと ばばひろゆき）

昭和54（1979）年生まれ、門司区出身。自身のレギュラー料理コーナーを複数持ち、自他ともに認める料理好き芸人。

🔊 **Voice** 北九州市門司麦酒煉瓦館ではよくマルシェが開催されているので遊びにいきます。海も近くて眺めがよく、れんがの建物はどこか遠くを旅している気分になり、お気に入りの場所です。

JR 門司港駅

JR 門司港駅

MAP 別冊 P.22-A3
- 🏠 北九州市門司区西海岸 1-5-31
- 🕐 入場自由、2 階は 9:30〜20:00（見学不可の場合あり）
- 💴 無料
- 🅿 あり

赤い絨毯が敷かれた貴賓室は皇族がご行幸の際に利用。華やかな内装が復原された。中に入ることは不可なので、入口からのぞいて見学しよう

大正ロマンの空気感が漂う国重要文化財

JR 門司港駅
じぇいあーるもじこうえき

　明治 24（1891）年に九州鉄道の起点駅として門司駅が開業。その後、昭和 17（1942）年に門司港駅と改称、昭和 63（1988）年に鉄道駅舎として初の国重要文化財に指定された。平成 31（2019）年に 6 年に及ぶ工事を終え、大正時代の姿を復原。駅舎内には当時の面影を残すノスタルジックな待合室や、上流階級の社交場となった美しい貴賓室などがあり、見応えたっぷりだ。

上／大正 3（1914）年の駅舎開業時に発車合図に使われていた「旅立ちの鐘」
下／夜はライトアップされ、美しい姿を見せる

九州鉄道記念館

九州鉄道記念館

MAP 別冊 P.22-A3
- 🏠 北九州市門司区清滝 2-3-29
- 📞 093-322-1006
- 🕐 9:00〜17:00（最終入館 16:30まで）
- ❌ 不定休（年 9 回）
- 💴 300 円
- 🅿 なし
- 🚶 JR 門司港駅北口から徒歩 3 分

特急「にちりん」「かもめ」「有明」として使用された「クハ 481 603号」。ほかにも SL や寝台列車など貴重な列車が展示されている

見て、触れて、1 日中楽しめる鉄道ファンの聖地

九州鉄道記念館
きゅうしゅうてつどうきねんかん

　鉄道の歴史を楽しみながら学べる記念館。明治 24（1891）年に建てられた九州初の鉄道会社、九州鉄道会社の本社屋を改修して造られ、蒸気機関車や実際に使われた列車が展示されているほか、駅員の歴代制服、切符や列車のヘッドマークなどレアなアイテムも見学できる。また、巨大なジオラマでは現在 JR 九州で運行されている代表的な列車が九州中を走る迫力ある姿を楽しめる。

上／屋外の車両展示場には九州で活躍した 9 車両が並んでいる
下／れんがが積み重ねの外観は建設当時のまま。日本遺産にも認定されている

ヨーロッパの伝統的木造建築が美しい

旧門司三井倶楽部
きゅうもじみついくらぶ

　大正10（1921）年に三井物産の社交倶楽部として建てられ、重要文化財に指定されている。建物は木造2階建てでアールデコ調のモダンなデザイン。講演のために来日したアインシュタイン夫妻が宿泊した部屋や、林芙美子記念室がある。

柱や梁などを骨組みとして外に見せている「ハーフティンバー形式」と呼ばれる外壁が美しい

旧門司三井倶楽部

MAP 別冊 P.22-A3

住 北九州市門司区港町 7-1
TEL 093-321-4151（門司港レトロ総合インフォメーション）
開 9:00〜17:00　休 無休
料 2階のみ 150 円
P なし
交 JR 門司港駅北口から徒歩すぐ

「アインシュタインメモリアルルーム」。各部屋にはマントルピースがあり、優雅な印象

国際貿易港として栄えた門司港を今に伝える

旧門司税関
きゅうもじぜいかん

　明治42（1909）年、門司税関発足を機に建てられたが、火災で焼失し明治45（1912）年に再建。昭和初期まで庁舎として使用されていた。1階には常設の門司税関広報展示室やカフェ、休憩室があり、3階には展望室もある。

修復され平成7（1995）年にネオルネッサンス調の建築物としてよみがえった

旧門司税関

MAP 別冊 P.22-A2

住 北九州市門司区東港町 1-24
TEL 093-321-4151（門司港レトロ総合インフォメーション）
開 9:00〜17:00
休 無休　料 無料
P なし
交 JR 門司港駅北口から徒歩 11 分

吹き抜けの高い天井が特徴のエントランスホール。市民の憩いの場として使われている

国際色豊かな門司港の魅力が感じられる

ホーム・リンガ商会
ほーむ・りんがしょうかい

　グラバー商会にも勤務していたイギリス人貿易商 F・リンガーが同僚の E・Z・ホームと設立し、長崎発展の一助となった商社「ホーム・リンガー商会」が前身。現在は外国船舶の代理業を営むホーム・リンガ商会の社屋。見学は外観のみとなっている。

建物は昭和 37（1962）年築。ピンクと白の外観が美しく、半円形の窓が目を引く

ホーム・リンガ商会

MAP 別冊 P.22-A2

住 北九州市門司区港町 9-9
※見学は外観のみ
交 JR 門司港駅北口から徒歩 3 分

ホーム・リンガー商会は戦時中に閉鎖され、かつての日本人従業員が門司でホーム・リンガ商会として再開した

 「旧門司三井倶楽部」の 2F には、門司に生まれ、小説『放浪記』などを残した林芙美子の記念室がある。自筆の書や愛用品など 150 点ほどが展示され、作家の実像に触れることができる。

門司電気通信レトロ館（NTT西日本）

MAP 別冊 P.22-B2
🏠 北九州市門司区浜町 4-1
📞 093-321-1199
🕐 9:00 〜 17:00（最終入館 16:30 まで）
🚫 月（祝日の場合は翌平日）
💴 無料
🅿 あり
🚃 JR 門司港駅北口から徒歩 10 分

電話機のハンドルを回して電気を起こし、交換手や通話相手との会話が楽しめる

門司電気通信レトロ館（NTT西日本）

もじでんきつうしんれとろかん（えぬてぃーてぃーにしにほん）

　大正 13（1924）年に「逓信省門司郵便局電話課庁舎」として建築。当時の技術の粋を集めた 100 年前の建物だ。館内には明治からの電信・電話のあゆみがわかる貴重な史料などを展示。街角で親しまれてきた公衆電話や家庭用の電話、ひと昔前の携帯電話もあり懐かしい。ダイヤル式の電話機を使った通話やモールス信号の体験を通じて、当時にタイムスリップできる。

上／国産 1 号をはじめ、各時代の電話機を展示
下／正面の丸みと柱の垂直線が印象的な建物

関門海峡ミュージアム

MAP 別冊 P.22-A3
🏠 北九州市門司区西海岸 1-3-3
📞 093-331-6700
🕐 9:00 〜 17:00
🚫 不定休
💴 500 円
🅿 あり
🚃 JR 門司港駅北口から徒歩 5 分

豪華客船のデッキをイメージした「プロムナードデッキ」でくつろごう。カフェやレストランもある

関門海峡ミュージアム

かんもんかいきょうみゅーじあむ

　「関門海峡をまるごと楽しむ体験型博物館」をコンセプトに 2019 年大幅リニューアル。2 〜 4 階の吹き抜けにあるミュージアム常設としては日本最大級となる縦 9m ×横 18m の巨大スクリーンで関門海峡の自然や歴史を紹介する「海峡アトリウム」をはじめ、関門海峡で働く人々の仕事を擬似体験できる「海峡体験ゾーン」など、大人も子供も一緒になって 1 日中楽しめる。

上／ 5 階には関門海峡の絶景をパノラマで見渡せる入場無料の展望デッキが設けられている
下／外観は大型客船をイメージ

 Voice 「関門海峡ミュージアム」の 2F には高さ 10m の空間にネットを張って、遊具を配した「海峡こども広場」があり、自由に遊べるのでファミリーで行くときにはおすすめです。

オレンジ色のタイルと白い石の帯が美しい

旧大阪商船
きゅうおおさかしょうせん

　大正6(1917)年に建てられた大阪商船門司支店を修復。ドイツの建築様式を取り入れたオレンジ色のタイルと白い石の帯の外観、かつて灯台の役割を担った八角系の塔屋が美しく、建てられた当時は「港の美貌」とも呼ばれていたそう。

大阪商船は当時、世界で第8位の海運会社だった

門司港を舞台にした作品は必見！

わたせせいぞうギャラリー門司港
わたせせいぞうぎゃらりーもじこう

　代表作『ハートカクテル』で知られる北九州市育ちの人気漫画家・イラストレーター、わたせせいぞうのギャラリー。作品はもとより、幼少期の写真や作業デスク、手がけた企業の広告なども展示。門司港の景色を背景にした貴重な作品も並ぶ。

多彩なアイテムを扱うショップもある

日本最大級の歩行者専用跳ね橋

ブルーウィングもじ
ぶるーうぃんぐもじ

　「第一船だまり」に架かる全長108mの歩行者専用の青い跳ね橋。1日6回上がり、閉じている間は通行できる。橋が閉じて最初に渡ったカップルは一生結ばれるといわれ「恋人の聖地」にも認定されている。撮影スポットとしても人気。

開放感たっぷりで、橋の上からの景色は格別だ

旧大阪商船
MAP 別冊 P.22-A2
🏠 北九州市門司区港町 7-18
☎ 093-321-4151（門司港レトロ総合インフォメーション）
🕐 9:00～17:00　🈺 無休
🈹 無料（わたせせいぞうギャラリー門司港は 150 円）🅿 なし
🚃 JR 門司港駅北口から徒歩 2 分

かつて待合室として使われていた 1 階は現在「わたせせいぞうギャラリー」に

わたせせいぞうギャラリー門司港
MAP 別冊 P.22-A2
🏠 北九州市門司区港町 7-18 旧大阪商船 1F　☎ 093-321-4151（門司港レトロ総合インフォメーション）🕐 9:00～17:00
🈺 無休（年 2 回作品入れ替えのため休み）
🈹 150 円　🅿 なし
🚃 JR 門司港駅北口から徒歩 1 分

JR 門司港駅や関門橋などをバックにした作品もあり、親近感が感じられる

ブルーウィングもじ
MAP 別冊 P.22-A2
🏠 北九州市門司区港町 4-1
☎ 093-321-4151（門司港レトロ総合インフォメーション）
🕐 橋が跳ね上がる時間は 10:00/11:00/13:00/14:00/15:00/16:00（20 分後に閉じる）
🈺 無休　🈹 無料　🅿 なし
🚃 JR 門司港駅北口から徒歩 3 分

夕焼けをバックにした姿も美しい。夜風に吹かれて渡るのもいい

 「旧大阪商船」の中には、門司港ブランドの雑貨や門司港で活躍する作家の作品を集めた「門司港デザインハウス」や、天井が高いおしゃれなカフェ「カフェ・マチエール」がある。

門司港が「バナナのたたき売り発祥の地」であることにちなんだバナナの像もある

散策をしながらグルメやおみやげ探しを楽しめる

門司港レトロ海峡プラザ
もじこううれとろかいきょうぷらざ

門司港レトロ地区の第一船だまりに面して立つ複合商業施設。海に面したデッキは散策するだけでも心地よい。館内には焼きカレーやインド料理、瓦そばなどが味わえるレストランやカフェのほか、干物や明太子などの海産物、雑貨など、多彩なショップが並び、おみやげ探しにぴったり！　2Fには自分だけのオルゴールを手作りできる「オルゴールミュージアム門司港」もある。

上／ロマンティックな雰囲気でデートスポットとしても人気
下／門司港ならではのおみやげやグルメが勢揃いしている

2 階には雑貨店が並ぶ

ビルの中にある個性的なショップをめぐろう

新海運ビル
しんかいうんびる

昭和初期に建てられた木造モルタル3階建て（補強部分を除く）のビル。道路に面した外壁以外は基本的に建築当初のままで、随所に当時の建築様式が残っている。現在はビル全体が"雑貨の聖地"と呼ばれ、個性豊かな服飾・雑貨店、飲食店などが軒を連ねている。時間が積み重なってこそ生まれる重厚で独特なレトロな雰囲気が漂い、写真映えすると若者たちに人気だ。

上／青いドアが目印。センスあふれるショップを巡ってみよう
下／ビル全体のデザインコンセプトは「船」。建築当初は各部屋に海運会社が入居していた

info 門司港レトロ展望室がある「レトロハイマート」は当初15階建てのマンションとなる予定だったが、船だまりから和布刈山が見えなくなることからマンションの幅を狭くして高さが約倍になった。

友好都市としての象徴

大連友好記念館
だいれんゆうこうきねんかん

　昭和54(1979)年、友好都市となった北九州市と大連市。その締結15周年を記念し、ロシア帝国が明治35（1902）年、大連市に建築した東清鉄道汽船事務所を複製した建物が「大連友好記念館」だ。1階には中国料理レストランが入店。

昔から門司港と大連市は国際航路で結ばれ、交流が盛んだった

大連友好記念館
MAP 別冊P22-B2

🏠 北九州市門司区東港町1-12
☎ 093-321-4151（門司港レトロ総合インフォメーション）
🕘 9:00〜17:00
休 無休　料 無料
P なし
🚃 JR門司港駅北口から徒歩12分

2階は誰でも自由に休憩ができる「門司港レトロ交流スペース」になっている

高層マンションから眺める景色は爽快！

門司港レトロ展望室
もじこうれとろてんぼうしつ

　門司港でひときわ目を引く高層マンション「レトロハイマート」の31階にある展望室。直通エレベーターで高さ103mまで上がると、関門海峡や門司港レトロ、下関の町並みまで見渡せる。カフェテリアもあり、門司港ビールなどのお酒もある。

日本を代表する建築家・黒川紀章が設計したスタイリッシュなマンション

門司港レトロ展望室
MAP 別冊P22-B2

🏠 北九州市門司区東港町1-32
☎ 093-321-4151（門司港レトロ総合インフォメーション）
🕘 10:00〜22:00（最終入館21:30）
休 年4日不定休
料 300円　P なし
🚃 JR門司港駅北口から徒歩8分

行き交う船や港町を眺めていると、時がたつのも忘れてしまう。夜は美しい夜景を楽しめる

かつて金融の中心地だった門司の歴史が感じられる

北九州銀行 門司支店
きたきゅうしゅうぎんこう もじしてん

　外国為替の取り扱いを専門としていた横浜正金銀行の門司支店の建物。金融機関が少なかった時代にこうした銀行が置かれたことは、門司が九州の金融の中心地だったことを物語っている。現在は北九州銀行門司支店として営業しているので見学は外観のみ。

正面の2本の柱が特徴的。英国風古典主義の優雅なデザインを眺めよう

北九州銀行 門司支店
MAP 別冊P22-B3

🏠 北九州市門司区清滝2-3-4
☎ 093-321-4151（門司港レトロ総合インフォメーション）
P なし
🚃 JR門司港駅北口から徒歩2分

横浜正金銀行は現在の三菱UFJ銀行の前身。入口からも歴史が感じられる

---

info 横浜正金銀行は当時、香港上海銀行、イギリスのチャータード・マーカンタイル銀行と並ぶ世界3大外国為替銀行と呼ばれていたが、敗戦後の昭和21（1946）年にGHQによって解体・清算された。

COLUMN

帝国麦酒からサッポロビールへ 100余年の歴史を刻む
門司赤煉瓦プレイス
もじあかれんがぷれいす

🏠 北九州市門司区大里本町3-11-1 📞 093-372-0962(門司赤煉瓦倶楽部) 🅿 あり(有料) 🚃 JR門司駅大里赤煉瓦タウン口(東側)から徒歩3分

MAP 別冊 P6-B2

大正2(1913)年に建てられた「帝国麦酒株式会社」の施設。その後社名が変更され、平成12(2000)年までサッポロビール九州工場として使われた。現在は観光スポットとして人気。

1. 九州で初めて造られたビール工場。趣の異なる4つの建物はすべて国有形文化財に登録されている
2. 元倉庫として使われていた「赤煉瓦交流館」はホールや会議室があり、地域交流の場となっている

レトロで懐かしいビールがずらり!
北九州市門司麦酒煉瓦館
きたきゅうしゅうしもじびーるれんがかん

帝国麦酒が製造していたサクラビールの歴史、戦後のサッポロビール九州工場の歴史などについて紹介。歴代サッポロビールのポスターや瓶・缶も展示され、懐かしいビールに出合える。

1. 日本で最も古い本格的鉱滓(こうさい)れんが建築
2. ビールの歴史をたどる展示

🏠 北九州市門司区大里本町 3-6-1 📞 093-382-1717 🕐 9:00～17:00 📅 無休 💴 100円

重厚な存在感を放つ赤れんが建築
旧サッポロビール醸造棟
きゅうさっぽろびーるじょうぞうとう

門司に集まる石炭と労働力、良質な水、交通の利便性から誕生したビール工場。平成12(2000)年まで現役で稼働していた。醸造棟は年2回(2・8月)程度公開されるが通常は非公開で見学は外観のみとなっている。

大正時代「サクラビール」が人気となった

名物のダッチオーブンカレーを!
カフェドブリック
かふぇどぶりっく

旧サッポロビール醸造棟内にあるダイニングカフェ。名物はダッチオーブンで提供される熱々のカレー。ほかにもピザやパスタなど、豊富なメニューが揃う。

テラス席もあり、関門海峡を行き交う船を眺めながら食事を楽しめる

ダッチオーブンカレーは野菜たっぷり!

📞 093-371-2600 🕐 11:30～14:00、18:00～22:30 📅 月 💳 ADJMV

🔊 Voice 門司赤煉瓦プレイスはお散歩しているだけでもタイムスリップした気分になれますよ。「カフェドブリック」のテラスはペットOKなので、愛犬を連れていきます。夜はとってもロマンティックな雰囲気です。

時を超えて人々が行き交う白亜の館

旧大連航路上屋
きゅうだいれんこうろうわや

昭和4(1929)年に建てられた国際旅客ターミナル。真っ白なアールデコ調の建物が美しく、現在1階は大正期から現在までの約100年に及ぶ映画・芸能資料を展示する「松永文庫」。ポスターなど貴重な資料は映画ファン必見だ。

平成25(2013)年にリニューアルオープン。完成時の姿を取り戻した

写真提供：北九州市「ARCHITECTURE OF KITAKYUSHU〜時代で建築をめぐる〜」

旧大連航路上屋
MAP 別冊 P.22-A3
- 住 北九州市門司区西海岸1-3-5
- TEL 093-322-5020
- 開 9:00〜17:00
- 休 年4回不定休、松永文庫は月
- 料 無料
- P なし
- 交 JR門司港駅西口から徒歩6分

外国からの玄関口だった港の歴史を伝える資料なども展示されている

往時の繁栄を伝える贅を尽くした建築

三宜楼
さんきろう

昭和6(1931)年築の木造3階建て高級料亭。昭和30年頃に廃業していたが、平成26(2014)年に補修工事が終わり、美しい姿を取り戻した。館内は各部屋に異なる意匠が施され、当時の繁栄ぶりをうかがい知れる。詳しくは→P.45

地元保存会の熱心な活動により、北九州市に寄贈され、公開されている

三宜楼
MAP 別冊 P.22-B3
- 住 北九州市門司区清滝3-6-8
- TEL 093-321-2653
- 営 10:00〜17:00
- 休 月（祝日の場合は翌日）
- 料 無料（有料化の予定あり）
- P なし
- 交 JR門司港駅北口から徒歩8分

1階の展示室。2階には大広間「百畳間」、3階には「俳句の間」があり、貸し出し中以外は自由に見学できる

北九州市の指定有形文化財。戦火を逃れた大正期の住宅

岩田家住宅
いわたけじゅうたく

明治期から酒類の販売を営んできた商家。現存する建物は大正期に建てられたもので、戦火を逃れた貴重な町家建築として保存されている。伝統的な建築様式を守りながら、西側と北側には防火のためのれんが塀があるなどユニーク。見学は外観のみ。

内部は一般公開されていないが定期的にイベントが開催されている

岩田家住宅
MAP 別冊 P.22-B2
- 住 北九州市門司区東本町2-6-24
※見学は外観のみ
- 交 JR門司港駅北口から徒歩14分

「清酒 岩田商店」の文字が刻まれた看板も歴史を感じさせる

 info 華やかな昭和の門司港を伝える「三宜楼」。その顧客には“海賊と呼ばれた男”として知られる出光興産創業者の出光佐三や喜劇俳優の古川ロッパ、俳人・高浜虚子など数々の著名人が名を連ねる。

栄町銀天街

MAP 別冊 P.22-B3
- 🏠 北九州市門司区栄町 2-22
- 営休CC 店舗により異なる
- 🅿 なし
- 🚉 JR 門司港駅北口から徒歩 6 分

かつては大勢の人が買い物に訪れ、にぎわいを見せていた

今も人々から愛される昭和の商店街

栄町銀天街
さかえまちぎんてんがい

　門司港レトロ地区から徒歩圏内のところに昭和 32（1957）年にアーケードが完成した商店街がある。創設当時は近くに百貨店があり、休日は繁華街としてにぎわったとか。今も昭和の面影を残し、食料品店をはじめ、喫茶店、書店、酒店など、多彩な店が軒を連ねる。

こぢんまりとしたローカル色の強い店が多いので、店主に門司港の話などを聞いてみたい

門司中央市場

MAP 別冊 P.22-B2
- 🏠 北九州市門司区老松町 1-18
- ☎ 093-321-4025（門司中央市場商業協同組合）
- 営休CC 店により異なる
- 🅿 なし
- 🚉 JR 門司港駅北口から徒歩 12 分

昔ながらの味噌の量り売りも行っている「渡辺食料品店」

多彩なジャンルの店が元気に営業中

門司中央市場
もじちゅうおういちば

　昭和 23（1948）年、戦後に開設されたレトロな商店街。創業当時は生鮮食品店がメインだったが、現在ではカフェや雑貨店、古本店、スイーツショップなど、多彩な店が軒を連ね、幅広い年代層の人々に愛されている。昔ながらのあたたかい商店街の雰囲気を感じに訪れてみたい。

現在も 20 店舗以上が元気に営業中。さまざまな業態の店があるのでのぞいてみよう

出光美術館（門司）

MAP 別冊 P.22-B2
- 🏠 北九州市門司区東港町 2-3
- ☎ 093-332-0251
- 🕙 10:00 ～ 17:00（最終入館 16:30）
- 休 月（祝日の場合は開館）、展示替期間
- 料 700 円　🅿 なし
- 🚉 JR 門司港駅北口より徒歩 8 分

レトロな雰囲気にあふれる個性豊かな美術館

さまざまなテーマの企画展をチェック

出光美術館（門司）
いでみつびじゅつかん（もじ）

　出光コレクションの展示館。常設展示はなく、年に 5 回ほどの企画展が開催され、厳選された書画や陶磁器などの作品を鑑賞できる。また、出光佐三の生涯を紹介する「出光創業史料館」も併設している。詳しくは→ P.99

出光佐三が 70 年あまりにわたって蒐集したコレクションは圧巻！

>>info「和布刈神事」は松本清張が雑誌『旅』に連載した小説『時間の習俗』の冒頭にその様子が登場する。境内にはその一節が刻まれた文学碑もある。

海に臨むロケーションが印象的

和布刈神社
めかりじんじゃ

　九州最北端に鎮座する神社。1800年前、三韓征伐に向かった神功皇后が、神の教えを受け勝利したことから創建されたと伝わる。御祭神は「瀬織津姫（せおりつひめ）」という月の女神であり、けがれを祓う禊（みそぎ）の神様、潮の満ち引きを司る「導きの神様」ともいわれている。創建から今日まで、和布刈神社の神様はこの地で関門海峡を見守り続け、人々の道先を照らし続けている。

和布刈神社
MAP 別冊 P.22-A1
住 北九州市門司区門司 3492
TEL 093-321-0749
開 9:30 ～ 17:00
休 無休
P あり
交 JR門司港駅前から西鉄バス和布刈方面行きで和布刈神社前下車、徒歩3分

夕方訪れると、鳥居の向こうに美しい関門の夕景が望める

上／お守りは御神体の一部「磐座（いわくら）」の上で神職が鈴振りをしたあと、授与される
下／関門海峡を見守る神社

パワーあふれる勝負の神様に必勝祈願！

甲宗八幡宮
こうそうはちまんぐう

　平安時代に建立され、丘の上に鎮座する格調高い神社。中世には門司の総鎮守として、近世は小倉藩の守護神として多くの崇敬を集めてきた。御祭神が戦の神様である応神天皇で、勝負事に御利益があることから必勝のパワースポットとして知られる。江戸時代に小倉藩で織られ、30年ほど前に復元された小倉織を用いたお守りなどの授与品も美しく、大切な人へのおみやげにも最適だ。

甲宗八幡宮
MAP 別冊 P.22-B2
住 北九州市門司区旧門司 1-7-18
TEL 093-321-0944
開 9:00 ～ 16:30
休 無休
P あり
交 JR門司港駅北口から徒歩15分

出光興産の創業者、出光佐三氏はここで結婚式を挙げ、鳥居を寄贈した

上／槍の刃先も通さない丈夫な生地として有名な小倉織を使った御朱印帳 3000円も好評
下／境内には能舞台もある

Voice　甲宗八幡宮には北九州市に拠点を置くサッカーチーム「ギラヴァンツ北九州」が毎年必勝祈願に訪れます。また、ほかのスポーツに関わる人々も参拝し、好成績を残しているといわれています。

淡島神社

MAP 別冊 P.7-C2

- 🏠 北九州市門司区奥田 4-9-5
- ☎ 093-371-8428
- 🕐 参拝自由
- 🅿 あり
- 🚉 JR 小森江駅から車で 7 分

祈りを記した古代文字「ペトログラフ」が彫られた岩塊もある

“女性の幸せを守る淡島様”として知られる

淡島神社
あわしまじんじゃ

　樹木の緑に囲まれた朱い社殿が印象的。主祭神である少名比古那神（すくなひこなのかみ）が日本に医薬を広めた神様と伝わることから、安産をかなえ、万病を癒やす神社として名高い。拝殿内には「おなで石」と呼ばれる石があり、その石で体の悪いところをなでると快方に向かい、安産や子宝を望む人はおなかをなでると元気な子を授かるといわれ、女性たちが多く訪れる。

上／「おなで石」は全国的にも珍しいこの神社だけのもの
下／創建は平安時代。針供養の神社としても有名だ

世界平和パゴダ

MAP 別冊 P.22-B1

- 🏠 北九州市門司区門司 3251-4
- ☎ 093-321-1033
- 🕐 6:00 〜 18:00
- 休 無休
- 料 200 円
- 🅿 あり
- 🚉 JR 門司港駅北口から車で 8 分

寺院内には戦没者を慰霊する位碑や釈尊座像があり、毎日祈りが捧げられている

日本で唯一のミャンマー仏教会に認められている寺院

世界平和パゴダ
せかいへいわぱごだ

　第二次世界大戦中に門司港からビルマ（現ミャンマー）などに出兵して戦死した兵士の慰霊と、日本とミャンマーの親善、仏教交流を目的として昭和 33（1958）年に建てられたミャンマー式寺院（パゴダ）。仏塔は高さ 27m、直径 13m と大きく、その先端には大きな水晶が輝いている。令和 3 年に国登録有形文化財に登録された。

日本遺産「関門“ノスタルジック”海峡」の構成文化財でもある

info 「淡島神社」にあるペトログラフは昭和 63（1988）年に参道の岩垣から発見された。ペトログラフは環太平洋地域の島々にも分布しており、古代海部族が「神への祈りの言葉」を記したといわれている。

源平合戦を描いた有田焼の壁画は必見

和布刈公園
めかりこうえん

九州の最北端に位置し、関門海峡を挟んで本州を望める広々とした公園。園内には国内最大級の有田焼の壁画「源平壇之浦合戦絵巻」や巨大なタコの遊具（→P.48）などもある。また、夏には全国的にも珍しい塩水を利用したプールが登場する。

有田焼のレリーフ1400枚からなる壁画は高さ3m、長さ44mにわたる

九州と本州を結ぶシンボリックな橋

関門橋
かんもんきょう

山口県下"関"市と北九州市"門"司区を結ぶ長大なつり橋。全長は1068mあり、昭和48（1973）年の開通時は東洋一の長さを誇った。高速道路となっているので歩行者の通行は不可。夜は美しくライトアップされている。

建設当時、日本の最新技術を駆使して造られた。周囲の景観に溶け込むよう色はグリーングレー

海底に県境がある珍しい人道

関門トンネル人道
かんもんとんねるじんどう

関門海峡の海底に延びる歩行者専用のトンネル。自転車や原付も通行可能だが、押して歩かなければならない。全長780mのなかほどには、福岡県と山口県の県境がある。所要時間は片道約15分程度なので気軽に歩いてみたい。

海底に県境があるというのは世界的にも珍しい。記念写真を撮るのにもおすすめ

和布刈公園
MAP 別冊P.22-B1
🏠 北九州市門司区大字門司
☎ 093-331-1884（門司区役所まちづくり整備課）
🅿 あり
🚌 JR門司港駅前から西鉄バス和布刈行きで和布刈公園前下車、徒歩すぐ

関門の名産品である「関門海峡たこ」にちなんで設置された高さ約6m、幅約20mの巨大遊具

関門橋
MAP 別冊P.22-A1
🏠 北九州市門司区大久保1（門司港IC）
🛣 高速道路通行料金（門司港IC～下関IC）普通車370円、軽自動車320円

さまざまな場所から見学できるが、和布刈公園第二展望台からは、下関へと真っすぐに延びる橋の美しさを感じられる

関門トンネル人道
MAP 別冊P.22-A1
🏠 北九州市門司区門司（関門トンネル人道入口（門司））
🕕 6:00〜22:00　💴 歩行者無料、自転車・原付20円　🅿 なし
🚌 JR門司港駅前から西鉄バス和布刈行きで関門トンネル人道口下車、徒歩すぐ

入口にはエレベーターがあり、地下60mまで下りてから通行する

║║║║║║ おもな見どころ ║║║║║║

ノーフォーク広場

MAP 別冊 P.22-A1

- 🏠 北九州市門司区旧門司 2-5
- 🅿 あり
- 🚃 JR門司港駅前から西鉄バス和布刈行きで和布刈公園前下車、徒歩すぐ

広場のシンボルは碇のモニュメント。台座には関門海峡の地図がタイルで描かれている

北九州銀行レトロライン 門司港レトロ観光列車「潮風号」

MAP 別冊 P.22-B3

- 🏠 北九州市門司区西海岸 1-7-1
- ☎ 093-331-1065
- 🕐 土・日・祝の10:00〜17:00、夜間運行日は〜21:00 ※8月1〜27日は毎日運行
- 🈺 平日、その他不定休あり
- 💴 片道 300円　🅿 なし
- 🚃 JR門司港駅南口から徒歩1分

始発の「九州鉄道記念館駅」。途中駅は「出光美術館駅」と「ノーフォーク広場駅」

白野江植物公園

MAP 別冊 P.7-C1

- 🏠 北九州市門司区白野江 2
- ☎ 093-341-8111
- 🕐 9:00〜17:00（最終入園 16:30）
- 🈺 1・7・8・12月の火
- 💴 300円　🅿 あり　🚃 JR門司港駅前から西鉄バス白野江行きで白野江二丁目下車、徒歩2分

1年中美しい花々に出合える市民の憩いのスポット。甘味をいただける「御花茶屋」もある

デートスポットとして人気の広場

ノーフォーク広場
のーふぉーくひろば

北九州市の姉妹都市、アメリカ・バージニア州ノーフォーク市にちなんで名づけられた広場。目の前に雄大な関門海峡や関門橋が広がりビュースポットとして人気で海の前に特等席のベンチが設けられている。特にサンセットタイムや橋がライトアップされる夜は美しい。

関門海峡を行き来する船を眺められるベンチが並ぶ

日本一ゆっくり走るトロッコ列車

北九州銀行レトロライン門司港レトロ観光列車「潮風号」
きたきゅうしゅうぎんこうれとろらいんもじこうれとろかんこうれっしゃ「しおかぜごう」

九州鉄道記念館駅から関門海峡めかり駅まで、約2km 4駅を走る観光トロッコ列車。最高時速は15kmと日本でも最も遅く、2両編成のかわいい列車で、のんびりと車窓から関門海峡の景色を眺められる。乗り降り自由のフリー切符600円もある。

マリンブルーの車両が映える。始発から終点まで所要時間約10分

約60品種700本の桜は見事！

白野江植物公園
しらのえしょくぶつこうえん

門司区の東側、周防灘に面した丘にある敷地面積8ヘクタールの広大な公園。個人の植物園として公開されていたが、平成5（1993）年に北九州市が買い取り、整備。園内にはさくら広場や竹林、水辺、芝生広場など丘陵地を生かしたさまざまな見どころがある。

樹齢500年の県指定天然記念物・白野江のサトザクラもある

146　ℹ️ info　五市合併の前から旧門司市とノーフォーク市は姉妹都市。これは昭和33(1958)年に大阪商船の新造船「ほのるる丸」がノーフォーク港に寄港した際、旧門司市から贈られた風呂人形や新聞での紹介がきっかけ。

小森江子供のもり公園

こもりえこどものもりこうえん

　風師山、矢筈山のふもとに位置する自然豊かな公園。広さは4.6ヘクタール、シイやカシなどの自然林があり、多数の動植物も生息しているため自然観察を楽しめる。また、草ソリ場もあり、大人も子供も夢中になれる迫力のすべりを楽しめる。

緑豊かで広々とした公園。映画『おっぱいバレー』のロケ地としても使われた

小森江子供のもり公園
MAP 別冊 P.6-B2
🏠 北九州市門司区大字小森江
料 無料
P あり
交 JR小森江駅から徒歩25分

園内には林芙美子生誕地記念文学碑が建てられている

部埼灯台

へさきとうだい

　明治5（1872）年の竣工以来、今も航行の安全を見守り続ける灯台。レンズなど一部の機器は明治時代のものが今も現役で使用されている。日本の殖産興業を支えた航路標識という歴史的価値から令和2年に国の重要文化財に指定された。

青い空と海に映える重厚で美しい灯台は白い御影石でできている

部埼灯台
MAP 別冊 P.7-D1
🏠 北九州市門司区白野江
交 JR門司港駅から車で17分

灯台の近くには船に潮流の方向と速さを伝えた「旧昼間潮流信号機」も保存されている

北九州おみやげ館

きたきゅうしゅうおみやげかん

　北九州観光コンベンション協会直営のおみやげ店。焼きカレーや焼うどん、ぬかみそ炊きなど北九州市ゆかりのご当地グルメをはじめ、お菓子、お酒、水産加工品、工芸品など、抜群の品揃えを誇り、ここに行けばほとんどの名産品が揃う。

バナナのたたき売り発祥の地であることにちなんだ黄色いポストがある

北九州おみやげ館
MAP 別冊 P.22-A2
🏠 北九州市門司区東港町6-72 門司港レトロ観光物産館「港ハウス」1F　☎ 093-321-6399
営 10:00～17:30
休 不定休
P なし（提携あり）
交 JR門司港駅北口から徒歩8分

2000円以上の買い物で、門司港レトロ駐車場が1時間無料になる

 白野江植物公園の無料休憩室として使われている建物は1930年代に材木商を営む実業家の邸宅として建てられたもの。床間、欄間、書院、天井、扉に施された細かな装飾は一見の価値ありだ。

プラザ祇園

MAP 別冊 P.22-B2

🏠 北九州市門司区東門司 1-11-13
☎ 093-332-2338（祇園商店街協同組合）※問い合わせは平日 10:00〜16:00
🕐 9:00〜18:00
🈺 店舗により異なる　CC（提携あり）
🅿 あり（提携あり）
🚃 JR 門司港駅北口から徒歩 16 分

昭和の頃の門司港の雰囲気に触れてみよう

九州最北にある商店街

プラザ祇園

　戦後の闇市をルーツとする昔ながらの商店街。昭和49(1974)年のオープン当時は50軒ほどの店舗があり、肩がぶつかり合うほどの盛況ぶりだったという。現在、店舗数が減少しているがレトロな雰囲気を活用した夜市やフリーマーケットなどを行い、にぎわい作りに力を入れている。

当時から変わらない看板が歴史を物語る

ぬかみそだきのふじた 本社工場店

MAP 別冊 P.6-B2

🏠 北九州市門司区松原 3-4-6
☎ 093-382-0307
🕐 8:30〜17:00
🈺 日曜　CC 不可
🅿 あり
🚃 JR 門司駅北口から車で 5 分

創業から 40 年以上「ぬかみそだき」一筋で営業してきた名店

ぬかみそだきのほか、加工品も充実の本社工場へ

ぬかみそだきのふじた 本社工場店

　藤田家に代々伝わる熟成ぬか床を使い、脂ののったサバやイワシを炊き上げた「ぬかみそだき」が看板メニュー。旦過市場にも直営店があるが、本社工場店では加工品も含め全商品が揃う。「ぬかみそだき」に辛子明太子を合わせたぬかだきめんたいも人気。

ぬかだきめんたい（いわし）920 円。常温保存ができるのでおみやげにぴったり

なごし 本店

MAP 別冊 P.22-B3

🏠 北九州市門司区錦町 2-7
☎ 093-321-3292
🕐 9:00〜18:30
🈺 不定休　CC 不可
🅿 あり
🚃 JR 門司港駅南口から徒歩 8 分

なごしの和洋菓子はすべて門司港本店で作られている

厳選素材を使い、ていねいに作りあげた菓子が揃う

なごし 門司港本店

　大正 10（1921）年の創業以来、4 代にわたりお菓子作り一筋に歩む老舗。小倉北区大畠や井筒屋小倉店にも店舗を構えている。名物の星野村抹茶生大福（→ P.303）をはじめとする生大福のほか、ロールケーキやプリンといった洋菓子も手がけている。

栗の形をした皮の中に、栗をまるごと入れたつぶあんの栗最中 260 円

🎤 Voice　「ギャラリー Garland ＆ハーブカフェ PocaPoco」のある清滝エリアは昔、料亭や置き屋があり、政財界人や文化人の社交場としてにぎわった町。今もその当時の面影が残り、散策するだけでも楽しい。

小さな幸せを運ぶかわいいおやつ

GOURD
ごーど

きび砂糖や国産小麦など、体に優しい素材を使ったクッキーやタルトが並ぶ小さな焼き菓子店。"幸せな気持ちになってほしい"という思いを込めて作られた焼き菓子は、どれも素朴でほっとするおいしさと評判で、リピーターも多い。心なごむお菓子を買いにいこう。

ひょうたん形や羊の形など、見た目もかわいい焼き菓子はおみやげに喜ばれる

GOURD
- MAP 別冊 P.22-B3
- 住 北九州市門司区錦町6-22
- TEL 080-1539-7893
- 営 11:30〜売り切れ次第終了
- 休 日〜水、ほか不定休あり※インスタグラム、または電話で要確認
- CC 不可　P あり
- 交 JR門司港駅北口から徒歩10分

緑の扉が目印。タルトやケーキのおいしさにも定評がある

アートに満ちた心地よい空間

ギャラリー Garland &ハーブカフェ PocaPoco
ぎゃらりーがーらんどあんどはーぶかふぇかぽこ

2022年にオープン。月替わりで絵画などの作品を展示し、作家との交流会も行うなど、アートを身近に感じられるスポット。また、カフェスペースでは旬のフルーツやハーブを使ったスイーツをはじめ、20種類以上のオーガニックハーブティーを提供。

ハーブのさわやかな香りに満ちた空間は、心地よくてつい長居してしまいそう

ギャラリー Garland & ハーブカフェ PocaPoco
- MAP 別冊 P.22-B3
- 住 北九州市門司区清滝4-4-6
- TEL 080-5268-5755
- 営 冬期11:00〜17:00、夏期13:00〜19:00　休 月・火・木
- CC ADJMV　P なし
- 交 JR門司港駅北口から徒歩10分

庭でつんだハーブをブレンドしたオリジナルのハーブティー600円

海を望める露天風呂で旅の疲れを癒やせる

照葉スパリゾート門司店
てりはすぱりぞーともじてん

大浴場にサウナ、岩盤浴、ダイニング、ボディケア、宿泊施設まで備えた大型入浴施設。岩盤浴を使用すると約1万5000冊を備えたコミックコーナーや関門海峡を望めるリクライナースペースなども利用できる。のんびりとリフレッシュしよう。

露天風呂には炭酸泉や陶器風呂、うたたねの湯など多彩な風呂が揃っている

照葉スパリゾート門司店
- MAP 別冊 P6-B2
- 住 北九州市門司区大里本町3-13-26
- TEL 093-382-1010
- 営 10:00〜24:00（最終受付23:00※館内施設により異なる）
- 休 無休※メンテナンス休館日あり
- 料 スパコース（風呂のみ）平日990円・土日祝1090円、スパリゾートコース（岩盤浴つき）平日1980円・土日祝2180円
- CC ADJMV
- P あり
- 交 JR門司港駅北口から徒歩10分

Voice

照葉スパリゾート門司店は家族で休日を過ごしに行きます。ゆったりとお風呂を楽しんだあとは、関門海峡を眺めるダイニングで食事をして、その後は家族全員で漫画三昧。1日中楽しく過ごせますよ。

ここの味で育った子は数知れず！

梅月（ばいげつ）

ロバート秋山さん・
馬場さんおすすめ

焼きそば 450 円。醬油などをブレンドした特製ソースで作る

昭和23（1948）年にオープンした老舗の甘味処。巷で人気の丸いフォルムのソフトクリームを、昭和30年代から提供していたことでも知られる。注文を受けてから抹茶をたてる抹茶小倉ソフトクリーム、厳選した北海道産小豆を手練りする小判焼き（冬期限定）など、手間暇かけた味を求めて親子4代で訪れる客も少なくない。

MAP 別冊 P.22-B3

🏠 北九州市門司区栄町 1-10
📞 093-321-1344
🕚 11:30〜16:00
🈴 日（日曜が祝日の場合も休み）
💳 不可 🅿 なし
🚃 JR 門司港駅北口から徒歩 6 分

本来はイートイン可能だが、現在はテイクアウトのみ（再開未定）

「利益や効率よりも味を優先」と笑顔で語る店主・松下さん

1. 抹茶の香りが際立つ抹茶小倉ソフトクリーム450 円。自家製のあんもおいしい 2. ソフトクリーム250 円。独自のレシピで作った本格バニラ味

日本一小さい焼肉屋で食す極上肉

南大門（なんだいもん）

ロバート秋山さん
おすすめ

中央市場にある、テーブルがひとつだけの焼肉屋。以前は栄町の人気店だったが店主が病気のため一度閉店、その後元気になり2019年に移転して営業を再開した。自慢は何といっても質のいい肉。いちばん人気の焼肉定食のほか約15種類の単品メニューが揃う。

1・2. 焼肉定食 2000 円は上ロースか上カルビを提供。ほかにサラダ、スープ、キムチ、ご飯がついてボリューム満点 3. タン塩 1500 円は、にんにく、酢、こしょう、ごま油を混ぜた特製たれにつけて

「仕事を再開して楽しい、体調がよくなった」と語る店主の河内さん

MAP 別冊 P.22-B2

🏠 北九州市門司区老松町中央市場 1-11 中央市場内
📞 080-1742-5425 🕛 12:00〜21:00（予約がない場合は 18:30 に閉店）
🈴 月
💳 不可
🅿 なし
🚃 JR 門司港駅南口から徒歩 12 分

 Voice　パンチパーマは北九州市の発祥です。門司港の港湾労働者が毎日洗髪していたことから、洗っても崩れない髪型を門司港にある床屋さんが考案したものだそうです。

半世紀近く愛され続ける一杯

大三元 (だいさんげん)

ロバート秋山さん・馬場さんおすすめ

創業は昭和51（1976）年。今も変わらぬラーメンは、門司のソウルフードとして多くの人に親しまれている。豚の背骨をまる1日かけて煮込んだスープは、濃厚なうま味とコクがありながらも、くどさがなくすっきりとした味わい。醤油だれがしっかり染み込んだ自家製焼豚は、口の中でほろりと崩れるほどの軟らかさだ。

焼豚ラーメン750円。スープと特注のストレート麺は相性抜群

MAP 別冊 P.22-B2
- 🏠 北九州市門司区老松町2-6
- 📞 093-321-7015　🕐 11:00〜14:00
- 休 日　CC 不可　P あり
- 🚃 JR門司港駅南口から徒歩12分

親子2代で店を切り盛り。見事な連携でラーメンを作る

カウンター13席のみ。どこか懐かしくあたたかな雰囲気が漂う

1. バターロールケーキ1本1850円、1カット190円（写真）2. フルーツパウンドケーキ1本1700円、1カット190円（写真）3. 焼き菓子に使用するジャムやあんこなども手作りにこだわる

門司港散策の手みやげにぴったり

スイートルーム カワシマ (すいーとるーむ かわしま)

ロバート馬場さんおすすめ

昭和48（1973）年創業以来、地元で愛される洋菓子店。人気のバターロールケーキは、しっとりとしたスポンジ生地に、ホイップ状の有塩フレッシュバターを塗ったオリジナル。甘くてしょっぱいバターには、隠し味に日本酒とハチミツが使用されており、豊かな風味も楽しめる。

MAP 別冊 P.22-B2
- 🏠 北九州市門司区錦町4-5
- 📞 093-332-1246
- 🕐 10:00〜17:00（予約分の受け渡しのみ〜18:00）
- 休 日・祝（月により変動あり）
- CC 不可　P なし
- 🚃 JR門司港駅南口から徒歩11分

 Voice 門司港にはロバートの秋山さんのお父さんが営む「ファンキータイガーアジト」というお店があります。ピンクの外観がド派手で一見の価値あり。門司港名物の焼きカレーもありますよ。

小倉北区
こくら きたく

人口	18万39人
（2023年10月1日）	
面積	39.23㎢

小倉城の周りに近代的な建物が建ち並ぶ小倉らしい風景

エリア利用駅

小倉駅
西小倉駅
JR 鹿児島本線

南小倉駅
城野駅
JR 日豊本線

観光案内所

●北九州市総合観光案内所
MAP 別冊 P21-C1
住 北九州市小倉北区浅野 1-1-1
JR 小倉駅 3 階
☎ 093-541-4189
開 9:00～19:00
休 無休

小倉北区への行き方

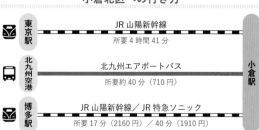

東京駅	JR 山陽新幹線	小倉駅
	所要 4 時間 41 分	
北九州空港	北九州エアポートバス	
	所要約 40 分（710 円）	
博多駅	JR 山陽新幹線／JR 特急ソニック	
	所要 17 分（2160 円）／40 分（1910 円）	

　北九州市の中心地区。慶長 7（1602）年に細川忠興が築城した小倉城を中心に城下町が形成された。また、小倉は中津街道や長崎街道をはじめとする九州 5 街道の起点で、古くから陸上交通の要だった。明治時代には廃藩置県によって小倉県が誕生し、県庁所在地に。明治 9（1876）年に小倉県が福岡県に合併されたため、県庁所在地ではなくなった。JR 小倉駅周辺にはアジア太平洋インポートマート（AIM）、西日本総合展示場、国際会議場、スタジアムなどがあり、小倉城の周辺は商業施設のほか、図書館、文学館など、歴史や文化を学べる多様な施設が充実している。

info　小倉北区を流れる紫川は、北九州市最大の二級河川。かつては汚染されていたがマイタウン・マイリバー整備事業で水質が改善され、紫川河畔は市民の憩いの場になっている。

小倉北区の歩き方

日本初のアーケード街を歩き、小倉の台所へ

観光や食べ歩きを楽しみたい場合は、JR小倉駅の小倉城口側から町に出よう。アミュプラザ小倉やセントシティなどの大型商業施設や商店街があり、周遊しながら買い物を楽

小倉駅からアーケード商店街が続き魅力的な店が集まる

しめる。まずは魚町銀天街のアーケードへ。アーケードから脇道に入ってみるのもおすすめで、駅を出てすぐ右手に進むと、小倉ならではのディープなスポットもあり、ちょっとのぞいてみるのもおもしろい。魚町銀天街のアーケードからは「小倉の台所」と呼ばれる旦過市場へ。店主たちとの会話を楽しみながらここならではのグルメを買って、紫川沿いの勝山公園で食べるのもおすすめだ。周辺には小倉城やリバーウォーク北九州、北九州市立文学館、北九州市平和のまちミュージアム、北九州市立松本清張記念館など、たくさんの施設があるので、気の向くままに楽しんで。

おさんぽプラン

① JR 小倉駅
　徒歩 5 分
② 魚町銀天街
　徒歩 5 分
③ 旦過市場
　徒歩 5 分
④ 勝山公園
　徒歩 5 分
⑤ 小倉城周辺

特命大使のわが町自慢 TOKUMEI

Q 小倉北区の好きなスポットや思い出の場所、他県の人に教えたいことは !?

A 旦過市場（→ P.82）や魚町銀天街（→ P.163）は、懐かしい雰囲気が好きです。魚町銀天街は日本初のアーケード型商店街です。

Q 小倉北区のおすすめグルメを教えてください。

A 魚町銀天街のすぐそばにある「酒房 武蔵」（→ P.173）はよく飲みにいくお店です。お気に入りはたけのこのぬか漬け。東京から知人が来ると珍しいと喜んでくれますし、何よりおいしいのでよく注文します。

Q 小倉北区に来たら買って帰りたいおすすめのおみやげは何ですか？

A 旦過市場のかしわ屋くろせ（→ P.82）で販売している黒瀬のスパイスを定期的に買って使っています。日持ちするのでおみやげにおすすめです。

© 中央公論新社

Profile
町田そのこ
（まちだそのこ）

昭和 55（1980）年、福岡県生まれ。福岡県在住。平成 28（2016）年『カメルーンの青い魚』で「女による女のためのR-18 文学賞」大賞を受賞。2021 年本屋大賞受賞の『52 ヘルツのクジラたち』が映画化、2024 年 3 月公開。

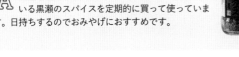

小倉城

MAP 別冊 P.20-A2

🏠 北九州市小倉北区城内 2-1
☎ 093-561-1210
🕐 9:00〜20:00、11〜3 月〜19:00
🈺 無休　💴 350 円（小倉城庭園・松本清張記念館との共通券あり）
🅿 あり　🚉 JR 小倉駅小倉城口から徒歩 15 分、JR 西小倉駅南口から徒歩 10 分

昔の小倉城界隈の生活を再現した模型も展示されている

旅の小ばなし

マカロニ星人の正体は!?

北九州市役所側に架かる「中の橋」の上には「マカロニ星人」や「ペンネ人形」などと呼ばれ親しまている人形が立つ（→ P.1）。正式名称は「宇宙七曜星の精」で、春分と秋分の前後のある時間帯に陽光が頭の空洞を通り、ヒマワリ状の影ができるしかけになっている。

小倉城庭園

MAP 別冊 P.20-B2

🏠 北九州市小倉北区城内 1-2
☎ 093-582-2747
🕐 9:00 〜 20:00、7 〜 8 月の金・土〜 21:00、11 〜 3 月〜 19:00
🈺 無休
💴 350 円（小倉城・松本清張記念館との共通券あり）
🅿 あり
🚉 JR 小倉駅小倉城口から徒歩 15 分、JR 西小倉駅南口から徒歩 10 分

立礼席で楽しめる抹茶とお菓子のセット 800 円

小倉を見守ってきた街のシンボル

小倉城
こくらじょう

細川忠興によって築城され、全国有数の規模を誇る天守閣を持つ小倉城。城内は、迫力あるシアターにはじまり、流鏑馬ゲームや衣装を着て撮影できる「時代なりきり体験」など、さまざまな歴史体験ができる。また、細川藩・小笠原藩の歴史の展示、宮本武蔵と佐々木小次郎のコーナーなど、フロアごとに異なるテーマで展示。5 階からは小倉の町が 360 度見渡せる。詳しくは→ P.70

上／5 階の展望テラスは貸切にもできる。不定期でバーとしても営業
下／江戸時代から続く小倉藩の歴史を楽しく紹介

しっとりとした日本庭園でひと休み

小倉城庭園
こくらじょうていえん

細川氏の跡を継いで城主を務めた小笠原家の別邸を復元。敷地内には池を巡りながらさまざまな景観を楽しめる池泉回遊式庭園や書院造りの武家屋敷などを自由に見学できる。また、展示ゾーンでは日本の伝統的な文化である礼法の歴史を紹介。体験ゾーンにある「立礼席」では目の前で点てる抹茶やかき氷を気軽に楽しめるので、小倉城散策の合間にひと息つきたい。詳しくは→ P.73

上／「小笠原流礼法」の宗家としても知られる小笠原家も同一族
下／小笠原家は 200 年以上にわたり小倉を治めた江戸時代の有力な大名だった

ℹ️ **info** 小倉城内のシアターのナレーションは北九州市のアンバサダーでもある草刈正雄が担当。渋い声とともに、約 400 年の歴史を 10 分に凝縮した物語を大画面シアターで楽しめる。

小倉のおみやげ探しはココ！

しろテラス

小倉をはじめ北九州市のおみやげが一堂に会するショップ、小倉の老舗「辻利茶舗」のカフェ、観光案内コーナー、休憩できるラウンジからなる建物。小倉城や小倉城庭園を散策後、立ち寄るのがおすすめ。小倉城武将隊のグッズも販売。詳しくは→ P.73

小倉城と小倉城庭園の間に位置する。入口では小倉城のゆるキャラ「とらっちゃ」がお出迎え

良縁をかなえてくれる"ぎおんさん"

八坂神社

「こくらのぎおんさん」と呼ばれ親しまれている城下町の守護神。祭神は日本で初めて和歌を詠んだ風流な神様、須佐之男命（すさのおのみこと）。その一首が妻に贈った恋の歌だったことから縁結びの神様としても知られている。ハート形の鈴や絵馬で、良縁祈願を。

堂々とした構えの本殿。ハート形の鈴は本殿左側の神楽殿にある

小倉にゆかりのある作家の足跡をたどる

北九州市立松本清張記念館

『点と線』『眼の壁』など、数々のベストセラーを生み出した北九州市出身の作家・松本清張の業績を伝える記念館。書斎や書庫、応接室など、在りし日の空間を再現したコーナーもあり、資料、遺品などを展示している。企画展なども随時開催。

平成10（1998）年に城内に建てられた地下1階、地上2階建ての建物

しろテラス

MAP 別冊 P.20-A2

🏠 北九州市小倉北区城内 2-1
📞 093-561-1210（小倉城）
🕐 9:00～20:00、11～3月9:00～19:00
休 無休　CC ADJMV　P あり
🚶 JR 小倉駅小倉城口から徒歩15分、JR 西小倉駅南口から徒歩10分

来城記念のさまざまな御城印が購入できるのは「しろテラス」のみ

八坂神社

MAP 別冊 P.20-A2

🏠 北九州市小倉北区城内 2-2
📞 093-561-0753
🕐 6:00～17:30（授与所（お守り窓口）9:00～17:00、御朱印授与9:00～16:30）
P あり
🚶 JR 小倉駅小倉城口から徒歩15分、JR 西小倉駅南口から徒歩6分

縁結びの絵馬やお守りも多種。カップルで揃えるのもよさそう

北九州市立松本清張記念館

MAP 別冊 P.20-A2

🏠 北九州市小倉北区城内 2-3
📞 093-582-2761
🕐 9:30～18:00（最終入館17:30）
休 月（休日の場合は翌日）
🎫 600円（小倉城・小倉城庭園との共通券あり）　P あり　🚶 JR 小倉駅小倉城口から徒歩15分、JR 西小倉駅南口から徒歩5分

生前の功績を後世に語り継ぐために故郷の小倉北区に建設された

北九州市漫画ミュージアム

MAP 別冊 P.21-D1

- 🏠 北九州市小倉北区浅野 2-14-5 あるあるCity5・6階
- 📞 093-512-5077
- 🕐 11:00〜19:00（最終入館 18:30）
- 休 火（祝日の場合は翌日）
- 🎫 常設展 480円
- P あり
- 🚃 JR小倉駅新幹線口から徒歩2分

リラックスして漫画が読める閲覧ゾーン

TOTOミュージアム

MAP 別冊 P.8-B2

- 🏠 北九州市小倉北区中島 2-1-1
- 📞 093-951-2534 🕐 10:00〜17:00（最終入館 16:30）休 月
- 🎫 無料 P あり 🚃 小倉駅バスセンターから西鉄バス戸畑駅行き、ジアウトレット北九州行きなどで貴船町下車、徒歩1分

ミュージアムショップにはオリジナリティあふれるユニークなアイテムが並ぶ

北九州市漫画ミュージアム
きたきゅうしゅうしまんがみゅーじあむ

日本が世界に誇る漫画文化の魅力を紹介する施設。松本零士をはじめとする地元ゆかりの漫画家を中心に、作品や漫画の歴史、技法、漫画と北九州の結びつきなどを展示している。閲覧ゾーンでは人気作品の単行本が読み放題。さまざまな企画展も開催。詳しくは→P.78

常設展示エリアには、松本零士の生い立ちや業績を紹介するコーナーがある

ＴＯＴＯミュージアム
とーとーみゅーじあむ

水まわりを中心とした豊かで快適な生活文化を創造することで、社会の発展に貢献する「TOTO株式会社」の沿革、歴代商品の紹介、日本の水まわりの歴史などを紹介するミュージアム。歴史的価値のある製品から、最新のアイテムまでが並び、見応えたっぷりだ。

正面左手の湾曲した建物のデザインは"水滴"をイメージしている

深掘りコラム　小倉北区の常盤橋はシュガーロードの起点（終点）だった

江戸時代、砂糖は西洋との唯一の窓口であった長崎の出島から北九州の小倉を結ぶ長崎街道を通って全国に広がった。長崎街道はさまざまな人々でにぎわい、海外からの品々や技術、文化を全国へ運ぶための街道として栄えてきた。街道沿いは砂糖とともに菓子づくりの技法なども伝わり、各地で風土と融合した外国由来の菓子が誕生。そのため長崎街道は砂糖の道＝「シュガーロード」とも呼ばれ、カステラをはじめ全国的にも有名な個性豊かな菓子が残されている。

小倉北区にある常盤橋（**MAP** 別冊 P.20-B2）は、参勤交代など、江戸時代の人々の往来に重要な役割を果たした、いわば「長崎街道の始点（終点）」。シーボルトや伊能忠敬もこの道を通ったのだとか。

細川藩により江戸初期に架設。現在の橋は平成7（1995）年に建設された

 Voice

「北九州市平和のまちミュージアム」は、迫力のあるリアルな映像や詳しい展示で見応えがあります。改めて平和の大切さを感じました。次は子供を連れていこうと思います。

北九州市平和のまちミュージアム

きたきゅうしゅうしへいわのまちみゅーじあむ

　長崎原爆の第1目標となった西日本最大級の兵器工場「小倉陸軍造兵廠」の跡地に2022年開館した体験型ミュージアム。市民の暮らしを物語る実物資料のほか、最新の映像・音響技術を駆使しており、昭和20（1945）年8月8日の八幡大空襲を、360度見渡せる映像と臨場感のある音響で追体験できる「360度シアター」は秀逸。終戦から約80年、忘れかけた戦争の悲惨さを伝えている。

上／迫力のある360度シアター
下／小倉陸軍造兵廠を再現したプロジェクションマッピングは必見

水環境館

みずかんきょうかん

　紫川の中がのぞける大きなウインドーを有する水族館のような施設では、川・自然・環境について楽しく遊び、学べる。ほかにも紫川に生息する生物の水槽やゲームやアトラクションを楽しみながら河川について学べるコーナー、紫川の魅力を伝える動画を放映する大型モニター、飲食しながらくつろげる空間など、無料とは思えない充実ぶり。井筒屋小倉店との地下連絡通路もある。

上／紫川に暮らす数十種類の生物を展示
下／大きなガラス窓から紫川を観察できる

北九州市平和のまちミュージアム

MAP 別冊 P.20-A3

🏠 北九州市小倉北区城内 4-10
📞 093-592-9300
🕐 9:30～18:00（最終入館 17:30）
休 月（祝日の場合は翌日）
💴 200円
Ｐ なし
🚃 JR 小倉駅小倉城口から徒歩15分、JR 西小倉駅南口から徒歩10分

実物大の焼夷弾の複製など、戦争被害や市民を襲う空襲にまつわる資料を展示

旅の小ばなし

忘れられない8月8・9日

　昭和20（1945）年8月8日は八幡大空襲に見舞われた日で、多くの人々が犠牲になった。さらに、翌日9日は、原爆を搭載した米軍爆撃機が第1目標候補だった小倉陸軍造兵廠の上空を飛行したが、前日の大空襲の火災煙などの影響により、視界不良のため投下できず。結果、爆撃機は長崎へと向かい、原爆が投下された。

水環境館

MAP 別冊 P.20-B2

🏠 北九州市小倉北区船場町 1-2
📞 093-551-3011
🕐 10:00～19:00（最終入館 18:50）
休 火
💴 無料
Ｐ なし
🚃 JR 小倉駅小倉城口から徒歩10分

紫川に関する資料の展示もある。館内や紫川でのカヌーイベントなどを多数開催

info 水環境館では4～10月の休日や夏休み期間中にカヌー体験イベント（有料）を実施。受付は水環境館にて。水環境館前の水上ステージから乗艇し、紫川の水上散策を楽しめる。

157

到津の森公園

MAP 別冊 P.8-A2
- 🏠 北九州市小倉北区上到津 4-1-8
- ☎ TEL 093-651-1895
- 🕐 9:00 ～ 17:00
- 🈺 火
- 💴 800 円 🅿 あり
- 🚌 小倉駅バスセンターから西鉄バス黒崎方面行きで到津の森公園前下車、徒歩 1 分

入口は南北 2 ヵ所。南エントランスは 20 周年を記念してリニューアル

北九州市立文学館

MAP 別冊 P.20-A3
- 🏠 北九州市小倉北区城内 4-1
- ☎ TEL 093-571-1505
- 🕐 9:30～18:00（最終入館 17:30）
- 🈺 月（祝日の場合は翌日）
- 💴 240 円 🅿 なし
- 🚌 JR 小倉駅小倉城口から徒歩 15 分

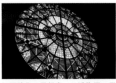

江戸時代の思想家・三浦梅園の図を参考にデザインされたステンドグラス

北九州市ほたる館

MAP 別冊 P.8-B3
- 🏠 北九州市小倉北区熊谷 2-5-1
- ☎ TEL 093-561-0800
- 🕐 9:00 ～ 17:00
- 🈺 火（祝日の場合は翌日）
- 💴 無料 🅿 あり
- 🚌 JR 小倉駅新幹線口から西鉄バス中谷行きで第一熊谷町下車、徒歩 3 分

館内の展示のほか、屋外にも水路があり生き物を観察できる

‖‖‖‖‖ おもな見どころ ‖‖‖‖‖

町なかでいろいろな動物と触れ合う

到津の森公園

市民に愛される動物公園。広々とした敷地内には約 80 種 470 頭羽の動物たちが暮らしている。「市民と自然とを結ぶ『窓口』となる公園」をテーマに、ゾウのえさやりなど動物と触れ合えるさまざまな取り組みが行われている。イベントも随時開催。詳しくは→ P.90

セイロンゾウの餌やり体験は間近にゾウと触れ合えて、迫力あり！

北九州の文学をまるごと紹介

北九州市立文学館

森鷗外、杉田久女、林芙美子、火野葦平など北九州ゆかりの小説家、詩人、俳人などの資料を展示。明治以前の文学から現代作家まで 3 つのテーマで、収蔵資料約 12 万点から常時 300 点あまりを展示している。記念撮影や文芸誌の閲覧などができる無料ゾーンもある。

タッチパネルによるデジタル展示、映像を使った展示で、作家とその作品世界に触れられる

1 年中小さな生命に出合える

北九州市ほたる館

北九州市では市民によって 40 年以上前からホタルを守る活動が続いている。ここはその活動を支援し、ホタルをはじめとする水辺の生き物やその生息環境を学び、調査研究を行える施設。ホタルが 1 年中飼育され、成虫・幼虫の発光行動を観察できる。

ヘイケボタル成虫の発光の様子。幼虫の発光を観察できる時期もある

---

info 「到津の森公園」では、動物はもちろん、四季折々の草花が楽しめる。春はミモザ、梅雨はアジサイ、秋の紅葉など、年間を通して自然を感じられるのも魅力のひとつ。

森鷗外の資料を展示

森鷗外旧居
（もりおうがいきゅうきょ）

　明治の文豪・森鷗外が、旧陸軍第 12 師団軍医部長として小倉に赴任していた頃に住んでいた家屋を資料館として公開。明治 30 年頃に建てられた日本家屋に年譜や関連資料を展示する。

通り土間が展示スペース。小説『鶏』ではこの住宅の様子が描かれている

紫川にかかる鷗外ゆかりの橋

鷗外橋
（おうがいばし）

　小倉で軍医として働いていた森鷗外。この橋はのちに新しく架けられたもので、鷗外の旧居と職場である 12 師団のあった小倉城内が一直線に結ばれたことから鷗外の名が付けられた。

橋の中央には彫刻家・淀井敏夫氏作の少女と鷗が戯れる彫刻『鷗』が設置されている

演劇の盛んな北九州で観劇

北九州芸術劇場
（きたきゅうしゅうげいじゅつげきじょう）

　北九州に「劇場文化を育む」というミッションのもと、国内外よりえりすぐりの演劇やダンス作品の上演、ホールの貸し出しを行うほか、プレイガイドやライブラリーも併設。

リバーウォーク北九州にある。ホールのほかにギャラリーの貸し出しも行う

森鷗外旧居

MAP 別冊 P.21-D3

🏠 北九州市小倉北区鍛冶町 1-7-2
📞 093-531-1604
🕙 10:00 ～ 16:00
休 月（祝日の場合は翌日）、第 3 木
料 無料
P なし
交 JR 小倉駅小倉城口から徒歩 10 分

鷗外橋

MAP 別冊 P.20-B2

🏠 北九州市小倉北区
交 JR 小倉駅小倉城口から徒歩 11 分

橋のたもとにある「森鷗外文学碑」は森鷗外生誕 100 周年の記念として建立された六角形の石柱

北九州芸術劇場

MAP 別冊 P.20-A2

🏠 北九州市小倉北区室町 1-1-11 リバーウォーク北九州 5・6 階
📞 093-562-2655（10:00～18:00）
🕙 プレイガイド 11:00 ～ 18:00（土・日・祝は 10:00 ～）
休 無休
P あり
交 JR 小倉駅小倉城口から徒歩 15 分、JR 西小倉駅から徒歩 5 分

見ちゃり！ 聞いちゃり！ 焼肉店の軒数が県内第 1 位！

　小倉北区は市民 1 万人当たりの焼肉店舗数が 3.82 軒と、福岡県内の自治体のなかでは最多の焼肉店舗数を誇る。小倉北区内に約 70 軒もあり、特に小倉北区古船場町の浅香通り沿いは通称「焼肉通り」と呼ばれ、魅力的な焼肉店が集まっている。煙モクモクの老舗からファミリー向けのカジュアルなお店や高級店まで幅広く揃っているので、予算やシーンに合わせて選べる。せっかくなら北九州産の小倉牛も味わいたい。

　小倉牛は、生後 8 ～ 10 ヵ月から 18 ヵ月間ほどをかけ、丹念に育てられている。鮮やかな霜降り、美しい色とツヤなど、厳しい肉質検査を経て厳選されたものだけが「小倉牛」のブランドとして認められている。

---

info 森鷗外は小倉 3 部作と総称される『鶏』『独身』『二人の友』といった作品を残している。橋のたもとにある「森鷗外文学碑」は建築家・谷口吉郎の作品。

159

北九州市立中央図書館

MAP 別冊 P.20-A3

🏠 北九州市小倉北区城内 4-1
☎ 093-571-1481
🕐 9:30～19:00、土・日・祝～
18:00
休 月（祝日の場合は翌日）
🅿 あり
🚃 JR 西小倉駅から徒歩 11 分

子ども図書館の内部から見たアーチ型の天井

映画のロケにも使われた印象的な建物

北九州市立中央図書館

きたきゅうしゅうしりつちゅうおうとしょかん

　映画『図書館戦争』のロケにも使われた市立の図書館。日本を代表する建築家・磯崎新の設計による建物で、外観や館内のアーチ型の天井が印象的。建物内には北九州市立子ども図書館のほか、北九州市立文学館やカフェも併設されていて1日中ゆっくり過ごせる。

昭和 50（1975）年に開館。カーブを多用した外観が特徴的

北九州市立子育てふれあい交流プラザ 元気のもり

MAP 別冊 P.21-D1

🏠 北九州市小倉北区浅野 3-8-1AIM ビル 3 階　☎ 093-522-4150
🕐 10:00 ～ 18:00
休 第 1・第 3 火　※イベントにより変更になる場合あり
料 プレイゾーン 200 円　🅿 あり
🚃 JR 小倉駅新幹線口から徒歩 5 分

親子で食事ができるスペースがあり、弁当などの持ち込み OK

子育てが楽しくなる施設

北九州市立子育てふれあい交流プラザ 元気のもり

きたきゅうしゅうしりつ こそだてふれあいこうりゅうぷらざ げんきのもり

　地域社会全体で子育てを支えていこうと設立された施設。妊婦さんや子育てをする人が子育てに関する知識を得たり相談できる場を提供している。また、自然の素材を取り入れた遊び場で、安心して子供たちを遊ばせることもできる。

木の砂場や木のキッズハウスなど、木のぬくもりを感じながら遊べる広場

見ちゃり！聞いちゃり！　小倉から船で行くふたつの離島

　北九州市の北側の響灘に浮かぶ馬島（うまじま）と藍島（あいのしま）。小倉渡場から馬島へは 25 分、藍島へは 40 分、毎日船便が出ている。藍島は釣りのメッカでシーズン中は釣り人でにぎわい、猫が多いことでも知られる。また、江戸時代に密貿易船の監視のために設けられた「藍島遠見番所旗柱台」なども

どもある。馬島は、その名のとおり馬の形をしており、漁業と農業が盛ん。島からは小倉・戸畑・下関が一望できる。観光地ではないので、島の人に配慮しながら散策しよう。

JR 小倉駅新幹線口から徒歩 10 分の小倉渡場（**MAP** 別冊 P.9-C2）から馬島経由藍島行きの船が毎日 3 便運航（→ P.124）

🔊 **Voice**　福岡県内には、"あいのしま" という島がふたつあるのでお間違えなく。ひとつは北九州市の「藍島」、もうひとつは新宮町の「相島」。どちらも猫の島として知られています。

波をモチーフにした国際会議場

北九州国際会議場
きたきゅうしゅうこくさいかいぎじょう

平成2（1990）年に建てられた、585席のメインホールと、イベントホール、各種会議室、ラウンジなどを擁する施設。メインホールには高輝度高精細プロジェクターを完備している。

国際規模の会議や学会、企業や市民のイベントなどが開催されている

北九州国際会議場
MAP 別冊 P.9-C1
住 北九州市小倉北区浅野 3-9-30
TEL 093-541-5931（サービス課）
開 9:00～22:00
P なし
交 JR小倉駅新幹線口から徒歩7分

多彩なイベントが催される駅近くの施設

西日本総合展示場
にしにほんそうごうてんじじょう

船をイメージした本館は大中小の展示場と屋外展示場をもつ。新館には分割可能な8000平方メートルの無柱空間と会議室があり、本館と新館のふたつの建物はあらゆるイベントに対応。

本館（写真）、新館ともに多彩なイベントが開催されている

西日本総合展示場
MAP 別冊 P.21-D1
住 本館／北九州市小倉北区浅野 3-7-1、新館／北九州市小倉北区浅野 3-8-1
TEL 093-541-5931（サービス課）
開 8:00～18:00
P あり（有料）
交 JR小倉駅新幹線口から徒歩5分

幅広いジャンルの企画展をチェック！

北九州市立美術館分館
きたきゅうしゅうしりつびじゅつかんぶんかん

広大な敷地に立つ戸畑区の北九州市美術館の分館として、平成15（2003）年にリバーウォーク北九州4・5階に造られた都市型ギャラリー。「気軽に親しみ、楽しめる」企画展を開催。

小倉駅からも徒歩圏内。多彩なイベントが開催されている

北九州市立美術館分館
MAP 別冊 P.20-A2
住 北九州市小倉北区室町 1-1-1 リバーウォーク北九州4・5階
TEL 093-562-3215
開 10:00～18:00（最終入館 17:30）
休 会期中無休
料 展示により異なる
P あり
交 JR小倉駅小倉城口から徒歩10分、JR西小倉駅から徒歩5分

北九州人の代表として慕われる松五郎をしのぶ

無法松之碑
むほうまつのひ

小倉出身の作家・岩下俊作の小説『富島松五郎伝』の主人公・松五郎（無法松）の碑。この碑は松五郎を愛する土地の人によって、彼が住んでいたとされる古船場に建てられた。

毎年3月4日には碑前で供養が行われ、小倉祇園太鼓をたたき、酒が注がれる

無法松之碑
MAP 別冊 P.9-C2
住 北九州市小倉北区古船場町 1-27
交 北九州モノレール旦過駅東出口から徒歩2分

旦過駅からすぐ。町中にひっそりとたたずむ

---

info 『無法松の一生』として度々映画化されている『富島松五郎伝』。「無法松之碑」の下には昭和33年ヴェネツィア国際映画祭でグランプリを受賞した稲垣浩監督のシナリオが埋められている。

篠崎八幡神社

MAP 別冊 P.8-B3
- 住 北九州市小倉北区篠崎 1-7-1
- TEL 093-561-6518
- 開休 参拝自由
- P あり
- 交 JR 南小倉駅から徒歩 10 分

総朱塗りの髄神門。門居にかかる大額「玄監」は 5 代小倉藩主の筆のものといわれている

「蛇の枕石」伝説

　仲のよい大蛇と女蛇がいたが、女蛇が神様のお使いで遠くに行ってしまった。毎夜、石を枕に泣いていたところ御祭神の力で大蛇は龍神となり、女蛇に合うことができた。篠崎八幡神社にはこの伝説が残り、恋愛成就や良縁を授けてくれるといわれている。

旦過市場

MAP 別冊 P.21-C3
- 住 北九州市小倉北区魚町 4 付近
- TEL 093-513-1555（旦過市場組合事務所）
- 営 店舗により異なる
- P なし
- 交 JR 小倉駅小倉城口より徒歩 10 分、北九州モノレール旦過駅から徒歩すぐ

メイン通りのそばに仮設店舗（旦過青空市場）が並んでおり、少しずつ再整備が進む

大蛇伝説が残る縁結びの神様

篠崎八幡神社
しのざきはちまんじんじゃ

　小倉の中心に鎮座し、8000 坪もの広大な境内に樹木が茂る緑豊かで静かな神社。木々の緑と対照的に鮮やかな朱色の社殿や髄神門が印象的だ。境内に入ると左右に大きな石が置かれていて、右は大蛇伝説の残る恋愛成就の「蛇の枕石」、左は神功皇后が息子を上に立たせたことから立身出世の御利益があるという「力石」と呼ばれる。紫川インターから近い立地も魅力だ。

上／「蛇の枕石」から伸びたモッコクの木に恋みくじを結んで縁結び祈願を
下／恋愛成就や立身出世のほか厄除け、商売繁盛、交通安全などの御利益が

火災から復興！ 北九州市民の台所

旦過市場
たんがいちば

　JR 小倉駅から徒歩 10 分、町のど真ん中にありながら懐かしい昭和の雰囲気が漂う市場。2022 年に 2 度の火災に見舞われ、存続が心配されたが、町の人たちに支えられて復興が進む。市場内には生鮮だけでなく、ぬか炊きやかまぼこなど、おみやげにもぴったりの食品を売る店のほか、気軽に立ち寄れる飲食店やカフェも充実。訪れる人をあたたかく出迎えてくれる。詳しくは→ P.82

上／長さ約 180m のアーケードに、約 80 軒もの店が並ぶ。発祥は大正時代といわれる
下／スーパーや角打ちなどもあり、常に活気にあふれている

Voice 旦過市場はお寿司屋さんやうどん屋さん、とりかつ丼屋さん、スイーツ店など、飲食店も多数。また旦過青空市場にテーブルが設置されているので買った物を食べることもできる。

学問の神様が受験生を応援

小倉 菅原神社
こくら すがわらじんじゃ

　京都から大宰府に左遷される途中に菅原道真公が神嶽川のほとりで風景を楽しんだ休息地に建てられた神社。教養の守護神に加え、農業・漁業・産業・商業の神々を祀る末社を合祀。さまざまな祈願をかなえてくれる町なかのパワスポとして親しまれる。

境内には紅梅・白梅が植えられていて、早春に清楚な花を咲かせる

小倉 菅原神社
MAP 別冊 P.21-C3
🏠 北九州市小倉北区古船場町1-6
☎ 093-521-9421
開休 参拝自由
🅿 あり
🚉 JR 小倉駅小倉城口から徒歩10分、北九州モノレール旦過駅から徒歩1分

御祭神、菅原道真の使いとされる神牛。牛の像をなでるとあらゆる御利益をいただける

「足立の妙見さん」に元気な足腰を祈願

御祖神社（足立山妙見宮）
みおやじんじゃ（あだちさんみょうけんぐう）

　天の星や人の星（運命）をつかさどる妙見神社の総本宮。神仏習合の神社で「御祖神社」と「妙見宮」の両方の呼び名をもつ。祭神が健脚健康の神様ということもあり、スポーツ選手、足のけがや腰痛に悩む人などが多くお参りしている。

神苑のシダレザクラが美しいことで広く知られ、春には多くの人が訪れる

御祖神社（足立山妙見宮）
MAP 別冊 P.9-C3
🏠 北九州市小倉北区妙見町17-1
☎ 093-921-2292
開休 参拝自由
🅿 あり
🚉 JR 小倉駅小倉城口から徒歩6分、魚町バス停から西鉄バス霧丘三丁目行きで黒原一丁目下車、徒歩10分

正面階段を上ると狛犬ではなくて、珍しい「阿・吽」の狛猪がお出迎え

日本で初めてのアーケード商店街

魚町銀天街
うおまちぎんてんがい

　昭和26（1951）年創立、アーケード商店街発祥の地として知られる歴史ある商店街。物販、飲食など幅広いジャンルの新旧の店がひしめき合い、人通りが絶えないにぎやかな商店街だ。この商店街と交差してさまざまな商店街があるので散策を楽しもう。

小倉駅から旦過市場の入口までつながっている

魚町銀天街
MAP 別冊 P.21-C2
🏠 北九州市小倉北区魚町付近
☎ 093-521-6801（魚町商店街振興組合）
営 店舗により異なる
🅿 なし
🚉 JR 小倉駅小倉城口から徒歩すぐ

約140のショップや飲食店が集まる小倉の商業の中心

🔊 **Voice** 御祖神社（足立山妙見宮）の境内には絵馬と一緒に願掛けの健脚わらじが下がっています。足立という地名は足の傷が治り、立つことができたという言い伝えからついたそうですよ。

おもな見どころ

到津八幡神社

MAP 別冊 P.8-B2
住 北九州市小倉北区上到津 1-8-1　TEL 093-561-2051
開休 参拝自由　P あり
交 JR小倉駅小倉城口から徒歩5分、小倉駅入口バス停から西鉄バス戸畑行きで下到津下車、徒歩3分

「子守犬」に子守石を奉納して子供の成長を祈願する

鎮西座禅道場

MAP 別冊 P.8-A2
住 北九州市小倉北区都 1-4-1
TEL 093-571-7747
開 木 19:00〜、日 8:00〜
休 要問い合わせ　料 坐禅1回500円　P あり　交 JR小倉駅小倉城口から徒歩5分、小倉駅入口バス停から西鉄バス西鉄黒崎バスセンター行きで到津三叉路下車、徒歩10分

大正13（1924）年に発足した道場

福岡県営中央公園

MAP 別冊 P.8-A2
住 北九州市小倉北区井堀 5-1-4
TEL 093-881-1449
P あり
交 JR小倉駅小倉城口から徒歩5分、小倉駅入口バス停から西鉄バス西鉄黒崎バスセンター行きで到津の森公園前下車、徒歩13分

園内は市民ボランティアが花壇などを整備

女神パワーで開運＆安産祈願

到津八幡神社
いとうずはちまんじんじゃ

神功皇后が妊娠中に出陣し、その後、応神天皇を出産して帰還する際に御座船をつけたとされる聖地に立つ古社。神社前の産川は、赤ちゃんの健康を祈願する産湯として使われたと伝わる。また、戦勝の神、宇佐八幡大神を歓請し、開運・勝運祈願の参拝も多い。

境内には神社オリジナルの石みくじがあり、石を回して運気上昇を祈願する

健康や集中力アップのために座禅に挑戦！

鎮西座禅道場
ちんぜいざぜんどうじょう

2000年以上にわたり磨き上げ、伝え続けられた「禅」。座禅は心のなかの雑念を洗い落とし、心を磨くために行われる修行のひとつだ。創立100年になる鎮西座禅道場では身近に座禅を体験してもらおうと座禅会を開催。茶禅や写経などの会も開催している。

座禅は禅堂で45分間行われる。座禅のあとに法話がある場合も。初心者もOK

楽しみ方はいろいろ。自然あふれる総合公園

福岡県営中央公園
ふくおかけんえいちゅうおうこうえん

北九州市のほぼ中央に位置し、小倉北区、戸畑区、八幡東区に接した公園。92.02ヘクタールの広々とした敷地内には多目的広場や遊具のある公園、金毘羅池、花の丘、ウオーキングコース、健康ロードなどがあり、幅広い世代が憩える公園として整備されている。

昭和42（1967）年に明治100年記念事業として整備された

---

info 到津八幡神社の境内にある若宮神社入口には金色の銭蛙が祀られている。口からお賽銭を入れると金運を招いてくれるといわれている。

駅そばで噴水を見ながらひと休み

あさの汐風公園

JR小倉駅から徒歩5分の場所にある公園。園内には風力発電、太陽光発電の設備が設置され、低炭素社会に向けた取り組みを生かしているのも北九州市らしい。桜の名所としても知られていて、春になると花見客でにぎわう。

公園内の電力を風力発電と太陽光発電でまかなっている

海風が吹き抜ける開放的な公園

北九州スケートボードパーク（延命寺臨海公園）

平成31（2019）年に、北九州市初のスケートボードパークを併設する公園としてリニューアル。スケートボードパークにはおわん型の施設や斜面、階段など競技用の構造物を設置している。各種スポーツコート、遊具ゾーンなどもある。

サポーターに登録すれば平日や22:00までの利用が可能

自然環境を守り続ける市民の憩いの場

北九州市立山田緑地

約140ヘクタールの広大な公園は「30世紀の森づくり」をテーマに森を守り、育て、学びながら自然の大切さを伝える。平成7（1995）年の開園前に実施された調査では植物528種、昆虫1366種、野鳥108種、哺乳類17種、両生類・爬虫類21種、魚類7種を確認。

たくさんの生き物と出合うことができる。1日探検して自然と触れ合おう

あさの汐風公園

MAP 別冊P.21-D1
🏠 北九州市小倉北区浅野3-3
☎ 093-582-3471（小倉北区まちづくり整備課）
🅿 なし
🚉 JR小倉駅新幹線口から徒歩5分

3〜11月の8:00〜20:00は30分おきに音楽に合わせた噴水ショーが楽しめる

北九州スケートボードパーク（延命寺臨海公園）

MAP 別冊P.9-D1
🏠 北九州市小倉北区赤坂海岸1
☎ 080-3227-8009（北九州スケートボード協会）🈺 スケートボードパークは土・日・祝の10:00〜18:00（その他の曜日や時間を利用する場合は要会員登録）
🈚 無休 🅿 あり 🚉 JR小倉駅小倉城口から徒歩6分の小倉駅入口バス停から西鉄バス門司方面行きで赤坂下車、徒歩7分

海に面していて開放的

北九州市立山田緑地

MAP 別冊P.8-B3
🏠 北九州市小倉北区山田町
☎ 093-582-4870
🈺 9:00〜17:00 🈡 火 無料
🅿 あり（有料）🚉 小倉駅バスセンターから西鉄バス45・49番系統で蒲生入口下車、徒歩15分
※土日祝のみ山田緑地直通もあり

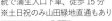

日本最大級の規模を誇るログハウス「森の家」は会議室（有料）などを擁する

info 延命寺臨海公園は、スケートボードだけでなく、バスケットコートやサッカーのできるグラウンド、野球場のほか、小さい子供が遊べる遊具も揃った施設充実の公園だ。

おもな見どころ

勝山公園

MAP 別冊 P.20-A3

- 住 北九州市小倉北区城内 3
- P あり
- 交 JR 西小倉駅南口から徒歩 10 分

20.2 ヘクタールの広大な敷地に多目的な施設が集まる

多くの市民に親しまれる都心のオアシス

勝山公園
かつやまこうえん

小倉城や小倉城庭園などの観光施設、中央図書館、文学館といった学びの場、大芝生広場や紫川親水広場などの遊びの施設が集まる小倉のシンボル的公園。町の中心にあり、防災の役割も担う公園として市民に欠かせない存在となっている。

大タコのすべり台がある「子どもの遊び場」

足立公園

MAP 別冊 P.9-C2

- 住 北九州市小倉北区小文字 1・黒原 1・妙見町ほか
- P あり
- 交 JR 小倉駅バスセンターから西鉄バス霧丘三丁目行きで森林公園入口下車、徒歩 9 分

春はサクラやツツジ、秋は紅葉が美しいことで有名

花見や森林浴ができる自然豊かな公園

足立公園
あだちこうえん

足立山麓に広がる町からほど近い自然豊かな公園。「森林浴の森日本百選」にも選ばれており、遊歩道や広場が充実。地元ではサクラの名所としても知られ、春は多くの花見客でにぎわう。展望広場からは小倉市街地の夜景も見渡せる。

小倉市街が一望できる。多くの人が山歩きに訪れる場所でもある

北九州交通公園

MAP 別冊 P.8-A2

- 住 北九州市小倉北区井堀 5-1-1
- TEL 093-652-0169（9:00～17:00）
- 開 自転車貸し出し 9:00～16:30（最終受付 16:00）
- 休 月（祝日の場合は翌日）
- P あり
- 交 JR 小倉駅から車で 10 分

中学生以下の子供を対象に自転車の貸し出しを行う（1 回 30 分無料）

家族で交通ルールを学ぼう

北九州交通公園
きたきゅうしゅうこうつうこうえん

正しい交通ルールや交通安全に関する知識を楽しみながら学べる公園。園内には、一般道のような信号や横断歩道、踏切、標識が設置され、自転車を安全に運転するための練習ができる。補助なし自転車の練習会や交通ルールの安全教室なども開催。

北九州市立交通安全センターを擁する公園。指導員が正しい交通ルールを指導してくれる

info 勝山公園の地下には車 500 台を収容できる有料駐車場がある。入口もいくつかあるので、ここに車を停めて市内を観光するのが便利。

駅から車で10分の公園で釣りを楽しむ

日明・海峡釣り公園
ひあがり・かいきょうつりこうえん

　小倉北区西港にある海釣り公園。夏はアジゴやキス、冬はメバルやクロなど、四季折々のさまざまな魚が狙える。駐車場や入場料は無料で、売店やトイレなどの設備も完備。

ファミリーで安心して釣りを楽しむことができる。釣り初心者にもおすすめ

日明・海峡釣り公園
MAP 別冊 P.9-C1
住 北九州市小倉北区西港町
TEL 093-761-3425（北九州市港湾空港局港営課小倉・洞海業務係）
開 6:00 〜 21:00、11 〜 3 月 7:00 〜 17:00、遊歩道は年中開放
休 無休
料 無料
P あり
交 JR 小倉駅新幹線口から車で 10 分

さまざまなイベントを開催

北九州メディアドーム
きたきゅうしゅうめでぃあどーむ

　九州最大級の全天候型多目的施設。大型イベントからスポーツ練習などまで利用できる。全国に知られる「二十歳の記念式典」（→P.268）や「小倉けいりん」（→P.100）もここで開催。

写真提供：北九州市「ARCHITECTURE OF KITAKYUSHU 〜時代で建築をめぐる〜」

北九州メディアドーム
MAP 別冊 P.9-C2
住 北九州市小倉北区三萩野 3-1-1
TEL 093-931-7337（9:00 〜 17:00、小倉競輪運営事務局 貸館・イベント担当）
開 休 イベントにより異なる
P あり
交 北九州モノレール香春口三萩野駅から徒歩 7 分

海や町から近い多目的スタジアム

ミクニワールドスタジアム北九州
みくにわーるどすたじあむきたきゅうしゅう

　地元サッカーチーム「ギラヴァンツ北九州」のホームスタジアム。サッカーだけでなくラグビーなど、各種スポーツやイベントにも対応している。小倉駅から徒歩 7 分と便利。

スタジアム見学ツアー（有料）なども行っている

ミクニワールドスタジアム北九州
MAP 別冊 P.9-C1
住 北九州市小倉北区浅野 3-9-33
TEL 093-521-2020
開 9:00〜21:00
休 無休
P なし
交 JR小倉駅新幹線口から徒歩 7 分

J リーグやジャパンラグビーリーグワンでも利用可能な天然芝のグラウンド

創業約 90 年の老舗百貨店

小倉井筒屋
こくらいづつや

　昭和 10（1935）年設立以来、地域に根差し、地元で愛されてきた老舗デパート。子供から高齢者まで幅広い世代をターゲットに、上質な暮らしを提案する品揃えが支持されている。

紫川沿いに立つ。小倉みやげも充実している

小倉井筒屋
MAP 別冊 P.20-B2
住 北九州市小倉北区船場町 1-1
TEL 093-522-3111
営 10:00〜19:00
休 無休
CC ADJMV
P あり
交 JR小倉駅小倉城口から徒歩 8 分

いづつや饅頭 1 個 40 円。70 年間変わらぬレシピで作られている

Voice 小倉北区到津には昭和 9（1934）年に元祖二刀流のベーブ・ルースがホームランを打ったという「小倉到津球場」がありました。その跡地には記念碑が立てられています。

リバーウォーク北九州

MAP 別冊 P.20-A2

- 🏠 北九州市小倉北区室町 1-1-1
- ☎ 093-573-1500
- 🕐 10:00 ～ 20:00（アミューズメント施設は～24:00、フードコート11:00 ～ 20:00、一部レストラン～21:00） 🈳 無休
- 💳 ADJMV 🅿 あり（有料）
- 🚃 JR 西小倉駅南口から徒歩 3 分

冬季には北九州最大級 15m のクリスマスツリーが登場

チャチャタウン小倉

MAP 別冊 P.9-C2

- 🏠 北九州市小倉北区砂津 3-1-1
- ☎ 093-513-6363
- 🕐 10:00～20:00（一部除く、にしてつストア9:30～22:00）
- 🈳 不定休
- 💳 店舗により異なる
- 🅿 あり
- 🚃 JR 小倉駅小倉城口から徒歩 9 分

施設中央にあるステージで行われるイベントをチェックしよう

あるある City

MAP 別冊 P.21-D1

- 🏠 北九州市小倉北区浅野 2-14-5
- 🕐 11:00 ～ 20:00
- 🈳 無休 💳 店舗により異なる
- 🅿 あり（有料）
- 🚃 JR 小倉駅新幹線口から徒歩 2 分

エントランス付近には来館したゲストのサイン色紙などが飾られる

小倉城のすぐそばでショッピング

リバーウォーク北九州
りばーうぉーくきたきゅうしゅう

　JR 小倉駅からも徒歩圏内、観光スポットや公園に囲まれた好立地の複合施設。ミュージアムや劇場、シネコン、フードコートなどが入り、あらゆる世代やニーズに対応している。冬のイルミネーションは必見。観光の合間にひと休みするのにもおすすめ。詳しくは→ P.313

5 つのゾーンを色で表現した外観が目印

地元で親しまれるショッピングモール

チャチャタウン小倉
ちゃちゃたうんこくら

　「～ちゃ」という北九州弁の語尾にちなんだネーミング。観覧車を目印に、スーパーやパン屋、雑貨や洋品店、アミューズメント施設、映画館などがある町の人たちの憩いの場。ステージもありイベントも頻繁に開催されている。詳しくは→ P.314

夜になると観覧車のネオンが浮かび上がる。これを目印にしよう

九州随一のポップカルチャーの聖地

あるあるCity
あるあるしてぃ

　全館すべてがアニメ、漫画、ゲームなどポップカルチャー一色のビル。5 ～ 6 階は日本が世界に誇る漫画文化を紹介する「北九州市漫画ミュージアム」で、漫画を見て学んで1 日中過ごせる。ポプカルの流行を知るならここへ。詳しくは→ P.76

JR 小倉駅新幹線口から出てすぐ。行く途中メーテルやキャプテンハーロックの像を通り過ぎる

🔊 Voice　リバーウォーク北九州の噴水ショーは不定期で開催されています。15m の高さまで噴きあがる迫力満点のショーのほか、音楽ライブやイベントなどいつ来ても楽しい企画が盛りだくさんです。

COLUMN

路地裏の魅力が詰まった
店ごとの個性が光るリノベーション物件

こみち かわらぐち
comichi かわらぐち

住 北九州市小倉北区香春口1-5-21 TEL 050-3435-0190 営 店舗により異なる P なし 北九州モノレール香春口三萩野駅から徒歩2分

MAP 別冊 P.9-C2

北九州市内で気軽に行くなら平尾台がおすすめ。年中ロケーションがよく、見どころもいっぱいです

1. 見ているだけで、旅のアイデアが膨らんでくるディスプレイ
2. 今治タオル MOKU S 440円〜L 1980円 片面パイルで、吸水力と速乾性に優れたタオル。カラーバリエーションも豊富

山を、町を、旅するように。
どんな場所でも活躍する道具が見つかる店

たびどうぐとひと ほうほう
旅道具と人 HouHou

山を愛する店主夫妻が「北九州市に山道具の店を」とクラウドファンディングで資金を募りオープン。店内には機能性・デザインに優れたギアからタウンユースにも向くウエア、専門的な登山道具まで幅広いアイテムが並ぶ。

TEL 093-967-6262 営 不定（公式サイトで確認を）休 不定休 CC ADJMV

心和む、飾らないひとときを
常連でにぎわう居酒屋

おふくろのあじ なごみ
おふくろの味 和

地元の常連客や単身赴任のサラリーマンの憩いの場となっている居酒屋。炒め物や煮物、冷奴など、毎日食べても飽きない定番メニューを提供している。晩酌に訪れる人も多く、平均単価は1000〜2000円とリーズナブルなのもうれしい。

TEL 090-8761-4562 営 16:00 〜 22:00 休 日 CC 不可

1. 店主はもともとこの店の常連 2. 店内にはカウンターと小上がりがある 3. 自家製の梅酒、果実酒は1杯500円

1. 看板メニューのおにぎりは1個180 〜 270円。テイクアウトも可能だ
2. ポテサラとおにぎりのセット800円は、おにぎり2個とおかず、フルーツが入る 3. きんぴらごぼう200円は、野菜の繊維を生かすため、すべて手切りしている 4. リネン100%の布巾1200円も店主の手作り

センスあふれるおにぎり店

ひなわり と
hinawari to

おにぎりにポテトサラダ、きんぴらごぼう……家庭料理もここで食べるとひと味違う。きんぴらは驚くほど細く、ふわふわの食感。おにぎりも「塩さばとねぎ」や「ツナ明太」などセンスが光り、ほかにはないおいしさに出合える。

TEL 093-981-8052 営 12:00〜19:00 ※ 変更の場合あり 休 不定休 CC 不可

 Voice 「comichi かわらぐち」はいろんなお店があって、それぞれにユニーク。足しげく通いたくなる場所です。ほんのりレトロな外観も雰囲気があっていい感じ。一期一会の出会いがきっとありますよ！

おもな見どころ

アミュプラザ小倉

MAP 別冊 P.21-C1

🏠 北九州市小倉北区浅野 1-1-1
☎ 093-512-1103 🕙 10:00 ～
20:00（東館 1 階・小倉宿 駅から
三十歩横丁 11:00 ～ 23:00 ※一部
～ 24:00、西館 6F・レストラン
11:00 ～ 22:00 ※一部 ～ 21:00、
B1F・スーパーマーケット 9:00 ～
22:00） 🈵 不定休 💳 ADJMV
🅿 あり（有料） 🚃 JR 小倉駅直結

ふらりと立ち寄って小倉名物グル
メを楽しもう

SAINTcity

MAP 別冊 P.21-C2

🏠 北九州市小倉北区京町 3-1-1
☎ 施設により異なる
🕙 10:00 ～ 20:00（※一部店舗を
除く）
🈵 不定休 💳 店舗により異なる
🅿 あり（有料）
🚃 JR 小倉駅小倉城口から徒歩すぐ

JR 小倉駅からは 2 階入口がペデス
トリアンデッキでつながっている

到着・出発の際には必ず立ち寄りたい

あみゅぷらざこくら
アミュプラザ小倉

　JR 小倉駅に直結するショッピング施設。ファッション
はもちろん、スーパーマーケット、おみやげショップ、ド
ラッグストア、レストラン街を擁する。なかでもラーメン
や焼き鳥、海鮮居酒
屋などが集まる「小
倉宿 駅から三十歩横
丁」は要チェック！
詳しくは→ P.314

出発時や到着時に寄りたい
便利な駅ビル

あらゆるニーズに応える"今どき"な複合ビル

せんとしてぃ
SAINTcity

　JR 小倉駅直結、ファストファッションや大型書店、生
活雑貨に 100 均など注目のショップはもちろんのこと、
スクールやシェアオフィス、クリニックなど、さまざまな
機能が集まる複合ビ
ル。地場企業のオ
フィスも入り、常に
人の流れが絶えな
い。

旅の途中で必要なものがあ
ればココに行けば手に入る
はず

見ちゃり！ 聞いちゃり！　北九州市ドライブのポイント！

　日々市内を縦横無尽に走りまわる第一交通
タクシーのドライバーさんにドライブのポイ
ントを聞いてみた！「平野部が少ないので、
狭い道や一方通行が多く運転には十分注意
が必要です。渋滞時間が読めないので時間に
余裕をもって移動してください。また城下町
ということもあり、曲がった道が多いことも
特徴。大手町、魚町、古船場町などの地名も

城下町の名残なので、通ったら当時に思いを
はせてみるのも楽しいですよ」とのこと。使
い勝手のいい都市高速から見える工場夜景も
おすすめだそう。

聞かれても困らない
ように観光スポット
をまとめた分厚い
ファイル

🔊 **Voice**　福岡市から時々仕事で小倉に行くことがあるのですが、小倉駅周辺は商業施設やショップがコンパク
トにまとまっていてショッピングするのに便利。小倉で買い物する機会が増えました。

魚町銀天街をにぎやかにする複合ビル

うおまちひかりてらす

ウオマチヒカリテラス

　魚町銀天街に「ヒカリをテラス」という意味で名づけられた施設。1～3F にカフェやバルなどカジュアルで開放的な飲食店が並び、いつもたくさんの人でにぎわっている。3F の ネ オ 酒 場「WADACHI（わだち）」で販売しているチーズケーキは要チェック。

気軽に立ち寄れるカジュアルな雰囲気が魅力

ウオマチヒカリテラス

MAP 別冊 P.21-C3

🏠 北九州市小倉北区魚町 3-1-6

☎ 093-511-8822（第一交通産業株式会社ビル事業部）

🕐 店舗により異なる

休 なし

🚃 JR 小倉駅小倉城口から徒歩 7 分

小倉みやげの新定番「WADACHI」のチーズケーキ、プレーン・イートイン 480 円、テイクアウト 540 円

🌐 wadachi-fukuoka.com

多彩な風呂＆サウナでリフレッシュ！

てんねんおんせんころなのゆ こくらてん

天然温泉コロナの湯 小倉店

　岩に囲まれ開放感抜群の大露天風呂のある温泉施設。炭酸風呂やつぼ湯、寝ころび湯のほか、北九州では珍しいオートロウリュが楽しめるロッキーサウナも完備。リラックスルームや食事処も充実しているので旅の疲れを癒やしに行こう。

自慢の大露天風呂。風に吹かれながらのんびりと温泉に浸かろう

天然温泉コロナの湯 小倉店

MAP 別冊 P.8-B1

🏠 北九州市小倉北区西港町 27-5

☎ 093-581-5686

🕐 9:00 ～翌 1:00

休 不定休

💴 1000 円、土・日・祝 1100 円

🅿 あり

🚃 JR 小倉駅小倉城口から車で 8 分

長時間くつろげる「滞在型」遠赤低温の天然溶岩サウナ「健美効炉」

深掘りコラム ## 24 時間のれんを掲げる酒好きの楽園

　かつて小倉には、工場や炭鉱などで 3 交代勤務する人が、仕事明けにいつでも立ち寄れる酒場が多数あったといわれる。20 年以上にわたり 24 時間営業を続ける「白頭山 駅前店」でも、昼夜問わず多くの客が疲れを癒やしてきた。おでん 110 円～、発泡酒のセルフサーバー 100 円と今も値段は良心的で、"せんべろの聖地"として観光客にも親しまれている。

駅前店、京町店など 6 店舗を展開。牛すじ 220 円など酒の肴が充実

白頭山 駅前店

MAP 別冊 P.21-C1

🏠 北九州市小倉北区京町 2-5-8　☎ 093-551-0858

🕐 24 時間　休 無休　カード 不可　🅿 なし　🚃 JR 小倉駅小倉城口から徒歩 2 分

パリッとふっくらの鰻を堪能

（いなかあん こくらほんてん）

田舎庵 小倉本店

遠方からわざわざここを目指して小倉に来る人も多いという人気店。たっぷりと火をまとわせる独自の技術で、皮目はパリッと中はふっくらと香ばしく焼き上げた鰻は、蒸さずに地焼きのみなので鰻の味が凝縮されて濃いのが特徴だ。おすすめは、ご飯に鰻のたれをまぶし、鰻の蒲焼きと錦糸卵をのせて蒸したせいろ蒸し。

MAP 別冊 P.21-C2

🏠 北九州市小倉北区鍛冶町1-1-13 📞 093-551-0851 🕐 11:00～20:30（L.O.20:00）🈺 無休※正月・盆明け・春秋に不定休あり 💳 ADJMV 🅿 なし 🚃 JR小倉駅小倉城口から徒歩5分

1. せいろ蒸し（肝吸・お漬物付）2090円～。香ばしさを残しつつ、ふっくらとした鰻を味わえる。完全無添加の調味料だけを使用した甘めのたれがよく合う 2. 熟練の職人が焼き上げた蒲焼の香ばしさを味わうならうな重もおすすめ 3. 1階はテーブル席、2階はテーブル席の個室や大広間がある

和食の枠を超えた創作懐石に舌鼓

（やすだ）

やす多"

料理は1万2000円と1万5000円の懐石コースのみ。洋の手法や食材を取り入れた和洋折衷のスタイルに心が躍る。あくまでも和食がベースで、コンプとカツオでとっただしや自家製ポン酢が味の要に。店主が「お皿しか残らない食い切り料理」と表現するとおり、一見濃厚なソースも最後まですっきり味わえる。

1. カウンター8席のほか個室も5室用意。子供連れでも利用できる 2. アワビの肝焼き。1万5000円のコースに前菜として付く 3. 焼き物の一例。写真は甘鯛の松笠焼き 4. メインディッシュの一例。黒毛和牛の表面だけを焼き、中はレアに 5. 小文字通りの裏手にあり、まるで隠れ家のようなたたずまい

MAP 別冊 P.9-C2

🏠 北九州市小倉北区砂津1-4-29 コーポランド砂津1階 📞 093-531-5200 🕐 12:00～14:00、17:30～22:00 ※昼は要予約 🈺 日・祝 💳 ADJMV 🅿 あり 🚃 北九州モノレール平和通駅から徒歩10分

info 鰻のせいろ蒸しとは、おもに福岡県の筑後地方の郷土料理で県内ではポピュラーな鰻料理。蒲焼のタレをまぶしたご飯に鰻の蒲焼きと錦糸卵をのせてせいろで蒸し、ふっくらと仕上げるのが特徴。

お茶とともに優雅なひとときを

辻利茶舗 京町本店
（つじりちゃほきょうまちほんてん）

京都宇治の「辻利茶舗」の支店として大正12（1923）年に初代が創業し、九州に宇治茶や茶文化を広めた老舗。九州をはじめ全国各地からえりすぐったお茶やお道具などを販売している。また、カフェでは辻利の抹茶をふんだんに使ったドリンクやパフェ、スイーツなどが楽しめる。歴史を感じさせる落ち着いた空間でくつろぎの時間を過ごそう。

ソフトクリーム各400円。抹茶をふんだんに練り込んだ抹茶と濃厚なバニラの2種

1. ぷるぷるもちもちのくずもちが入った KUZU 抹茶ラテ 570円。八女産の抹茶の香りがさわやか 2. 店舗では煎茶やほうじ茶など、さまざまなお茶が購入できる 3. 2F はテーブル席の静かな空間が広がる 4. 常盤橋に近い京町銀天街の中に位置する

MAP 別冊 P.21-C2
🏠 北九州市小倉北区魚町1-2-11 ☎ 093-521-1215 🕐 10:00 〜 18:00、金・土・日・祝〜 19:00、喫茶コーナー 11:00 〜 🗓 無休 💳 ADJMV 🅿 なし
🚃 JR 小倉駅小倉城口から徒歩5分

1. こだわりの日本茶と季節のお菓子をコース仕立てで楽しめる 2. モノトーン調のスタイリッシュな店内はディスプレイも洗練されている 3. 八女産の抹茶をふんだんに使ったもっちり食感の葛ねり茶「碾」は限定販売

季節を愛でるお菓子とお茶を

旬菓茶舎 日と時季
（しゅんかちゃやひととき）

旦過市場近くにある日本茶と和菓子の専門店。1階では店主がセレクトしたこだわりの日本茶や和紅茶、フレーバーティーと、旬のお菓子を販売、2Fは日本茶と和菓子を楽しむ茶舎（＝ティーサロン）。茶舎のおすすめは、選んだお茶を3煎淹れてくれる日本茶と和菓子コース。1〜3煎と変化するお茶の香りや味を、季節の創作菓子とともに味わおう。

MAP 別冊 P.21-C3
🏠 北九州市小倉北区馬借 1-5-3 TAKEDA.BLD.1〜2階 ☎ 093-531-0555 🕐 11:00〜19:00 🗓 火 💳 ADJMV
🅿 なし 🚃 北九州モノレール旦過駅から徒歩3分

70年の歴史を刻む大衆酒場で乾杯

酒房 武蔵
（しゅぼうむさし）

町田そのこさんおすすめ

地元住民だけでなく、旅や出張で訪れた県外客も足しげく通う居酒屋。近海で取れた鮮魚の刺身や、揚げ物、煮物、串焼きなど多彩な料理が低価格で揃う。なかでも鰯のじんだ煮480円は北九州名物、そして合馬産の筍のぬか漬450円はこの店ならではのメニューだ。生ビール中ジョッキ380円など、アルコール類も懐に優しい。

MAP 別冊 P.21-C2
🏠 北九州市小倉北区魚町1-2-20 ☎ 093-531-0634 🕐 16:30〜22:30（L.O.21:45）、土〜22:15（L.O.21:30）🗓 日・祝 💳 ADJMV 🅿 なし 🚃 JR 小倉駅小倉城口から徒歩5分

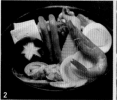

1. 県外客に人気のごまさば 600円（写真手前）など 2. 10月頃から登場する寄せ鍋 700円。鍋はすべて1人前で提供 3. 1階のカウンターはひとり客も多い。予約は2階の座敷のみ可 4. 昭和28（1953）年創業。入口ではビールサーバーの温度を表示

町とともに歴史を刻む 小倉の和菓子処「湖月堂」

小倉・魚町に店を構えて130年の歴史を持つ「湖月堂」。魚町銀天街にある本店には、店舗と喫茶があり、地元の人たちに愛され、いつもにぎわっている。

地元で愛されてきた小倉の老舗

創業以来の味を守り、長きにわたって地域に親しまれる和菓子店。縁起のよい勝栗を入れた代表銘菓「栗饅頭」とそのCMソング「覚えていますか〜栗の味♪」は、福岡県民なら誰もが知っているほど。「栗饅頭」を筆頭に、伝統的な地元の祭りの名を冠した「ぎおん太鼓」、栗をまるごと入れた贅沢な「一つ栗」など、数々のヒット商品が生まれており、北九州のおみやげといえば必ず名が上がる名店だ。堂々とした店構えの本店には定番商品はもちろん、季節のお菓子も揃う。

昭和初期の湖月堂本店の写真

湖月堂のお菓子 こだわりの素材を使った定番の和菓子

栗饅頭　140円

発売当時、干した栗を臼でついた「搗栗（かちぐり）」を使用しており、「勝ち」に通じることから縁起物として人気を博した。現在はむき栗を蜜漬けしたものを使用。しっとりと軟らかいあんの中に栗が練り込まれている。

ぎおん太鼓　183円

厳選した赤小豆を、良質なバターを使ったパイ生地で包んだ和洋折衷のお菓子。定番のこしあんや粒あんのほか、春はサクラあんなど季節のあんも登場。

一つ栗　291円

渋皮煮を丸ごと包んだ金色一つ栗と、大粒の甘露煮を大麦入りの香ばしい生地で包んだ銀色麦こがしの2種。それぞれのおいしさを楽しもう。

鶴の子　140円

初代が修業した福田屋から継承した落雁の中にあんを入れた上品なお菓子。小倉藩主・小笠原家の命で作られた茶の湯の菓子で、古くから茶人の間で愛されてきた（要予約）。

おめでとう　291円

白あんに大納言を散らし、そぼろ状に蒸して赤飯に見立てた縁起のよい生菓子。「おめでとう」という名前がお祝いごとにぴったり。

明治 28（1895）年	小野順一郎により創業
明治 33（1900）年	現在の地に本店を構える
明治 33（1900）年	軍医だった森鷗外の上司にあたる井上光中将が源氏物語の注釈書「湖月抄」より店名を「湖月堂」と命名
明治 38（1905）年	栗饅頭の誕生
昭和 52（1977）年	喫茶コーナー「喫茶去」を開設
平成 20（2008）年	洋菓子ブランド「AKARENGA」スタート

クラシックな雰囲気の落ち着いた店内

絞りたての「絲モンブラン」。中はプリンかアイスクリームが選べる。栗のおいしさはさすが！

「松花堂弁当」。和食はもちろん、ハンバーグやパスタなどの洋食もあり、ファミリーで楽しめる

湖月堂 喫茶去
こげつどうきっさこ

**本店奥に広がる
小倉マダムの社交場**

　もともと工場があった場所に造られた喫茶スペース。200 席ほどある広々とした店内では、和洋のスイーツや料理が楽しめる。人気は絞りたてのモンブランやお弁当など。とにかくメニューが豊富で、1 日中いつ訪れても OK な使い勝手のよさも魅力。おいしい料理やデザートと居心地のよさに、ついつい長居してしまいそう。

MAP 別冊 P.21-C2
住 北九州市小倉北区魚町 1-3-11　TEL 093-521-0753
営 9:00 ～ 19:00、喫茶は 11:00 ～ 20:00（L.O.19:15）
休 無休　CC ADJMV　P なし　交 JR 小倉駅小倉城口から徒歩 3 分

松本清張との思い出

　松本清張は印刷工場に勤めていた 20 代後半の頃「湖月堂」のショーウインドーの飾り付けを担当していた。清張が手がけたショーウインドーは商工会議所主催のコンクールで 1 等を受賞したこともあり、本店入口付近には、清張が「湖月堂の思い出」と題して署名入りで寄せた一文が飾られている。

洋菓子専門店
AKARENGA

湖月堂が手がける洋菓子ブランド

　本店から徒歩すぐの場所にある洋菓子専門店「AKARENGA」。こちらも和菓子同様に厳選した素材を使ってていねいに作られるお菓子が並ぶ。季節ごとのプチガトー（ケーキ）は約 15 種、そのほかマカロンやフィナンシェなどの焼き菓子やバースデーケーキの注文も受けている。焼き菓子はオンラインショップでも販売。

MAP 別冊 P.21-C2
住 北九州市小倉北区京町 2-6-14 赤煉瓦館　TEL 093-533-7116　営 10:00 ～ 19:00
休 無休　CC ADJMV　P なし　交 JR 小倉駅小倉城口から徒歩すぐ

パッケージもおしゃれでおみやげによさそう

小倉南区

<small>こくらみなみく</small>

人口	20万5006人
（2023年10月1日）	
面積	171.51km²

日本3大カルストのひとつ平尾台。雄大な自然を体感してみよう

🚉 エリア利用駅

競馬場前駅
徳力嵐山口駅
企救丘駅
北九州モノレール
城野駅
安部山公園駅
下曽根駅
朽網駅
JR日豊本線
志井公園駅
石原町駅
JR日田彦山線

🏛 観光案内所

● 北九州空港総合観光案内所
MAP 別冊 P.11-D1
住 北九州市小倉南区空港北町6
北九州空港1階 電 なし 営 9:00
～18:00 休 無休

小倉南区への行き方

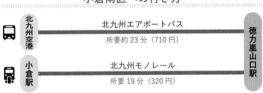

🚌 北九州空港	北九州エアポートバス 所要約23分（710円）	徳力嵐山口駅
🚈 小倉駅	北九州モノレール 所要19分（320円）	

　北九州市の南東部に位置し、市全体の面積の約35％と、7つの行政区の中で最も面積が広い小倉南区。北九州モノレールで市街地までのアクセスがよく、ベッドタウンとして発展してきたため、住宅地やマンションも多く、人口も市の2割以上を占める。また、国定公園である平尾台や多くの生き物が生息する曽根干潟、全国的に有名な合馬の竹林など、海に山にと美しい自然が広がっているのも小倉南区ならでは。無形民俗文化財に指定されている伝統行事も多く、神楽や盆踊り、神幸行事などが区内各地で受け継がれている。平成18（2006）年には国内・国際線が就航する「北九州空港」が開港し、国内で9番目、九州では唯一の24時間空港として今後さらなる活用が期待される。

🛈 info とにかく広い小倉南区。鍾乳洞やソラランド平尾台がある平尾台を満喫したい場合はレンタカーで行くのがおすすめ。

小倉南区の歩き方

動物と触れ合って1日中遊び倒そう！

北九州市でいちばん広い小倉南区の移動には北九州モノレールを使おう。小倉駅から競馬場前駅まで10分間の空中散歩で北九州市の町並みを楽しんで。競馬場前駅と直通のJRA

花農丘公園をはじめ、子供も大人も楽しめる公園や自然がいっぱい

小倉競馬場は、競馬開催日と場外発売日には多彩な遊具があるスペースで遊べ、ポニーにも乗馬できる。公式サイトで開催日を確認してみて。北方バス停からバスで移動して花農丘公園（総合農事センター）へ向かえば、約1000本のバラが植えられたバラ園や季節ごとの花が見事だ。カピバラやポニーなどの動物と触れ合うことができ、テイクアウト専門のカフェや地域農産物直売所もあるので食事も買い物も楽しめる。花農丘公園（総合農事センター）をあとにして、バスで葛原八幡神社へ。足立山と和気清麻呂伝承ゆかりの地で神聖な空気に触れよう。

おさんぽプラン

1. JR 小倉駅
   🚶 モノレール 10 分
2. JRA小倉競馬場
   🚶 徒歩 22 分、バス 7 分
3. 花農丘公園
   （総合農事センター）
   🚶 徒歩 18 分、バス 10 分
4. 葛原八幡神社
   🚶 徒歩 18 分、電車 11 分
5. JR 小倉駅

TOKUMEI 特命大使のわが町自慢

Q 小倉南区の好きなスポットや思い出の場所はどこですか？

A アドベンチャープール（→ P.185）です。小さい頃に流れるプールによく通っていました。料金も安かったので当時ありがたかったです。

Q 他県の人に自慢したいこと、おすすめしたいところを教えてください。

A 平尾台（→ P.86）は日本3大カルストのひとつで、とにかく広い！　大自然の絶景を見てほしいです！　日本じゃない所に来たような感覚に陥りますよ。本当に静かな場所なのでカルストを見ながらぼ～っとするのがおすすめです。

Q 北九州のおすすめグルメやおみやげを教えてください。

A 九州で鰻を食べるなら、ぜひせいろ蒸しを食べてもらいたいですね。小倉南区の「鰻匠 竹林亭」は好きなお店です。おみやげとしてよく買うのはシロヤ（→ P.292）のパン。特に練乳がたっぷり入ったサニーパンが気に入っています。

Profile
原口あきまさ
（はらぐちあきまさ）

昭和 50（1975）年生まれ、小倉南区出身。ケイダッシュステージ所属。平成 12（2000）年、明石家さんまのものまねでブレイク。『開運！なんでも鑑定団』（テレビ東京）ほか、バラエティ番組に多数出演。YouTube チャンネル「原口あきまちゃんねる」も随時更新中！

🔊 **Voice** JRA小倉競馬場や花農丘公園（総合農事センター）は、1日中遊べて、動物にも触れ合えるので休みの日にはよく利用しています。子供のエネルギーを発散させるのに最適！

平尾台自然観察センター

MAP 別冊 P.10-B3

🏠 北九州市小倉南区平尾台 1-4-40

📞 093-453-3737

🕐 9:00 ～ 17:00（最終入館 16:30）

休 月（祝日の場合は翌日）

料 無料

P あり

交 JR 石原町駅から平尾台地区おでかけ交通乗合タクシー平尾台観察センター行きで平尾台自然観察センター下車すぐ

※ 2023 年 11 月現在リニューアル工事中

この地で育つ草花や動物の解説も展示されている

カルスト台地の不思議を学ぶ

平尾台自然観察センター

ひらおだいしぜんかんさつせんたー

日本 3 大カルストのひとつであり国定公園に指定されている平尾台。平尾台自然観察センターは、平尾台の豊かな自然を守り、育て、次世代に引き継いでいくために開設された施設で、平尾台のなり立ちやここに暮らす動植物、鍾乳洞などを紹介している。フィールドに出る前に立ち寄って、平尾台について学び、散策のルートを組み立てるのもよさそう。詳しくは→ P.86

上／まずはここから平尾台観光を始めよう。3 階には展望デッキがあり、平尾台を 360 度見渡せる
下／白い羊のような石灰石が点在する平尾台

ソラランド平尾台（平尾台自然の郷）

MAP 別冊 P.10-B3

🏠 北九州市小倉南区平尾台 1-1-1

📞 093-452-2715

営 9:00 ～ 17:00、12 ～ 2 月は 10:00 ～ 16:00

休 火

P あり

交 JR 石原町駅から平尾台地区おでかけ交通乗合タクシー平尾台観察センター行きで平尾台自然の郷下車すぐ

敷地内には、ドッグランや RV パークもある

カルスト台地をフィールドにした巨大パーク

ソラランド平尾台（平尾台自然の郷）

そららんどひらおだい（ひらおだいしぜんのさと）

26 万 6000 平方メートルという広大な敷地に、芝生広場や果樹園、遊具、アスレチック、体験工房、キャンプ場、レストランなどさまざまな施設を擁する自然体験型公園。園内は広いので、機関車型バス「きたぽっぽ」（4 ～ 11 月の土・日・祝に運行）や送迎をしてくれる「ランドカー」（有料）を利用しよう。詳しくは→ P.87

広々とした敷地に遊びのスポットがいっぱい！

 「ソラランド平尾台」は「平尾台自然の郷」の愛称。大人気のキャンプ場や体験教室の予約は 60 日前の 10:00 からネットで受け付けている。

地下の小川をジャブジャブ進む

千仏鍾乳洞
せんぶつしょうにゅうどう

昭和 10（1935）年に国の天然記念物に指定された鍾乳洞。入口から 900m のところまで照明があり、480m から先は 1 枚の石灰岩の上を流れる小川のなかを進むのが楽しい。ぬれてもよい靴を鍾乳洞の入口で貸してくれる。散策後は入口の茶屋でひと休みしよう。

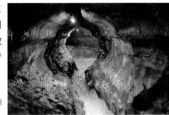

夏は涼しく、冬は温かい鍾乳洞

【千仏鍾乳洞】

MAP 別冊 P10-B3

住 北九州市小倉南区平尾台 3-2-1
電 093-451-0368
営 9:00 ～ 17:00、土・日・祝 ～ 18:00、冬季は日没まで
休 無休 料 900 円 P あり
交 JR 石原町駅から平尾台地区おでかけ交通乗合タクシー平尾台観察センター行きで平尾台自然観察センター下車、徒歩 25 分

入口まで長い坂道を下っていくので帰りは覚悟を

一枚天井が圧巻！ 平尾台で最長の鍾乳洞

目白鍾乳洞
めじろしょうにゅうどう

昭和 43（1968）年に発見された鍾乳洞。南洞、北洞、白蛇支洞からなる多層構造で、平尾台で公開されている鍾乳洞のうち最長を誇る。約 20m ある日本最大級の一枚岩の鍾乳石がいちばんの見どころだ。キャンプ場を併設していて、大自然を満喫できる。

2kmのケイビング体験（要予約）もできる

【目白鍾乳洞】

MAP 別冊 P10-B3

住 北九州市小倉南区平尾台 3-1-1
電 093-451-6315
営 10:00 ～ 17:00 休 不定休
料 500 円 P あり 交 JR 石原町駅から平尾台地区おでかけ交通乗合タクシー平尾台観察センター行きで平尾台自然観察センター下車、徒歩 5 分

入口の大きなタイヤが目印。平日は訪れる前に連絡を

国内では珍しい垂直型の観光鍾乳洞

牡鹿鍾乳洞
おじかしょうにゅうどう

まずは入口から洞底まで 25 m を階段で下りた所から探索が始まる。最初にニホンカワウソやナウマン象の骨が発見された獣骨殿を見学し、さらに進むと湧泉や白糸の滝が見られる。垂直型で、アップダウンがあるので歩きやすい靴で行こう。

昭和 37（1962）年に発見された日本に 2 ヵ所しかないといわれる珍しい垂直鍾乳洞

【牡鹿鍾乳洞】

MAP 別冊 P10-B3

住 北九州市小倉南区平尾台 2-6-58
電 093-451-0165
営 10:00 ～ 17:00
休 不定休 料 500 円 P あり
交 JR 石原町駅から平尾台地区おでかけ交通乗合タクシー平尾台観察センター下車、徒歩 5 分

入口で受け付け後、約 30 分の探索を楽しもう

info 目白鍾乳洞の名前は、発見した学習院大学探検部の大学の所在地が目白であることに由来している。キャンプ場は要予約。電灯の光がまったく届かない大自然のなかで過ごす時間は感動的だ。

179

曽根臨海公園（曽根東臨海スポーツ公園）

MAP 別冊 P.11-C1

🏠 北九州市小倉南区大字曽根

🅿 あり（9:00～18:00）

🚌 JR 下曽根駅から車で9分

多目的グラウンドではさまざまなスポーツの練習や大会が行われる

花農丘公園（北九州市立総合農事センター）

MAP 別冊 P.10-B1

🏠 北九州市小倉南区横代東町 1-6-1

📞 093-961-6045

⏰ 9:00～17:00

休 無休

🅿 あり（有料）

🚌 JR 小倉駅から西鉄バス舞ヶ丘団地行き農事センター前下車、徒歩1分

展望台下の畑には四季折々の花が咲き、秋は一面のコスモス畑に

大きな遊具で1日中遊べる、子どもに人気の公園

曽根臨海公園（曽根東臨海スポーツ公園）
そねりんかいこうえん（そねひがしりんかいすぽーつこうえん）

2021年に一部供用を開始したスポーツと遊びを楽しめるスポット。広さは 10.2 ヘクタールで東京ドーム2個分以上。約3ヘクタールの多目的グラウンドは、ソフトボールやサッカー、グランドゴルフなどに利用できる。鳥をモチーフにした大きな複合遊具は1日中遊べると人気。屋根付き休憩所、芝生広場、健康広場もあるので、家族連れにもおすすめのスポットだ。

上／周防灘を臨む立地。風が強い日は上着の用意を
下／鳥をモチーフにした大型遊具には大小合わせて7つの滑り台がある

季節ごとの花や動物との触れ合いを楽しめる公園

花農丘公園（北九州市立総合農事センター）
はなのおかこうえん（きたきゅうしゅうしりつそうごうのうじせんたー）

農業を広く市民に知ってもらう場として昭和 48(1973) 年に整備された公園。バラ園や日本庭園、憩いの森のほか、ヤギやポニーなどの動物とも触れ合うことができ、北九州の農業・畜産業振興の役割も担っている。園内は四季折々の花が咲き、春は桜、夏はひまわり、秋はコスモス、冬は梅など1年を通して楽しめる。季節ごとにイベントが開催され、産直ショップ「ひまわり市場」も隣接。

上／3200 平方メートルのバラ園は見頃になるといい香りが漂う
左／約 7000 平方メートルの広大な芝生広場は、弁当を広げる家族連れでにぎわう

化粧も落ちる、落差が市内最大の滝

すがおのたき
菅生の滝

　夏の避暑地として親しまれるスポット。上段の滝の落差は市内最大の約30m。マイナスイオンをたっぷり浴びることができ、「化粧が落ちて素顔になってしまう」ということから「菅生の滝」と呼ばれるようになったという説もある。

道原の国有林内にあり、福智山を源流とする。滝は3段に分かれている

菅生の滝
MAP 別冊 P.10-A2
🏠 北九州市小倉南区道原
🅿 あり
🚋 JR 石原町駅から車で17分

夏は緑を、秋は紅葉を満喫することができる

桜のトンネルが有名な足立山南麓の公園

あべやまこうえん
安部山公園

　約400本の桜が植えられ、桜の名所として親しまれている公園。明治38（1905）年に、足立山の南麓を開墾し、果樹や桜を植えた農業指導者で衆議院議員を務めた安部熊之輔にちなんで「安部山」と名づけられた。

花見のシーズンには市内外から多くの人が訪れる。滑り台などの遊具もある

安部山公園
MAP 別冊 P.10-B1
🏠 北九州市小倉南区安部山 14
🅿 なし
🚋 JR 安部山公園駅下車、徒歩10分

緩やかな坂は、300m にわたり「桜のトンネル」になっている

地名に裏付けされた歴史を感じよう

あんとくてんのうりょう
安徳天皇陵

　全国に複数あるといわれる安徳天皇御陵のひとつ。壇之浦の合戦で敗北した平家一門が当時幼かった安徳天皇が入水したと見せかけて九州に逃がし、隠蓑地区で生き延びたと伝わる。安徳天皇を蓑の中に隠したという言い伝えにちなみ、毎年12月15日に「しびきせ祭」が行われている。

隠徳庵にある御堂。安徳天皇の墓石が祀られている

安徳天皇陵
MAP 別冊 P.10-B2
🏠 北九州市小倉南区隠蓑 18-9
🅿 なし
🚋 北九州モノレール企救丘駅から徒歩17分

奥にあるのは平成 14（2002）年に切られた、樹齢 800 余年の御神木

 祖母にとって最後の春、車で安部山のサクラのトンネルをくぐりました。美しいサクラに感激する祖母の笑顔を思い出すと今でも目頭が熱くなります。

合馬竹林公園
MAP 別冊 P.10-A2
住 北九州市小倉南区大字合馬
38-2
電 093-452-3452
開 10:00〜17:00、12〜2月は16:00
休 火（祝日の場合は翌日）
P あり
交 JR 小倉駅から西鉄バス中谷行
き中谷下車、徒歩約 25 分

館内には竹を使った生活用品・工
芸品などが展示されている

ます渕ダム
MAP 別冊 P.10-A3
住 北九州市小倉南区大字頂吉
P あり
交 JR 石原町駅から車で 12 分

赤いつり橋（※ 2023 年 11 月現在
封鎖中）を渡ると、七重の滝があり、
福智山登山口へと続く

有名なタケノコの産地で竹について学ぼう

合馬竹林公園
おうまちくりんこうえん

　日本有数の竹林面積を誇り、タケノコの産地として有名な合馬にある公園。約 3 ヘクタールの面積があり、国内外の竹・笹類の約 150 種類を見学できる見本園のほか、三角屋根が特徴の展示館がある。見本園だけで約 1.2 ヘクタールあり、美しく整備されているのでここを散策するだけでも心地よい。特に新緑が美しい 5月はおすすめだ。

上／とんがった
三角屋根が特徴
の展示館で、竹
について学ぼう
下／夏はホタル
が飛び交う、自
然豊かな場所に
ある

四季の美しい景色を満喫できる散策スポット

ます渕ダム
ますぶちだむ

　紫川上流にあるダム。総貯水量は 1360 立方メートルで、洪水調節、灌漑、水道用水として建設された。周辺には、公園やサイクリングロードが設けられ、四季折々の美しい景色を楽しめるハイキングコースとしても人気。秋には山肌が紅葉で美しく色づき、赤いつり橋の先にある七重の滝では幾重にも重なる滝と紅葉を眺めることができる。

ます渕ダムから河内貯水池までサイクリングロードが整備されている

ます渕ダム近くの「かりほ庵」は、古民家を改装した食事処。旬の食材を使った食事を味わえて木工
家具や陶器の工房もあり、時間を忘れてゆっくり大人の時間を過ごせますよ。

住宅地に出現する、歴史ある巨大な岩

たいとうせき
帝踏石

　JR 朽網駅近くの住宅地にある巨大な岩。日本書紀によると、西暦 82 年に日本武尊（やまとたけるのみこと）の父である景行天皇が土蜘蛛討伐の時、この岩の上で戦勝祈願したことから帝踏石といわれるようになった。石占いをしたという説もある。

住宅地にあり、庚申谷踏切を越えると見えてくる 4 ～ 5 個の巨大な岩

帝踏石

MAP 別冊 P.11-C2

🏠 北九州市小倉南区朽網西 2-30

🅿 なし

🚉 JR 朽網駅から徒歩 10 分

「帝踏石」と書かれた石碑が立っている

アニメの主人公が刀で切った岩として注目を浴びる

しょうはちまんじんじゃ
荘八幡神社

　元慶 7（883）年に鈴石（すずいわ）八幡宮として創建された神社。社殿右側に在る「鈴石」は直径約 6m の大きさで、人気アニメの主人公が修行の最後に切った岩にそっくりなことから作品の聖地として注目を浴びている。

今から約 9 万年前に阿蘇山の大爆発により飛ばされてきたという説がある

荘八幡神社

MAP 別冊 P.11-C2

🏠 北九州市小倉南区中貫本町 3-1

☎ 093-473-6060

🕐 休 参拝自由

🅿 あり

🚉 JR 下曽根駅から西鉄バス弥生が丘営業所行き弥生が丘営業所下車、徒歩 2 分

石段を上った正面右側に鈴石と呼ばれる岩がある

スポーツもレジャーも楽しめる公園

ぶんかきねんこうえん
文化記念公園

　市制 20 周年記念事業として造られた公園。テニスコートや屋外プール、ミニアスレチックなど、スポーツ施設が充実している。敷地内に約 1600m のウオーキングコースが設けられていて、歩きながら自然を満喫することができる。

日本庭園を囲むようにツツジなどが植えられていて、四季を通して楽しめる

文化記念公園

MAP 別冊 P.11-C2

🏠 北九州市小倉南区田原 5-1

☎ 093-473-9230

🅿 あり

🚉 JR 下曽根駅から西鉄バス弥生が丘行き横沼入口下車、徒歩 8 分

複合遊具やザイルクライミングなど子どもに人気の広場

 文化記念公園のなかにあるプールは、平成 2（1990）年に開催された「とびうめ国体」など、大規模な大会でも利用された。

おもな見どころ

葛原八幡神社

MAP 別冊 P.10-B1

🏠 北九州市小倉南区葛原 4-3-1
☎ 093-471-8931
🕐 9:00 ～ 17:00
休 無休
Ｐ あり
🚃 JR 安部山公園から西鉄バス寺迫口行きで葛原小学校前下車、徒歩 4 分

200m ほどの長い参道は「リハビリ参道」と呼ばれている

蒲生八幡神社

MAP 別冊 P.10-A1

🏠 北九州市小倉南区蒲生 5-6-10
☎ 093-962-6327
🕐 9:00 ～ 16:30
休 無休
Ｐ あり
🚃 北九州モノレール徳力公団前駅または守恒駅から車で 4 分

「厄」を落とす願掛けで文字が逆さまになった「厄落とし絵馬」

綿都美神社

MAP 別冊 P.11-C2

🏠 北九州市小倉南区曽根新田南 2-5-5
開 休 参拝自由
Ｐ あり
🚃 JR 朽網駅から車で 5 分

曽根の神幸行事は、北九州市の無形民俗文化財に指定された

和気清麻呂にちなんだリハビリの神様

葛原八幡神社
くずはらはちまんじんじゃ

　足立山の麓に位置する神社。足をケガした和気清麻呂がこの地の温泉に浸したところ足が癒え、無事に平城京に戻れたことからリハビリの神様として親しまれている。延暦18（799）年に清麻呂が亡くなったあと、神霊を祀ったと伝えられる。

天明 6（1786）年「幣殿拝殿新規建之」と記された市内最古の木造社殿

小倉で最古の魔除けの神様

蒲生八幡神社
かもうはちまんじんじゃ

　小倉最古の神社。広範囲に氏子を持ち、厄除けの神様としても知られている。本殿、幣殿、拝殿が独立した神社建築になっていて、幣殿は北九州市内最古のもの。平成23（2011）年に北九州市の有形文化財に登録された。

寛永 9（1632）年に入国した小笠原藩から厚い支持を受け、社殿造営などがなされた

大洪水から神殿を守るために造営された神社

綿都美神社
わたつみじんじゃ

　曽根新田にある神社。台風の大洪水の被害を受けた新田鎮守のために文政 2（1819）年に竣工、遷宮された。毎年 5 月に開催される「曽根の神幸行事」は、五穀豊穣・風鎮汐留を願う 200年以上続く祭り。1台の山車が提灯山・幟山・人形飾山へと変化する。

境内には、新田開墾の功労者である小倉藩の家老・犬甘兵庫の顕彰碑がある

> **info** 小倉南区にある曽根新田は、小倉藩家老の犬甘兵庫（いぬかいひょうご）が、大里村庄屋の石原宗祐に工事を命じたもので、広大な新田を 8 年がかりで完成させたと伝えられることに由来する地名。

タコの滑り台がある近隣住民の憩いの場

志井公園
しいこうえん

　JR志井公園駅から歩いてすぐの公園。北九州モノレールの基地のすぐそばにあり、道路を挟んでアドベンチャープールと多目的広場、芝生広場で構成される。視界が開けていて、緑が気持ちいい広い芝生広場には、巨大なタコの滑り台と健康遊具が設置されている。周辺は北九州のベッドタウンとして発展してきた地域で、休日には近隣住民が散歩やジョギングを楽しむ姿が見られる。

上／広大な芝生広場は、休日を楽しむ人の姿が見られる
下／大きなタコの滑り台は、北九州に11ヵ所あるうちのひとつ

さまざまなプールで遊べる夏休みの聖地

アドベンチャープール
あどべんちゃーぷーる

　北九州モノレールの終点からすぐの場所に昭和61（1986）年に開業した市営プール。7月上旬から8月末まで営業していて、夏休みの子供たちでにぎわう。大小の波が押し寄せる全長88mの波のプール、1周250mの流水プール、水の道を浮き輪に乗って下る全長70mの川下りプールなど、さまざまなプールを楽しめる。

上／波が来るたびに歓声が上がる「波のプール」
下／波のプールや流水プールなどさまざまなプールを満喫できる

志井公園

MAP 別冊 P.10-B2

住 北九州市小倉南区志井公園1
P あり
交 JR志井公園駅から徒歩2分

「まつりみなみ」では約2000人が踊る総踊りが有名

知っトク NEWS

志井川沿いのサクラは圧巻！
モノレールの徳力公団前駅から志井駅へと向かう志井川沿いは約2kmにわたってサクラ並木が続いている。サクラのトンネル、菜の花とのコントラスト、水面に映る逆さザクラなど、いろいろな楽しみ方をする人でにぎわう。川には小さな橋がいくつもかかっていて、撮影ポイントになっている。

アドベンチャープール

MAP 別冊 P.10-B2

住 北九州市小倉南区志井公園2-1
TEL 093-963-5900
営 9:00〜18:00（7月上旬〜8月末）
休 9月〜7月上旬
料 入場400円、波のプール300円、川下りプール100円
P あり（有料）
交 JR志井公園駅・北九州モノレール企救丘駅から徒歩3分

日よけがあるスペースもたくさんあるので、付き添いの人も安心

---

voice　アドベンチャープールは私が小学生の時にオープンして、流れるプールや波のプールに感激しました。今は子どもと一緒に楽しんでいます。

長野緑地

MAP 別冊 P.10-B2

🏠 北九州市小倉南区横代
🅿 あり（8:00〜20:00）
🚃 JR志井公園駅から車で6分

保育施設「もりのいえ」。お泊まり保育などを実施している

新導寺念佛堂

MAP 別冊 P.10-B2

🏠 北九州市小倉南区新道寺 1502
📞 093-451-6315
🕐休 参拝自由
🅿 あり
🚃 JR石原町駅から車で5分

「念仏の道場」と呼ばれる本堂では、法要や行事が行われる

昭和池

MAP 別冊 P.11-C2

🏠 小倉南区朽網
🅿 あり
🚃 JR朽網駅から車で7分

周囲 2.5km。ウオーキングコースも設置されている

遊具や草ソリで1日中遊べる公園

長野緑地

ながのりょくち

　カラフルな大型複合遊具が大人気の広さ72ヘクタールの公園。遊びの里やせせらぎなどがある「体験学習ゾーン」、広大な芝生広場で草ソリを楽しむことができる「健やか交流ゾーン」、「環境保全ゾーン」の3つのエリアで構成されている。

大型複合遊具が人気で、天気がよい日はたくさんの家族連れでにぎわう

四季折々の情緒あふれる景色を楽しめる寺院

新導寺念佛堂

しんどうじねんぶつどう

　平尾台の麓に位置する寺院。石灰石産業で栄えたこの地域の名に由来して「新導寺」という名がつけられた。自然豊かな山深い場所にあり、日本庭園では鯉が泳ぎ、春はサクラ、秋は紅葉、冬は雪と情緒あふれる景色を楽しむことができる。

春になると満開のサクラで彩られる新導寺は、知る人ぞ知る花見スポット

「昭和池の千本桜」と呼ばれる桜の名所

昭和池

しょうわいけ

　小倉南区の南東部に位置する北九州最大の農業用ダム。曽根平野一帯はたびたび干ばつに見舞われたため、地元有志の陳情で昭和14（1939）年に着工、5年後に完成。当時の福岡県知事・吉田茂が「昭和池」と名づけた。桜や紅葉の名所として知られる。

約1200本の桜が池を囲むように咲くことから「昭和池の千本桜」と呼ばれる

子供が小さい頃、よく長野緑地に行っていました。1日中遊んでも飽きないようで、何時間も待たされていたことを懐かしく思い出します。

三岳梅林公園

MAP 別冊 P.10-A2
- 🏠 北九州市小倉南区大字辻三
- 🅿 なし
- 🚃 北九州モノレール徳力嵐山口駅から車で12分

梅林に続く道には、露店が出店されてにぎわう

名物露店も話題、北九州有数の梅林

三岳梅林公園

かつて護聖寺の茶園だった土地に、昭和3（1928）年に昭和天皇ご成婚記念として地元の人々が梅を植えたのが始まり。昭和54（1979）年に公園として整備された。毎年2月下旬から3月中旬にかけて、約1万平方メートルの園内には約350本の紅梅・白梅が咲き、手作りの農産加工品の露店や見物客などでにぎわう。

2月から3月にかけて約350本の紅梅・白梅が咲き、山里に春の訪れを告げる

JRA小倉競馬場

MAP 別冊 P.10-B1
- 🏠 北九州市小倉南区北方 4-5-1
- ☎ 093-962-3236
- 🕐 レース開催日 9:00〜17:00、場外発売日 9:20〜17:00
- 休 不定休
- 🅿 あり
- 💴 入場料100円(小倉競馬開催日)
- 🚃 北九州モノレール競馬場前駅から徒歩1分

「プラザ99」には飲食店やグッズショップが立ち並ぶ

競馬だけじゃない！子ども向け遊具も充実

JRA小倉競馬場

九州で唯一、中央競馬が開催される競馬場。平成11（1999）年に改築されたスタンドは6階建てで、3階以上がガラス張りの屋内席になっている。例年、冬季と夏季に開催。馬たちとの触れ合いイベントや子ども向けの遊具などがあり、家族で楽しめる施設でもある。北九州モノレールの競馬場前駅直結でアクセス抜群なのもうれしい。詳しくは→ P.100

風を感じながら、小高い丘の上でのんびりと観戦できる芝生スタンド

 昔から父に連れられて訪れる三岳梅林。露店のおばちゃんたちとおしゃべりして、甘酒を飲んで、新鮮な野菜を買うのが毎年の楽しみです。

無法松酒造

MAP 別冊 P.10-B2
- 住 北九州市小倉南区新道寺 310
- TEL 093-451-0002
- 営 9:00～15:00
- 休 火・木・祝
- CC ADJMV
- P あり
- 交 JR 石原町駅から徒歩5分

▐ 原料にこだわり受け継いだ技で作る日本酒

無法松酒造
むほうまつしゅぞう

明治 10（1877）年創業の「無法松酒造」。平尾台の麓にあり、豊かな自然のなか、伝統の技で酒作りを続けている。蔵名を冠した「無法松」は純米大吟醸や特別純米酒など各種揃う。

ていねいな酒作りで元地でも人気

きくわか通り商店街

MAP 別冊 P.10-B1
- 住 北九州市小倉南区若園界隈
- TEL 営 休 CC 店舗により異なる
- P なし
- 交 北九州モノレール北方駅から徒歩 10～20 分、または JR 城野駅から徒歩 10～20 分

商店街 map を手に入れて町を巡ろう

▐ アーケードのない青空商店街

きくわか通り商店街
きくわかどおりしょうてんがい

若園 IC 近く、商店が集まるきくっこ通りとわかっこ通りを中心とした界隈のことで、地域を盛り上げようと名づけられた。さまざまなショップを散策しながら町歩きを楽しんで。

ショップや飲食店、サロンなど 56 店舗からなる商店街

合馬観光たけのこ園

MAP 別冊 P.10-A2
- 住 北九州市小倉南区合馬 644
- TEL 093-451-0977
- 営 10:00～14:00（閉門 15:00）
- 休 期間中は無休（要確認）
- 料 入園料 300 円
- CC ADJMV
- P あり
- 交 北九州モノレール徳力嵐山口駅から車で 10 分

合馬茶屋
- TEL 070-2384-6639
- 営 10:00～L.O.13:00

日本家屋でゆったり食事ができる。持ち帰り用のお弁当 2700 円も販売

▐ 旬の時期だけオープンするたけのこ園

合馬観光たけのこ園／合馬茶屋
おうまかんこうたけのこえん／おうまちゃや

合馬のなかでも最もおいしいとされる麻生地区にあるたけのこ園。3月中旬から5月上旬のたけのこの時期に開園し、たけのこ掘りが体験できる。また敷地内の「合馬茶屋」では、同期間中たけのこをふんだんに使った料理も味わえ、春の味覚を思う存分楽しむことができる。たけのこは掘ったぶんだけ買い取るというシステム。初心者でも掘り方を教えてくれるので気軽にでかけよう。

上／最高級のたけのこ掘りを体験してみよう
下／採れたての旬の味覚を堪能できる究極のたけのこづくし「竹コース」3850 円

Voice 合馬のたけのこはほかと何が違うの？と地元の人に尋ねたら「まだ土の上に出る前のたけのこを探して掘るのはとても大変な作業で、それを一生懸命やる"合馬の人の根性"が違う」とのことだった。

カルスト台地が育むブドウで作るワイン

どめーぬるみやき
Domaine le Miyaki

ソムリエの宮木さんがワインの産地、ボルドー・サンテミリオン地区を訪れ、平尾台でもワインを作りたいという思いで立ち上げたワイナリー。標高400〜500mで昼夜の寒暖差があり、石灰岩の粘土質でミネラルを多く含む土壌はワイン作りに適しているそう。現在、シャルドネやピノノワールなど約6種のワインが揃い、年々仕上がりがよくなっているとか。商品紹介は→P.307

上／平尾台に立つワイン小屋。フランスの田舎町に来たみたい
下／ソムリエの資格を持つオーナーの宮木さんのこだわりが詰まっている

Domaine le Miyaki
MAP 別冊 P.10-B3
🏠 北九州市小倉南区新道寺3021
☎ 093-952-5410
🕙 10:00〜16:00
休 水・木
CC ADJMV
🅿 あり
🚃 JR 石原町駅から車で16分

ワイン小屋ではイベントなども開催している

たけのこを中心に、地元の特産物が集まる

おうまのうさんぶつちょくばいじょ
合馬農産物直売所

3月頃になるとたけのこを求めて遠方から来る人でにぎわう。特に掘りたてのたけのこが届く昼頃が狙いめ。1年を通じて地元の農家が育てた旬の野菜を販売している。

合馬竹林公園のそば。お米や梅製品など地元の農産物が揃う

合馬農産物直売所
MAP 別冊 P.10-A2
🏠 北九州市小倉南区合馬1733-1
☎ 093-451-2928
🕙 9:00〜13:00
休 月・火・木・金
CC 不可
🅿 あり
🚃 北九州モノレール徳力嵐山口から車で15分

幸せを運んでくれるケーキ屋さん

こうのとり ぬまほんてん
こうのとり 沼本店

小倉南区に2店舗を構える地元で愛されるケーキ屋さん。ショップ内には色とりどりのケーキや焼き菓子が並んでいる。スノーボールクッキー「キタキューブ」も人気。詳しくは→P.303

その場でクリームを詰めてくれる大きなシュークリームも人気

こうのとり 沼本店
MAP 別冊 P.11-C1
🏠 北九州市小倉南区沼緑町5-1-50 ☎ 093-471-4788
🕙 9:00〜20:00
休 水 🅿 あり
🚃 JR 下曽根駅から西鉄バス四季彩の丘第5行で沼緑町一丁目下車、徒歩1分

心和む季節のお菓子がたくさん並び、子供たちにも大人気だ

ⓘnfo 合馬エリアは普段はのんびりとした田舎だが、たけのこのシーズンは車のとおりも増え、たくさんの人でごった返すのだとか。混雑覚悟でおいしい合馬のたけのこをゲットしにいこう。

ひですけ餅本舗 中村屋 本店

MAP 別冊 P.10-B1

- 🏠 北九州市小倉南区若園1-22-12
- ☎ 093-931-1855
- 🕐 9:00～18:00、日～12:00、祝日～17:00 🈺 無休
- 💳 不可 🅿 あり 🚃 JR 城野駅から西鉄バス中谷行きで若園児童館前下車、徒歩1分

ひと口サイズで食べやすい。「ひですけ餅」入りのロールケーキやあんパンもある

グランダジュール

MAP 別冊 P.10-B1

- 🏠 北九州市小倉南区葛原1-12-23
- ☎ 093-475-7700
- 🕐 10:00～19:00
- 🈺 月
- 💳 ADJMV 🅿 あり
- 🚃 JR 安部山公園駅から徒歩10分

ショーウインドーには旬の素材を使った美しいケーキが並ぶ

ひつじ café HIRAODAI

MAP 別冊 P.10-B3

- 🏠 北九州市小倉南区平尾台2-1-20
- ☎ 093-287-4867
- 🕐 11:30～14:30
- 🈺 月～金（インスタグラムをチェック）
- 💳 不可 🅿 あり
- 🚃 JR 石原町駅から平尾台地区おでかけ交通乗合タクシー平尾台観察センター行きで平尾台観察センター下車、徒歩8分

お店をまかされている原田さん。平尾台の自然やトレイルランニングなどにも詳しい

先代へのオマージュ 「ひですけ餅」が看板

ひですけもちほんぽ なかむらやほんてん

ひですけ餅本舗 中村屋 本店

昭和41（1966）年に創業。創業者・中村日出助さんのこだわりを伝える「ひですけ餅」は2代目の中村秀規さんが考案した看板メニュー。つぶあん、こしあんがある。→詳しくはP.304

小倉南区徳力や小倉北区黒原、北九州空港井筒屋にも店舗がある

北九州名物ネジチョコはこちらで！

ぐらんだじゅーる

グランダジュール

農園直送のフルーツをはじめ、厳選素材を使ったケーキが並ぶパティスリー。官営八幡製鐵所の世界遺産登録を記念して開発されたネジチョコは今や北九州みやげの定番。→詳しくはP.303

小倉北区堅町にも姉妹店がある

カレーが人気のなごみ系カフェ

ひつじかふぇひらおだい

ひつじ café HIRAODAI

平尾台の大自然のなかにポツンとたたずむ、週末限定オープンの一軒家カフェ。かわいらしいインテリアで飾られ、のんびりとくつろげる雰囲気が魅力。ここでぜひ味わいたいのがスパイスカレー好きのオーナー自信作のオリジナルカレー。スパイスが効いたスリランカ風のカレーが食欲をそそる。カレーのあとは平尾台の自家焙煎工房 愛球珈琲のコーヒーでホッとひと息つこう。

上／「山の家 粋邑 HIRAODAI」（→ P.327）に隣接している小さなカフェ
下／平尾台高原スパイスカレーセットはサラダとコーヒーか紅茶付き1350円。マイルドカレーもある

🔊 **Voice** 「ひですけ餅本舗 中村屋」はお菓子の種類も豊富で、毎回何にするか迷います。最近のお気に入りはしっとりとした食感の生地であんを挟んで焼き上げた「花○ぼうろ」。おみやげにすると喜ばれます。

わが町の推しグルメ

1年中、合馬のたけのこが味わえる

合馬竹膳
おうまちくぜん

　上質なたけのこの産地として有名な合馬で、生産者が営む和食店。こちらでは1年中、合馬のたけのこを使ったランチやお弁当が味わえる。旬の時期には掘りたてのフレッシュなたけのこを、刺身や煮物、天ぷらなど、バリエーション豊富な料理で楽しめ、行列ができることも。

MAP 別冊 P.10-A2
🏠 北九州市小倉南区徳吉南 4-5-1
📞 093-482-3566　🕐 11:00〜14:00
🈳 月・火　💳 不可　🅿 あり
🚃 北九州モノレール徳力嵐山口駅から車で6分

1.たけのこ御膳 1500円。合馬のたけのこは軟らかくて香りがいいのだとか
2.弁当 650円〜。掘りたてが味わえるのは産地ならでは 3.竹林のそばに立つ一軒家。見晴らしのいいテラス席もある

田園にたたずむカフェで絶品スープを

道原ガーデンカフェ
どうばるがーでんかふぇ

　道原エリアの古民家カフェ。店に入ると大きな窓から一望する、美しい田園風景に心を奪われてしまう。こちらで味わえるのはマダム自慢のスープセット2800円のみ。器ごとグツグツと煮込んだスープは、1玉分の玉ねぎとチーズが溶け込んだ濃厚な味わいで、トマトのさわやかな酸味がたまらない！　来店は予約がおすすめ。

スープにローストしたチーズをたっぷりのせたパン、サラダ、デザート、コーヒーが付く

MAP 別冊 P.10-A2
🏠 北九州市小倉南区道原 1303-4
📞 090-1363-0781
🕐 11:30〜16:00
🈳 水・木
💳 不可
🅿 あり
🚃 JR石原町駅から車で8分

春は緑の稲が、秋は黄金色の稲穂が揺れ四季折々の風景を楽しめる。カウンターも6席ある

アンティーク調のイスやテーブルがゆったりと配されている

田畑の間の細い道を通って築130年の古民家へ。14:00以降はドリンクのみのカフェ利用も可能

「道原の風景を眺めながらくつろいで」とマダム

 Voice 眺めが素敵な「道原ガーデンカフェ」。地元の人が店から見える場所にコスモスを植えたり、店に飾るための花を届けてくれたり、地域ぐるみでカフェに訪れる客をもてなしてくれます。

洞海湾と響灘に囲まれた歴史と自然とエコの町

若松区
わかまつく

人口 ▶ 7万8462人
（2023年10月1日）
面積 ▶ 72.09km²

若松南海岸通りを象徴する旧古河鉱業若松ビルと若戸大橋

🚉 エリア利用駅

若松駅
藤ノ木駅
奥洞海駅
二島駅
JR 筑豊本線（若松線）

若松区への行き方

| 小倉駅 | JR 鹿児島本線快速 所要8分（230円） 戸畑駅から戸畑渡場まで徒歩10分 | 戸畑駅 | 戸畑渡場 | 若松渡船 所要3分（100円） 若松渡場から徒歩10分 | 若松渡場 | 若松駅 |

| 戸畑駅 | 北九州市営バス 所要約10分（280円、大橋通り下車徒歩5分） | 若松駅 |

洞海湾と響灘に面した若松区は、明治時代以降、日本一の石炭積出港として栄えた。そのため多くの船舶や港湾労働者が集まり、石炭関連の事業所も次々と設立。若松南海岸通りは、当時の面影を残す大正期の建物が並んでいる。また、水質のよさを誇る若松北海岸には北九州市唯一の海水浴場があり、マリンスポーツが楽しめるほか、景観の美しさでも知られている。響灘エリアでは「北九州エコタウン事業」が展開され、国際物流拠点港としての役割を担う「ひびきコンテナターミナル」や日本最大級の広さの「響灘ビオトープ」もある。さらに、西部の「北九州学術研究都市」では、周辺の自然環境や都市環境を生かしながら、先端科学技術の教育・研究機関との連携が進められている。

響灘地区は公園やエコタウンとして整備されている

info 響灘地区にある10基の風力発電はランドマークとして地元民にはなじみ深い景色で、映画やCMのロケ地にもなっていたが2024年3月までに撤去されることになった。

若松区の歩き方

若松の歴史と自然を感じよう

　若松へ行くには若戸渡船がおすすめ。到着したら上野海運ビルなど、かつて石炭景気で繁栄した若松を象徴する建物群を見学しよう。歴史を肌で感じたあとは明治町銀天街や大正

昭和の面影を残すノスタルジックな若松の商店街

町商店街へ。昔ながらの店が建ち並ぶ商店街で、グルメやショッピングを楽しもう。そこからバスに乗って目指すは高塔山。徒歩15分ほどで若戸大橋や小倉、戸畑方面の景色を一望できる展望台に到着。河童封じ地蔵の伝説にも触れてみて。しばらく景色を楽しんだあとは「修多羅」バス停から10分ほどのボートレース若松へ。大きなモーター音を上げて進んでいくボートはスピードもあいまって迫力満点！ 子供の遊びスペースやボルダリングもあり、親子で楽しめる。

おさんぽプラン

❶若戸渡船
🚶 徒歩すぐ

❷若松南海岸通り
🚶 徒歩5分

❸大正町商店街・明治町銀天街
🚶 徒歩17分、バス10分

❹高塔山展望台
🚶 徒歩23分、バス10分

❺ボートレース若松

特命大使のわが町自慢 TOKUMEI

Q 若松区の思い出の場所を教えてください。

A 北九州市制50周年記念イベントとして「LE VELVETS」のメンバーと町を歩いたり、若松区役所前でライブを行わせてもらったことはいい思い出です。高校の頃は渡船で通学していて、若戸大橋を見ながら1日が始まっていたので、橋を見ると当時のことが思い出されます。

Q 若松区の自慢したいスポット、他県の人に教えたいところは？

A 若松は日本一の石炭積出港として栄えた歴史に加えて、海もあり、山もあり、食べものもおいしいし、人もあたたかくてすばらしい町です。次世代エネルギーへの取り組みも自慢したい点です。

Q 若松区のおすすめグルメ、おみやげを教えてください。

A クラシックノン1982（→ P.208）というパティスリーは同級生のお店ですが、お世辞なくおしゃれでおいしいです。「かっぱ最中サブレ」をはじめ、若松にちなんだお菓子もいろいろあるのでおみやげにもおすすめです。

Profile
日野真一郎
（ひのしんいちろう）

昭和57(1982)年生まれ、若松区出身。ボーカルグループ「LE VELVETS」のメンバーでテノール担当。クラシックをベースにロックやポップス、ジャズなどさまざまなジャンルの歌を自在に表現し、独自の世界をつくり上げている。

若戸大橋

MAP 別冊 P.13-D3
🏠 北九州市若松区・戸畑区
🚃 JR 戸畑駅から徒歩 14 分

若松側からの景色。ベンチに座って洞海湾をゆっくり眺めよう

若松で愛される名菓

　若松の町歩きのお供におすすめのスイーツは創業約 100 年の老舗「とらや」の茂兵衛まんじゅう 110 円。黒あんと白あんがあるが、材料は同じで練り方の違いで色が異なっているのだそう。黒あんが若干さっぱり、白あんは栗みたいにねっとり。皮が限りなく薄く、あんがたっぷり詰まっている。

遠見ヶ鼻

MAP 別冊 P.12-A1
🏠 北九州市若松区有毛 2829
🅿 なし
🚃 JR 二島駅から北九州市営バス亀の井ホテル玄界灘行き終点下車、徒歩約 4 分

道路から入り、木々の間を抜けるように歩くと遠見ヶ鼻に出る

「東洋一の夢のつり橋」と呼ばれた赤い橋

若戸大橋

わかとおおはし

　洞海湾をまたぎ、若松区と戸畑区を結ぶ627mのつり橋。昭和 34（1959）年 3 月に建設が開始され、昭和 37（1962）年 9 月 27 日に開通。当時は「東洋一の夢のつり橋」といわれた。開通当初は 2 車線だったが、渋滞対策のため歩道を廃止し、平成 2（1990）年 3 月に 4 車線化された。橋の赤色はエネルギー・情熱・使命を象徴している。

上／日没から22:00までライトアップされる。夜景は必見！
下／真っ赤な橋の下を若戸渡船が進む景色はどこか旅情を誘う

神様も心奪われた絶景スポット

遠見ヶ鼻

とおみがはな

　夕日が美しい若松北海岸の絶景スポット。周辺には、芦屋層群と呼ばれる地層が広く分布し、海岸線の美しい景観を作り出している。高さ約 10m の真っ白な「妙見埼灯台」が断崖に立ち、真っ青な海と空とのコントラストが楽しめる。御嵩神社の社があり、ここから望む夕日の美しさに男神様が心奪われてしまい、嫉妬した女神様が海難事故を起こしたとの言い伝えが残る。

上／玄界灘の刻々と変わる景色を楽しんで
下／神様も心を奪われたという夕日の絶景スポット。灯台越しに沈む夕日は壮観

地元の人それぞれに「若戸大橋お気に入りスポット」があると思います。私は戸畑区の高峰霊園から見る橋と町並みが好きです。花火もここから見ます。

COLUMN

若戸大橋を望む洞海湾沿いのさんぽ道

若松南海岸通り

わかまつみなみかいがんどおり

🏠 北九州市若松区本町1界隈
MAP 別冊 P.13-D3

映画の撮影にも使われるレトロな町並みを楽しもう

ここに来たら若戸大橋と一緒に写真に収めたい

写真提供：北九州市「ARCHITECTURE OF KITAKYUSHU〜時代で建築をめぐる〜」

🏠 北九州市若松区本町1-11-18　☎ 093-752-3387　🕐 9:00〜17:00（会議室等利用の場合22:00まで）　休 火　🅿 あり
🚃 JR若松駅から徒歩9分　**MAP** 別冊 P.13-D3

若松の繁栄を象徴する大正レトロの建築物

旧古河鉱業若松ビル

きゅうふるかわこうぎょうわかまつビル

　大正8（1919）年に建設された若松の歴史を象徴する建築物。保存利用に向けた市民運動が行政を動かし、平成16（2004）年にリニューアルした。多目的室や会議室があり、コミュニティの場として、また文化・観光拠点として利用されている。

名物クロワッサン店も入居する若松最古の洋風建築

石炭会館

せきたんかいかん

　明治38（1905）年に若松石炭商同業組合の事務所として建設。昭和48（1973）年からは株式会社石炭会館として今も使用されている。1階には、バリエーション豊かな天然酵母のクロワッサン「三日月屋」（→P.293）の店舗がある。

🏠 北九州市若松区本町1-13-15　🅿 あり
🚃 JR若松駅から徒歩8分
MAP 別冊 P.13-D3

1. 若松区内に現存する最も古い洋風建築。三日月屋以外立ち入り禁止 2. 地元民にも観光客にも人気のクロワッサン店 3. 熟練した職人が一つひとつ手づくりで作り上げるサクモチ食感のクロワッサン

大正当時にタイムスリップカフェも人気のノスタルジックなビル

上野海運ビル

うえのかいうんビル

　大正2（1913）年、旧三菱合資会社若松支店として建造。当時の面影を残す建物内は、まるで映画のセットに入り込んだかのように、タイムスリップ感を味わえる。雑貨店やカフェが入居し、どこを撮っても映えること間違いなし！

🏠 北九州市若松区本町1-10-17　🕐 店舗により異なる　🅿 あり　🚃 JR若松駅から徒歩12分　**MAP** 別冊 P.13-D3

1. 重厚感漂う外観。店舗が入居しているので気軽に中に入れる 2. 吹き抜けのステンドグラスからは柔らかい光が降り注ぐ 3. 3階で営業する「Asa cafe」（→ P.296）で、ゆったり過ごそう

Voice　ひとりになりたいとき、夜によく訪れるのが若松南海岸通り。対岸の景色や洞海湾を行き交う船を見ながらボーッとしていると、日常と非日常が入り混じって、旅をしているような気分になります。

若松北海岸

若松北海岸
MAP 別冊 P.12-A1
🏠 北九州市若松区有毛
🅿 あり（夏期は有料）
🚃 JR二島駅から北九州市営バス亀の井ホテル玄界灘行で岩屋入り口下車、徒歩1分

夏は海水浴やマリンスポーツなどを楽しむ人たちでにぎわう

若松産ホップを使ったビールが完成

響灘ビオトープ（→P.200）でホップの試験栽培をしたことをきっかけに北九州産ホップを使ってつくられた地ビール「Hibiki Fresh Hops 若松エール」が注目を浴びている。第6次産業やSDG's に貢献するまちづくりの取り組みのひとつで、市内各所で季節限定で販売。詳しくは「響灘ホップの会」の公式サイトをチェック！

高塔山公園
MAP 別冊 P.13-C2
🏠 北九州市若松区大字修多羅
🅿 あり
🚃 JR若松駅から車で8分

展望台からの眺望は抜群で、天気がよいときは門司の方まで見える

北九州市民の身近な海水浴スポット

若松北海岸
わかまつきたかいがん

　福岡、佐賀、長崎の3県にまたがる玄界灘沿岸を中心に指定された「玄海国定公園」の東端に当たる海岸。長い海岸線が続く若松北海岸には脇田と岩屋の2ヵ所の海水浴場がある。また、海岸沿いの「遠見ヶ鼻」は妙見埼灯台が立ち、夕日の美しい絶景スポットとして知られる。干潮時には、畳を敷いたような岩礁が現れる「千畳敷」も見どころ。

小倉都心から車を30分ほど走らせると、この景色に出合える

日本夜景遺産に登録された眺望を誇る

高塔山公園
たかとうやまこうえん

　標高124mの高塔山の山頂にある公園。展望台からは、若戸大橋や戸畑、小倉地区の大パノラマを望むことができ、特に夜景は「日本夜景遺産」に登録されるほどの美しさ。約2000人ものタイマツ行列がまるで炎の大蛇のように高塔山にうねり登る7月の「火まつり」は必見。野外音楽堂では、ロックやジャズ、アコースティックなどのライブイベントが開催されている。

上／アジサイの名所としても知られ、5月下旬から6月上旬には見頃を迎える　下／展望台の手前まで来たら、足元を見てみよう！

ⓘ info　広大な面積の高塔山公園には、日本全国の県木がある県木の森、万葉集の歌にちなんだ草木を集めた万葉植物園、仏舎利塔、芝生広場などがあり、散策を楽しめる。

伝説が残る背中の釘を見てみよう

河童封じ地蔵
かっぱふうじじぞう

高塔山公園の展望台前にある地蔵尊。地蔵の背中には釘が打たれていて、若松生まれの作家・火野葦平の小説『石と釘』によると、戦いを繰り広げて村人たちを困らせていた河童を封じ込めるために、山伏が打ったと伝えられている。

階段を上ってお堂に入り、地蔵の背中をのぞき込むと釘を見ることができる

河童封じ地蔵

MAP 別冊 P.13-C2

🏠 北九州市若松区大字修多羅
🅿 あり（高塔山公園駐車場）
🚉 JR 若松駅から車で 8 分

高塔山展望台前の広場に位置する。正しい名称は「虚空蔵菩薩」

若松出身の小説家・火野葦平の功績に触れよう

火野葦平資料館
ひのあしへいしりょうかん

若松出身の作家・火野葦平の功績を紹介する資料館。昭和 60（1985）年に若松市民会館内に開設され、生涯をたどる写真パネル、日記、従軍手帳、河童絵、創作ノート、絶筆原稿などを中心に、約 3000 点が収蔵されている。

火野葦平の仕事部屋を再現。装飾品から葦平の多趣味ぶりがうかがえる

火野葦平資料館

MAP 別冊 P.13-C3

🏠 北九州市若松区本町 3-13-1（北九州市立若松市民会館内）
📞 093-751-8880
🕐 10:00〜16:00
🈺 月（祝日の場合は翌日）、第 3 木
🅿 あり
🚉 JR 若松駅から徒歩 2 分

波乱に満ちた生涯をたどる写真や原稿が展示されている

葦平ありし日の息吹を感じる旧居

火野葦平旧居（河伯洞）
ひのあしへいきゅうきょ（かはくどう）

火野葦平が、昭和 15（1940 年）から 20 年間過ごした旧居。河童好きだったことから「河童の棲む家」という意味で「河伯洞」と名づけられた。葦平は河伯洞に多くの文学仲間を招き、九州の文化人の交流の場にもなっていた。

『花と龍』や絶筆『革命前後』など数多くの作品が生み出された 2 階の書斎

火野葦平旧居（河伯洞）

MAP 別冊 P.13-C3

🏠 北九州市若松区白山 1-16-18
📞 093-771-0124
🕐 10:00〜16:00
🈺 月（祝日の場合は翌日）、第 3 木、祝日の翌日
🅿 あり
🚉 JR 若松駅から徒歩 5 分

立派な庭園を有する家屋。敷地は市の指定文化財（史跡）にもなっている

Voice 小学生の頃、遠足で高塔山公園に行きました。地蔵・河童・釘という単語にみんな恐怖を感じていて、手をつないで地蔵の背中をのぞき込んだことを今でも覚えています。

北九州市立響灘緑地／グリーンパーク

MAP 別冊 P.12-B2
- 住 北九州市若松区大字竹並 1006
- 電 093-741-5545
- 開 9:00 〜 17:00
- 休 火
- 料 150 円
- P あり（有料）
- 交 月〜土：JR 二島駅から北九州市営バス脇田・亀の井行きで響灘緑地入口下車、徒歩 10 分
日・祝：JR 折尾駅からグリーンパーク直行北九州市営バス（3〜11 月の休日のみ運行）で終点下車すぐ

ポニー広場ではヤギやウサギ、モルモットとの触れ合い体験ができる

広大な緑地で 1 日中思いっきり遊ぶ

北九州市立響灘緑地／グリーンパーク
きたきゅうしゅうりつひびきなだりょくち／ぐりーんぱーく

240 ヘクタールの広大な敷地を誇る北九州市最大の公園。園内には 4 ヘクタールの大芝生広場、春と秋に約 450 種のバラが咲き乱れるバラ園、動物たちとの触れ合いスポット、ロングスライダーや草ソリなどの遊具、キャンプ場などなど、さまざまな楽しみ方を提案している。園内には有料施設も設けられているのでご確認を。イベント情報は公式サイトをチェック。詳しくは→P.88

上／アスレチックや遊具が集まるエリアにある太陽の丘。遊具も充実している 下／春と秋に開催される「バラフェア」は県内外からたくさんの人が訪れる

若松惠比須神社

MAP 別冊 P.13-D3
- 住 北九州市若松区浜町 1-2-37
- 電 093-771-1156
- 開休 参拝自由（社務所 9:30 〜 16:00）
- P あり
- 交 JR 若松駅から徒歩 10 分

にっこり笑う恵比須様が描かれた絵馬。商売繁盛を祈願しよう

旅の小ばなし

地名「若松」の由来とは？

神功皇后のおともをしていた武将の武内宿禰（たけのうちのすくね）が再びこの地を訪ねた記念に小松を手植えし、「海原の溟たる松の青々たるわが心も若し」とその喜びをうたったことが「若松」の地名の由来となったと伝えられている。

恵比須様に商売繁盛を願う

若松惠比須神社
わかまつえびすじんじゃ

1 月 9 〜 11 日の「十日ゑびす祭」では、「商売繁盛で笹持ってこい」の掛け声とともに金運を祈ることで知られる神社。若戸大橋のたもとに位置し、地元では「おえべっさん」として親しまれる。熊襲征伐の際に見つかった「海底に光る石」を神功皇后の勅令によりお祀りし、御神体となっている。主神は恵比須様と大黒様で、幸福と財宝、長寿を授けてくれると、多くの人が参拝に訪れる。

上／境内から見る若戸大橋は迫力満点！ 下／境内は広々としている。普段は静かだが、「十日ゑびす祭」や「若松ゑびす祭」はたくさんの人でにぎわう

info 「若松ゑびす祭」の春季大祭は 4 月 2〜4 日、例大祭は 12 月 2〜4 日に開催され、100 〜 150 軒の露店が沿道に並び、かなりのにぎわいを見せる。毎月 1 日もお参りに訪れる人が多い。

若戸渡船

絶景を眺めながら船の小旅行を楽しんで

若戸渡船

わかととせん

洞海湾を挟んで向かい合う若松と戸畑をつなぐ「若戸渡船」。出航は約15分おき（昼間）、約3分100円でショートクルージングが味わえると人気だ。船から見上げる若戸大橋はダイナミック！戸畑から向かうと、若松南海岸のレトロな建物が並ぶ姿が印象的だ。

市民の足としても利用されている。歴史は古く、明治維新前から運営されている

若戸渡船

MAP 別冊 P.13-D3

🏠 北九州市若松区本町 1-15-21（若松渡場）

☎ 093-861-0961

🕐 5:55 〜 22:30　休 無休

💴 100 円

🅿 なし

🚃 JR 若松駅から徒歩 14 分

夜はライトアップされた若戸大橋を楽しめる

のんびりくつろぐカンガルーに合える

ひびき動物ワールド

ひびきどうぶつわーるど

響灘緑地／グリーンパーク内にある小さな動物園（有料）。平成元（1989）年にオープンし、387匹の有袋類と触れ合うことができる。実際にカンガルーの柵の中に入って、間近でその生態に触れられる広場がある。珍しいシマオイワラビーを近くで見ることもできる。

暑さを避けるために日陰に集まるカンガルーたち。しぐさがかわいい

ひびき動物ワールド

MAP 別冊 P.12-B2

🏠 北九州市若松区大字竹並 286

☎ 093-741-2700

🕐 9:00 〜 17:00　休 火不定

💴 300 円（響灘緑地／グリーンパーク入園料が別途必要）　🅿 あり（有料）　🚃 月〜土 JR 二島駅から北九州市営バス脇田・亀の井行きで響灘緑地入口下車、徒歩 10 分、日・祝 JR 折尾駅からグリーンパーク直行北九州市営バス（3〜11 月の休日のみ運行）で終点下車すぐ

いったん響灘緑地／グリーンパークに入場し、さらにここから入場

資源循環への取り組みを学ぶ拠点

北九州市エコタウンセンター

きたきゅうしゅうしえこたうんせんたー

全国に先駆けエコタウン事業をスタートした北九州市。ここはエコタウン・北九州市の取り組みを知るための窓口となる施設で、館内にはリサイクルや循環型社会に関する情報を展示。事前に予約すればエコタウン事業に関する施設を見学できる。詳しくは → P.110

北九州市ならではのエコタウン事業の取り組みが学べる

北九州市エコタウンセンター

MAP 別冊 P.13-C2

🏠 北九州市若松区向洋町 10-20

☎ 093-752-2881

🕐 9:00 〜 17:00

休 日・祝（エコタウン事業工場見学は土・日）　💴 無料、工場見学 100 円　🅿 あり

🚃 JR 若松駅から車で 12 分

別館に次世代エネルギーパークの展示コーナーもある

info 北九州市エコタウンセンターは 1 名からでもエコタウン事業の見学が可能。コース内容は概要説明 45 分＋施設見学 2 ヵ所 60 分など。詳細や申し込みは電話か公式サイトから。

珍しい動植物に出合える

響灘ビオトープ
（ひびきなだびおとーぷ）

湿地や草地、淡水池などの多様な自然環境を保全することで、800種もの生物が生息。散策しながら生物を観察でき、ベッコウトンボや鳥のチュウヒなど、絶滅危惧種の生物が見られることも。国から「自然共生サイト」に認定されている。詳しくは→P.111

野鳥観察施設をはじめ、観察デッキや見晴らし台なども設置されている

響灘ビオトープ

MAP 別冊 P.13-C1
住 北九州市若松区響町 1-126-1
TEL 093-751-2023
時 9:00～17:00（最終入園 16:30）
休 火（祝日の場合は翌日）
料 100円
P あり
交 JR 若松駅から車で20分

2004年に絶滅危惧種のチュウヒが九州で初めて繁殖していることがわかった

備蓄基地の展示館で、その役割や中身を学ぶ

白島展示館（白島国家石油備蓄基地）
（しらしまてんじかん（しらしまこっかせきゆびちくきち））

白島国家石油備蓄基地の優れた設備や機能、そして石油の大切さや石油備蓄の重要性を学べる施設。建物は3階建てで、1階は展示室、2階は映像ホール、そして3階は白島国家石油備蓄基地と展示館周辺が眺望できる展望室となっている。

石油基地だけではなく、人と石油の関わりの歴史などもわかりやすく学べる

白島展示館
（白島国家石油備蓄基地）

MAP 別冊 P.13-D1
住 北九州市若松区響町 1-108
TEL 093-752-1460
時 10:00～16:00（最終入館 15:30）
休 月・第4火
料 無料
P あり
交 JR 若松駅から車で13分

実際の白島国家石油備蓄基地の250分の1の縮尺で作られたシミュレーション模型がある

若松の歴史や、懐かしい時代の暮らしを伝える

わかちく史料館
（わかちくしりょうかん）

石炭積出港の開発・運営を手がけた「若松築港会社」を前身とする若築建設の本店1階にある史料館。社史はもちろん、洞海湾の開発事業や、若松の歴史や石炭の集散に携わった人々の暮らしなどを紹介する豊富なコンテンツが魅力。

明治から大正、昭和と激動の時代に大きく変化した若松港の歴史に触れよう

わかちく史料館

MAP 別冊 P.13-D3
住 北九州市若松区浜町 1-4-7
TEL 093-752-1707
時 10:00～16:00
休 月・祝
料 無料
P あり
交 JR 若松駅から徒歩15分

写真、映像、模型などを使った楽しい展示。思わず「懐かしい～！」という言葉がこぼれる

Voice 響灘ビオトープはとても広々としていて、お天気のいい日に散策するのが好きです。施設の方にいろいろなお話を聞くとさらにおもしろいので、おすすめです。

海沿いにある穴場の公園

脇田漁港フィッシャリーナ
わいたぎょこうふぃっしゃりーな

　若松北海岸の東側にあるプレジャーボートを係留できる施設。海沿いに展望施設や休憩施設、遊具を備えた緑地広場があり、地元では穴場の公園として親しまれている。遊歩道も整備されているので、散歩を楽しむのもおすすめだ。

平成24（2012）年に整備されており、リゾートっぽい雰囲気が漂う

脇田漁港フィッシャリーナ
MAP 別冊 P.12-B2
住 北九州市若松区安屋
開 8:30 〜 17:00　休 火　料 無料
P あり　交 JR 二島駅から北九州市営バス亀の井ホテル玄界灘行きでヒビキノビーチフロント前下車、徒歩 10 分、JR 二島駅から車で 8 分、JR 若松駅から車で 16 分

公園内にはすべり台やボルダリングなどの遊具もあり、大人も十分に楽しめる

若松産のブランド野菜や加工品、鮮魚が揃う

SIOIRI
しおいり

　2022 年にリニューアルした産直市場。地元で取れた新鮮な野菜をはじめ、脇田漁港に揚がった魚など豊富な品揃えを誇る。また、福岡市で大人気のベーカリー「フルフル」がプロデュースするベーカリーもあり、イートインも楽しめる。

漁師から直接仕入れる魚や、若松のブランド野菜・果物が勢揃いしている

SIOIRI
MAP 別冊 P.12-B1
住 北九州市若松区安屋 3710
TEL 093-742-4111　営 9:30 〜15:00、土・日・祝〜16:00　休 火（祝日の場合は翌日）　CC ADJMV
P あり　交 JR 二島駅から北九州市営バス亀の井ホテル玄界灘行きでヒビキノビーチフロント前下車、徒歩 3 分、JR 二島駅から車で 8 分、JR 若松駅から車で 17 分

焼きたてのパンが並ぶ。いちばん人気の明太フランスを味わおう

海沿いにある子供も楽しめるビーチ

ひびき海の公園人工海浜
ひびきうみのこうえんじんこうかいひん

　若松北海岸一帯に広がる「ひびき海の公園」内にある砂浜のビーチ。大きな波がなく小さな子供も安心して水辺で遊ぶことができるので家族連れに人気。すぐそばに芝生の広場や産直市場もあるので、のんびりピクニックするのにおすすめのスポットだ。

足洗い場やトイレもあり、夏は海水浴客でにぎわっている

ひびき海の公園人工海浜
MAP 別冊 P.12-B2
住 北九州市若松区安屋 3710
休 火
料 無料　P あり
交 JR 二島駅から北九州市営バス亀の井ホテル玄界灘行きでヒビキノビーチフロント前下車、徒歩 2 分、JR 二島駅から車で 10 分、JR 若松駅から車で 18 分

もともとマリンスポーツや釣りで親しまれてきたエリアに造られた

 脇田海水浴場から脇田漁港フィッシャリーナまでの「ひびき海の公園」は市民の身近なリゾートとして楽しんでもらうために開発された。現在、マリンパークの愛称でも親しまれている。

脇田海釣り桟橋

MAP 別冊 P.12-B1

🏠 北九州市若松区安屋地先

☎ 093-741-3610

🕐 6:00〜16:30（3〜10月）、7:00〜16:30（11〜2月）　🈲 火（祝日の場合は翌日）　💴 1000円（釣り台）　🅿 あり（有料）　🚃 JR二島駅から北九州市営バス亀の井ホテル玄界灘行きで脇田下車、徒歩8分

まるで海の上を歩いているかのような海上散歩気分も味わえる

脇田海釣り桟橋
わいたうみづりさんばし

　「船釣り感覚のダイナミックな釣り」を楽しめる施設。沖出し500mの桟橋の両側に釣り台が備え付けられ、必要な道具もレンタルできるとあって手ぶらでもOK。見学のみの場合は入場無料。初心者や家族連れでも釣りを満喫できる。詳しくは→P.91

沖出し500mの桟橋で、響灘を泳ぐ旬の大物を狙おう！ 親子釣り大会も開催

脇田海水浴場

MAP 別冊 P.12-B1

🏠 北九州市若松区安屋地先

🅿 あり（有料）

🚃 JR二島駅から北九州市営バス亀の井ホテル玄界灘行きで脇田下車、徒歩8分

ボードウオークがあるので快適に利用できる

最高クラスの水質のよさを誇る海水浴場

脇田海水浴場
わいたかいすいよくじょう

　平成6（1994）年のマリノベーション計画で、快適に利用できるように整備された海水浴場。水質のよさは最高クラスのAAを誇り、白い砂浜が続く。八幡岬から海岸までボードウオークが続いていて、駐車場から浜辺へ行くことができる。

白い砂浜が続く海水浴場。脇田海釣り桟橋のすぐ側にあり、夏は親子連れでにぎわう

軍艦防波堤

MAP 別冊 P.13-D1

🏠 北九州市若松区響町1

🅿 なし

🚃 JR若松駅から車で12分

響灘埋立地の端、対岸に戸畑の工場群が見渡せる場所にある

駆逐艦3隻を沈設した防波堤

軍艦防波堤
ぐんかんぼうはてい

　第一次世界大戦や太平洋戦争で活躍した3隻の駆逐艦を沈めて造られた防波堤。「涼月」と「冬月」は響灘埋め立ての際に埋没したが「柳」は船体の形がわかる状態になっている。貴重な遺構を残そうとする有志の活動も行われている。

周囲をコンクリートで補強されたものの、船体の輪郭がわかる「柳」

ℹ️ **info** 脇田海釣り桟橋では「親子釣り大会」や「親子釣り教室」などファミリー向けのイベントも開催されているので公式サイトをチェックしてみよう。最新の釣果情報などもアップされている。

地元の海産物、農産物が揃う

産地直送市場 海と大地
さんちちょくそういちば うみとだいち

脇之浦漁港で水揚げされた海産物や若松区の農家が大切に育てた朝取れの野菜など、地元はもちろん九州各地からのおいしいものが集まる大型の産直市場。ほかではあまり見かけない珍しい加工品なども揃っているので、くまなくチェックしよう。店内には食堂コーナーがあり、海鮮丼やボリューム満点の定食などが味わえる。また、隣接している飲食店「妙見かき小屋」も人気。

産地直送市場 海と大地

MAP 別冊 P.12-B2
- 住 北九州市若松区響町 3-1-34
- TEL 093-771-2222
- 営 9:30 ～ 18:00
- 休 無休　CC 不可
- P あり
- 交 JR 若松駅から車で 15 分

店内で調理したものも並べられている

上／新鮮な野菜がズラリと並べられていて、ひと目で旬が感じられる
下／週末はオープン前から行列ができるほど。品物が揃っている午前中が狙い目

フルーツたっぷりのソフトクリームが人気

若松 田中農園
わかまつ たなかのうえん

若松で野菜や果物を栽培している農園が営むアイスクリームショップ兼直売所。アイスクリームを目当てに平日でも次から次へと人がやってくる人気店だ。人気は自家栽培のブルーベリーやイチゴなど地元の野菜や果物を使ったソフトクリームとスムージー。また、若松クイーンという小玉スイカも栽培していて、収穫時期には店頭にスイカが並ぶ。秋には芋掘り体験もできる。

若松 田中農園

MAP 別冊 P.12-A1
- 住 北九州市若松区有毛 2666-1
- TEL 080-1734-4243
- 営 13:00 ～ 17:00
- 休 火・水　CC 不可
- P あり
- 交 JR 二島駅から北九州市営バス亀の井ホテル玄界灘行きで新屋敷北口下車、徒歩 2 分

プレミアムバニラのブルーベリー（左）といちご（右）各 600 円

上／小玉ながらずっしりと重い若松クイーン。甘くてジューシー
下／若松の恵まれた自然のなかで育った野菜や果物のおいしさを届けたいと平成 24（2012）年にオープン

Voice　若松のトウモロコシの甘さには感動しました。トウモロコシは収穫した瞬間が一番美味しいそう。朝取れた新鮮なものを直売所や農園で売っています。

松浦ファーム

MAP 別冊 P.12-A2

- 🏠 北九州市若松区有毛 1512
- 📞 080-5277-6677
- 🕐 9:30 ～ 17:00
- 休 不定休
- CC 不可
- P あり
- 🚉 JR 二島駅から北九州市営バス亀の井ホテル玄界灘行きで上有毛下車、徒歩 10 分

販売のほか、キャベツやジャガイモなどの収穫体験（完全予約制）も行っている

予約して買いたい絶品のとうもろこし

松浦ファーム

まつうらふぁーむ

　若松区で 100 年以上前から続く専業農家が営む直売所。潮風が吹き抜けることでおいしさが増す若松の土壌を生かし、愛情たっぷりに育てたおいしい野菜を新鮮なうちに味わってほしいと自宅車庫にて直接販売を開始。近隣の提携農家の野菜などもあわせて、取れたての季節野菜が多く並ぶ。特に人気なのが 6 月半ばから販売されるトウモロコシ。これを目当てにたくさんの人が訪れる。

上／季節ごとにいろいろな若松の野菜が並ぶ
下／「愛情こめて育てています」と松浦さん。野菜は地方発送も行っている

HIRAYAMA FARM

MAP 別冊 P.12-B2

- 🏠 北九州市若松区小竹 2867
- 📞 なし（インスタグラムから連絡）
- 🕐 10:00 ～ 17:00
- 休 不定休
- CC 不可
- P あり
- 🚉 JR 二島駅から北九州市営バス亀の井ホテル玄界灘行きで平川下車、徒歩 1 分

棚には自動販売機に入らない野菜が料金表とともに棚に置かれている

自動販売機で採れたて野菜が買える！

HIRAYAMA FARM

ひらやまふぁーむ

　フルーツに大玉、ミニなど各種トマトを栽培している「HIRAYAMA FARM」の畑の横に 2020 年に設置された野菜の自動販売機は、取れたての野菜をお得にゲットできる。トマトをはじめ、サツマイモや米などを、コインロッカーのような自動販売機に入れて販売。100 円硬貨専用なので、100 円玉をしっかり用意して向かおう。おいしいと評判の若松水切りトマトの予約販売も行っている。

上／畑の一角に立つ小屋の中に自動販売機が設置されていて、自由に購入することができる
下／季節ごとの野菜が用意されている

 Voice　松浦ファームのトウモロコシは本当に甘くておいしいです。一度買ったら忘れられないほどで、またトウモロコシの季節が来たら足をのばして買いにいきたいと思っています。

若松育ちのブドウを使ったワインはいかが？

わたりせふぁーむあんどわいなりー
ワタリセファーム＆ワイナリー

　古くから農家を営む藤田さん一家が代々受け継ぐ畑を開墾し、植えて育てたブドウでワイン作りを行うワイナリー。メルローやシャルドネ、シュナンブラン、巨峰、キャンベルアーリーなど、さまざまなブドウから作られている。詳しくは→P.307

ワタリセとは地区の名前。この地で育てたブドウ100%の証

ワタリセファーム＆ワイナリー
MAP 別冊 P.12-A2
🏠 北九州市若松区有毛 1788
☎ 080-1719-8773
🕐 9:00〜16:00
休 不定休
CC 不可
P あり
🚉 JR 折尾駅北口から車で 15 分

「家族経営でじっくりとワイン作りに取り組んでいます」と藤田さん

収穫体験が楽しめるトマト農園

ねいちゃーとまとふぁーむ
Nature トマトファーム

　トマト作りで定評のある若松区有毛地区にあり、トマト狩りが体験できる農園。おいしいトマトはもちろん、農業体験を通じて自然や人と触れ合い、心も体も元気になってほしいのだとか。トマト狩りのシーズンは 3 〜 7 月頃まで。全国発送も行っている。

炭や有機肥料を使用した「和炭トマト」を栽培

Nature トマトファーム
MAP 別冊 P.12-A2
🏠 北九州市若松区有毛 2325-1
☎ 093-647-2342
🕐 10:00 〜 16:00
休 木・金
P あり
🚉 JR 二島駅から車で 15 分

店舗ではトマトの販売も行っている。売り切れの場合もあるので事前に連絡してから訪れたい

自然が造り出す地形は圧巻

せんじょうじき
千畳敷

　干潮時になると姿を現す長さ 200 m、幅 50 mほどの洗濯板状の玄武岩。波によって浸食され平らな岩板になったもので、その名のとおり、畳を敷き詰めたような見た目は圧巻だ。亀裂やくぼみには小さな生き物がたくさんすんでいるのが見える。

近くに駐車場はないので要注意

千畳敷
MAP 別冊 P.12-A1
🏠 北九州市若松区有毛 3172-2
P なし
🚉 JR 二島駅から北九州市営バス亀の井ホテル玄界灘行きで千畳敷海岸入口下車、徒歩 3 分

砂浜の先が岩板になっているユニークな地形

おもな見どころ

藤ノ木白山神社

MAP 別冊 P.13-C2
- 住 北九州市若松区赤島町 14-12
- TEL 093-791-1943
- 開休 参拝自由
- P あり
- 交 JR 藤ノ木駅から徒歩 8 分

本殿内には縦横 225cm と北九州最大の大きさを誇る奉納絵馬が飾られている。これは文化 8 (1811) 年に藤ノ木村の庄屋が奉納したもの

恋の誕生から安産まで神様が守ってくれる

藤ノ木白山神社
ふじのきはくさんじんじゃ

奈良時代初期に創建と約 1300 年の歴史を誇る古社。主祭神に付き添う配神の 1 柱が「菊理姫命（くくりひめのみこと）」であることから「くくる」という言葉にちなみ、男女の縁をはじめ、子授け、産業発達など、あらゆるご縁を結ぶ神社といわれている。かわいいイラストの御朱印も人気となっている。高台に立っているので、市街地や洞海湾を見渡せ、参拝のあとは爽快な気分に！

上／御朱印は季節ごとのイラストが用意されている
下／社殿へは境内から石段を下って向かう

若松白山神社

MAP 別冊 P.13-C3
- 住 北九州市若松区白山 3-1-1
- TEL 093-761-3506
- 営休 参拝自由
- P あり
- 交 JR 若松駅から徒歩 11 分

北九州市指定有形民俗文化財「色絵武者図磁器絵馬」が奉納されている（非公開）。中央には神功皇后と御子、皇后に仕えた武内宿禰（たけうちのすくね）が描かれている

石段を上ると美しい景色が待っている

若松白山神社
わかまつはくさんじんじゃ

金運アップや良縁の神様としても知られているが、航空機事故に遭遇した青年がお守りを身につけていたおかげで奇跡的に難を逃れ、お礼参りにきたことから、安全祈願や厄除け祈願に訪れる人が増えている。JR 若松駅から山側に向かった高台にあり、148 段ある石段を上って振り返ると美しい若戸大橋や洞海湾が一望でき、その景色に癒やされる。サクラの季節は特に美しく、多くの人が訪れる。

上／深い緑に包まれた神社。参道の向こうに若戸大橋が見える
下／創建は霊亀 2 (716) 年という古社で、長く若松を見守ってきた

 Voice 若松白山神社の石段を上るのは大変ですが、上ったあとに振り返ると木々の間から若戸大橋が見えて、とても感動的でした。歴史ある神社だそうで、いろいろとお願いごとをしました。

若松南海岸通りにある癒やしのスポット

ねこのじ terasu
ねこのじてらす

1. 散歩しながら立ち寄ってくつろごう
2. 和む看板が目印

洞海湾沿いにある築約60年の2階建て。このなかにカフェやショップ4店舗が集まり、それぞれの店主や作家が自分の世界観を表現している。

🏠 北九州市若松区本町1-11-14　P あり
🚃 JR若松駅から徒歩10分
MAP 別冊 P.13-D3

窓の向こうに海が広がり大型船が通る

キッサネコノジ
きっさねこのじ

多彩なドリンクメニューのほか、八幡西区にある人気ベーカリー「一の粉」のトースト、門司港「GOURD」（→P.149）のケーキなども楽しめるカフェ。静かで和める大人の空間だ。

あおいろソーダフロート600円

窓際のカウンターが特等席

📞 080-1771-7670
🕐 12:00～17:00
🏠 日
💳 不可

ナチュラル素材の雑貨が揃う

手しごと雑貨ニコ屋
てしごとざっかにこや

ドライフラワーやプリザーブドフラワーを使ったリースやアクセサリーなど、ナチュラル感あふれるハンドメイドアイテムが揃う。オーダーも可能なので相談してみよう。

一つひとつ手にしてみたくなるものばかり

三日月型のリースは人気アイテム

📞 080-9055-5525　🕐 12:00～16:00　🏠 日、ほか不定休あり　💳 不可

小さくてかわいい豆靴にキュン！

Tsumugi+
つむぎぷらす

店内には細い糸でかぎ針編みしたわずか2cm程度の豆靴や、糸を使ったアクセサリーが並ぶ。すべてハンドメイドで世界にひとつしかないオリジナル。金属にはないあたたかなテイストが漂う。

1. カラーも豊富で、ここでしか出会えない作品ばかりだ
2. パールをあしらったキュートな豆靴

📞 090-9607-2004
🕐 12:00～16:00
🏠 月・火・金・日、ほか不定休あり
💳 不可

旅の思い出にプロの撮影はいかが?

写真と雑貨のお店 虹のいろいろ
しゃしんとざっかのおみせ にじのいろいろ

フォトグラファー・蒼さんが手がける写真と雑貨の店。店内には写真にまつわる雑貨が並び、フォトブックのオーダーも可能。撮影に出ていることも多いのでインスタグラム@ao.nijiiroへの事前連絡がベター。

ポートレート撮影も得意。映える海岸通りで撮影したい

📞 なし　🕐 12:00～16:00　🏠 月・火・金・日、ほか不定休あり　💳 不可

 Voice　若戸大橋たもとにある若松南海岸通りは、とても雰囲気があって映えるスポットがいっぱい！　ときどきカフェで休んだり、スイーツを食べたりしながら撮影スポットをめぐるのがおすすめ

クラシックノン 1982

MAP 別冊 P.13-C2
- 🏠 北九州市若松区下原町 10-11
- ☎ 093-751-6151
- 🕐 10:00 ～ 19:00、カフェ 11:00 ～ 17:00（L.O.16:30）
- 休 月（インスタグラムで要確認）
- CC 不可
- P あり
- 交 JR 若松駅から車 8 分

2018 年第 3 回お土産コンテストで金賞を受賞した若松かっぱ最中サブレ各 210 円

バリエーションの豊富さにびっくり！

クラシックノン 1982
くらしっくのん1982

　平成 20（2008）年創業のパティスリー。毎日店頭に並ぶケーキは約 60 種、ロールケーキは 8 種と、とにかく種類の豊富さに驚く。焼き菓子なども数多く揃っているので、おみやげにもおすすめだ。高塔山のあじさいや有毛のひまわりなど、地元の季節を表現したケーキなども美しく、ギリシアのサントリーニという島をイメージしたカフェコーナーでは、"映える"と評判のパフェが味わえる。

上／パティシエ歴 20 数年の西田さんの尽きることのないアイデアがケーキで表現されている
下／店内・外観ともにショップの装飾も西田さんが手がける

有毛のひまわり

MAP 別冊 P.12-A2
- 🏠 北九州市若松区有毛・安屋地区
- 交 JR 二島駅から北九州市営バス亀の井ホテル玄界灘行きで有毛下車、徒歩 4 分
- ※畑内は立ち入り禁止。路上駐車も迷惑なのでひかえたい。

若松エリアの夏の風物詩

有毛のひまわり
ありげのひまわり

　有毛や安屋地区の国道495 号沿いでは、毎年 7 月中旬から 8 月上旬にかけてひまわりが咲く姿が見られる。冬野菜の収穫後、地元の農家の人たちが美しい景観をつくろうと種をまいている。

私有地に植えられているのでマナーを守って鑑賞しよう

見ちゃり！聞いちゃり！ 当時の繁栄を感じさせる商店街を散策

　石炭の積出港として栄えた若松。「大正町商店街」「ゑびす市場」「丸仁市場」「明治町銀天街」「エスト本町商店街」など、商店街の多さからも当時のにぎわいが想像できる。今なおレトロな昭和っぽい商店街の雰囲気を残していて、個性的なショップも多いので、商店街をはしごしてみるのも面白い。若松商店街連合会では貸店舗ツアーを行うなど、各商店街はもちろん地元を盛り上げようと、SNS などで若松の魅力を発信している。

タイムスリップしたようなノスタルジックな雰囲気が漂う

info　クラシックノン 1982 の西田さんは、ショップの内外装を手がけるモルタル造形の作家でもある。自店もそのひとつで、このほかにも数々の店舗をテーマパークのような楽しいショップに変身させている。

国有形文化財で食す名物「牛鍋」
料亭金鍋
りょうていきんなべ

　明治5（1872）年、肉食が解禁となった日本で、九州で初めての牛鍋屋として小倉に誕生。その後、若松に移転し、大正期に金製の鍋で提供したところ石炭景気も重なって評判となり、全国各地から名士が集うようになった。当時の味を受け継ぐ牛鍋はもちろん、国有形文化財に指定された建築も必見。風情豊かな空間で往時に思いをはせたい。

牛鍋コース 9680 円。厚切りの黒毛和牛サーロインを八丁味噌で炊く

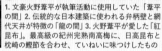

1. 文豪火野葦平が執筆活動に使用していた「葦平の間」 2. 伝統的な日本建築に使われる弁柄壁と網代天井が特徴の「龍の間」 3. 火野葦平が愛した「紅昆布」。最高級の紀州完熟南高梅に、日高昆布と枕崎の鰹節を合わせ、ていねいに味つけしたもの

MAP 別冊 P.13-D3
- 🏠 北九州市若松区本町 2-4-22
- ☎ 093-761-4531
- 🕐 12:00〜15:00、17:00〜22:00（完全予約制）
- 休 不定休
- CC 不可
- P なし
- 🚋 JR 若松駅から徒歩 8 分

訪れる人が後を絶たない人気餃子店
若松鉄なべ
わかまつてつなべ

餃子はテイクアウトも可能。店内はカウンターのみ

焼きめし 550 円はしっとりとした食感

　昭和48（1973）年の創業以来、鉄なべ餃子一筋。"鉄なべ餃子はここがいちばん好き！"というファンも多い。途切れることなく焼かれる餃子はカリカリ＆もっちりとした皮の中にニンニクがきいたジューシーなあんが入り、お酒との相性抜群！10個500円とリーズナブルなのもうれしい。水餃子やスープ餃子もあるので食べ比べてみよう。

MAP 別冊 P.13-C3
- 🏠 北九州市若松区中川町 1-23
- ☎ 093-761-1711
- 🕐 15:00〜L.O.21:30
- 休 水　CC 不可　P あり（提携駐車場）
- 🚋 JR 若松駅から徒歩 10 分

揚げたてフワモチの絶品天ぷら
丸窓天ぷら店
まるまどてんぷらてん

　大正15（1926）年創業、1日800〜1000枚天ぷらを販売する人気店。種類は白、キクラゲ、野菜の3種類。4代目のご主人が毎日早朝4時からイトヨリダイの白身を5時間かけて練り、揚げている。天ぷらは厚みがあり、フワフワの食感に驚くはず。午前中に完売することも多いので、事前に電話予約をしておくと安心。

土曜日に作るという限定メニューの角天。素材は同じだが型にはめて寝かしているのでコシがある

ひとつ 100 円でいちばん人気はコリコリした食感が楽しいキクラゲ

醤油はもちろん、マヨネーズにも合います

MAP 別冊 P.13-D3
- 🏠 北九州市若松区浜町 2-2-19
- ☎ 093-751-0108
- 🕐 10:00 〜 17:00　※完売次第終了
- 休 日・祝　CC 不可
- P なし　🚋 JR 若松駅から徒歩 12 分

Voice　地元の人のおすすめで丸窓天ぷら店に行きました。福岡ではさつま揚げのことを「天ぷら」と呼ぶのをこちらで初めて知りました。揚げたては格別でした。

製鉄所で栄え、未来に向けて進化する町

やはたひがしく

八 幡 東 区

人口 ▶ 6万2624人
（2023年10月1日）
面積 ▶ 36.26㎢

ミュージアムが集まる東田地区はエリアいちの観光スポット

🏛 エリア利用駅

八幡駅
スペースワールド駅
枝光駅
JR 鹿児島本線

観光案内所

● 北九州市観光案内カウンター

MAP 別冊 P.15-D2
🏠 北九州市八幡東区東田 4-1-1
THE OUTLETS KITAKYUSHU
インフォメーション棟 1 階
☎ なし
🕐 10:00 〜 19:00
🗓 無休

八幡東区への行き方

北九州空港 ── 福岡観光バス ── スペースワールド駅
所要 40 分（1000 円、ジ アウトレット北九州着）
※スペースワールド駅まで徒歩 2 分

小倉駅 ── JR 鹿児島本線 ── スペースワールド駅
所要 13 分（280 円）

　言わずと知れた「鉄の町」八幡東区は明治 22（1889）年に遠賀郡尾倉村、大蔵村、枝光村が合併して誕生した八幡村が起源。「やはた」の名前は 3 つの村の氏神が「産土神様（うぶすなかみさま）八幡神社」だったことに由来するという説がある。現在はおもに JR 八幡駅周辺の国際交流ゾーン「平野」、大型商業施設のほか、ミュージアム施設が集積する「東田」、北九州市のほぼ中心に位置し緑あふれる「高見」、自然豊かな「皿倉・河内」などのエリアに分けられる。毎年 60 万人以上の人出でにぎわう「まつり起業祭八幡」のほかに、2023 年は市制 60 周年を記念した「まつり八幡 2023」が開催され、6 年ぶりに八幡東区の 7 基の祇園山笠が集結した。

info　2018 年に閉園したスペースワールド。園のシンボルだった観覧車は広島県の呉市「呉ポートピアランド」から移設されたもので、現在カンボジアのアンコールワット近くの商業施設で活躍している。

八幡東区の歩き方

遊びも学びも観光もギュギュッと凝縮

八幡東区に行くには
JRスペースワールド駅
を利用しよう。まずは明
治32（1899）年に竣工
した官営八幡製鐵所旧本
事務所眺望スペースへ。
稼働中の工場敷地内にあ
るため一般公開はされて

日本新三大夜景都市に選ばれた北九州市。皿倉山からの夜景は必見

いないが、眺望スペースから外観を見学できる。次は各ミュージアムへ。西日本最大級の自然史・歴史博物館「北九州市立いのちのたび博物館」や環境問題を学べる「タカミヤ環境ミュージアム」、国内最大級のプラネタリウムが併設されている「スペースLABO」など魅力的なミュージアムが密集している。遊んだあとは、「THE OUTLETS KITAKYUSHU」でグルメとショッピングを楽しんで。また、夜まで滞在できるなら皿倉山へ。日本新三大夜景に選ばれた夜景は圧巻の美しさだ。皿倉山へはJR八幡駅からシャトルバスが発着。事前にケーブルカーの運行時間も調べておこう。

おさんぽプラン

❶ JRスペースワールド駅
　徒歩10分
❷官営八幡製鐵所旧本事務所眺望スペース
　徒歩10分
❸各ミュージアム
　徒歩5分
❹THE OUTLETS KITAKYUSHU
　電車で2分・シャトルバス10分
❺皿倉山ケーブルカー山麓駅

八幡東区　歩き方

特命大使のわが町自慢 TOKUMEI

Q 八幡東区の思い出の場所を教えてください。

A だれよりもラグビーがうまくなりたいと練習した高炉台公園（→P.218）ですね。階段ダッシュした日々が懐かしい。告白された場所でもあり、フラれた場所でもあります（笑）。

Q 八幡東区の自慢したいスポット、他県の人に教えたいところは？

A THE OUTLETS KITAKYUSHU（旧スペースワールド）やスーパーマーケット、大きな公園があり、子供から大人までのびのびと生活ができるところ。八幡中央街商店街には昔からのお店が並び、新しい店舗もあって活気にあふれています。

Q 八幡東区のおすすめグルメ、おみやげを教えてください。

A 実家の近くの寿司竹（→P.221）や鉄板焼よしむら（→P.221）。寿司竹は、料理はもちろんドレッシングまでおいしくて、お気に入りです。

Profile
山田章仁
（やまだあきひと）
昭和60（1985）年生まれ、八幡東区出身。ラグビー選手。九州電力キューデンヴォルテクス所属。小倉高校から慶應義塾大学卒業後も選手として活躍。ラグビーワールドカップ2015では日本代表として、忍者トライを決めるなどチームの歴史的躍進を支えた。

官営八幡製鐵所 旧本事務所眺望スペース

MAP 別冊 P.14-B1

- 🏠 北九州市八幡東区東田5
- 📞 093-582-2922（北九州市役所企画調整局総務課）
- 🕐 9:30～17:00（最終入館 16:30）
- 休 月（祝日の場合は翌日）
- 料 無料 🅿 あり 🚃 JR スペースワールド駅より徒歩 10 分

建物内には長官室、顧問技師室、技監室、主計室などがあり、当時の製鐵所の中枢を担っていた

東田第一高炉跡

MAP 別冊 P.15-D3

- 🏠 北九州市八幡東区東田 2-3-12
- 📞 093-582-2391（北九州市文化企画課）
- 🕐 9:00～17:00（※現在立ち入り禁止）
- 休 無休
- 料 無料
- 🅿 なし
- 🚃 JR スペースワールド駅より徒歩 5 分

河内藤園

MAP 別冊 P.14-B2

- 🏠 北九州市八幡東区河内 2-2-48
- 📞 093-652-0334
- 🕐 藤（4 月下旬～5 月上旬）8:00～18:00、紅葉（11 月中旬～12 月初旬）9:00～17:00 休 無休
- 料 藤期 1500 円、紅葉期 500 円
- 🅿 あり
- 🚃 JR 八幡駅より車で 20 分

秋の紅葉も美しい。藤の時期の入園料は開花状況により変動し、最盛期は追加料金が必要となる

線路の向こうにたたずむ世界文化遺産を見にいこう

官営八幡製鐵所 旧本事務所眺望スペース
かんえいやはたせいてつじょ きゅうほんじむしょちょうぼうすぺーす

平成 27（2015）年、世界遺産に登録された「明治日本の産業革命遺産 製鉄・製鋼、造船、石炭産業」の構成資産「官営八幡製鐵所 旧本事務所」を眺められる。観光案内ボランティアも常駐している。旧本事務所内部をバーチャルツアー体験できる VR もおすすめ。詳しくは→ P.53

今も稼働中の工場構内にあるため内部は非公開となっている

日本初の銑鋼一貫製鉄発祥の地のシンボル

東田第一高炉跡
ひがしだいいちこうろあと

明治 34（1901）年 2 月 5 日、官営八幡製鐵所初の火入れが行われた高炉は、日本の近代化を伝える象徴的存在。一帯は史跡広場として整備され、高炉の炉前作業を再現した様子や高炉の中が見学可能で、鉄造りについて学べる。詳しくは→ P.53

現在は施設の一部に危険箇所があるため立ち入り禁止となっている

世界中の人々を魅了する圧巻の藤園

河内藤園
かわちふじえん

アメリカ CNN の「日本の最も美しい場所 31 選」に選出された藤の名所。長さ 80m と 110m の花のトンネルがあり、見事なグラデーションを見せる。年 2 回公開され、混雑緩和のため対象期間中は予約チケット制となる。詳しくは→ P.92

開園時期は毎年変動するので公式サイトを確認しよう

---

info 「スペース LABO」内のサイエンス LABO（常設展）とプラネタリウムは当日でも空席があれば入館できるが、土日祝は混み合う。入館または投映開始 1 時間前まで受付可能な事前予約サイトがある。

科学現象を体験しながら楽しく学べる！

スペースLABO
すぺーすらぼ

昭和30（1955）年に開設された日本初の子供のための科学館「旧八幡市立児童科学館」を前身とする「北九州市児童文化科学館」が移転。館内には西日本最大級のプラネタリウムや国内最大の大型竜巻発生装置などの体験設備があり、「スペースワールド」から引き継いだ月の石など、貴重な資料も展示されている。詳しくは→ P.96

上／高さ約10mの国内最大の竜巻発生装置がある
下／プラネタリウムは飛行機のファーストクラス並みの座席間隔でゆったり

スペースLABO

MAP 別冊 P.15-D2
🏠 北九州市八幡東区東田4-1-1
📞 093-671-4566
🕐 10:00 ～ 18:00（最終入館17:30）
休 無休
料 サイエンスLABO（常設展）400円、プラネタリウム600円
P あり
交 JR スペースワールド駅より徒歩3分

アネックスには「北九州市世界遺産ギャラリー」（→ P.53）もある

地球の誕生から現在までの"いのちのたび"に出かけよう

北九州市立いのちのたび博物館
きたきゅうしゅうしりついのちのたびはくぶつかん

展示総数約9000点以上を超える西日本最大級の自然史・歴史博物館。"いのちのたび"をコンセプトに、生命の進化と人の歴史を展示している。目玉は100mに及ぶ大展示室「アースモール」。時間軸に沿って恐竜の骨格標本などが展示され、特に中生代のスピノサウルスは圧巻の迫力だ。その他の展示もエンターテインメント性が高く、見応えがある。詳しくは→ P.94

上／北九州市の人々の暮らしの変遷を学べるゾーンもある
下／2023年3月のリニューアルにともない全長約15mの最大級の肉食恐竜、スピノサウルスが登場

©Courtesy of The University of Chicago

北九州市立いのちのたび博物館

MAP 別冊 P.15-D3
🏠 北九州市八幡東区東田2-4-1
📞 093-681-1011
🕐 9:00 ～ 17:00（最終入館16:30）
休 6月下旬頃
料 600円
P あり
交 JR スペースワールド駅より徒歩5分

中生代白亜紀前期の北部九州を再現した「エンバイラマ館」では恐竜が動く迫力の演出が楽しめる

「北九州市立いのちのたび博物館」は家族でよく出かけます。恐竜だけではなく、北九州市の歴史などもしっかり学べるので、ゆっくり見学しているとあっという間に時間が過ぎてしまいます。

タカミヤ環境ミュージアム
（北九州市環境ミュージアム）

MAP 別冊 P.15-D3

🏠 北九州市八幡東区東田 2-2-6
📞 093-663-6751
🕐 9:00〜17:00（最終入館 16:30）
休 月（祝日の場合は翌日）
💴 無料 Ｐ 市営駐車場を利用
🚌 JR スペースワールド駅から徒歩 5 分

北九州市の家庭で分別したごみがどのようにリサイクルされているのかも展示されている

河内貯水池

MAP 別冊 P.14-B2

🏠 北九州市八幡東区河内 1
💴 無料
Ｐ なし
🚌 JR 八幡駅から車で 15 分

貯水池に掛かる南河内橋は大正 15（1926）年竣工。歩行者・自転車専用の橋だ

北九州市立響ホール

MAP 別冊 P.14-B1

🏠 北九州市八幡東区平野 1-1-1
📞 093-662-4010
🕐 9:00〜22:00
休 無休
Ｐ あり（有料）
🚌 JR 八幡駅から徒歩 15 分

「シューボックス型」を採用した720 席を有するクラシック音楽専用ホール。見学は利用予定者のみ（要問い合わせ）

北九州市の環境への取り組みがまるわかり！

たかみやかんきょうみゅーじあむ
タカミヤ環境ミュージアム
（北九州市環境ミュージアム）

　北九州市が深刻な公害を克服するまでの歩みや身近なエコライフ、地球温暖化やカーボンニュートラルなどが学べる環境学習施設。環境に優しい住まいの工夫が学べる「北九州エコハウス」も併設。詳しくは→ P.111

北九州市の環境への取り組みをわかりやすく学べる

国重要文化財の橋がかかる美しい池

かわちちょすいち
河内貯水池

　河内ダムによって造られ、北九州国定公園に指定されている人造湖。春は桜に新緑、秋は紅葉と四季折々に美しい景色が望める。赤い南河内橋は日本に唯一現存するレンティキュラー・トラス橋で、平成 18（2006）年に国の重要文化財に指定されている。

官営八幡製鐵所の工業用水確保のために造られたという歴史的価値もある場所

国内屈指の音響特性をもつホール

きたきゅうしゅうしりつひびきほーる
北九州市立響ホール

　平成 5（1993）年に開館した音楽専用ホール。ホール内の建築材に地元企業製造の特注ガラスや八幡製鐵所の溶鉱炉と同じ耐火れんがを使用。地元ならではの素材が優れた音響効果にも生かされ、世界的な演奏家からも高い評価を受ける音楽の殿堂だ。

満席時の残響時間約 1.8 秒と、クラシック音楽の理想をかなえた音響設計

info 河内貯水池には池を取り囲むようにサイクリングロードが整備されている。「河内サイクリングセンター」（📞093-651-9000）では自転車の貸し出し（2時間以内300円）も行っているので気軽に利用しよう。

乗り物で行くのが楽しい市内屈指の夜景スポット

皿倉山
さらくらやま

「日本新三大夜景」のひとつに認定されている北九州随一の夜景スポット。ケーブルカーとスロープカーを乗り継いで到着する標高622mの山頂にある展望台からは、視野角200度に夜景が広がり、その美しさは息を飲むほど。2023年4月にはレストランもオープンした。カップルのデートスポットとして人気を集め「恋人の聖地」にも認定されている。

上／全面ガラス張り360℃ビューのスロープカー
下／「100億ドルの夜景」と呼ばれているのも納得できる

皿倉山
MAP 別冊 P.14-B2
🏠 北九州市八幡東区大字尾倉1481-1
☎ 093-671-4761（皿倉登山鉄道株式会社）
🕐 運行10:00〜22:00（上り最終21:20）、11〜3月〜20:00（上り最終19:20）
🚫 火（祝日の場合は営業）、ほか不定休あり
💴 ケーブルカー＆スロープカー往復通し券1230円
🅿 あり（ケーブルカー山麓駅付近）
🚃 JR八幡駅から車で5分 ※ JR八幡駅から皿倉山ケーブルカー山麓駅まで無料シャトルバスあり ※公式サイトで要確認

西日本最長級のスイス製ケーブルカー。山麓駅から山上駅までケーブルカー、山上駅でスロープカーに乗り換えて展望駅まで約10分。山頂まで車で行くことは不可

国内外のブランドが揃う、"遊べる"アウトレット

THE OUTLETS KITAKYUSHU
じ あうとれっと きたきゅうしゅう

平成30（2018）年に閉業した「スペースワールド」跡地に誕生した大型商業施設。インポートブランドから人気セレクトショップ、スポーツブランドなど約170店舗が揃い、回遊しながら買い物を楽しめる。また、敷地内にはフードコートをはじめとする休憩スポットも豊富に用意されているほか、子供たちが遊べる遊具が豊富に揃う。詳しくは→ P.312

上／軒が広いので、雨の日でも濡れずにショッピングを楽しめる
下／イオンモール八幡東と隣接し、総敷地面積約27万平方メートルを誇る

THE OUTLETS KITAKYUSHU
MAP 別冊 P.15-D2
🏠 北九州市八幡東区東田4-1-1
☎ 093-663-7251
🕐 10:00〜20:00
🚫 無休
💳 ADJMV
🚃 JRスペースワールド駅から徒歩2分

広々としたフードコート。ひとり用の席にはコンセントとUSBポートも設置されている

Voice 「THE OUTLETS KITAKYUSHU」と隣接する「イオンモール八幡東」には、どちらもフードコートやレストラン、カフェが充実しているので、何度訪れても飽きることがありません。

福岡ひびき信用金庫本店

MAP 別冊 P.14-B1
- 🏠 北九州市八幡東区尾倉 2-8-1
- 🚃 JR 八幡駅から徒歩 4 分

重厚な存在感を放つ八幡のシンボル

ふくおかひびきしんようきんこほんてん
福岡ひびき信用金庫本店

昭和 46（1971）年、前身の旧北九州八幡信用金庫本店として完成。設計は日本を代表する建築家で八幡製鐵所での勤務経験もある村野藤吾が手がけた。皿倉山を背景にした建物は重厚で唯一無二の存在感を放ち、鉄の街で育った感性が生かされている。

北九州市立八幡図書館、北九州市立八幡市民会館も村野藤吾の設計

写真提供：北九州市「ARCHITECTURE OF KITAKYUSHU 〜時代で建築をめぐる〜」

旧百三十銀行八幡支店
（北九州市立旧百三十銀行ギャラリー）

MAP 別冊 P.14-B1
- 🏠 北九州市八幡東区西本町 1-20-2
- ☎ 093-661-9130
- 🕐 10:00〜18:00
- 休 無休
- 🅿 あり
- 🚃 JR 八幡駅から徒歩 8 分

赤れんが風の外観がモダンな印象

きゅうひゃくさんじゅうぎんこうやはたてん（きたきゅうしゅうしりつきゅうひゃくさんじゅうぎんこうぎゃらりー）
旧百三十銀行八幡支店
（北九州市立旧百三十銀行ギャラリー）

日本近代建築の先駆者、辰野金吾が主宰する事務所が設計し、大正 4（1915）年に建てられた鉄筋コンクリート造りの銀行。赤れんが風の壁体に幾何学的模様の窓周りや柱頭飾りが施され、大正期のモダンデザインが表現されている。現在は市民ギャラリーとして活用されている。

北九州市有形文化財（建造物）に指定されている

写真提供：北九州市「ARCHITECTURE OF KITAKYUSHU 〜時代で建築をめぐる〜」

豊山八幡神社

MAP 別冊 P.14-B1
- 🏠 北九州市八幡東区春の町 4-4-1
- ☎ 093-671-2998
- 🕐休 参拝自由
- 🅿 なし
- 🚃 JR 八幡駅から徒歩 9 分

「八幡」という地名にゆかりの深い神社

とよやまはちまんじんじゃ
豊山八幡神社

推古天皇の時代に宇佐から八幡大神を迎え、平安時代に現在地に神殿が建立された由緒正しき神社。明治 22（1889）年に枝光・前田・大蔵村が合併した際、氏神が八幡様だったため、八幡村と名づけられた。勝負事や出世開運に御利益があるといわれている。

小高い丘の上に鎮座し、境内からは八幡の町が眺められる

2023 年に創建1400 年を迎え、「日本初！鉄のしめ縄」が飾られた

 info 「福岡ひびき信用金庫本店」の建物の最上部には溶鉱炉を思わせるような塔屋があり、これは八幡製鐵所で働いた経験をもつ村野藤吾ならではの感性から生まれたものだといわれている。

恋の成就を占ってみよう

仲宿八幡宮
なかやどはちまんぐう

神功皇后が三韓征伐の際、中宿（途中で宿泊）し、社殿を建立したと伝わる神社。境内には200年以上前に非業の死を遂げた男女を祀った「牛守神社」もあり、恋の成就を占う「恋占い石」も置かれている。ルールに沿って挑戦してみよう。

神功皇后が三韓征伐に向かう途中、謀反の兆しありという神託を受けてこの地に立ち寄ったと伝わる

仲宿八幡宮
MAP 別冊 P.14-B1
住 北九州市八幡東区祇園2-5-1
TEL 093-671-6555
開休 参拝自由
P なし
交 JR八幡駅から西鉄バス製鉄飛幡門行で祇園二丁目下車、徒歩4分

恋占い石は、目を閉じて、なで石をたよりに進み、石が終わった所から三歩歩いて、正面のたま石を左手でつかむのがルール

地元で愛される竹久夢二ゆかりの公園

諏訪一丁目公園
すわいっちょうめこうえん

大正ロマンの寵児といわれる画家・竹久夢二は一時、八幡東区に住み、八幡製鐵所に勤務していたといわれている。この公園内には夢二が作詞した「宵待草」の一節が刻まれた文学碑があり、夢二ゆかりの地として毎年「夢二まつり」が開催されている。

石碑には「宵待草のやるせなさ」と刻まれている

諏訪一丁目公園
MAP 別冊 P.15-C1
住 北九州市八幡東区諏訪1-1
P なし
交 JRスペースワールド駅から徒歩14分

トゲがついた緑色の滑り台や北九州市の環境マスコットキャラクター「ていたん」がついた遊具も

境内で滝行ができる

龍潜寺
りゅうせんじ

7500坪の広さを誇る日蓮宗のお寺。敷地内に人工の滝があり、滝行を行うことができる。参加は小学校高学年以上となり、行衣は貸し出してくれる。滝行は心身を清め、心を強くし、願をかけると、絶大な御利益がいただけるといわれている。

井戸の水は1年中冷たい。説明をしっかり聞いて挑もう

龍潜寺
MAP 別冊 P.14-B1
住 北九州市八幡東区祇園原町6-21
TEL 093-671-2778
営 滝行毎月第2土15:00〜（実施日は事前に要確認。公式サイトにある申込書をファクスもしくは郵送）休 参拝自由 P あり
交 JR八幡駅から徒歩7分

境内には池があり、古来ここに金色の龍がすんでいるといわれていることが寺名の由来

 「諏訪一丁目公園」では9月に夢二祭が行われ、毎年バンドで演奏していました。コロナで祭りが中止になったりしましたが、地域の方の地元愛が強くてあたたかい雰囲気のお祭りでした。

高見神社

高見神社

MAP 別冊 P.15-C1

住 北九州市八幡東区高見 1-1-1

電 093-651-5108

開休 参拝自由

P あり

交 JR 八幡駅から西鉄バス砂津行きで三条下車、徒歩 3 分

神社境内の野外能舞台では、定期的にジャズや雅楽などの奉納イベントが行われる

ものづくりと安全安心の神様が宿る

高見神社
たかみじんじゃ

　官営八幡製鐵所操業以降、日本近代化産業発展の守護神として「ものづくりと安全安心」をコンセプトに、昭和 8（1933）年から約 10 年を経て現社殿が建立された。古くは神功皇后が洞海湾のほとり大字尾倉字高見に戦勝祈願のため、天神（あまつかみ）皇祖神 12 柱を祀ったのが始まりと伝わる。約 10 万平方メートルの鎮守の森に囲まれた高見地区の高台にあり、桜の名所でもある。

上／鉄の町、八幡ならではの「鐵の玉まもり」
下／常緑広葉樹が生い茂る鎮守の森は、渡り鳥や野鳥の姿も見られる

高炉台公園

高炉台公園

MAP 別冊 P.15-C1

住 北九州市八幡東区中央 3-9

P あり

交 JR 八幡駅から西鉄バス砂津行きで上本町一丁目下車、徒歩 1 分

ツツジの名所としても有名で 5 月上旬頃には見物客でにぎわう

アートにも触れられるツツジの名所

高炉台公園
こうろだいこうえん

　昭和 32（1957）年に八幡市政 40 周年を記念して整備された、国道 3 号沿いの高台にある公園。なだらかな坂の上にある製鉄所の高炉を模したモニュメントが公園のシンボル。奇抜な色彩の迫力ある鋳鉄の彫刻や、平和・自由・労働・青春と題した四体の男女のブロンズ像などもあり、アートの世界に触れることができる。野外音楽堂ではときおりイベントも開催されている。

上／製鉄所の高炉を模したモニュメントがある
下／野外音楽堂を囲むように階段上にベンチが配置されている

info 高見神社の「鐵の玉まもり」は、念願や勝負を祈願する赤、金運や商運を祈願する金、安全や健康を祈願する黒の 3 種がある。

唯一無二の遊具がある公園で遊び倒そう！

桃園公園
ももぞのこうえん

野球場、室内プール、テニスコート、武道場（令和6年度オープン予定）などがある市民の憩いの場。「桃園公園内わんぱく広場」はターザンロープや複合遊具、広い砂場などがあり、1日中遊べる。宇宙人や惑星など、ほかでは見ることがないユニークな遊具は必見。

市内の小中学生のアイデアをもとに造られたカブトムシやネッシーの遊具

桃園公園
MAP 別冊 P14-B1
🏠 北九州市八幡東区桃園 3-1
☎ 093-582-2464
🅿 あり
🚌 JR 八幡駅から西鉄バス折尾行きで桃園下車、徒歩 1 分

砂入人工芝など 11 面のテニスコートがある

緑が気持ちいい "環境未来都市" の公園

東田大通り公園
ひがしだおおどおりこうえん

生物や人と緑のつながりを意識し、「環境未来都市」の一環として整備された公園。ローラースライダーや築山と一体化した遊具などがあり、休憩スペースは光を通すガラス屋根で、木漏れ日を感じられる心地よい空間になっている。

築山や木立の配置と形状によって自然な風を流し、快適なスペースに

東田大通り公園
MAP 別冊 P15-D3
🏠 北九州市八幡東区東田 2-1
🅿 なし
🚌 JR スペースワールド駅から徒歩 3 分

2001 年の「北九州博覧祭」のタイムカプセルが埋設されている

北九州の地酒として愛される「天心」の蔵元

溝上酒造
みぞかみしゅぞう

弘化元（1844）年に創業、皿倉山のふもとにある老舗の蔵元。「基本に忠実に、誠実な心で酒作りに向き合う」ことを信念にキレのいい日本酒を追求している。なかでも代表銘柄「天心」は北九州の地酒として愛されている。

皿倉山のふもとに位置する酒造。毎年3月の蔵開きには多くの人が訪れる

溝上酒造
MAP 別冊 P15-C2
🏠 北九州市八幡東区景勝町 1-10
☎ 093-652-0289
🕐 10:00〜17:00
🈳 土・日・祝、10〜3月は日・祝
💳 JMV
🅿 あり
🚌 JR 八幡駅から西鉄バス上重田行き勝山下車、徒歩 3 分

門司猿喰産の酒造米「吟のさと」を使った特別純米酒「猿喰」

 子供が小さい頃はよく桃園公園に行っていました。「スペース LABO」（→ P.213）に移転する前の児童文化科学館の雰囲気も懐かしい思い出です。

ケーキギャラリー エスプリ

場所は八幡駅前のロータリーを真っすぐに進んだ左の通り沿い

名物・生パイのために足を延ばす価値あり！

ケーキギャラリー エスプリ

八幡駅前にあるパティスリー。ショーケースにはていねいに作られた色鮮やかなケーキが並び、いずれもリーズナブル。長年地域で愛されているのも納得だ。看板メニューのひとつ、生パイ 1480 円はファンも多い人気スイーツ。
→詳しくは P.304

地産地消を目指し、安全で新鮮な食材にこだわったケーキが並ぶ

枝光本町商店街アイアンシアター

銀行だった建物をリノベーション。中には金庫が残されている

演劇や音楽など多彩なイベントを開催

枝光本町商店街アイアンシアター

平成 21（2009）年に誕生した劇場。演劇や音楽など、多彩な団体が公演や稽古場として利用し、ここでしか体験できないミニシアターならではの公演を楽しめる。また、地元の人が習い事に利用するほか商店街との連携も密で、コミュニティの場にもなっている。

客席との距離が近く、県内外問わず多くの団体に愛されている劇場

© 劇団 C4

八幡中央区商店街

4ヵ所の入口の看板は「春夏秋冬」をイメージした色が施されている

八幡製鐵所おひざ元の商店街

八幡中央区商店街

100 年以上の歴史があり、八幡製鐵所とともに栄えた商店街。喫茶店や文具店など昔ながらの店や、ヨガスタジオやスイーツなど新旧の店が軒を連ねている。毎年 11 月に開催される「まつり起業祭八幡」の際は多くの人であふれる。

中央にある屋根付きの広場では、定期的にイベントが行われている

Voice　アイアンシアター主催の「枝光まちなか芸術祭」で、たくさんの劇団やダンサーと出会い、独創的な作品に触れてきました。またいつか再開してほしいな。

わが町の推しグルメ

地元で半世紀以上愛される
レジェンド店

寿司竹
すしたけ

（山田章仁さん
おすすめ）

「また行こう！と思ってもらえ
るよう努めています」と店主・
栗秋孝一さん。メニューを見る
とにぎり寿司・特上で2400円と
今時、信じられないほど超破格。
付き合いの長い地元の魚屋を毎
日3軒巡って
仕入れる旬魚
を熟練の技で
握ってくれ
る。これぞ町
に愛される寿
司屋だ。

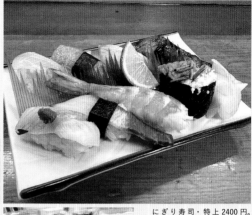

創業から53年。3代に
わたる常連客も多い

にぎり寿司・特上 2400 円。
飲んで食べてひとり 5000 円
程度が目安

MAP 別冊 P.15-D3
🏠 北九州市八幡東区中央
2-16-7 📞 093-671-3570
🕐 16:00〜24:00、日〜
23:00（ネタがなくなり次
第終了）
🈺 月 💳 ADJMV
🅿 なし 🚃 JR スペース
ワールド駅から徒歩 15 分

刺身盛り合わせ 2 人前 4000 円。大将の
心意気が感じられる

店主・栗秋
さんに元気
をもらえる

町に寄り添い家族で訪れやすい老舗

鉄板焼よしむら
てっぱんやきよしむら

（山田章仁さん
おすすめ）

昭和57（1982）年創業。吉村逸味さん・美
知子さん夫婦がお好み焼きから居酒屋メニュ
ーまで鉄板で焼いた熱々メニューを楽しませ
てくれるとあって、家族連れも多い人気店。
酸味が少なく、ソースとも合う自家製マヨネ
ーズが好評だ。

お好み焼き・ミックス 700 円。キャベツたっ
ぷりの関西風

小上がり席もあり、小さい子
供連れでも安心

MAP 別冊 P.15-D3
🏠 北九州市八幡東区
中央 2-8-17
📞 093-681-1757
🕐 17:00〜23:00
🈺 日 💳 不可
🅿 なし
🚃 JR スペースワール
ド駅から車で7分

とん平 800 円。自家製ソース
をかけて

ピーマ
ン 500 円。
お酒に合う
メニューも
豊富

 Voice 「寿司竹」はひとり 5000 円もあれば飲んで食べて大満足できる店。とにかく大将のサービス精神がす
ごいんです。居心地のいい雰囲気も好きで、家族で長年通っています。

個性あふれるエリアが集結する北九州の副都心

八幡西区
や　は　た　にし　く

人口	24万4585人
	（2023年10月1日）
面積	83.13㎢

八幡西区の玄関口である黒崎駅

🚃 エリア利用駅

黒崎駅
JR 鹿児島本線

折尾駅
JR 鹿児島本線
JR 福北ゆたか線
JR 筑豊本線

本城駅
JR 筑豊本線

黒崎駅前駅
穴生駅
永犬丸駅
香月駅
木屋瀬駅
筑豊電鉄

藤の名所である吉祥寺公園

八幡西区への行き方

🚌 北九州空港	北九州エアポートバス	黒崎駅
	所要約54分（820円、西鉄黒崎バスセンター着）	
🚆 小倉駅	JR 鹿児島本線	
	所要18分（280円）	

　7区のうちで最も人口が多く、市の全人口の4分の1以上を占める八幡西区。江戸時代には長崎街道の宿場町として栄え、1900年代に入ってからは洞海湾沿いに工業地帯が形成されて都市化が進んだ。かつて大型商業施設があってにぎわっていたJR黒崎駅前は現在、さまざまなイベントが行われている。2021年に新駅舎となったJR折尾駅は1日平均乗車人員が福岡県で第7位。商業施設もオープンし、新しいにぎわいが生まれている。また、永犬丸・沖田・上津役地区は、瀬板の森公園や金山川などの自然と、住宅地が共存した町づくりが進行中。八幡南地区は、藤の名所・吉祥寺公園やホタルの飛翔地・黒川、畑貯水池などの豊かな自然に恵まれ、木屋瀬地区は長崎街道宿場跡の町並みを楽しむことができる。

info　黒崎駅ビルの「COM CITY（こむしてぃ）」は、公共施設と商業施設が入った官民複合施設。八幡西区役所をはじめ、ハローワークやゴールド免許センター、ショップ、カフェ、ホテル、バスセンターなどが集まる。

八幡西区の歩き方

当時の面影をたどり長崎街道の歴史に触れる旅

八幡西区の旅はJR黒崎駅から始めよう。南北自由通路をわたり、線路沿いの道を東に進むと左手に「城山緑地（黒崎城跡）」が見えてくる。ここで森林浴を楽しみつつ、当時の石

昔ながらの町並みを残す木屋瀬地区は散策がおすすめ

垣を探してみよう。また、展望デッキから帆柱山や洞海湾の眺望を眺めるのもいい。そのあとは駅前の商店街へ。黒崎商店街は放射線状に広がっており、黒崎と熊手のふたつのエリアをまたいだ約9の商店街や市場で構成されている。通りによって個性が違うので散策してみよう。途中、巨大な「青い目のライオン」に出合えるかも。商店街散策を楽しんだあとは曲里の松並木へ。約500本の松のなかには江戸時代から生息している木もあるので探してみて。最後は筑豊電鉄に乗って木屋瀬へ。長崎街道木屋瀬宿記念館や旧高崎家住宅などを巡りながら、宿場町の風情を楽しんで。

おさんぽプラン

① JR 黒崎駅
🚶 車で8分

② 城山緑地（黒崎城跡）
🚶 車で7分

③ 黒崎商店街
🚶 徒歩 10分

④ 曲里の松並木
🚶 徒歩13分、電車で30分

⑤ 木屋瀬宿

特命大使のわが町自慢 TOKUMEI

Q 八幡西区の好きなスポットや北九州市内の思い出の場所はどこですか？

A 高校の近くにあった瀬板の森公園（→P.229）は、野球部の冬のトレーニングで毎日走っていました。とてもきつかったことを覚えています。また、八幡東区の皿倉山（→ P.215）は、高校時代に毎年新入生歓迎会で登っていました。

Q 北九州市の自慢したいところ、おすすめのおみやげは？

A 田舎だと思われがちですが、実際は何でもあるのが北九州市のよいところです。地元に帰るとうどん屋さんで肉ごぼう天うどんとおでんを食べるのが楽しみです。おみやげにはよくネジチョコ（→ P.303）を買って帰ります。渡したときの反応がおもしろいんです。本物のネジのように締めることができ、僕自身ももらったときにすごく驚いたのを覚えています。

©YDB

Profile

今永昇太
（いまながしょうた）

平成5（1993）年生まれ、八幡西区出身。横浜DeNAベイスターズ所属の左投手。北筑高～駒沢大を経て平成27（2015）年ドラフト1位でDeNAに入団。2022年にはDeNA初のノーヒットノーランを達成。2023年のWBC日本代表にも選ばれ好投した。

おもな見どころ

城山緑地（黒崎城跡）

春はサクラが咲き誇る名所

歴史のロマン漂う工場夜景スポット

城山緑地（黒崎城跡）
しろやまりょくち（くろさきじょうあと）

かつて黒崎城があった場所を整備した公園。黒崎城は慶長9（1604）年に、筑前藩主の黒田長政が築いた出城のひとつ。黒田二十四騎のひとり・井上周防之房が城主となったが、元和元(1615)年、徳川幕府の一国一城令で廃城になった。平成29（2017）年に福岡県の文化財に指定。現在は石垣が少し残っている程度で、芝生広場やテニスコートがある。工場夜景の穴場スポット。

上／文化財の指定を記念して設置された石碑
下／小高い山なので散歩コースにも最適

長崎街道木屋瀬宿記念館

「こやのせ座」ではさまざまなイベントが開催されている

長崎街道の宿場として栄えた歴史を学ぼう

長崎街道木屋瀬宿記念館
ながさきかいどうこやのせしゅくきねんかん

江戸時代、「筑前六宿」のひとつとして栄えた木屋瀬宿。宿場町の御茶屋・町茶屋跡地に建てられたこの施設は、江戸から昭和の街道と宿場、人々の暮らし、炭鉱、木屋瀬に密着した文化を体験できる「みちの郷土史料館」と、芝居小屋の外観を模したホール「こやのせ座」の2棟で構成されている。長崎街道沿いの文化施設4館が連携して行うひな祭りイベントは圧巻。

写真提供：北九州市「ARCHITECTURE OF KITAKYUSHU～時代で建築をめぐる～」

上／館内には昔の道具類も豊富に展示され見応えがある
下／江戸時代の風情を感じる外観

Voice　ひな祭りの時期になると、あちこちの施設で年代物のお雛様をたくさん飾ってあって、町中が華やかな雰囲気になり、春を感じられますよ。

放送作家・伊馬春部の生家

旧高崎家住宅（伊馬春部生家）
（きゅうたかさきじゅうたく（いまはるべせいか））

　木屋瀬宿場町に位置し、天保6（1835）年に建てられたと推察される商家の代表的な宿場建築。NHKラジオドラマ『向う三軒両隣り』など、数多くの人気ドラマを手がけた放送作家・伊馬春部（本名：高崎英雄・1908～1984年）の生家でもある。

江戸時代の町家の特徴がよく表れている建築物で、市の文化財にも指定

旧高崎家住宅（伊馬春部生家）
MAP 別冊 P.16-B3
住 北九州市八幡西区木屋瀬 4-12-5　TEL 093-618-2132
開 10:00～16:00　休 月（祝日の場合は翌日）、第3木、祝日の翌日（その日が土・日・祝の場合は開館し、直後の平日が休館）
P あり　交 筑豊電鉄木屋瀬駅から徒歩10分

伊馬春部が愛用した万年筆などの遺品や直筆原稿などが展示されている

銀杏が見守る大名たちの休憩所

立場茶屋銀杏屋
（たてばちゃやいちょうや）

　江戸時代に黒崎宿と木屋瀬宿との間の「立場茶屋」として、街道を往来する大名などの専用の休憩所として利用された。庭に大きな銀杏があるところから、「銀杏屋敷」とも呼ばれる。シーボルトや伊能忠敬も立ち寄ったとされる。

秋になるとシンボルの庭の大きな銀杏が色づき、観光客が多く訪れる

立場茶屋銀杏屋
MAP 別冊 P.17-C3
住 北九州市八幡西区石坂 1-4-6
TEL 093-618-1836
開 10:00～16:00
休 第3木、祝日の翌平日
P あり
交 JR黒崎駅から西鉄バス直方行き小嶺台下車、徒歩5分

江戸時代の大名になった気分を味わえる展示などを楽しめる

江戸時代から残る松並木

曲里の松並木
（まがりのまつなみき）

　江戸時代に徳川幕府が全国の街道に松や杉を植樹させた松並木。江戸時代から残る松は2本のみで、それ以外は昭和に植えられた。遊歩道が整備されていて、木漏れ日が心地よい静かな散歩スポットになっている。

提灯と石垣が江戸時代を思わせる。冬はイルミネーションも飾られる

曲里の松並木
MAP 別冊 P.16-A3
住 北九州市八幡西区岸の浦 2-6
P なし
交 JR黒崎駅出入口1から徒歩12分

天に向かって延びる巨木の並木は圧巻。散歩コースに最適

とびくるトランポリンパーク

MAP 別冊 P.16-B3

🏠 北九州市八幡西区南八千代町 3-12　📞 093-616-7422

🕐 9:45〜18:45、金・土・日・祝 〜20:00（1時間完結型）

🚫 不定休　💰 1540 円、土・日・祝・ハイシーズン 1650 円　🅿 あり

🚉 JR 黒崎駅出入口 1 から徒歩 10 分

利用時間は 1 時間となるが、十分と思えるほど、体力を使う

JOYPOLIS SPORTS 北九州 イノベーションセンター店

MAP 別冊 P.16-B1

🏠 北九州市八幡西区美吉野町 16 北九州イノベーションセンター グランモール内

📞 093-863-0108

🕐 10:00〜20:00

🚫 無休

💰 2000 円、土・日・祝・ハイシーズン 2100 円

🅿 あり

🚉 JR 折尾駅東口から徒歩 25 分、車で 4 分

‖‖‖‖ おもな見どころ ‖‖‖‖

飛んで跳ねて、大人も夢中になれる！

とらんぽりんぱーくとびくる

トランポリンパークとびくる

　雨の日でも体を思い切り使って遊ぶことができる北九州市唯一のトランポリンパーク。室内には通常のトランポリンから、オリンピック用、動くバーを乗り越えるワイプなど、さまざまな遊具が揃っている（年齢・身長・体重による利用制限あり）。

初回利用の際は専用ソックス 330 円の購入が必要。予約優先となるのでホームページから事前予約を

みんなで盛り上がれるスポーツアミューズメント施設

じょいぽりすすぽーつきたきゅうしゅういのべーしょんせんたーてん

JOYPOLIS SPORTS 北九州イノベーションセンター店

　「みんなのスポーツアミューズメント!!」をキーワードに、30 種類以上のスポーツやアクティビティなどを楽しめるエンターテインメント施設。"KITAKYUSHU=INNOVATION" をコンセプトにした産・学・官連携施設「北九州イノベーションセンター」内に 2023 年 11 月にオープンした。

老若男女・障がい者・健常者問わず、スポーツに触れ合うことができる

深掘りコラム ロボット技術の今を伝える「安川電機みらい館」

　世界トップクラスのサーボモータ・インバータ・産業用ロボットの最先端技術を誇る「安川電機」がものづくりの楽しさや魅力などを伝える施設。産業用ロボットがダイナミックな動きで精緻な部品を組み立てていく様子などが見学でき、子供たちの社会科見学先として人気だ。施設の見学は事前予約制となっている。予約方法は公式サイトを確認。

MAP 別冊 P.16-A3

🏠 北九州市八幡西区黒崎城石 2-1

🚉 JR 黒崎駅出入口 2 から徒歩 4 分

緑豊かな YASKAWA の森のなかにある「安川電機みらい館」

🔊 Voice　『世界の果てまでイッテQ！』の温泉同好会が「トランポリンパークとびくる」で遊んでいるのを観て、家族でいってみました。予約優先なので事前に公式サイトからの予約をおすすめします。

由緒正しき神社で家内安全を願い御朱印を

おかたじんじゃ（おかだぐう）

岡田神社（岡田宮）

　古事記や日本書紀に神武天皇が東遷の際に1年間逗留したと記載されている古社。境内からは大和朝廷から下賜されたといわれる青銅製の鈴、環状の三鈴が出土しており、神宝として保存されている。子孫繁栄や家内安全に御利益があるとされ、女性参拝者が多い。また、「北九州の御朱印といえば岡田宮」といわれるほど人気で、多種多彩な美しい御朱印（季節限定もあり）が揃っている。

上／勝利をもたらす大願成就の金鵄。御祭神の神武天皇の神使として崇められる。撫でると御神徳が受けられる　下／拝殿の前には人生を導くといわれる八咫烏の像もある

岡田神社（岡田宮）

MAP 別冊 P16-A3

🏠 北九州市八幡西区岡田町1-1

☎ 093-621-1898

開休 参拝自由。御祈願 9:00〜15:50、御守御礼 9:00〜17:00、御朱印（直書き）9:00〜16:00、御朱印（書置き）9:00〜16:30

🅿 あり

🚉 JR 黒崎駅出入口1から徒歩9分

仕事運、恋愛運など6種類の厄除け玉があり、開運石に投げ割ることで厄落としができる

導きの神様にお参りして心も体もリフレッシュ

ひのみねじんじゃ

日峯神社

　その昔、隠岐島焼火神社から大日霊貴命（おおひるめむちのみこと・天照大神の別名）を日峯山山上に勧請したのが創祀とされる神社。神殿は山頂にあったが、参拝に不自由だったため、宝暦10（1760）年、日峯山を上宮、現在の地を下宮として祭神を勧請。海上交通安全の神様として古くから崇敬されており、現在は人生における導きの神として親しまれている。

日峯神社

MAP 別冊 P16-B1

🏠 北九州市八幡西区浅川日の峯1-8-8

☎ 093-603-1775

開休 参拝自由。社務所 9:00〜17:00

🅿 あり

🚉 JR 折尾駅から西鉄バス二島行きで浅川入口下車、徒歩7分

御祭神・大霊貴命が琵琶を弾いて四方を鎮めたという伝説が残る。「願い札・叶い守」に願をかけてお参りする

上／名物のじんじゃくっきー。おみくじ付き　下／春になりタイミングがよければサクラのトンネルとなる参道

info 「岡田神社」の境内には写真スタジオ「岡田宮スタジオ」があり、衣裳のレンタルも行っている。ここで衣裳を借りて参拝、社務所内のスタジオや境内で記念撮影もできるのは便利だと喜ばれている。

227

一宮神社

MAP 別冊 P.17-C1

🏠 北九州市八幡西区山寺町12-30　📞 093-641-2865

🕐 参拝自由。社務所は 9:00〜16:30

🅿 あり　🚃 JR 黒崎駅出入口 1 から徒歩 20 分

境内には神武天皇が国家安泰を祈ったと古事記に記載されている「神籬磐境（ひもろぎいわさか）」だとされる聖地がある

春日神社

MAP 別冊 P.16-B3

🏠 北九州市八幡西区藤田 1-10-44

📞 093-631-2152

🕐 参拝自由。社務所は 10:00〜16:00

🅿 あり　🚃 JR 黒崎駅出入口 1 から徒歩 10 分

拝殿内には黒田長政が愛用した「大水牛脇立桃形兜」の複製が飾られている

八劔神社

MAP 別冊 P.16-B1

🏠 北九州市八幡西区本城 2-1-56

📞 093-691-3176

🕐 参拝自由。社務所は 9:00〜16:30

🅿 あり　🚃 JR 本城駅北口 1 から徒歩 7 分

鎮守の森には知恵の象徴といわれるフクロウがすみ、神社にときおり姿を見せるのだとか

||||| おもな見どころ |||||

勝運の神様として知られる

いちのみやじんじゃ
一宮神社

主祭神「正勝吾勝勝速日天忍穂耳命」の字をひも解くと「正しく吾勝てり、勝つことの速さは日が昇るが如し」という意味。つまり勝負事に"速く勝つ"という意味で、仕事や学業、試合、恋愛などでライバルに勝ちたい、また病気に勝ちたいと願う人々が訪れる。

桜の名所である皇后崎公園の中にある。「勝守」と書かれたお守りも人気だ

軍師・黒田官兵衛を祀った勝運の神様

かすがじんじゃ
春日神社

鎌倉時代にこの地を治めた領主・麻生家より篤い崇敬を受け、江戸時代には軍師として名をはせた黒田官兵衛と子・長政、黒田二十四騎をあわせて祀る。織田・豊臣・徳川と戦国武将 3 代に仕えた智将から知恵と勝運を授かるといわれている。

毎年 7 月には黒崎祇園山笠が奉納される。地域の人々から愛されている神社だ

やんごとなき方々も勝利を祈った神社

やつるぎじんじゃ
八劔神社

主祭神である日本武尊（やまとたけるのみこと）が熊襲征伐への道中で成功を願い、その後、神功皇后も勝利祈願をしたと伝わる由緒正しき神社。また、源頼朝の弟・範頼が平家打倒を願ったとも。戦いだけではなく困難に勝つ力も授けてもらえる。

月替わりの花のスタンプが押される直筆の御朱印も人気となっている

ℹ️ **info** 春日神社には市指定文化財である「絹本着色黒田二十四騎画像」が所蔵されている。毎年 10 月に行われる「筑前黒崎宿場まつり」では、黒田長政や黒田二十四騎に扮した武者行列が神社に集結する。

藤の名所として知られる広大な公園

吉祥寺公園
きっしょうじこうえん

　浄土宗第二祖の鎮西国師生誕の地で、安産祈願に訪れる人が後を絶たない「吉祥寺」に隣接した広さ約3.2ヘクタールの公園。藤の名所として知られているが、春の桜、初夏のアジサイ、秋の紅葉も見事。広々とした芝生広場もあるので、ピクニックに訪れるファミリーも多い。また、公園の東側の大藤棚の隣には、福智山山系を眺められる3階建ての展望台もあるので、散策を楽しみたい。

吉祥寺公園
MAP 別冊 P.17-C3
🏠 北九州市八幡西区吉祥寺町13
🅿 あり
🚋 筑豊電鉄筑豊香月駅から車で5分

公園は寺のある西側と展望台や大藤棚のある東側に分かれ、歩道橋でつながっている

上／約800平方メートルの広さを誇る大藤棚。樹齢150年に及ぶ10本の木からなる
下／吉祥寺も藤の名所として知られ大藤棚がある

町のなかにある森でくつろごう

瀬板の森公園
せいたのもりこうえん

　満々と水をたたえた瀬板貯水池周辺の恵まれた自然を生かし、水辺の散策やハイキングを楽しめる公園。面積は約24.9ヘクタールあり、約4.4kmある遊歩道のほか、「水の丘」「花の丘」「こどもの丘」の3つのテーマに沿った広場もある。森林浴や四季折々の草花、野鳥観察も楽しめ、休日は多くの人が憩いを求めて訪れる。

瀬板の森公園
MAP 別冊 P.17-C1
🏠 北九州市八幡西区瀬板
🅿 あり
🚋 JR 黒崎駅出入口1から西鉄バス中間行き丸ノ内下車、徒歩5分

国道3号線近くにありながら、公園内は静かで緑豊か。春は桜が、秋は紅葉が美しい

森のなかをイメージしたグリーンの遊具が置かれた「こどもの丘」

🔊 **Voice**　吉祥寺公園の藤の花は本当にきれいで、毎年ゴールデンウイークには藤祭りが開催されているので、必ず行っています。西側の大藤棚と、吉祥寺の大藤棚と2ヵ所をハシゴするのがオススメです。

大池公園

MAP 別冊 P.17-C2

住 北九州市八幡西区鷹の巣 2-15

P あり（有料）

交 筑豊電鉄穴生駅から徒歩 8 分

※ 2023 年 12 月現在、遊具エリアリニューアル中

真っ赤なタコを目指して子供たちが集まってくる

本城天然温泉 おとぎの杜

MAP 別冊 P.17-C1

住 北九州市八幡西区御開 1-19-1

TEL 093-692-4126

営 10:00〜翌 1:00（最終入館 24:00）、日 7:00〜※館内施設により異なる

休 不定休

料 980 円（土・日・祝 1080 円）

P あり

交 JR二島駅から北九州市営バス折尾駅行きで相坂下車、徒歩 1 分

遠赤外線効果が高いフィンランド式サウナもある

黒崎商店街

MAP 別冊 P.16-A3

住 北九州市八幡西区黒崎

P なし

交 JR 黒崎駅出入口 1 から徒歩すぐ

真っ赤なタコがお出迎え！

大池公園
おおいけこうえん

　ゆったりとした広さを誇る敷地内にさまざまな種類の遊具が充実し、親子連れでにぎわう公園。地元では「タコ公園」の愛称で呼ばれ、大きなタコの形をしたすべり台が有名だ。また、遊具公園の隣は野球やサッカーなどに最適な広いグラウンドとなっている。

ほかの公園ではあまり見ないような遊具が揃い、体を使って元気に遊べる

肌触りなめらかな美肌の湯

本城天然温泉 おとぎの杜
ほんじょうてんねんおんせん おとぎのもり

　地下 1100m から湧き出すお湯は北九州市初のアルカリ性単純泉。滑らかな肌触りで湯上がりの肌がしっとりとすると好評。また、1 日 3 回行われているサウナのロウリュサービスも好評だ。お風呂上がりは食事処でくつろげる。

季節の移ろいを感じながら露天風呂のつぼ湯でゆったりとくつろぎたい

製鉄所とともに発展した商店街

黒崎商店街
くろさきしょうてんがい

　かつて宿場町として栄えた黒崎は、官営八幡製鐵所の誕生によって発展を遂げた。その駅前から放射線状に広がっているのが黒崎商店街だ。それぞれ特徴のある複数のアーケード商店街や市場で構成されており、約 400 店以上が軒を連ねる。

大きな通りから脇道まで縦横無尽に商店街が広がり、散策するのが楽しい

info　北九州市八幡西区黒崎駅から直方市筑豊直方駅まで、約 16kmを結ぶ筑豊電気鉄道（＝筑豊電鉄）。市民の大切な足であり、木屋瀬宿など観光スポットへの交通手段としても活用できる。

個性派ショップが軒を連ねる

ことぶきひゃっかてん
寿百家店

　13店舗中9店舗が空き店舗だった黒崎駅前の寿通り商店街。その一角にあった2階建て3物件をフルリノベーションし、書店やカフェなど、さまざまな業態のショップが入店。「寿百家店」として生まれ変わり、新しい地域振興のカタチを表現している。

1階はテナントが入り、2階はアーケードシェアハウスとなっている

寿百家店
MAP 別冊 P.16-A3
🏠 北九州市八幡西区熊手 1-1-20
📞 093-631-5700
🕐 店舗により異なる
💳 店舗により異なる
🅿 なし
🚃 JR黒崎駅出入口1から徒歩5分

プロジェクターやスクリーンがあり、会議やパーティにも使える「コトブキリビング」

昼飲みにもってこいのデリカフェ

ことぶきっちん
コトブキッチン

　ワインに合う手作りの総菜を中心に、コーヒーやデザートも楽しめるデリカフェ。店内は8席だが、アーケード席などもあり、昼飲みも楽しめるので気軽に訪れたい。総菜類はテイクアウトも可能だ。

ここでオーダーしたメニューを「コトブキリビング」で食べることもできる

コトブキッチン
MAP 別冊 P.16-A3
🏠 北九州市八幡西区熊手 1-1-30
📞 093-616-0396
🕐 12:00 〜 16:00、17:00〜23:00
🚫 日・祝
💳 ADJMV
🅿 なし
🚃 JR黒崎駅出入口1から徒歩5分

ワインに合うメニューが揃う。パンやデザートも手作りにこだわっている

人形焼とラーメンが看板メニュー

あんとめん
あんとめん

　煮干しのうま味を引き出した醤油ラーメンは、基本のスープと麺に煮卵やネギ、チャーシュー、梅干しなど好みのトッピングをプラスするスタイル。無添加で優しい味わいが特徴だ。また、あんやチョコが入った人形焼があるというのもユニーク。

店のある寿通りというおめでたい名前にちなみ、看板と人形焼の形は文金高島田

あんとめん
MAP 別冊 P.16-A3
🏠 北九州市八幡西区熊手 1-1-20
📞 093-616-0411
🕐 不定 🚫 不定休（インスタグラム @an_to_men で確認を）
💳 ADJMV 🅿 なし 🚃 JR黒崎駅出入口1から徒歩5分

素ラーメン 660 円にチャーシュー 198 円、のり 33 円、煮卵 110 円、もやし 55 円などをトッピング。人形焼は1個 80 円

🔊 Voice　八幡方面に行くときは必ずといっていいほど「本店鉄なべ」（→ P.60）を目指します。福岡市内にも「鉄なべ」という名前のぎょうざ店は数件ありますが、まったく別もの！ 食べ比べてみるのもいいかも。

堀川運河

MAP 別冊 P.16-B1
- 北九州市八幡西区堀川町1
- ▣ なし
- ▣ JR折尾駅東口から徒歩1分

経済産業省による「近代化産業遺産」にも登録されている。設置看板を見ると、堀川が果たした歴史的役割が理解できる

北九州市立子どもの館

MAP 別冊 P.16-A3
- 北九州市八幡西区黒崎 3-15-3 COM CITY 7F
- ▣ 093-642-5555
- ▣ 10:00 ～ 19:00
- ▣ 不定休
- ▣ 1日フリーパス 500円
- ▣ あり（有料）
- ▣ JR黒崎駅から徒歩1分

休日には魅力的なイベントも積極的に開催されている

香月・黒川ほたる館

MAP 別冊 P.16-B3
- 北九州市八幡西区香月西 4-6-1
- ▣ 093-618-2727
- ▣ 9:00 ～ 17:00
- ▣ 水（祝日の場合は翌日）
- ▣ 無料　▣ あり
- ▣ 筑豊電鉄筑豊香月駅から徒歩5分

「ほたる展示室」には光るホタルの模型や、さまざまな魚たちが展示されており、見応えがある

筑豊からの石炭を運んだ動脈

堀川運河
ほりかわうんが

　江戸時代、洪水が続いた遠賀川の堤防工事と同時に造られた人工河川。江戸末期からは筑豊で掘られた石炭を出荷港である若松まで運ぶ川船「川ひらた」が往来した。JR折尾駅東口前にはその歴史を描いた看板が設置されている。

江戸時代から堀川沿いには多くの商店が並び、にぎわいをみせていたという

巨大なボールプールで遊ぼう！

北九州市立子どもの館
きたきゅうしゅうしりつこどものやかた

　赤ちゃんから大人まで楽しめる屋内型の子育て支援施設。大きなボールプールや、遊具が揃った「キッズハウス」、ものづくりの体験ができる「あそび工房」など、多彩なコーナーがあり、遊びを通してさまざまな体験ができる。

ジャングルをイメージした巨大なボールプールでは体を使って自由に遊べる（小学3年生まで）

ホタルや地元の川の生き物に合える

香月・黒川ほたる館
かつき・くろかわほたるかん

　八幡西区を流れる黒川は毎年ピーク時には3000頭以上のゲンジボタルが飛び交う。この施設ではホタルなどの水辺の生き物や水辺の環境について楽しく学べる。また、水槽ではホタルや黒川に生息する魚たちが飼育・展示され、生態を観察できる。

5月下旬には付近で「香月・黒川ほたる祭り」が開催される

Voice　「北九州市立子どもの館」は"子供を遊ばせるのにこんなに充実した屋内型の施設ってある？"というくらい満足度が高い施設です。うちの子はよく「変身スタジオ」でいろんな衣装を楽しんでいました。

魚にうるさい地元民も納得の海鮮居酒屋

魚虎（うおとら）

平成18（2006）年に熊手市場の一角にオープン以来「予約が取りにくい店」として知られる海鮮居酒屋。近海の魚介類を生きたまま仕入れ、開店直前にしめるほど鮮度にこだわり、刺身や煮付け、から揚げにして提供。魚に合うようにセレクトされた酒も種類豊富。

魚のことならおまかせ。
鮮度も味も自信あり！

MAP 別冊 P.16-A3
🏠 北九州市八幡西区熊手 1-2-5
📞 093-622-1001
🕐 18:00〜24:00（L.O.23:00）
🚫 日・祝・第1・3月
💳 ADJMV 🅿 なし
🚉 JR黒崎駅出入口1から徒歩8分

刺身の盛り合わせ 1 人前
1300 円〜（写真は 5 人前）

季節限定の生カボス酎ハイ 680 円はインパクトあり！

1. 熊手市場の一角にある 2. 脂が乗った天然マアジ（鐘崎産）の刺身 1350 円

濃厚な「ごますり上手の坦々麺」1200 円
（夜は 1300 円）。好みの辛さを選ぼう

「元気の出る中華」を堪能あれ

田中華麺飯店（たなかめんはんてん）

茶目っ気たっぷりの店主が腕を振るう本格中華料理店。いちばん人気はゴマの風味が口の中に広がる「ごますり上手の坦々麺」。麺とスープのバランス、肉のうま味を凝縮した肉味噌など、店主が魂を込めて作り上げた自信作だ。昼は炒飯などの単品、夜はコース料理も楽しめる。

陽気なスタッフの皆さんが
出迎えてくれる

MAP 別冊 P.16-B3
🏠 北九州市八幡西区藤田 1-6-31
📞 093-632-6014
🕐 11:30〜14:00（L.O.13:30）、17:30〜22:00（L.O.21:30）
🚫 火・第2金の昼
💳 不可 🅿 あり 🚉 JR黒崎駅出入口1から徒歩11分

和食料理人が監修するアイスクリーム

氷菓子屋 KOMARU（ひょうがしやこまる）

有名グルメガイド本で星を獲得した和食料理人が監修するアイスクリーム専門店。熊本県産ジャージー牛乳と北海道産の生クリームをベースにした濃厚でさっぱりした黒崎ソフトが看板メニュー。旬の素材を使ったフレーバーや、サクもち食感を味わえるアイスもなかもおすすめ。

1. 自然光が心地よい、木の風合いを生かしたイートインスペース 2. 定番から季節限定まで約20種類が揃う。テイクアウト、地方発送可

MAP 別冊 P.16-B3
🏠 北九州市八幡西区八千代町 13-5
📞 093-644-2032 🕐 11:00〜19:00
🚫 無休 💳 不可
🅿 あり
🚉 JR 黒崎駅出入口1から徒歩 10 分

チョコレートをつけるパフォーマンスも必見の黒崎チョコソフト 500 円

 Voice 「ようこそ黒崎へ」の看板が気になる田中華麺飯店。カフェのようなおしゃれな内観に貼ってあるポップもおもしろい！ 店主さんの思いが伝わる坦々麺は絶品です。

戸畑区
とばたく

山笠の伝統を守る町、戸畑に来たらヨイトサ！

人口▶ 5万5703人
（2023年10月1日）
面積▶ 16.61km²

昼と夜とで飾り物が変わる珍しい山笠

🚉 エリア利用駅
戸畑駅
九州工大前駅
JR鹿児島本線

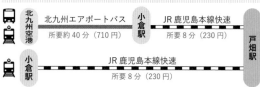

戸畑区への行き方

北九州空港 — 北九州エアポートバス 所要約40分（710円） → 小倉駅 — JR鹿児島本線快速 所要8分（230円） → 戸畑駅

小倉駅 — JR鹿児島本線快速 所要8分（230円） → 戸畑駅

7区のうち最も面積の小さい区。明治34（1901）年に八幡東区に官営八幡製鐵所が開所して以来、戸畑の地にも鋳造、製鉄、ガラスなどの企業が次々と進出し、工業都市として発展した。現在は、区域の約45％もの面積を日本製鉄九州製鉄所が占めている。戸畑駅前の「ウェルとばた」は、多世代共生の町づくり・にぎわいの文化拠点の役割を担い、福祉施設が入居するほか各種公演などに利用されている。ユネスコ無形文化遺産にも登録された「戸畑祇園大山笠」は220年の歴史を誇り、夏が近づくと、町のあちこちで「ヨイトサ」のかけ声がにぎやかに聞こえてくる。山笠に飾る「てまりこ」を魔除けに飾っている家庭も多い。また、伝説の花「戸畑あやめ」の開花時期にはあやめ祭りが開催される。

幻の花といわれる戸畑あやめ

info 区の魅力を伝える「とばた宣隊ちょうちんジャー」は、歴史と伝統をPRするよいとくん、文教の町・すみよい町をPRするアヤメン、食文化・見どころをPRするポンちゃんの3体で構成される。

戸畑区の歩き方

山笠の伝統と戸畑の歴史を堪能するコース

若戸大橋のたもとにあるお汐井汲みの場。こ
こからの眺めもすばらしい

戸畑に来たら、まずはウェルとばた2Fの交流プラザへ！ ここでは常設展示されている戸畑祇園大山笠の提灯大山笠と幟大山笠のレプリカを見ることができる。毎年5月になるとお囃子の奉納が行われ、当番山の交代にともない、提灯山笠と幡山笠の交換が行われている。次に若戸渡船の渡場近くのお汐井汲みの場へ向かおう。若戸大橋や洞海湾の潮の流れを間近で見ることができ、その迫力に圧倒されるだろう。そのあとはバスに乗って、花菖蒲をはじめ、季節の花が咲く夜宮公園へ。日本庭園や池があり、散策を楽しめる。公園の一角にある旧安川邸も必見！ 日本の近代建築史上極めて重要な住宅建築であることなどから、北九州市指定有形文化財に指定された建築物で、日本庭園を眺めながら喫茶室で一服するのがおすすめ。

おさんぽプラン

❶ JR戸畑駅
　徒歩3分

❷ ウェルとばた 2F 交流プラザ
　徒歩11分

❸ お汐井汲みの場
　徒歩13分、バス5分

❹ 夜宮公園
　徒歩1分

❺ 旧安川邸

特命大使のわが町自慢 TOKUMEI

Q 戸畑区の思い出の場所はどこですか？

A 卓球が強くなりたくて、その想いに父が付き合って一緒にランニングをしていた福岡県営中央公園（→ P.164）の金比羅池の周りは思い出深い場所です。足腰の土台を作ってきた場所なので、今でも帰省すると父と一緒に走りに行くのが楽しみです。自然いっぱいの道を上の方まで登っていくと、金比羅山から見える戸畑区の夜景がとてもきれいなのでぜひ見てほしいです。

Q 北九州市のおすすめグルメ

A 資さんうどん（→ P.276）が好きです。試合前は必ず資さんうどんを食べていましたし、今でも帰ると必ず食べにいきます。かしわうどんや焼うどん、かしわおにぎりをよく食べます。また、湖月堂のお饅頭をよくおみやげにしています。今でも母が買って送ってくれます。

Q ついつい使ってしまう北九州弁

A 「それな〜ん？」はついつい何かをたずねるときに使ってしまうのですが、逆に「な〜ん？ってどういう意味？」と聞き返されてしまうことがあります（笑）。

Profile

早田ひな
（はやたひな）

平成12（2000）年生まれ、戸畑区出身の卓球選手。2023年に女子史上4人目となる3冠達成。2023世界選手権シングルスで銅メダル、2023アジア競技大会で銀メダルを獲得し、世界ランキング自己最高4位となるなど世界トップ選手として活躍中。

---

info 「いぬまる商店」(→ P.241)界隈に、ドミトリー「Nostime Lodge」がオープン。ほかにも路地裏の生花店「花の工房柚」や串カツ「都家」、マルシェ開催の「犬丸荘」など天籟寺川沿いを散策しよう！

235

旧松本家住宅
（西日本工業倶楽部）

MAP 別冊 P.19-C3

- 住 北九州市戸畑区一枝 1-4-33
- TEL 093-871-1031（西日本工業倶楽部）
- 営 レストラン 11:30〜15:00、17:00〜21:00
- 休 火
- CC ADJMV
- P あり
- 交 JR 戸畑駅から西鉄バス湯川新町三丁目行きで一枝入口下車、徒歩 6 分

ライトアップされる夜の姿も美しい。日本館とは渡り廊下でつながっている

和洋折衷のライフスタイルを伝える貴重な遺構

旧松本家住宅（西日本工業倶楽部）
きゅうまつもとけじゅうたく（にしにほんこうぎょうくらぶ）

　明治期に父・安川敬一郎とともに石炭業を興し、現在の九州工業大学の創立者のひとりとなった松本健次郎が明治41（1908）年から45（1912）年にかけて建築した学校の迎賓館と自宅。日本館と洋館があり、洋館の設計は日本近代建築の先駆者、辰野金吾。アール・ヌーヴォー様式で、見事な調度品も往時の栄華を今に伝える。現在はレストランや結婚式場として営業している。

上／レストランは完全予約制で、フランス料理を提供
下／国重要文化財指定。一般公開は年 1 回行われる

写真提供：北九州市「ARCHITECTURE OF KITAKYUSHU 〜時代で建築をめぐる〜」

旧安川邸
きゅうやすかわてい

MAP 別冊 P.19-C3

- 住 北九州市戸畑区一枝 1-4-23
- TEL 093-482-6033
- 開 9:00 〜 17:00
- 休 火（祝日の場合は翌日）
- 料 入場料 260 円
- P あり
- 交 JR 戸畑駅から西鉄バス湯川新町三丁目行きで明治学園前下車、徒歩 6 分

当時の建築の粋を集めた美しい建物は見ごたえがある

日本の近代建築史上、重要な住宅建築

旧安川邸
きゅうやすかわてい

　安川電機や九州工業大学を設立し、「筑豊御三家」の炭鉱王のひとりに数えられる実業家、安川敬一郎の邸宅。明治期、大正末期、昭和初期の各時代に建築された見事な建物が残り、北九州市指定有形文化財に指定されている。敷地は夜宮公園の一角にあり、大座敷棟、洋館、本館棟、蔵、大座敷前庭園など見どころ満載。日本茶や甘味を楽しめる喫茶もあり、ゆったりとくつろげる。

上／喫茶では八女市星野村のえりすぐりの茶葉を使ったお茶と季節の和菓子を味わえる
下／大座敷棟では官営八幡製鐵所を誘致するための会談が行われた

写真提供：北九州市「ARCHITECTURE OF KITAKYUSHU 〜時代で建築をめぐる〜」

「旧安川邸」の中にある喫茶「茶論 Salon du JAPON MAEDA」はお茶やお菓子がおいしくてゆっくりと過ごせます。特に新緑の季節は庭の緑が美しく、時間がたつのを忘れてくつろげますよ。

世界的建築家、磯崎新が手がけた美術館

北九州市立美術館
きたきゅうしゅうしりつびじゅつかん

　市街地を見渡せる丘陵にあり、ファサードから2本の筒が飛び出し、左右に翼が広がるユニークな外観の美術館。おもに印象派から現代アート、約1300点に及ぶ浮世絵コレクションを収蔵し、常に見応えのある企画展を開催している。

敷地内には遊歩道を整備した「美術の森公園」もあり彫刻などが設置されている

北九州市立美術館
MAP 別冊 P.18-B3
🏠 北九州市戸畑区西鞘ヶ谷町21-1　📞 093-882-7777　🕘 9:30～17:30（最終入館 17:00）
🈺 月（祝日の場合は翌日）
💴 コレクション展 300円、※企画展、市民ギャラリー（アネックス）の料金は展示により異なる　🅿 あり
🚃 JR戸畑駅から西鉄バス砂津行きで北九州市立美術館下車、徒歩1分

映画『デスノート』や『図書館戦争』のロケにも使われた

学校創立以来、変わらない姿の小さな守衛所

九州工業大学 正門守衛所
きゅうしゅうこうぎょうだいがくせいもんしゅえいしょ

　明治産業界の重鎮、安川敬一郎・松本健次郎父子によって開校した「明治専門学校（現：九州工業大学）」。その正門と守衛所の設計は東京駅などで知られる辰野金吾が手がけ、経済産業省が認定する近代化産業遺産に登録されている。

明治42（1909）年の学校創立当時のままの姿を伝えている正門守衛所

写真提供：北九州市「ARCHITECTURE OF KITAKYUSHU～時代で建築をめぐる～」

九州工業大学 正門守衛所
MAP 別冊 P.19-C2
🏠 北九州市戸畑区仙水町1-1
📞 093-884-3000
🅿 なし
🚃 JR九州工大前駅から徒歩8分

重厚な造りの正門。鉄鉱石を精錬する際の副産物となるスラグを原料とした鉱滓煉瓦（こうさいれんが）が使われている

学問の神様が立ち寄った由緒正しき神社

菅原神社
すがわらじんじゃ

　学問の神様として知られる菅原道真公が京都から大宰府に左遷されて赴く際に立ち寄ったと伝わる神社。夏の祇園大祭では、あわせ祀っている須佐之男命（すさのおのみこと）の御神体をささげた天籟寺大山笠が運行され、戸畑祇園大山笠大行事として奉納される。

境内には菅原道真公が手足を洗ったと伝わる「菅公御手洗の池」がある

菅原神社
MAP 別冊 P.19-C3
🏠 北九州市戸畑区菅原1-10-15
📞 093-881-2418
🅿 あり
🚃 JR戸畑駅から西鉄バスJR八幡駅行きで菅原神社前下車、徒歩1分

境内には御神牛もあり、手で触ると御利益があるといわれている

 九州工業大学の正門の重厚な雰囲気をつくっているのが鉱滓煉瓦（こうさいれんが）。このれんがは官営八幡製鐵所で開発されたもので、製鐵所に近かったことから採用されたといわれている。

飛幡八幡宮

MAP 別冊 P.18-B2
- 住 北九州市戸畑区浅生 2-2-2
- TEL 093-871-3577
- 開 9:00 ～ 16:00
- P あり
- 交 JR 戸畑駅南口から徒歩 11 分

海路の安全のために仲哀天皇が祀ったといわれる千曳の岩もある

旅の小ばなし

大型墳墓が戸畑に !?
九州工業大学や明治学園の敷地がある東経 130 度 50 分の一直線上に、香春神社、赤村前方後円墳（卑弥呼の墓という説も）、英彦山、霧島神宮があることから地元の「考古学研究会」のなかには世界最大墳墓では？と考えている人もいるとか、いないとか……。

夜宮公園

MAP 別冊 P.19-C3
- 住 北九州市戸畑区夜宮 1-1
- P あり（有料）
- 交 JR 戸畑駅から西鉄バス一枝方面行きで沢見一丁目下車、徒歩 5 分

梅林には白梅、紅梅合わせて約 170 本が植えられている

戸畑祇園大山笠で知られる神社

飛幡八幡宮
とびはたはちまんぐう

　筑前の宇都宮氏（麻生氏）が、出身地の宇都宮から氏神の八幡神を勧請し、枝光村宮田山に祀ったのが始まり。江戸時代は福岡藩主・黒田家の祈願所になった。かつて戸畑村に疫病が蔓延し、飛幡八幡宮の主祭神・須佐之男命（すさのおのみこと）に平癒を祈願したところ終息したことから始まった戸畑祇園大山笠は重要無形民俗文化財に指定され、ユネスコ無形文化遺産にも登録されている。

上／拝殿前にある狛犬は親犬が子犬を鷲づかみにしている珍しい形
下／拝殿は 1920 年に建立された

1 年中花々が咲く市民憩いのスポット

夜宮公園
よみやこうえん

　戸畑区のほぼ中央、丘陵地にある静かな住宅地に囲まれた公園。地域の人々にとって散歩やお花見の場として親しまれている。園内には菖蒲、梅、サクラなどが植えられ、四季折々の花が楽しめる。広さは 10.3 ヘクタールあり、中央部には広場と戦没者慰霊塔があるほか、敷地内には北九州市指定有形文化財の「旧安川邸」もある。

花菖蒲は約 6000 株あり、夜宮池と日本庭園に植えられている

 Voice 春の夜宮公園は本当にきれいで毎年お花見に出かけています。なんじゃもんじゃの白い花が満開になるとほのかに甘くて上品な香りが漂って、散歩するのが楽しみになります。

祭りの際に清めの神事が行われる場所

お汐井汲みの場
おしおいくみのば

毎年「戸畑祇園大山笠」の祭り期間前に「東大山笠」「西大山笠」「天籟寺大山笠」の3つの山が海水で山笠の柱や、関係者の手を清め、祭りの安全を祈る場所。神官が手桶に汲み、榊の枝でお汐井（海水）を山笠や関係者にかけてお祓いをする。

戸畑渡場のすぐ近くの岸壁に整備されている。祭り期間中、お汐井取りは何度か行われる

お汐井汲みの場
MAP 別冊 P.18-B2
🏠 北九州市戸畑区川代 2-2（大橋公園横）
🅿 なし
🚉 JR 戸畑駅南口より徒歩 10 分

若戸大橋のたもとにある石碑が目印。ここから階段で海へと降りていく。この神事のあと、町内を回って競演会場である浅生通りに戻っていく

ゴールデンウィーク頃には白い花が満開に！

なんじゃもんじゃ通り
なんじゃもんじゃどおり

なんじゃもんじゃの木の正式名称は「ヒトツバタゴ」。昔から自生エリアがかぎられていたことから人々が珍しがり、別名で呼ばれるように。戸畑区天籟寺地区にある「なんじゃもんじゃ通り」には約100本の木が植えられている。

毎年4月下旬から5月上旬にかけて純白の花をいっぱいに咲かせる

なんじゃもんじゃ通り
MAP 別冊 P.19-C3
🏠 北九州市戸畑区天籟寺
🅿 なし
🚉 JR 戸畑駅から西鉄バス一枝方面行きで沢見一丁目下車、徒歩すぐ

夜宮公園近く。上はなんじゃもんじゃの木の白い花、下はツツジの赤と、春には美しいコントラストを見ることができる

深掘りコラム　名馬の産地としての物語を伝える「御馬橋」
おうまばし

福岡県道50号線が天籟寺川（てんらいじかわ）と交差している地点にある長さ20mほどの小さな橋「御馬橋」。この橋の欄干には、その名のとおり名馬の像が立っている。これは鎌倉時代にこの橋から西の牧山地区に馬を育てる牧場があり、この橋を通って各地に馬が送り出されていたことに由来している。征夷大将軍・源頼朝の愛馬「磨墨（するすみ）」もこの牧山地区で産出され、源平合戦の際は

おおいに働いて、名馬として名を揚げたと伝えられている。
MAP 別冊 P.18-B2

「磨墨」の名前は平家物語にも記されている

都島展望公園

MAP 別冊 P.18-B2
- 北九州市戸畑区牧山 4-11
- **P** あり
- JR 戸畑駅から西鉄バス黒崎方面行きで牧山下車、徒歩 7 分

海や町並みが一望でき、憩いの場になっている

洞海湾の夜景が一望できる公園

都島展望公園
みやこじまてんぼうこうえん

　洞海湾沿いの丘陵地にある公園。芝生広場や球場、多目的グラウンドが整備されている。洞海湾沿いを散策したり、若戸大橋や対岸の若松区の町並み、皿倉山などを展望でき、夜景スポットとしても穴場だ。船舶用信号も間近に見ることができる。

洞海湾の夜景やライトアップされた若戸大橋の眺望を楽しもう

牧山展望公園

MAP 別冊 P.18-B3
- 北九州市戸畑区牧山 3-1-27
- **P** なし
- JR 戸畑駅から西鉄バス天籟寺方面行きで牧山三丁目下車、徒歩 5 分

春は桜が咲き誇り、夏はくきのうみ花火大会を見物できる

坂の上の住宅街にある展望公園

牧山展望公園
まきやまてんぼうこうえん

　戸畑工業高校のすぐ近く、坂の上にある公園。最初の階段を上がるとグラウンドがあり、遊具で遊ぶことができる。さらに上に進むと戦時中に高射砲陣地として使用されていた広場があり、戸畑や若松の工場地帯や、遠くは関門橋まで望むことができる。

晴れた日は関門橋まで展望できる穴場のスポット

浅生公園

MAP 別冊 P.18-B2
- 北九州市戸畑区浅生 2-2
- **P** なし
- JR 戸畑駅から西鉄バス一枝方面行きで浅生公園下車、徒歩 4 分

公園を取り囲むようにさまざまな遊具が配置されている

子供から高齢者まで楽しめる公園

浅生公園
あそうこうえん

　飛幡八幡宮横の公園。「北九州市オリジナル健康広場」として、7種の健康遊具があるほか、戸畑祇園大山笠の各地域の頭文字を記したターザンロープやボルダリングなど、多世代が利用できるさまざまな遊具とウォーキングコースが設置されている。

戸畑祇園大山笠にちなんだ地元愛あふれるターザンロープは、子供に人気

info 戸畑区役所前には、通称「ヨイトサ広場」と呼ばれる「浅生1号公園」、飛幡八幡宮の角にある「浅生2号公園」、そして山笠のターザンがある「浅生公園」がある。

いぬまる商店
MAP 別冊 P.18-B2
住 北九州市戸畑区新川町 6-8
TEL なし
営 不定　休 不定休
CC 不可　P なし
交 JR 戸畑駅から西鉄バス天籟寺方面行きで沖台通り下車、徒歩 4 分

名物店主がいる愛情あふれる駄菓子店

いぬまる商店

天籟寺川沿いで 100 年以上続く駄菓子店。レトロ感漂う店内には小上がりがあり、懐かしい駄菓子やミニカップ麺などが並ぶ。高校生が勉強を教えにきたり、ヨガ教室や絵画展、ライブを開催したりと、コミュニティの場にもなっている。

いつも明るい笑顔の店主。子供たちの人気者で大人のよき相談相手

黄色の看板が目を引くレトロな店舗。放課後は子供でにぎわう

戸畑あやめ公園
MAP 別冊 P.18-B3
住 北九州市戸畑区西大谷 2-4
P なし
交 JR 戸畑駅から西鉄バス猪熊方面行きで西大谷下車、徒歩 5 分

地元住民に守られる幻の花が咲く公園

戸畑あやめ公園

戸畑区の原野のみに自生する幻の花「戸畑あやめ」にちなんで名づけられた公園。戸畑あやめは、草丈が約 10cm ほどで紫の花を咲かせる。地域住民が保存・普及活動に力を入れ、花が咲く 5 月には「戸畑あやめまつり」が開催される。

幻の花を守ろうと、地域住民の手できれいに手入れされている公園

草丈は約 10 ～ 15cm ほどで、葉丈より低く咲くのが特徴

深掘りコラム　国内最大級「夜宮の大珪化木」

天籟寺小学校脇に展示されている夜宮の大珪化木。珪化木とは植物の化石のことで、昭和 15（1940）年に地下 6m から発見された。直径は約 2.2m、露出部の長さは約 12.9m、埋もれた部分も合わせると推定 40m に達する。これは国内最大級の大きさで、国の天然記念物にも指定されている。約 3500 万年前の第 3 紀漸新世時代にできた地層に埋もれていたもので、この付近がジャングルが広がる亜熱帯性の温暖な気候だったことがわかる。自由に見学できる。
MAP 別冊 P.19-C3

この珪化木は、ニセホバシライシというトウダイグサ科の広葉樹と考えられており、植物や気候を研究するうえで貴重な資料となっている

Voice　「いぬまる商店」では犬丸さんの推し、ハウステンボス発のミュージシャン・道添祐一さんの曲が流れています。優しくあたたかい歌声と人柄に魅了される人が続出だとか。全国に羽ばたくミッチーをチェック！

カイトハウスまごじ

MAP 別冊 P.18-B2

- 住 北九州市戸畑区新池 1-6-4
- TEL 093-881-4537
- 営 10:00〜15:30
- 休 不定休
- CC 不可
- P なし
- 交 JR 戸畑駅南口から徒歩 12 分

和を基調とした店構え。大通りに面している

中本町商店街

MAP 別冊 P.18-B2

- 住 北九州市戸畑区中本町 3-10
- TEL 093-881-5473（戸畑中本街商店街協同組合）
- 営 店舗により異なる
- 交 JR 戸畑駅南口から徒歩 4 分

天神商店街

MAP 別冊 P.19-C2

- 住 北九州市戸畑区天神 2-5-4
- TEL 093-882-8488（天神商店街振興組合）
- 交 JR 戸畑南口から西鉄バス八幡駅行きで天神二丁目下車、徒歩 5 分

営業している店のほとんどが昔から続いている

鮮やかな色彩と愛らしい形の郷土玩具

カイトハウスまごじ
かいとはうすまごじ

　北九州を代表する郷土玩具「孫次凧」。明治時代から続く伝統工芸品で、鮮やかな色彩と愛らしいデザインが特徴だ。骨は福岡県産の 2 種の竹で作られていて、代表的なセミのほか、オニやカッパ、干支を模したものもある。凧あげ用だけでなく、インテリアとしてもおすすめ。

眺めるだけでウキウキする、色鮮やかな凧が並ぶアトリエ兼工房

昭和レトロな面影を残す商店街

中本町商店街
なかほんまちしょうてんがい

　2 本の「あやめ通り」を核に、幅広い歩道と立派なアーケードを持つ商店街。戸畑駅南口から真っすぐ進んだ場所に立地する。脇道に入ると昔ながらの面影を残すレトロなたたずまいの店が点在している。定期的にイベントも開催されている。

戸畑の幻の花「戸畑あやめ」にちなんで名づけられた「あやめ通り」

人情に熱い昔ながらの店舗が並ぶ

天神商店街
てんじんしょうてんがい

　かつては製鐵マンや工場勤務の人たちでにぎわっていた商店街。現在は青果店、和菓子店、精肉店、洋品店などが営業している。また「街ににぎわいを取り戻したい」と、レトロな店舗を利用したコーヒーショップも登場。町を愛し、人情に熱い店主たちとの会話を楽しんで。

茶色とベージュのれんがが敷き詰められた通り。かわいいオブジェを探してみて

🔊 **Voice**　「中本町商店街」の入り口にある喫茶店「喫茶シャルム」のナポリタンは絶品です。鉄板で提供され、熱々！昔ながらの味を楽しめるので、商店街に行くと必ず立ち寄っています。

わが町の推しグルメ

地元っ子がこよなく愛する店を紹介

製鉄マンの憩いの場
藤高酒店
（ふじたかさけてん）

現在は3代目が切り盛りする、昭和初期から100年以上続く角打ち。大きなカウンターがぐるりと配置された店内は、15時を過ぎると仕事帰りの製鉄マンたちでにぎわう。おでんや煮魚、サラダなどの"おふくろの味"をつまみに、初対面同士でも話に花を咲かせている。

1. 藤高夫妻があたたかくもてなしてくれる。帰宅前にここでひと息つく常連さんも多い
2. 歴史を感じさせる店内。カウンターのほかにテーブル席もある

だしの味が染み込んだおでん（各100円）を求めて訪れるファンも多い

MAP 別冊 P.18-B2
🏠 北九州市戸畑区元宮町 4-15
☎ 093-871-4159　⏰ 15:00〜20:00
休 日・不定休　💳 不可　🅿 なし
JR 戸畑駅北口から徒歩 10 分

好きなカレーを選べる平日の A ランチ 1500 円。ナン、野菜炒め、パパド、シェフの気まぐれの 1 品、ソフトドリンク付き

行列ができるインドカレー店
106 SouthIndian 北九州店
（いちまるろくさうすいんでぃあんきたきゅうしゅうてん）

南インド出身のシェフが腕を振るう行列ができる人気店。店名には「100種類以上のメニューを提供したい」という思いが込められており、15種類のカレーはもちろん、タンドリーチキンやサモサなど、現地さながらの多彩なメニューが揃う。迷ったらセットをセレクトしよう！

本場の味を楽しんで！

MAP 別冊 P.18-B2
🏠 北九州市戸畑区新池 1-10-1
☎ 093-873-1065
⏰ 11:30〜15:00（L.O.14:30）、17:00〜22:00
休 月　💳 ADJMV
🅿 なし
JR 戸畑駅南口から徒歩8分

落ち着いたシックな雰囲気の店内

北九州では珍しい醤油ラーメンの店
らーめん志士
（らーめんしし）

地元民の間では「醤油ラーメン」の代名詞的存在。鶏ガラと豚骨のうま味をじっくり煮出したスープは甘めの味付け。ラーメンは「醤油」「塩」のほか、ピリ辛ペースト入りの「辛」、おろしショウガが効いた「生姜」の4カテゴリーから選べる。

木の風合いとグレーを基調にした店内。営業は 4 時間のみ

北九州の醤油ラーメンを味わって！

煮卵、チャーシュー、メンマがのった志士醤油らーめん 800 円

MAP 別冊 P.19-C2
🏠 北九州市中原西 2-3-26
☎ 080-6405-7030
⏰ 11:00〜15:00　休 日
💳 不可　🅿 あり　JR 九州工大前駅から徒歩 10 分

RIVERWALK

紫川や小倉城など絶好のロケーションに囲まれた
文化・芸術・情報発信・商業などの高度な機能をもつ複合施設

リバーウォーク
北九州

建物はカラフルな色使いで、それぞ
れの棟によって色を変えています。
形や高さも違う建物で構成されて
いる点も特徴の1つです。色彩は日
本の伝統や自然をモチーフとし、
「茶色」は、大地を表す色。日本瓦を
表す「黒」。漆喰壁の「白」。漆の「赤」。
そして、印象的な「黄色」は、収穫前
の稲穂を表現しています。

ショッピングゾーン

J:COM北九州芸術劇場

T・ジョイ リバーウォーク北九州

緑豊かな自然と歴史に囲まれたロケーションという、恵まれた立地を生かし、建物の中であ
りながら、紫川や勝山公園の自然と一体になった開放感を実感することができます。川辺や
公園を眺めながらくつろげるオープンエアーのカフェや自然光あふれる広場などが、歩くだ
けでも楽しい集いの場を演出します。

全体的に開放感のあ
る吹き抜けになってい
ます。1Fの「エナジー
コート」では日程によ
りダイナミックな噴水
のスペシャルショーも
行っております。

5Fの「ルーフガー
デン」では、ここな
らではの小倉城を
見渡せます。

提供:
西日本工業大学
堤俊太朗

住所　福岡県北九州市小倉北区室町1-1-1

アクセス　JR小倉駅(JR、新幹線、モノレール)から徒歩約10分
　　　　　JR西小倉駅から徒歩約3分

リバーウォーク北九州　検索

※掲載内容は2023年9月時点の情報です。最新情報はホームページでご確認ください。

KITAKYUSHU
RIVERWALK

第**3**章
歴史と文化

年表で見る北九州の歴史 ……… P.246

北九州の歴史を支えた偉人たち

………………………………… P.254

北九州市の祭り&イベント ……… P.256

北九州市にゆかりの深い文人たち

………………………………… P.262

『雲のうえ』がおもしろい！ ……… P.266

ド派手成人式の秘密に迫る …… P.268

北九州芸術劇場の魅力 ………… P.270

北九州弁講座 ……………………… P.272

小倉織
〈小倉 縞縞 惑〉

年表で見る北九州の歴史

時代	西暦	和暦	北九州のできごと	日本・世界のできごと
旧石器・縄文時代	約4～9万年前		辻田遺跡（八幡西区大字馬場山・馬場山公園敷地内）から西日本で確認された最も古い石器が出土	・岩宿遺跡（群馬県みどり市）から黒曜石の打製石器が出土、旧石器時代の人類の存在が確認された
	約2万年前		貫川下流域にトウヒ属の森林あり	
			八幡西区馬場山遺跡、同茶屋原遺跡、小倉南区高津尾遺跡、同菊水町遺跡、戸畑区夜宮遺跡	
	約1万年前		土器作りが始まる、弓が使用され始める	
			横代遺跡、長野遺跡、貫川遺跡、楠橋貝塚、永犬丸貝塚、浜田遺跡、下吉田遺跡、脇田丸山遺跡	
			柳原貝塚、長行遺跡、朽網遺跡	
弥生時代	紀元前500年		この頃、稲作農耕、青銅器生産が始まる	
			八幡西区松本遺跡で銅矛鋳型が出土	
	57		漢の光武帝、倭の奴国王に金印を授ける	・水稲耕作・金属文化が伝わる
			高槻遺跡、辻田遺跡、長行遺跡などで石包丁、石斧を作る	
			日本一の水晒し場長野小西田遺跡	
	2～3世紀		倭国大乱、卑弥呼が擁立され邪馬台国女王となる	
	239		魏の明帝、邪馬台国女王卑弥呼に親魏倭王の金印を授ける	
古墳時代	4世紀		熊鰐が仲哀天皇により岡県主に任じられる	・大山古墳に代表される巨大な前方後円墳が出現
	5世紀		筑紫間物部大斧手が活躍する	
			両岡様古墳、茶毘志山古墳、上ん山古墳	・倭国の統一（大和朝廷の成立）（350年頃）
	527		筑紫君磐井、大和政権と戦う。荒神森古墳	・ローマ帝国が東西に分裂（395年）
	609	推古17	『日本書紀』に筑紫大宰初めて記される。この頃、行橋市御所ヶ谷神籠石、飯塚市鹿毛馬神籠石築造される	
	663	天智2	白村江の戦いで、日本・百済軍は唐・新羅軍に大敗する	
	664	天智3	対馬・壱岐・筑紫に防人と烽（とぶひ）を置き、水城を築く	・大化の改新（645年～）
			浜田遺跡、安屋遺跡、亀ヶ首遺跡、黒崎遺跡にて製塩が行われる	
	665	天智4	長門城・大野城・基肄城（椽城）を築く	
	672	天武元	壬申の乱	
	678	天武7	筑紫国で大地震が起こる	
	695頃	持統9頃	九州七国の成立	・藤原京に遷都（694年）
奈良時代	701	大宝元	大宝律令の制定、大宰府・諸国の官制ここに完備する	・平城京が成立（710年）
	727	神亀4	大伴旅人、大宰帥に任ぜられる	・富士山噴火（800年）
	740	天平12	大宰少弐藤原広嗣が反乱を起こし、敗戦する	
	769	神護景雲3	和気清麻呂、宇佐八幡宮の神託（皇統をもって天皇とすべし）を奏する	
平安時代	878	元慶2	大宰府の命により規矩郡で銅などの採掘と精錬を開始	
	903	延喜3	菅原道真、太宰府において没する	
	1021	治安元	宇佐八幡宮焼亡	・藤原純友の乱（939年）
	1064	康平7	観世音寺炎上する	・武士の誕生（10世紀頃）
	1118	永久6	規矩郡平等寺住僧の良禅、法華経を写経し埋納する	
	1140	保延6	大宰権帥藤原頼輔、宇佐八幡宮に規矩郡長野庄を寄進	
	1162	応保2	浄土宗鎮西派の開祖弁長（弁阿）、現在の八幡西区香月に誕生	・平治の乱（1159年）
	1183	寿永2	平家勢、門司関を固める。平宗盛が安徳天皇を奉じ西下／都落ち	
	1185	元暦2(文治元)	平家壇ノ浦に滅ぶ	
鎌倉時代	1197	建久8	豊前国図田帳を作製、門司関は平家没官領となる	・源頼朝死去（1199年）
	1217	建保5	吉祥寺創建	・和田合戦（1213年）
	1238	嘉禎4	4代将軍頼経、源（香月）助経に父・定経の譲状のとおり遠賀新庄香月郷の地頭職を与える	・承久の乱（1221年）
	1272	文永9	2月騒動（鎌倉幕府内紛）麻ац資氏に山鹿庄内麻生庄、野面庄、上津役郷の地頭代職を認める	
	1274	文永11	蒙古襲来（文永の役）	
	1276	建治2	異国警固のための石築地を博多湾岸などに築く	
	1281	弘安4	蒙古襲来（弘安の役）	
	1284	弘安7	鎮西神領興行法	・室町幕府が成立（1336年）
	1334	元弘4(建武元)	武藤崇観、元倉畑以下を吉田竜王宮、八幡宮等に寄進する	・英仏百年戦争（1339年～）

時代	西暦	和暦	北九州のできごと	日本・世界のできごと
室町時代	1352	文和元	宗像資村、一色範氏方として八幡東区小倉（尾倉）城を攻める	・ヨーロッパでペストが大流行（1347年～） ・南北朝が合一（1392年）
室町時代	1353	文和2	大友氏時、田川郡宝覚禅寺（興国寺）に田川郡志生木田（鋤木田）を寄進する	
室町時代	1359	延文4	足利義詮、麻生宗光に筑前国青木大膳亮跡地を与える	
室町時代	1392	明徳3	大内義弘、規矩郡吉田郷内の一部を舞童料所として氷上山興隆寺に寄進	
室町時代	1431	永享3	大友持直、規矩郡内五十町などを田原六郎に預ける	
室町時代	1467	文正2	大内盛見、少弐・大友氏と争い、筑前国怡土郡萩原にて討死	・北条早雲が小田原城に入城（1495年） ・ルターの宗教改革（1517年）
室町時代	1467	文正2	門司大通寺に遣明船にて輸出のための硫黄を保管	
室町時代		応仁元	応仁・文明の乱が起こる	
室町時代	1559	永禄2	毛利氏、大友氏が守る門司城を攻め取る	
室町時代	1564	永禄7	大友宗麟・毛利元就の「豊芸和睦」なる	
安土桃山時代	1582	天正10	麻生統春方の小田村元親、麻生隆実が守る山鹿城を攻める	・室町幕府滅亡（1573年） ・本能寺の変（1582年） ・羽柴秀吉が関白となる（1585年） ・徳川家康関東に移封（1590年）
安土桃山時代	1586	天正14	秀吉、毛利輝元に九州侵攻の先鋒を命じる	
安土桃山時代			高橋元種の支城小倉城落城（10月）	
安土桃山時代	1590	天正18	神父アレハンドロ来日（11月）	
安土桃山時代	1600	慶長5	黒田孝高、毛利吉成の小倉領を攻め占拠（10月）	
安土桃山時代	1600	慶長5	細川忠興入封し、中津城に入る（12月）	
江戸時代	1602	慶長7	大規模な小倉城（→P.70）築造始まる	・江戸幕府が成立（1603年）
江戸時代	1604	慶長9	黒崎城主に井上周防、若松城主に三宅若狭がなる	
江戸時代	1615	元和元	一国一城令により、黒崎、若松の城を壊す	
江戸時代	1625	寛永2	小倉の商人問太郎兵衛、交趾に貿易船を出す	
江戸時代			小倉に中国貿易船入港	
江戸時代	1638	寛永15	小倉・福岡藩、島原の乱に出陣する	
江戸時代	1651	慶安4	若松・黒崎より小倉・下関への旅人荷物積送の規定ができる	
江戸時代	1657	明暦3	小倉藩、酒造株を交付	
江戸時代	1664	寛文4	御牧郡を遠賀郡と改称する	
江戸時代	1665	寛文5	中国僧即非、小倉に黄檗宗の広寿山福聚寺を開山	
江戸時代	1677	延宝5	企救郡大里に銅山開発	
江戸時代	1700	元禄13	東蓮寺藩主長寛が福岡藩世子となり、東蓮寺藩領は福岡藩領となる	・イギリスで名誉革命（1688年）
江戸時代	1700	元禄13	福岡藩、塩の専売制を始める	
江戸時代			元禄国絵図の作成にともない、福岡・小倉両藩の国境が定められる	
江戸時代	1704	宝永元	黒崎に定期市が催される	
江戸時代	1705	宝永2	唐船（中国密貿易船）が現れ、以後享保5年頃まで頻度を増しその都度追い払う	
江戸時代	1709	宝永6	黒崎・若松の両代官の協議で、海運の品目分担が決まる	・徳川吉宗が享保の改革を開始（1716年）
江戸時代	1720	享保5	洞海漁場が若松村に属する決まりとなる	
江戸時代	1732	享保17	大飢饉が起きる。領内餓死者は小倉藩約4万、福岡藩約10万人で、幕府から両藩に援助金が貸与される	
江戸時代	1743	寛保3	鶏卵の専売制度を始め、黒崎から大坂に出荷される	
江戸時代	1751	宝暦元	遠賀堀川工事が再開される	
江戸時代			黒崎代官が若松代官を兼務（若松代官廃止）	
江戸時代	1762	宝暦12	堀川が完成。堀川運河（→P.232）が開通する	
江戸時代			熊本村に新地二十三町余の新田開発	
江戸時代	1772	安永元	洞海湾は戸畑・若松の入会漁場となる	
江戸時代	1788	天明8	思永斎を藩校思永館とする	・アメリカ合衆国独立宣言（1776年） ・天明の飢饉が起こる（1783年）
江戸時代			企救郡曽根新田築立て開始	
江戸時代	1795	寛政7	小倉藩主小笠原忠苗が足立山妙見社に詣でた際に古鏡が見つかる	
江戸時代	1803	享和3	家老犬甘知寛、職・禄を召し上げられ、頂吉に蟄居（小笠原騒動）	
江戸時代	1809	文化6	伊能忠敬が九州の測量をはじめる（文化10年まで）	
江戸時代	1811	文化8	小笠原忠固、幕府正使として対馬で朝鮮通信使と応接	
江戸時代	1813	文化10	門司塩田開発に着手する	
江戸時代	1814	文化11	小倉藩士360人余りが、黒崎に脱国し3日後帰国（白黒騒動）	
江戸時代	1815	文化12	修多羅村に塩田を造る	
江戸時代	1821	文政4	宇島築港開始（文政8年完成）	
江戸時代			企救郡新道寺村で金山を試掘する	

小倉城（1609年頃完成※想定）→ P.70

蒲生八幡神社 本殿（1763年）→ P.184

時代	西暦	和暦	北九州のできごと	日本・世界のできごと
江戸時代	1824	文政7	恒遠醒窓、私塾を開く	・シーボルトが長崎に来る（1823年）
	1826	文政9	シーボルト小倉に来る（1月）。5月25日にも再来する	
	1837	天保8	小倉城焼失（天保10年天守以外再建）する（1月）	
			石炭仕法を開始、焚石会所の作法書を芦屋・若松に発布する	
	1838	天保9	企救郡貫村の水晶山で金の試掘	
	1842	天保13	小倉藩、海岸防備のため大砲鋳造	
	1850	嘉永3	黒崎に生蝋会所を設置する	
	1854	嘉永7	諸所に会所を設け産物集会。小倉織隆盛	
	1858	安政5	呼野金山再興	旧高崎家住宅（1835年）→ P.225
	1860	万延元	英国人各地に上陸して村人騒動（12月）	立場茶屋銀杏屋（1837年）→ P.225
	1861	文久元	英国軍艦門司沖に碇泊し測量（5月）	・老中水野忠邦、天保の改革を開始（1841年）
	1862	文久2	岩松助左衛門、白洲灯台建設出願	・浦賀にペリーが来航（1853年）
			小笠原忠幹の弟、敬次郎、政事世話役方に就任、藩内に軋轢が生ずる（8月）	・日米修好通商条約締結（1858年）
	1863	文久3	領内海岸各地に砲台建設。農兵を徴集。異変の節の防衛動員体制を編成（3月）	・新撰組結成（1863年）
			紫川河口に砲台設置。農兵を徴募（1457人）	
			長州藩が通航する外国船砲撃。長州藩と攘夷実行について論争（5月）	
			長州藩、田野浦を占拠し砲台を設置（6月）	
			英彦山の尊攘派社僧らを捕え投獄（11月）	・リンカーン大統領暗殺（1865年）
	1864	元治元	第1次征長副総督松平茂昭小倉に来る。肥後・薩摩・久留米・柳川・島原・佐賀・唐津・中津・安志諸藩兵来る。諸藩兵の小倉入りで日用諸物資の価格、異常に高騰	・大政奉還（1867年）
	1866	慶応2	第2次征討下関方面総督小笠原長行、小倉に来る。熊本・久留米・柳川・唐津・安志諸藩兵来る（6月）	
			小倉藩兵をはじめ幕府軍と長州藩兵が企救郡田野浦で戦争（6月）	
			英公使パークス・仏公使ロッシュ、小倉で小笠原長行と会談	
			長州藩と企救郡大里・赤坂で戦争（7月）	
			小笠原長行小倉を脱し、出兵各藩も帰国	
			小倉城自焼、企救郡境に退き、以後企救郡各地で長州藩と戦闘継続・世子豊千代丸一行肥後内牧に落ちる（8月）	
			停戦交渉決裂から開国を決定し、熊本藩に「小倉落人」（約一万人）として流人（12月）	
	1867	慶応3	長州藩と和議成立、企救郡を長州藩に預ける（1月）	
			藩庁を田川郡香春に開く（3月）	
			田川郡香春に藩校思永館再建、各地に支庁を5ヵ所開く（5月）	
			長州征伐のため秘されていた小笠原忠幹の喪を発す（慶応元年9月6日没）（6月）	
明治時代	1869	明治2	版籍奉還、小笠原忱香春藩知事となる。福岡藩では黒田知知藩事（6月）	・戊辰戦争終わる（1869年6月27日）
			小倉新田藩を千束藩とし小笠原貞正知藩事となる	
			企救郡百姓一揆が起こり、村役人・富農商の家打ちこわす（11月）	
	1870	明治3	藩校育徳館を豊津に開校	
	1871	明治4	西海道鎮台を小倉に設置（4月）	
			廃藩置県（7月）。豊前国一円を小倉県とし、県庁を小倉に開設（11月）	
	1873	明治6	白洲灯台が完成する	
			公立小倉医学校が設立される（4月）	
			筑前地方に農民一揆（竹槍一揆）が起こる（6月）	部埼灯台（1872年）→ P.147
	1874	明治7	地租改正。若松港に県の出張所（石炭役所）が開設する	
	1875	明治8	若松石炭問屋組合が設立。歩兵第14連隊が小倉城内に置かれる（4月）	
	1876	明治9	小倉県が廃止となり福岡県に合併（4月）	
	1877	明治10	屑糸紡績所が小倉新町に開業（10月）	・西南戦争（1877年）
	1878	明治11	企救郡役所が小倉室町に設置（11月）	
	1879	明治12	小倉港整備の協議が始まる（3月）	

時代	西暦	和暦	北九州のできごと	日本・世界のできごと
	1880	明治13	蔭山是世が炭塊社を戸畑の中ノ島に設立（1月）	
			第八十七国立銀行小倉支店を船場町に設立（11月）	
	1881	明治14	小倉の石炭商中原嘉左右を会頭に豊前国商法会議所が設立される（2月）	
	1882	明治15	米谷小倉縮工場設立	
	1883	明治16	第八十七国立銀行、小倉京町より室町に新築移転（1月）	
	1885	明治18	若松港同盟石炭問屋組合設置（8月）	
			筑前国豊前国石炭坑業組合を結成。若松に取締所が置かれる（11月）	
	1886	明治19	安川商店の本店が芦屋から若松に移転。豊前国商法会議所が小倉商法会議所として再建される（5月）	
	1887	明治20	第八十七国立銀行の本店が行橋から小倉に移転する（1月）	
	1888	明治21	常盤橋の架け替えと、小倉港の浚渫工事が着工される（11月）	
	1889	明治22	門司築港株式会社設立（3月）	・大日本帝国憲法発布（1889年2月11日）
			市制町村制が実施、小倉町・文字関村・若松村・八幡村・戸畑村などが誕生する（4月）	・帝国議会開設（1890年11月29日）
			門司港が特別輸出港に指定される。門司長崎税関出張所設置（11月）	
	1890	明治23	小倉の機械工場の端諸となる、住野鐵工所が設立（2月）	
			若松築港株式会社（5月）・豊陽銀行が設立される（8月）	
	1891	明治24	若松村が町制を施行し、若松町となる（2月）	
			九州鉄道が門司まで延伸。九州鉄道本社が福岡から門司に移転。小倉駅開業（4月）	九州鉄道記念館（旧九州鉄道本社）（1891年）→ P.134
			千寿製紙工場開業（4月）。大阪商船門司出張所開設（10月）	
			筑豊興業鉄道、若松-直方間が開通（8月）	
	1892	明治25	門司新報創刊（5月）	
	1893	明治26	浅野セメント門司工場（9月）・中央セメント八幡工場設立（12月）	・日清戦争が勃発（1894年8月1日）
			筑豊興業鉄道が本社を直方から若松に移す（4月）	
			家入鉄工所（明治24年開業）が門司鉄工株式会社と社名変更（10月）	・赤痢大流行（1897年）
			筑豊五郡坑業組合が筑豊石炭鉱業組合と改称して、事務所を直方から若松に移す（11月）	
	1894	明治27	文字関村が町制を施行し、門司町となる（7月）。小倉兵器支廠、門司兵器製造所設立（11月）	
	1895	明治28	小倉織物会社設立（3月）	
			九州鉄道、小倉-行事（行橋）間が開通（4月）	
	1897	明治30	八幡村に官営製鉄所が開庁（6月）	
			九州鉄道と筑豊鉄道が合併（10月）	森鷗外旧居 → P.159
	1898	明治31	小倉電灯株式会社設立が認可される（6月）	
			若松電灯が開業、北九州初の家庭電灯がともる（7月）	
			日本銀行西部支店が下関から門司に移転開業（11月）	
			第12師団司令部が小倉城内に開設（11月）	
	1899	明治32	門司町が市制を施行し、門司市となる（4月）。門司港が開港（8月）	
			森鷗外が第12師団軍医部長として赴任（6月）	
	1900	明治33	八幡村が町制を施行し、八幡町となる（2月）	官営八幡製鐵所（旧本事務所）（1899年）→ P.212
			門司・八幡・若松に電話が開通する（2月）	
			小倉町が市制を施行し、小倉市となる（4月）	
			小倉に大門発電所が完成する（9月）。門司港務局が開庁（12月）	
	1901	明治34	官営八幡製鐵所作業開始式（11月）	・日露戦争が勃発（1904年2月10日）
	1902	明治35	九州鉄道の海岸回り線（小倉-戸畑-八幡-黒崎）が開通（12月）	
			古河鉱業の若松出張所が開設	
	1903	明治36	石炭関係団体の社交場、門司倶楽部設立（10月）	
	1904	明治37	若松港が特別輸出入港に指定（4月）	
			大里製糖所開業（10月）	
	1906	明治39	小倉商工会発足（1月）。八幡馬車鉄道株式会社出願（7月）	
			兵庫屋小倉支店が開設（12月）	
	1907	明治40	鉄道国有化政策により九州鉄道が国有化される（7月）	石炭会館（旧若松石炭商同業組合）（1905年）→ P.195
			門司港と下関港が国の第一種重要港湾に指定（10月）	

時代	西暦	和暦	北九州のできごと	日本・世界のできごと
大正時代	1908	明治41	戸畑町に建造された競馬場にて、東洋競馬会が競馬を開催	・韓国併合（1910年8月22日）
			九州電気軌道株式会社設立（12月）	
	1909	明治42	私立明治専門学校開校（4月）	
			八幡瓦斯株式会社設立（6月）	
			門司瓦斯株式会社設立（12月）	
	1910	明治43	戸畑商工会創立（2月）	上野海運ビル（旧三菱合資会社若松支店）（1913年）→ P.195
			小倉瓦斯株式会社設立（4月）	
	1911	明治44	若戸渡船（→P.199）に初の蒸気船が就航（4月）	
			九州電気軌道、門司-小倉-八幡間が開通（6月）	
			出光商会、門司に創立する（6月）	
			若松瓦斯株式会社設立（12月）	
	1912	明治45	若松に上水道が引かれる（4月・九州で2番目）	・第1次護憲運動始まる（1912年12月）
			製陶研究所（現TOTO株式会社）設立	
	1913	大正2	小倉で全国特産品博覧会を開催（9月）	・第1次世界大戦勃発（1914年7月28日）
	1914	大正3	門司駅（現在のJR門司港駅→P.40）が移転開業（2月）	
			若松町が市制を施行し、若松市になる（4月）	
	1915	大正4	安川電機製作所創立（7月）	
	1916	大正5	大阪砲兵工廠小倉兵器製造所開所式（4月）	
			明治製糖株式会社戸畑工場設立（7月）	
	1917	大正6	八幡が市制を施行し、八幡市となる（3月）	
			東洋陶器株式会社（現TOTO株式会社）設立（5月）	
			友愛会の八幡支部が結成される（6月）	
			東洋製鉄株式会社設立（11月）	
	1918	大正7	米騒動の波及により、門司・戸畑などで米商が襲われる（8月）	・関東大震災（1923年9月1日）
	1919	大正8	八幡製鐵所に日本労友会・職工同志会結成（10月）。門司商業会議所設立（10月）	・治安維持法発布（1925年4月12日）
	1922	大正11	八幡で北九州初のメーデーが行われる（5月）	・普通選挙法発布（1925年5月5日）
	1923	大正12	門司市に大里町を編入する（2月）	
	1924	大正13	都市計画法が門司・小倉・若松・八幡に適用される（7月）	・金融恐慌始まる（1927年3月）
			戸畑町が市制を施行し、戸畑市となる（9月）	
	1925	大正14	小倉市に板櫃町の一部を編入、八幡市にも板櫃町の一部を編入する（4月）	・世界恐慌が起こる（1929年10月24日）
			第12師団が小倉から久留米に移転する（5月）	
	1926	大正15	八幡市に黒崎村を編入する（11月）	
昭和時代	1927	昭和2	小倉市に足立村を編入する（4月）	旧大連航路上屋（旧門司税関一号上屋）（1929年）→ P.141
			陸軍造兵廠東京工廠の小倉市移転が決定（10月）	
			河内貯水池（→P.214）が完成	
	1928	昭和3	陸軍造兵廠東京工廠小倉派出所が設置される（4月）	
	1929	昭和4	九州瓦斯株式会社設立（2月）	・満洲事変（1931年9月18日）
			八幡の市議選で、全国初の無産党市議会議員が選出される（4月）	・5・15事件（1932年5月15日）
			北九州五市市長会（第1回合併懇談）が行われる（5月）	
	1930	昭和5	若戸渡船の転覆事故で多数の死者が出る（4月）	北九州銀行 門司支店（旧横浜正金銀行門司支店）（1934年）→ P.139
	1931	昭和6	若松市に島郷村を編入する（8月）	
			NHK小倉放送局が開局（12月）	
	1932	昭和7	八幡市に九州百貨店（後の八幡丸物）開店（10月）	
	1933	昭和8	陸軍造兵廠小倉工廠が開業する（11月）	
	1934	昭和9	日本製鉄株式会社創立（1月・官営八幡製鐵所民営化）	
			東洋製鉄が日本製鉄に合併	
			石炭商・佐藤慶太郎が私邸を若松市に寄付し、佐藤公園ができる	
	1935	昭和10	朝日新聞の門司支局を九州支社に改組（1月）	・2・26事件（1936年2月26日）
			毎日新聞の関門支局を西部総局に改組（2月）	
	1936	昭和11	安川松本合名会社が戸畑に設立（12月）	・日中戦争勃発（1937年7月7日）
			若松に市営の貨物電車が開業する（5月）	
			小倉井筒屋（→P.167）が開店（10月）	
	1937	昭和12	八幡市に上津役村を編入する（5月）	

九州工業大学（旧明治専門学校）正門、正門守衛所（1909年）→ P.237

料亭金鍋（1917年）→ P.209

旧大阪商船（1917年）→ P.41

三宜楼（1931年）→ P.141

時代	西暦	和暦	北九州のできごと	日本・世界のできごと
			西部防衛司令部が小倉に設置される（8月）	・国家総動員法公布（1938年4月1日）
			小倉市に企救町を編入する（9月）	
	1938	昭和13	火野葦平（→P.263）が第六回芥川賞を受賞する（3月）	
			菊屋百貨店（のち小倉玉屋）開店（10月）	・第2次世界大戦勃発（1939年9月1日）
			若松市に丸柏百貨店開店	
	1939	昭和14	八幡製鐵所をはじめ産業報国会が結成される（2月）	
			洞海湾の汚染に対し、八幡・若松・戸畑三市の漁師が関係工場に救済資金を要求（5月）	・日独伊三国同盟成立（1940年9月27日）
	1940	昭和15	下関・門司・田野浦・小倉港を統合し関門港が誕生（7月）	・太平洋戦争勃発（1941年12月8日）
			西部軍司令部が小倉から福岡へ移転する（12月）	
			洞海湾・中ノ島の切削工事が完成（12月）	
	1941	昭和16	小倉市に西谷村・中谷村を編入する（4月）	火野葦平旧居（河伯洞）（1940年）→ P.197
	1942	昭和17	関門鉄道トンネル（下り線）開通（上り線は1944年開通）	
			大里駅が門司駅に、門司駅が門司港駅に改称する（4月）	
			若松の高塔山公園（→P.196）開場（4月）	・東京都制施行（1943年7月1日）
			福岡日日新聞、九州日報が政府方針で合併し、西日本新聞となる（8月）	
			九州電気軌道株式会社がほか4社と統合し、西日本鉄道株式会社となる（9月）	・B29による空襲が本格化、集団疎開始まる（1944年）
	1943	昭和18	毎日新聞西部本社、門司に設立（1月）	
			宇部興産が東洋セメント工業小倉工場を買収（7月）	
	1944	昭和19	財団法人若松石炭協会設立（5月）	・広島（1945年8月6日）、長崎（1945年8月9日）に原子爆弾投下
			初の本土本格的空襲を受ける（6月）	・日本敗戦、ポツダム宣言受諾（1945年8月14日）
			八幡市に折尾町を編入する（12月）	・農地改革、日本国憲法施行（1947年5月3日）
	1945	昭和20	小倉が原子爆弾の投下目標となる（8月）	
			小倉に米軍が進駐する（10月）	
	1946	昭和21	戦後初のメーデーが行われる（5月）	
	1947	昭和22	浅野セメントが日本セメントと改称（5月）	・朝鮮戦争が勃発（1950年6月）
			小倉中学が甲子園の全国中等学校野球大会で優勝（8月）	・対日講和条約・日米安全保障条約調印（1951年9月8日）
	1948	昭和23	小倉高校が全国高等学校野球選手権大会で優勝。連覇を果たす（8月）	・メーデー事件（1952年5月1日）
			小倉市に東谷村を編入する（9月）	・町村合併促進法発布（1953年9月1日）
			小倉競輪場開設（11月）	
	1949	昭和24	昭和天皇の九州巡幸を各市で祝う（5月）	
			日本炭鉱株式会社若松営業所設立（9月）	
	1950	昭和25	洞海湾入口に軍艦防波堤（→P.202）ができる	・首都圏整備法発布（1956年4月26日）
	1952	昭和27	若松競艇場（現ボートレース若松）（→P.101）開設（11月）	
	1953	昭和28	住友金属が小倉製鋼を合併する（7月）	・東京タワー完成（1958年12月23日）
	1955	昭和30	八幡市に香月町・木屋瀬町を編入する（4月）	
	1956	昭和31	陸上自衛隊小倉駐屯地が開設（3月）	
			若松市の北海岸が玄海国定公園に指定される（6月）	世界平和パゴダ（1958年）→ P.144
			小倉空港再開（3月）	
	1958	昭和33	関門国道トンネルが開通、門司トンネル博開催（3月）	
			小倉市中央卸売市場が開設（4月）	
			高塔山ロープウェイが開業（8月・1970年運航休止）	・カラーテレビ放送開始（1960年9月10日）
	1959	昭和34	八幡製鐵所戸畑地域に東洋一の日産1500トン高炉完成（9月）	
			小倉城（→P.70）復興天守完成（10月）	・J・F・ケネディ米大統領暗殺（1963年11月22日）
	1960	昭和35	伸びゆく北九州小倉大博覧会開催（3月）	
			北九州五市総合開発促進協議会設置（4月）	
	1961	昭和36	八幡製鐵所東田第一鉱炉（→P.53）が解体される（5月）	
	1962	昭和37	合併新市名の公募が行われる（4月）	
			若戸大橋（→P.194）が開通する。「若戸博」開催（9月）	
	1963	昭和38	門司・小倉・若松・八幡・戸畑の五市が合併し、北九州市が誕生する（2月）	
			北九州市が政令都市に指定、区政を実施（4月）	・東京オリンピック開催（1964年10月10日）
	1964	昭和39	門司・小倉・洞海3港を統合して北九州港発足、北九州港管理組合発足（4月）	

時代	西暦	和暦	北九州のできごと	日本・世界のできごと
昭和時代	1965	昭和40	小倉炭鉱閉山（5月）	・公害対策基本法施行（1967年8月3日） ・小笠原諸島返還、東京都に編入（1968年6月26日） ・川端康成がノーベル文学賞を受賞（1968年10月17日）
	1966	昭和41	十条製紙小倉工場廃止（11月）	
	1967	昭和42	新金辺トンネル（小倉-日田線）開通（1月）	
			住友銀行若松支店閉鎖（7月）	
	1968	昭和43	大辻炭鉱閉山（4月）	
			小倉一神戸間に阪九フェリー就航（8月）	
	1970	昭和45	八幡・富士両製鐵が合併し、新日本製鐵株式会社が発足（3月）	・沖縄返還、日本復帰（1972年5月15日） ・日中国交正常化（1972年9月29日）
	1971	昭和46	響灘のサイクリングコースが完成（11月）	
	1972	昭和47	北九州市新市庁舎が完成（4月）	
			新日本製鐵の東田地区の高炉がすべて廃止（6月）	
	1973	昭和48	小倉空港を北九州空港と改称する（2月）	
			関門橋（→P.145）が開通（11月）	
	1974	昭和49	北九州市立総合体育館が完成する（1月）	
			行政区の再編により、七区制が発足する（4月）	
			北九州市立美術館（→P.98）が開館（11月）	北九州市立美術館・本館（1974年）、アネックス（1986年）→ P.98
			国鉄西小倉駅が開業（12月）	
	1975	昭和50	山陽新幹線岡山-博多間が開通、新幹線の小倉駅が開業（3月）	
			北九州市立中央図書館（→P.160）（4月）、歴史博物館（8月）が開館	北九州市立中央図書館・歴史博物館（1975年）→ P.160
			北九州市中央卸売市場新市場開設（7月）	
	1976	昭和51	北九州高速鉄道株式会社設立（7月）	・ロッキード事件で田中角栄首相逮捕（1976年7月27日）
	1977	昭和52	社団法人若松石炭協会が解散（3月）	
			日本板硝子若松工場が閉鎖となる（12月）	
	1978	昭和53	新日本製鐵八幡製鐵所洞岡四号高炉休止（7月・八幡地区全廃）	
			北九州高速鉄道（モノレール）工事着工（10月）	
	1979	昭和54	九州自動車道の八幡-若宮間、北九州直方道路の黒崎-八幡間が開通（3月）	
	1980	昭和55	北九州新・新中期計画「プラン'80北九州」が開始（1月）	
			戸畑祇園大山笠行事（→P.256）が国の重要無形文化財に指定（1月）	
			西鉄路面電車北方線が廃止（11月）	
	1981	昭和56	北九州市民憲章を制定（2月）	西日本総合展示場（1977年）→ P.161
	1982	昭和57	岩田屋戸畑店開店（2月）	
	1983	昭和58	北九州空港定期便休止（11月）	
	1984	昭和59	白島石油備蓄基地建設工事着工（10月）	・東京ディズニーランド開園（1983年4月15日）
	1985	昭和60	北九州モノレール（→P.116）小倉線開業（1月）	
			西鉄路面電車の一部区間が廃止となる（門司-砂津、戸畑-大門など）（10月）	・日航機、群馬県雄巣鷹山に墜落（1985年8月12日） ・伊豆大島三原山噴火（1986年11月15日） ・国鉄分割民営化（1987年4月1日）
	1986	昭和61	志井公園のアドベンチャープール（→P.185）がオープン（7月）	
	1987	昭和62	白島石油備蓄基地、被災事故により工事が中断する（2月）	
	1988	昭和63	九州自動車道の小倉東-八幡間が開通する（3月）	
			第1回わっしょい百万夏祭り（→P.258）開催（8月）	
			門司港駅が鉄道駅として初めて国の重要文化財に指定（12月）	
平成時代	1989	平成元	ひびき動物ワールド（→P.199）が開園（4月）	・消費税実施（1989年4月1日） ・ベルリンの壁崩壊（1989年11月9日）
			九州国際センター（JICA九州）オープン（10月）	
			北九州市立文書館が開館。「北九州ルネッサンス」構想第1次実施計画策定（12月）	
	1990	平成2	旧門司三井倶楽部（→P.135）が国の重要文化財に指定（3月）	・スーパーファミコンが発売（1990年11月21日） ・湾岸戦争が起こる（1991年1月17日） ・東京都庁舎が有楽町から新宿に移転（1991年4月1日）
			若戸大橋が4車線化。都市高速とつながる（3月）	
			「紫川マイタウン・マイリバー整備計画」が建設省から整備事業認定を受ける（8月）	
			北九州国際会議場（→P.161）が開設（10月）	
	1991	平成3	北九州空港の定期便が再開（3月）	
	1992	平成4	日明工場粗大ごみ資源センター開設（6月）	
			西鉄路面電車の一部（砂津-黒崎）が廃止（10月）	
	1994	平成6	東田土地区画整理事業が着工（5月）	
	1995	平成7	門司港レトロがグランドオープン（3月）	
	1996	平成8	響灘環黄海圏ハブポート構想を策定（3月）（1998年）→ P.73	小倉城庭園

年表で見る北九州の歴史

時代	西暦	和暦	北九州のできごと	日本・世界のできごと
	1998	平成10	JR小倉駅（→P.119）が改装を終え開業（3月）	・白神山地（自然）、屋久島（自然）、法隆寺（文化）、姫路城（文化）が世界遺産に登録される（1993年12月） ・阪神淡路大震災（1995年1月17日）
			小倉駅に北九州モノレールが乗り入れを開始（4月）	
			北九州市立松本清張記念館（→P.265）開館（8月）	
	1999	平成11	JRスペースワールド駅が開業（7月）	
			門司区役所が国の登録有形文化財となる（8月）	
	2000	平成12	門司港レトロ地区に出光美術館（門司）（→P.99）が開館（4月）	長崎街道木屋瀬宿記念館（2001年）→P.224
			平尾台自然観察センター（→P.178）が開館（5月）	
	2001	平成13	北九州市エコタウンセンター（→P.110）開設（6月）	
			北九州高速五号線、枝光-大谷間が開通（7月）	・九州・沖縄サミット（2000年7月21日） ・アメリカ同時多発テロ（2001年9月11日）
			北九州博覧祭2001が八幡東田地区で開催（7月）	
	2002	平成14	北九州市環境ミュージアム（→P.111）開館（4月）	
			北九州市立いのちのたび博物館（市立自然史・歴史博物館）（→P.94）が開館（11月）	
	2003	平成15	リバーウォーク北九州（→P.313）が開業（4月）	
			九州鉄道記念館（→P.134）開館（8月）	
	2004	平成16	新北九州空港の旅客ターミナルビルの建設着工（10月）	
	2006	平成18	新北九州空港（→P.114）がオープン（3月）	
	2007	平成19	トヨタ自動車九州が小倉南区に小倉工場の建設を発表（5月）	
	2008	平成20	JR九州八幡本ビル（現庁舎）完成（3月）	・JR福知山線脱線事故（2005年4月25日） ・郵政民営化法が公布（2005年10月21日）
			政府から環境モデル都市に認定（7月）	
			旧古河鉱業若松ビル（→P.195）が国の登録有形文化財となる（7月）	
	2010	平成22	非核平和都市宣言を行う（2月）	
	2012	平成24	北九州市漫画ミュージアム（→P.78）開館（8月）	
			若戸トンネル（新若戸道路）開通（9月）	
			B-1グランプリが小倉北区勝山公園、あさの汐風公園一帯で開催（10月）	・東日本大震災（2011年3月11日） ・小笠原諸島が世界自然遺産に登録決定（2011年6月） ・ロンドンオリンピック開催（2012年） 　ソチオリンピック開催（2014年2月） ・「和紙 日本の手漉き和紙技術」がユネスコ無形文化遺産に登録（2014年11月） ・国立西洋美術館が世界文化遺産に登録（2016年7月） ・リオデジャネイロオリンピック開催（2016年8月）
	2013	平成25	八幡西区役所がCOM CITY内に移転（5月）	
	2014	平成26	北九州マラソン2014が開催される（2月）	
	2015	平成27	官営八幡製鐵所など明治日本の産業革命遺産がユネスコの世界文化遺産に登録（7月）	
			ＴＯＴＯミュージアム開館（8月）	
	2016	平成28	東九州自動車道の北九州市-大分市-宮崎市の区間が直結（4月）	
			戸畑祇園大山笠など「山・鉾・屋台行事」がユネスコの無形文化遺産に登録（11月）	
	2017	平成29	ミクニワールドスタジアム北九州（→P.167）が完成（2月）	
	2018	平成30	スペースワールド閉園（1月）	
			OECDからアジアで初めて「SDGs推進に向けた世界のモデル都市」に選定（4月）	
			内閣府から「SDGs未来都市」に選定（6月）	
	2019	平成31	門司港駅の復原改修工事が完了（3月）	・平昌オリンピック開催（2018年2月） ・皇太子徳仁親王が第126代天皇に即位し「令和」に改元（2019年5月1日）
			小倉祇園祭の小倉祇園太鼓（→P.257）が国の重要無形民俗文化財に指定（3月）	
令和時代	2020	令和2	小倉駅前にSAINTcity（→P.312）開業（4月）	
			リバーウォーク北九州にゼンリンミュージアム（→P.55）が開業（6月）	・新型コロナウイルスの感染流行について、世界保健機関（WHO）がパンデミックを宣言（2020年1月30日）
			井筒屋黒崎店閉店（8月）	
	2022	令和4	旦過市場（→P.82）で大規模な火災が発生（4月）	
			JR九州小倉総合車両センター内に小倉工場鉄道ランド（P.57）がオープン（4月）	・東京オリンピック開催（2021年7月）
			スペースワールド跡地にTHE OUTLETS KITAKYUSHU（→P.312）開業（4月）	
			わっしょい百万夏まつりが3年ぶりの通常開催（8月）	・2022年ロシアのウクライナ侵攻が始まる（2022年2月24日）
			旦過市場で再び火災が発生。映画館小倉昭和館（→P.109）も被災（8月）	
	2023	令和5	市制60周年記念式典が開催される（2月）	

ＴＯＴＯミュージアム（2015年）→P.54

北九州の歴史を支えた偉人たち

江戸時代の小倉藩の繁栄、そして明治期以降の重化学工業地帯としての発展など、北九州の歴史を支えた偉人たち。現代の北九州市を語るうえでも欠かせない、町の礎を築いた数々の功績とともに紹介。

細川忠興 1563-1645年

小倉の町に数々の功績を残す

小倉藩初代藩主で、織田信長、豊臣秀吉、徳川家康といった時の有力者に仕え、知勇兼備の武将としても有名。天守は唐造りといわれる小倉城を慶長7（1602）年に築城し、城下町小倉のにぎわいを創出した。忠興が城下町整備にあたって目指したのは、自身の出身地、京都のような町を作ること。小倉の繁華街を碁盤の目状に整備したほか、京町、室町など京都や大坂の地名、町名が見られるのも忠興の好みによるものだとか。また、「小倉祇園太鼓」も忠興が京文化にならって取り入れたもの。

細川忠興像（部分図）永青文庫所蔵

小笠原 忠真 1596-1667年

源氏の流れをくむ、戦国のサラブレッド

細川家のあとに小倉藩主として入城。忠真が細川忠興の3男で、小倉藩2代藩主の細川忠利の義兄であったことから、義兄弟間での藩主交代となった。織田信長と徳川家康のひ孫に当たることから、戦国のサラブレッドという異名も持つ。また、小倉藩に入部する際、好物の「ぬか味噌」を信濃国松本より持ち込み、ぬか漬けを推奨したことで、小倉城下の人々へ広まっていったとも。さらに、茶道流派「小笠原家茶道古流」を興したことで、小倉の茶文化の基盤をつくった人物のひとりともいわれている。

小笠原 忠真 福聚寺蔵

安川 敬一郎 1849-1934年
松本 健次郎 1870-1963年
安川 第五郎 1886-1976年

安川 敬一郎　　　松本 健次郎　　　安川 第五郎
出典：国立国会図書館　出典：国立国会図書館
「近代日本人の肖像」　「近代日本人の肖像」

安川電機の創業一家

安川敬一郎は、明治維新後、炭鉱業をはじめ、港湾、鉄道、紡績、製鋼などの事業を展開。明治26（1893）年に敬一郎と、2男・松本健次郎で「安川松本商店」を創立し、敬一郎は炭鉱経営、松本は販売と分担して二人三脚体制を築く。さらに、明治42（1909）年には技術者養成にも尽力し、明治専門学校（現・九州工業大学）を開校。その後、敬一郎の資金を元手に、安川家5男の第五郎が現在の「安川電機」を大正4（1915）年に設立した。

安川家が設立 または経営参加した企業・学校 ※設立年順
若松築港（現・若築建設）
筑豊興業鉄道・九州鉄道（現・JR九州）
明治鉱業（地質部は明治コンサルタントとして独立）
明治紡績（現・シキボウ）
明治専門学校（現・九州工業大学）
安川電機
九州製鋼（のち八幡製鉄所、現・日本製鉄）
黒崎窯業（現・黒崎播磨）

大倉 孫兵衛 1843-1921年
大倉 和親 1875-1955年

親子で"製陶王国"の礎を築く

日本の窯業界の発展に尽力した、大倉孫兵衛、和親親子。明治37（1904）年、日本陶器合名会社（現・ノリタケカンパニーリミテド）を設立し、初代社長を和親が務める。明治45（1912）年、私財を投じて同社の一隅に製陶研究所を設け、衛生陶器の製造研究、便器などを試販。大正5（1916）年には企救郡板櫃村（現・北九州市小倉北区）に小倉工場を建設。大正6（1917）年には工場開始にあたり東洋陶器（現・TOTO）として独立。知識と熱意で窯業界をリードした。

大倉 孫兵衛

大倉 和親

大島 道太郎
1860-1921年

全国の製鉄業の発展に貢献

産業都市・北九州市の発展の礎を築いた八幡製鐵所の初代技監。「日本近代製鉄の父」といわれる大島高任を父に持つ。技監を務めるかたわら、東北各地の鉱山開発にも従事し、生野鉱山技師や大阪製煉所所長を歴任。日本の製鉄業の発展に尽力した。

出典：東京大学 工学・情報理工学図書館 工3号館図書室

佐藤 慶太郎
1868-1940年

自身の半生を社会貢献にささげた人物

北九州市八幡西区生まれ。石炭業で手にした財産を東京府美術館（現・東京都美術館）設立のために寄付。岡倉天心や横山大観らの「美術館が欲しい」という日本美術界の悲願を実現した。昭和12（1937）年には佐藤新興生活館（現・山の上ホテル）を建設。

鮎川 義介
1880-1967年

自動車産業の成長を牽引

アメリカで学んだエンジニアとしての技術をもとに、大叔父の井上馨らの支援を受け、29歳で戸畑町に戸畑鋳物（現・日立金属）を設立。のちに、日産自動車や日立製作所などを傘下に持つ巨大な日産コンツェルンへと発展させた。

出典：国立国会図書館「近代日本人の肖像」

吉田 磯吉
1867-1936年

若松港の発展を支えた大親分

石炭積出港であった若松港の発展に貢献した、九州の大親分と呼ばれた人物。八幡製鐵所開設時の混乱をとりまとめ、親分衆の束ね役や調停役などを担う。その後、衆議院議員として17年間活動。火野葦平著『花と竜』には磯吉大親分として登場する。

出光 佐三 1885-1981年

人間尊重の事業経営を貫く

門司市（現・北九州市門司区）に出光商会を設立。百田尚樹著『海賊とよばれた男』の主人公のモデルとなった人物としても知られる。「海賊」と呼ばれたのは、出光商会が海上燃料販売で画期的な給油方法を編み出し、一気に販売網を広げ顧客を奪っていったことに由来。お金や権力のために事業をするのではなく、「人間尊重」と「大家族主義」を唱え、タイムカード・出勤簿・クビ・定年・労働組合なしの、常識破りの経営を行った。

写真提供：出光興産株式会社

山笠に花火にイルミネーションも！
北九州市の**祭り**&**イベント**

"お祭り好き"で知られる北九州市。ユネスコ無形文化遺産に登録されている祭りから
多くの人を魅了する花火大会、町を美しく彩るイルミネーションまでご紹介しよう。

昼と夜で姿が変わる
珍しい祭り

北九州の祇園祭

7月には各地で祇園行事が開催され
勇壮な山笠などの行事が見られる

309個の提灯を組んだ「提灯山笠」は"光のピラミッド"と称される

幻想的な光のピラミッドが迫力満点

戸畑区 戸畑祇園大山笠
とばたぎおんおおやまかさ

開催期間 毎年7月第4土曜を挟む前後3日間
会　　場 戸畑区役所前
問い合わせ先
☎ 093-871-2316（戸畑祇園大山笠振興会事務局）

「博多祇園山笠」や「小倉祇園太鼓」とともに福岡の夏の3大祭に数えられる。大小8基の山笠が集まり、"光のピラミッド"に姿を変える競演会は大迫力！ 享和3（1803）年から初まった220年の歴史を誇る祭りで、平成28（2016）年にはユネスコ無形文化遺産に登録された。

祭 見どころはココ！
祭中日の「大山笠競演会」（写真上）で
盛り上がりは最高潮に！高さ10m、重さ
2トンを超える山笠は必見

左／法被姿にはちまきを締めた男衆の「ヨイトサ、ヨイトサ」の掛け声が響き渡る　右／華麗な紅白の幟などを付けた「幟山笠」。夜は飾りを外して提灯を組む「提灯山笠」に姿を変える

商店街やビル街、
駅前にも登場

太鼓の音が小倉の町に鳴り響く

見どころはココ！
両面から太鼓を鳴らすパフォーマンスは全国的にも珍しい

小倉北区 小倉祇園太鼓
こくらぎおんだいこ

　小倉に鎮座する、「八坂神社」（→P.155）の例大祭に合わせて地域から供奉される太鼓芸能で、400年の歴史を誇る。浴衣・法被を着た人々が五穀豊穣や無病息災を願って太鼓を叩いて町を練り歩く。両面から打つ太鼓と威勢のいいヂャンガラ（すり鉦）の音に心が踊る！　2019年国指定重要無形民俗文化財に指定された。

開催期間 毎年7月第3土をはさむ金・土・日
会　場 小倉城周辺
問い合わせ先
☎ 093-562-3341
（小倉祇園太鼓保存振興会）

見どころはココ！
電飾で彩られた山車を豪快に回す「廻し練り」は圧巻！

ホラ貝や太鼓の音が
盛り上げる

激しく曳き回す"ケンカ山笠"

八幡西区 黒崎祇園山笠
くろさきぎおんやまかさ

夜の山笠の美しさに魅了される

　「春日神社」（→P.228）「岡田神社」（→P.227）「一宮神社」（→P.228）の氏子により約400年前から行われる。車輪を軸に人形山笠を曳き回す様子は"ケンカ山笠"と呼ばれるほどの激しさ！　太鼓演奏会や山笠競演会も見逃せない。

開催期間
毎年7月下旬の金・土・日・月の4日間
会　場
JR 黒崎駅周辺
問い合わせ先
☎ 093-642-5151
（黒崎祇園山笠保存会事務局）

**まだある
"祇園祭"**

若松区
　二島の祇園

八幡西区
　筑前木屋瀬祇園祭
　貴船神社夏祭り 鳴水祇園山笠

八幡東区
　前田祇園山笠
　枝光祇園
　中央祇園
　茶屋町祇園

\まだある/
北九州を代表する祭り
季節を感じる北九州の祭りを
満喫しよう

約1万5000人が
参加する大きな祭り

(祭) 見どころはココ!
「百万踊り」などパワフルなパ
フォーマンスから元気をもらおう

北九州最大規模を誇る夏祭り

小倉北区 わっしょいひゃくまんなつまつり
わっしょい百万夏まつり

前夜祭で打ち上がる花火

約150万人を超える人々が集う祭。よさこいやキッズダンスイベント、パレードなど見どころ盛りだくさん! とくに数千人が一同に踊る「百万踊り」や「戸畑祇園大山笠」、「黒崎祇園山笠」など北九州市内各区のお祭りが集まる「夏まつり大集合」は見逃せない。

開催期間	毎年8月第1土・日
会 場	勝山公園・小文字通り
問い合わせ先	
℡ 093-541-5472	
(わっしょい百万夏まつり振興会事務局)	

朝から夜まで
イベントを開催

(祭) 見どころはココ!
音楽やダンスが見事な
祝賀パレードは感動的

港町がパレードで盛り上がる!

門司区 もじみなとまつり
門司みなと祭

右上／伝統的な踊りや音楽のパレードも楽しい 右下／港ではなかなか見られない艦船の公開も!

日本三大みなと祭に数えられる「門司みなと祭」。パレードが目玉で、人力車や消防音楽隊、仮装した人々が練り歩く祝賀パレードには2000人以上が参加する。また帆船の体験航海や艦船の公開など港町ならではのお楽しみも満載。

開催期間	毎年5月下旬の2日間
会 場	門司区一帯
問い合わせ先	
℡ 093-321-2381 (門司みなと祭協賛会)	

華やかなステージに魅了される

見どころはココ！
踊りやジャズなどの音楽ライブを満喫！

多彩な音楽ライブやステージ満載

門司区 **門司海峡フェスタ**
もじかいきょうふぇすた

門司港レトロの中央広場をメイン会場に、音楽ライブで幕を開ける。さらに関門よさこいや甲冑ステージ、バナナの叩き売りなど楽しいステージを1日中開催する。フィナーレのシーサイド花火で盛り上がりは最高潮に！

甲冑武者のステージや撮影会なども行われる

開催期間	毎年5月上旬の2日間
会　　場	レトロ中央広場など

問い合わせ先
☎ 093-332-0106（門司港レトロ倶楽部）

毎年約60万人の見物客でにぎわう

見どころはココ！
ねぶたの明かりを熔鉱炉の火に見立てて始まった「八幡東ねぶた」（写真下）も運行！ 製鉄の町らしいねぶただ

露店がズラリと並び、夜は花火も打ち上がる

製鉄の町・北九州らしい祭り

八幡東区 **まつり起業祭八幡**
まつりきぎょうさいやはた

明治34（1901）年、官営八幡製鐵所が作業開始式を行ったのが祭りの始まり。昭和60（1985）年からは市民の祭りに生まれ変わり、ステージショーやハワイアンフェスティバルなどを楽しめる。さらに約300軒の露店や物産展も登場！

開催期間	毎年11月上旬の2日間
会　　場	大谷球場周辺

問い合わせ先
☎ 093-671-0808
（まつり起業祭八幡実行委員会事務局）

花火大会

海や山、町並みと花火が
美しく共演する

約4000発が
打ち上がる！

海の真ん中から打ち上がる花火に大興奮

若松区
戸畑区

くきのうみ花火の祭典

くきのうみはなびのさいてん

　"くきのうみ"とは洞海湾の古称。湾の中央に打ち上げ花火用の船を浮かべて、若戸大橋を挟んだ若松側と戸畑側の両岸から花火を楽しめる。真上に上がる、大輪の花火の迫力に圧倒されること間違いなし。

開催期間　毎年7月第3土、または第5土
会　　場　洞海湾／若戸大橋周辺
問い合わせ先
☎ 093-771-3559（くきのうみ花火の祭典実行委員会事務局／若松区役所総務企画課内）

見どころはココ！
ジャズの町・若松らしく、ジャズ音楽に合わせた打ち上げ花火も

若松・戸畑のシンボルである若戸大橋と花火

ステージ
イベントも！

海を挟んで花火が競うように打ち上がる

門司区

関門海峡花火大会

かんもんかいきょうはなびたいかい

　約70万人が訪れる全国的にも有名な花火大会。海峡を挟んで福岡県の門司側と山口県の下関側の両岸から打ち上がる様子は迫力満点！仕掛け花火などさまざまな花火を満喫しよう。

開催期間　毎年8月13日
会　　場　西海岸周辺
問い合わせ先
☎ 093-331-8781（関門海峡花火大会実行委員会門司事務局）

見どころはココ！
約1万5000発もの多彩な花火を楽しめる

尺玉の連発や大玉などが打ち上がる

PICK
UP!

平尾台観光まつり

ひらおだいかんこうまつり

自然豊かな平尾台を舞台に1日中楽しめるイベント

　平尾台登山客の安全を祈念するとともに、ステージイベントや巨大ダンプ見学会、観光まつり総踊りなど家族で楽しめる多彩なイベントが行われる。フィナーレには夏の夜空を彩る花火が打ち上がる！

開催期間　毎年7月末頃
会　　場　小倉南区／ソラランド平尾台など
問い合わせ先　☎ 093-452-2715（ソラランド平尾台（平尾台自然の郷））

高塔山ロックフェス

たかとうやまろっくふぇす

「シーナ＆ロケッツ」と元「ルースターズ」、他出演者によるセッションの一幕

　「シーナ＆ロケッツ」の故・シーナさん（若松区出身）発案。故・鮎川誠さんとバンド活動を行い、「ルースターズ」など全国に羽ばたいた数々のバンドとのコミュニティが生まれた「高塔山野外音楽堂」ならではの歴史あるフェスだ。

開催期間　毎年10月
会　　場　若松区／高塔山野外音楽堂
問い合わせ先　✉ fes@takatouyama.rocks

イルミネーション

町をロマンチックに彩る
ライトアップにうっとり

町全体が
ロマンチックムードに

レトロでロマンチックなムード満点

門司区 門司港レトロ浪漫灯彩
（もじこうれとろろまんとうさい）

門司港レトロ（→P.40）の歴史的建造物や船だまりなどがライトアップされ、華やかなイルミネーションに包まれる。町なか散策はもちろんのこと、門司港レトロ展望室（→P.139）でお酒を飲みながら眺めるのもおすすめ。

かわいいフォトスポットもいっぱい！

見どころはココ！
約30万球のイルミネーションは圧巻

開催期間　毎年 10 〜 3 月頃
会　　場　門司港レトロ
問い合わせ先
☎093-321-4151（門司港レトロ総合インフォメーション）

趣向を凝らしたイルミネーションが満載

小倉北区 小倉イルミネーション
（こくらいるみねーしょん）

小倉のシンボル・紫川や小倉駅周辺で開催。通りや駅、商業施設など町全体がライトアップされ、光のモニュメントやスノードームなども登場する。

開催期間　毎年 11 月〜 2 月頃まで
会　　場　紫川・小倉駅周辺など
問い合わせ先
☎ 093-541-0191（小倉イルミネーション実行委員会事務局）
MAP 別冊 P.00-A0

若松の名所が美しく輝く

若松区 若松イルミネーション
（わかまついるみねーしょん）

若松南海岸通り（→P.195）にイルミネーションが灯され、日本遺産に登録されている「旧古河鉱業若松ビル」（→P.195）や「若戸大橋」（→P.194）などのライトアップとの美しい共演を楽しめる。

開催期間　毎年 12 〜 1 月末頃
会　　場　若松南海岸通りなど
問い合わせ先 ☎093-771-3559
（若松区役所総務企画課）

藤色の光が降りそそぐ

八幡西区 黒崎イルミネーション
（くろさきいるみねーしょん）

JR黒崎駅前ペデストリアンデッキが吉祥寺の藤をイメージした美しいイルミネーションに彩られる。期間中は、会場周辺でさまざまなイベントも開催される。

開催期間　毎年 11 〜 2 月中旬頃
会　　場　JR 黒崎駅前
問い合わせ先 ☎093-642-1339
（八幡西区役所総務企画課）

北九州市にゆかりの深い**文人**たち

北九州市に近代文化の種をまいた明治の文豪

森鷗外
もりおうがい

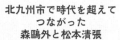
1862〜1922年

出典：国立国会図書館「近代日本人の肖像」

『舞姫』『高瀬舟』などの代表作で知られる小説家。本名：森林太郎。石見国（島根県）津和野藩の藩医の長男として生まれ、東京大学医学部卒業後、陸軍軍医に。ドイツ留学後、本格的に創作・評論などの文学活動を始める。明治32（1899）年6月から約3年間、小倉にて第12師団軍医部長として勤務。当時の様子は『小倉日記』や『鶏』『独身』『二人の友』といった作品に描かれている。

上／小説『鶏』の舞台になった「森鷗外旧居」
写真提供：北九州市「ARCHITECTURE OF KITAKYUSHU 〜時代で建築をめぐる〜」
左／紫川に架かる「鷗外橋」のたもとには、生誕100周年を記念した「森鷗外文学碑」がある

北九州市で時代を超えてつながった森鷗外と松本清張

松本清張の芥川賞受賞作品『或る「小倉日記」伝』は、森鷗外の『小倉日記』をめぐる物語。この主人公は、実在した郷土史家・田上耕作（たのうえこうさく）をモデルにしている。

足跡を訪ねる
森鷗外旧居
DATA ➡ P.159
鷗外橋と森鷗外文学碑
DATA ➡ P.159

激動の時代をたくましく生きた女性作家

林芙美子
はやしふみこ

1903〜1951年

門司生まれ（下関生誕説もあり）、本名：林フミ子。幼い頃から、若松や筑豊の炭鉱街などを転々とする。尾道高等女学校を卒業後上京。昭和5（1930）年、自伝的小説『放浪記』がベストセラーになる。その後、単身渡仏し、戦時下では従軍記者を経験。47歳で急逝するまで、一貫して市井の人々に寄り添った作品を書き、第一線で活躍し続けた。

旧門司三井倶楽部2階にある「林芙美子記念室」

林芙美子生誕地記念文学碑

足跡を訪ねる
林芙美子記念室
（旧門司三井倶楽部）
DATA ➡ P.135
林芙美子文学碑
（小森江子供のもり公園）
DATA ➡ P.147

片道切符を手にパリへ

『放浪記』のヒット後、芙美子はシベリア鉄道で単独パリへ。稿料を得ながら、演劇やオペラ、美術館などに通い、最先端の芸術に触れた。パリでの経験は、帰国後の芙美子の文学にも大きく影響した。

明治時代以降、日本の近代化の礎を担った北九州市。
多くの人、モノ、情報が集まって育まれた豊かな文化の土壌には、
森鷗外、松本清張など多くの文人もその足跡を刻んでいる。

戦前戦後を駆け抜けた九州を代表する文人

火野葦平
ひのあしへい

1906～1960年

『花と龍』『革命前後』など、近代の北九州を舞台にした小説で知られる。本名：玉井勝則、若松生まれ。昭和13 (1938) 年、中国戦線従軍直前に書いた『糞尿譚』が第6回芥川賞を受賞。『麦と兵隊』などの兵隊3部作で一躍流行作家となる。昭和35 (1960) 年、自宅「河伯洞（かはくどう）」で自死。同年、生前の業績により日本芸術院賞を受賞した。

昭和15 (1940) ～同35 (1960) 年まで葦平が過ごした火野葦平旧居「河伯洞」

河童にまつわる作品が多数

「河伯洞」は、河童の棲む家という意味。河童をこよなく愛した葦平の作品には、『石と釘』や河童小説集『河童曼陀羅（かっぱまんだら）』など河童にまつわるものも多い。

玉井家寄託の遺品など約3000点を収蔵する「火野葦平資料館」

足跡を訪ねる
火野葦平旧居「河伯洞」
DATA ➡ P.197
火野葦平資料館
DATA ➡ P.197

北九州で半生を過ごした戦後日本文学の巨匠

写真提供：文藝春秋

松本清張
まつもとせいちょう

1909～1992年

現在の北九州市小倉北区（企救郡板櫃村）生まれ。昭和28 (1953) 年、朝日新聞西部本社広告部時代に書いた『或る「小倉日記」伝』で第28回芥川賞を受賞。その後上京し、42歳から作家活動に専念する。『点と線』『眼の壁』で社会派推理小説という新分野を開き、ベストセラー作家に。多岐にわたるジャンルで長編・短編を含んだ1000篇もの作品を残す。

清張の全貌に迫れる「北九州市立松本清張記念館」

有能な広告職人だった北九州時代の清張

元々印刷所に勤めていた清張は、図案やコピーも手がける広告職人。商店街のショーウインドーの飾りつけを手がけたり、全国観光ポスター公募で入賞したりした経験もある。

「湖月堂本店」のショーウインドーを手がけたことも

足跡を訪ねる
北九州市立松本清張記念館
DATA ➡ P.155・265
湖月堂本店
DATA ➡ P.302

文人と
その文学に触れられる
スポット

北九州市ゆかりの文学者たちに関する資料を
収蔵・展示する施設をご紹介

タッチパネルによるデジタル展
示や映像を使った展示で、作家
とその作品世界に触れられる

>―●小倉北区 貴重な文化遺産を未来へつなぐ

きたきゅうしゅうしりつぶんがくかん
北九州市立文学館

　北九州ゆかりの小説家、詩人、俳人らの資料を、文化遺産として次世代へ継承。森鷗外、杉田久女、林芙美子、火野葦平、宗左近などの生涯を貴重な資料とともに紹介する「北九州の文学者」、明治以前の文学から、明治以降の短歌、俳句、詩、児童文学の分野ごとの歴史がわかる「北九州の文学のあゆみ」、村田喜代子、平野啓一郎、リリー・フランキーほか35人の現代作家を紹介する「今、活躍する作家」と３つのテーマで、収蔵資料約12万点のうち、常時300点あまりを展示。記念撮影や文芸誌の閲覧などができる無料ゾーンもある。
DATA➡P.158

北九州市立中央図書館に隣接している

MEMO
無料ダウンロードできる
スマートフォンのアプリ
「ポケット学芸員」を使
えば、展示エリアの解説
を日本語、英語、中国語
(簡体字、繁体字)、韓国
語で聞くことができる。

磯崎新氏の設計による開放的な空間に映え
るステンドグラスは、江戸時代の思想家・三
浦梅園の図を参考にデザインされたもの

北九州ゆかりの作家の作品を
文学館文庫として刊行

左／北九州の文学者や、文学のあゆみがわかる展示エリア
右／現在活躍中の作家たちを自筆原稿や愛用の品とともに紹介

info 北九州市立文学館の１階には、「世界に広がる北九州の文学」の展示コーナーなどがあり、展示室以外
のスペースは観覧チケットがなくても入場OK。ステンドグラス前での撮影も可能だ。

当時のできごとやニュース映像とともに清張の生涯を見渡せる、長さ22mの巨大年表

展示品やグラフィックパネルで清張作品の全貌をわかりやすく紹介

小倉北区 人間・松本清張とその創作の源に迫る

きたきゅうしゅうしりつまつもとせいちょうきねんかん

北九州市立 松本清張記念館

「松本清張全仕事」では、多岐にわたる創作活動を、現代小説、推理小説、歴史小説と時代小説、現代史、古代史、松本清張フィルモグラフィの6ジャンルに分けて紹介。「松本清張とその時代」では、清張の生涯を、ニュース映像を交えながら当時の社会背景、世相とともに俯瞰。「思索と創作の城」では、東京にあった清張の自宅の一部を、そのまま切り取り再現した空間を垣間見ることで、人や社会へのあくなき探求を続けた作家・清張の創作の源泉に触れることができる。

原稿、写真、書画、美術品、家具調度品、愛用品なども多数展示。清張の著作や、関係資料を自由に閲覧できる読書室もある。

DATA ➡ P.155

日本瓦葺の大屋根が連なる地下1階地上2階建の建物
©北九州市立松本清張記念館

何度でも訪れたくなる濃厚な展示内容
©北九州市立松本清張記念館

MEMO

「推理劇場」では、貴重な資料フィルムや写真などで構成されたオリジナルドキュメンタリー『日本の黒い霧―遙かな照射』(上映時間約80分)を上映。事前に時間をチェックして出かけよう。

＼ 清張の "仕事の城" を再現！／

1. 約2万3000冊の蔵書が並ぶ迷路のような書庫。書庫に収蔵されている全書物のタイトルを一覧できるデータベースもある
2. 多くの編集者たちが訪れた応接室
3. 書籍の内側などをガラス越しに眺められる「思索と創作の城」

info 歩いて約6分の距離にある北九州市立文学館と北九州市立松本清張記念館。北九州の文学巡りには、両館を一緒に観覧すると料金が2割引になるお得な共通割引チケットがおすすめ。

地元のディープな情報を発信！

『雲のうえ』がおもしろい！

『雲のうえ』とは

『雲のうえ』は平成18（2006）年の新北九州空港開港をきっかけに、市の魅力を多くの人に知ってもらおうと「北九州市にぎわいづくり懇話会」が発行する無料の情報誌。きめ細やかなリサーチと一歩踏み込んだ深く濃い内容が特徴で、観光客だけでなく地元のファンも多いとか。編集委員は北九州市出身の画家・牧野伊三夫さんと埼玉出身のアートディレクター・有山達也さん。おふたりとも東京在住ということもあり、外からの視点で地元の人が気づかない魅力を紹介している。

第1〜5号をまとめた本が出版された（現在購入不可）

『雲のうえ』が見た北九州市のおもしろさ

「北九州市はもともとのポテンシャルが高く、来るたびに発見があります」と有山さん。牧野さんは「そもそも違う文化をもつ町が集まってできた市なのでとても複雑。ひと言で表現するのは難しいですね。城下町のそばに工業都市があったり、狭いエリアが3つの海に囲まれ、自然も豊か。多様性を受け入れる市民の寛容さも町をおもしろくしているのだと思います」。

誌面からは通り過ぎるだけではもったいない人や町のおもしろさや温度感が伝わってくる。バックナンバーを読んでから出かけてみるとよりディープな旅になりそうだ。

左／第13号特集「夜のまち。」右／第37号特集「北九州市、中華料理店の人々」

編集委員のおふたり

有山さん（左）と牧野さん（右）

『雲のうえ』の入手方法

● おもな設置場所

空港など　スターフライヤー機内、北九州空港（観光案内所）、羽田空港（スターフライヤーカウンター内）

市内　北九州市役所本庁舎1F、各区役所総務企画課、観光案内所、市内各ホテルなど

東京都内　北九州市東京事務所（JR有楽町駅前・東京交通会館6階）、青山ブックセンター（本店）、ジュンク堂書店（池袋本店）、東京堂書店（神保町）、BEAMS JAPAN（新宿）

● 全号閲覧できる場所

北九州市中央図書館内「カフェ・ラポール」、北九州市東京事務所

● 最新情報

公式サイトにて確認

URL kumonoue.lets-city.jp

info 日本の近代化の原動力となり、全国でどこよりも早く雲をつかんだ北九州市が、現在さらに雲のうえを目指して飛翔している。「雲のうえ」という名前は、こうした町の姿や魅力を伝えていきたいとの思いから命名された。

旅に出る前に読んでおきたい バックナンバー

〝『雲のうえ』的、
北九州市の歩き方〟

まずはこの号を読んでみて！

第28号
「雲のうえ旅行社」
あらゆる旅の疑問に答え、「雲のうえ旅行社」が男子旅、女子旅のプランを提案。旅を通じて町の顔を描き出す。

〝ディープなグルメ情報〟

第32号　　**第10号**　　　**第16号**　　　　**第38号**
「北九州のすし」　**「銘店巡礼。」**　**「北九州ラーメン」**　**「焼肉」**

〝地元のこと、もっと知りたい〟

第17号　　　　**第18号**　　　　　**第14号**　　　　**第8号**
「しゃべりぃ、ことば」　**「北九州市未登録文化財」**　**「電車に乗って。」**　**「振り向けば、山」**

地元情報を配信するメディアをCheck！

ラジオ

CROSS FM
くろすえふえむ
2023年に堀江貴文氏による新体制となった話題のFM局。ラジオ局の枠にとらわれず、「電波を使った大実験をしよう」をテーマに新しい仕掛けづくりに期待が高まる。毎月イベント開催。
🔗 www.crossfm.co.jp

FM KITAQ
えふえむ きたきゅー
平成16（2004）年に開局した北九州市初のコミュニティFM放送局。小倉のスタジオから78.5MHzで地域密着情報を生放送でお届け。全国のPC、スマホからも聴取、視聴可。
🔗 www.fm-kitaq.com

ウェブサイト

ぐるリッチ！北Q州
ぐるりっち！きたきゅうしゅう
北九州市が運営する観光サイト。北九州市にあるたくさんの「Q（謎）」や魅力を巡る旅を提案。定番観光スポットから地元の人も知らない隠れた魅力まで幅広く網羅している。
🔗 www.gururich-kitaq.com

北九州ノコト
きたきゅうしゅうのこと
北九州のヒト・モノ・コトを発信するローカルウェブメディア。グルメやおでかけスポット、イベント、暮らしにまつわる情報、ちょっとした町の小ネタまでテーマは幅広い。
🔗 kitaq.media

キタキュースタイル
きたきゅーすたいる
北九州市の街と人の魅力を発信するローカルメディア。取材・インタビュー記事が中心。X（旧Twitter）、Instagram、YouTubeでも地域情報を発信中。
🔗 kitaq.style

あつキタ
あつきた
北九州市と関係団体による「北九州市内周遊PR実行委員会」が運営する情報サイト。おいしい飲食店やおみやげ、見どころなどをエリアやジャンルごとに検索できる。
🔗 atsukita-kitaq.jp

日本遺産 関門ノスタルジック海峡
にほんいさんかんもんのすたるじっくかいきょう
平成29（2017）年に日本遺産に登録された「関門“ノスタルジック”海峡〜時の停車場、近代化の記憶〜」の専用サイト。施設の紹介やコース提案などさまざまな関門の楽しみ方を紹介。
🔗 www.japanheritage-kannmon.jp

門司港レトロ
もじこうレトロ
門司港レトロ観光9施設の紹介サイト。施設の魅力やイベントに関する情報だけでなく、門司港の歴史や観光の楽しみ方などについても発信している。
🔗 mojiko-retoro9.jp

移住希望者向けサイト

北九州ライフ
きたきゅうしゅうらいふ
移住を考えている人に向けて、北九州暮らしの情報を届けるために、北九州市が運営するサイト。さまざまなデータなどとともに観光だけじゃわからない町の魅力を紹介している。
🔗 kitakyushulife.jp

若者向けサイト

New U
にゅーゆー
ビジネスも、暮らしも、子育ても、「新しいことを、始めやすい都市。福岡県北九州市。」をコンセプトに、新しいことに挑戦しようとする若者を応援するサイト。
🔗 newu.jp

info P.266〜267に掲載している『雲のうえ』のバックナンバーは、公式サイト（🔗 kumonoue.lets-city.jp）にて閲覧可能になっているので、チェックしてみよう。

267

ファーをあしらったミニ丈の振袖。有名ギャルモデルがオーダーした衣装

地元出身のプロボクサー・山名生竜選手の成人式も担当。レインボーカラーがインパクト大!

世界に羽ばたく!?
北九州の最強カルチャー

ド派手成人式の秘密に迫る

ド派手成人式の立役者
"みやび先生"にインタビュー

㊙編集室　み池田雅さん

池田 雅さん

レンタル衣装店「みやび」代表。毎年500〜1000人の成人式の衣装を担当し、さまざまなオーダーに応えてくれることから、地元の若者から"みやび先生"と慕われている。

"金さん銀さん"が
すべてのはじまり

㊙ 北九州の成人式が派手になったきっかけとは?

み 平成15(2003)年にふたりの若者が「1年後の成人式に金と銀の羽織袴を揃えたい」と訪ねてきました。この頃、男子の袴といえば落ち着いた色ばかりで、金や銀は珍しく、必死に探しても既製品では見つからなかった。でもふたりは衣装が見つかると信じて毎月5000円を店に持参してくれるようになり、断れなくなってしまったんです(笑)。

金さん銀さんのキラキラと輝くような袴

㊙ 衣装がないのにどうされたんですか?

み 織元さんに生地を新しく織ってもらい、試作を重ねてなんとか完成しました!成人式当日、彼らは会場で自分たちがどんな

に注目されたか、どんなにうれしかったかお礼を伝えにきてくれました。赤字になってしまったけど、喜んでくれたしよかった!こんなオーダーは1回きりだから……と思っていたところ、彼らの後輩たちから「来年、金さん銀さんよりも派手な衣装が着たい」とオーダーが殺到!前年の先輩の派手さが基準になって、もっと派手にしたいという後輩が毎年訪れるようになり、年を追うごとにどんどん派手になっています(笑)。

若者の
"無理難題"に応えたい

㊙ どんなオーダーが入るのでしょうか?

み 「着物をスワロフスキーだらけにしたい」というオーダーで、職人が手作業で何万個もスワロフスキーのクリスタルを生地に縫い付けたり、「漫画のキャラクターをイメージした衣装にしたい」「とにかく誰よりも目立ちたい」など、お客様の自由な要望をかなえるためには、既製品では対応できないので、生地のデザインから私がするようになりました。お客さんの希望を形にしてお役に立ちたいという思いで携わっています。

金さん銀さんの衣装を、生地やシルエットをブラッシュアップさせた最新版

艶やかな黒地に鶴と桜を刺繍した大人っぽい一着

思わず目を奪われるド派手衣装の新成人たち

レインボーカラー、ファー、ヒョウ柄……百花繚乱！ド派手な衣装に身を包む北九州の成人式「二十歳の記念式典」は、毎年全国から注目が集まる。オリジナリティあふれるエネルギッシュな装いは、新しい文化として海外からも一目置かれている。

普段の印象はまったく逆

編　北九州市の若者にどんな印象をもっていますか？

み　成人式ではちょっと悪そうに見せていますが、普段は真面目ないい子たちばかりなんです。北九州は工場が多いこともあり、10代から作業着を着て働く若者が多いため「成人式は一生に一度の記念」「成人式くらいは目立ちたい」という思いが強いようです。

地域の輪と祭り好きの血が騒ぐ!?

編　ほかにも北九州市ならではの理由があるでしょうか？

み　お祭り好きな土地というのもド派手成人式が広がった理由のひとつかもしれません。また、子供の頃から地域との交流がある子が多いので、派手な格好をしても地域全体で見守るという雰囲気があります。会社内で若い社員が髪を長く伸ばしたり、アフロにしたりしても「成人式の準備だな」と応援してくれるそうですよ。

ド派手衣装がNYファッションウイークに参加!?

編　海外でもド派手衣装は人気だそうですね

み　NYや台湾のファッションイベントに参加し、現地の人に成人式の衣装を試着してもらうと、みんな「エキサイティング！」と大喜びしました。こんなに喜んでもらえるなら、地元の観光振興にも役立てないかと思い、小倉城での「成人式なりきり体験」がスタートしました。さらに2023年9月のNYファッションウイークからオファーをいただいたので「北九州市の成人式」のド派手衣装でファッションの本場に殴り込みました（笑）。これからも北九州市ならではの文化を世界に発信していきたいですね。

小倉城（→ P.70）のイベント「成人式なりきり体験」。現在は常設されているのでいつでも小倉城で体験可能！

店頭で陣羽織の試着体験もできる♪

みやび小倉本店 (こくらほんてん)

平成6（1994）年にオープン。振袖や袴だけでなく、ウエディングやパーティドレスも揃えるレンタル衣装店。東京、大阪、千葉にも店舗がある。

MAP 別冊 P.9-C2

🏠 北九州市小倉北区宇佐町 1-4-20　📞 093-531-6311　🕐 10:00 ～ 19:00
🛏 水　💳 ADJMV　🅿 あり　🚃 JR 小倉駅小倉城口から徒歩 20 分

市が全国に誇る、芸術文化の創造拠点
北九州芸術劇場の魅力

2003年に開館した「北九州芸術劇場」。
機能の異なる3つのホールを有する本格的な劇場で、
日本音響家協会が選ぶ優良ホール100選にも選定されている。
文化創造の拠点として、町と市民とともに歩んできた劇場の魅力を通し、
北九州市がもつ芸術の今と未来をご紹介。

小学校でのワークショップの様子　　北九州モノレールでの公演『きみをさがして』　演劇やダンスに特化した中劇場
撮影：重松美佐

Q.
北九州芸術劇場の魅力って？

A.
劇場内外で、町とともに芸術文化を創造・発信している点です！

魅力を語ってくれるのは……

「飛ぶ劇場」代表
劇場 ローカルディレクター
泊 篤志さん

劇団「飛ぶ劇場」の活動と並行し、ローカルディレクターとして地域の演劇界をバックアップ。現在は演劇の枠を越え、クラシックコンサートなどの演出も手がける。

劇場
プロデューサー
Aさん

年間事業のラインアップの調整、各事業における交渉や予算管理などの業務を担う。

町に豊かな芸術を根付かせた存在
北九州芸術劇場

そばを紫川が流れ、目の前には小倉城。そんな風光明媚な場所に、北九州市の舞台芸術の拠点「北九州芸術劇場」はある。開館から掲げているコンセプトは「創る」「育つ」「観る」「支える」の4つ。国内えりすぐりの話題作の上演にとどまらず、市民や表現者との作品づくりや演劇・ダンスのワークショップを行うなど、地域に根ざした活動を続けている。

きたきゅうしゅうげいじゅつげきじょう
北九州芸術劇場
MAP 別冊 P.20-A2
🏠 北九州市小倉北区室町 1-1-1-11 リバーウォーク北九州 5・6 階　📞 093-562-2655 (10:00〜18:00)　🎫 プレイガイド 11:00〜18:00、土・日・祝 10:00〜　🚫 無休　🅿 あり
🚃 JR 小倉駅小倉城口から徒歩15分、JR西小倉駅から徒歩10分

公演&イベント
カレンダーはこちらから！　　🔗 q-geki.jp

北九州の演劇史

1945年	「劇団青春座」結成
1987年	「飛ぶ劇場」結成
1993年	第1回北九州演劇祭開催
1997年	「飛ぶ劇場」の泊篤志『生態系カズクン』で劇作家協会新人戯曲賞受賞
2002年	北九州演劇祭10周年
2003年	北九州芸術劇場開館 ◎劇場企画から発生した若手劇団が続々誕生 ■ 2012年「ブルーエゴナク」結成 ■ 2014年「劇団言魂」結成 ■ 2018年「若宮計画」結成
2014年	「大体2mm」の藤原達郎『悪い天気』で北海道戯曲賞受賞
2017年	「演劇関係いすと校舎」の守田慎之介『ハレハレ。』で九州戯曲賞受賞
2019年	「劇団言魂」の山口大器『量子の歌声』で九州戯曲賞受賞

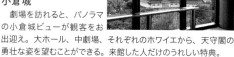

北九州芸術劇場 ここに注目!

劇場ロビーから望む小倉城

劇場を訪れると、パノラマの小倉城ビューが観客をお出迎え。大ホール、中劇場、それぞれのホワイエから、天守閣の勇壮な姿を望むことができる。来館した人だけのうれしい特典。

チケット&アートスペース Q-station（5階）

様々な情報にあふれた、舞台芸術の"駅"のような場所。演劇やダンスなどの専門書の閲覧ができるほか、プレイガイド機能もあり、市内および近郊の文化・イベント情報が手に入る。

バックステージツアー

普段は入れない舞台裏を探検できるバックステージツアーを、イベント開催時などに合わせて不定期で実施。舞台セットや音響、照明など、舞台の仕組みを体験できる。

担当者に聞く！
北九州芸術劇場の"ここがスゴイ"

Q. 北九州市に演劇文化が根付いているのはなぜ？

A. 戦後、国内有数の企業集積地となった北九州市は、企業内に劇団があるところも多く、その影響で演劇が盛んだったと聞いています。時を経て、1993年の第1回北九州演劇祭には、およそ20もの地元劇団が参加。演劇文化の盛衰はあれど、戦後すぐに旗揚げした「劇団青春座」のような歴史ある劇団が地元で活動を続けていることも、北九州に演劇の火がともり続ける理由のひとつだと思います。

Q. 劇場としての魅力は？

A. 多様な催し物を開催できる大ホール、演劇に特化した中劇場、可動型の客席をもつ自由度の高い小劇場と特色ある3つのホールがあります。なかでも演劇専用ホールの中劇場は、観客席との距離が近く感じられたり、残響音が少なく声が通りやすかったりと、多くの俳優陣からも評判です。

Q. 舞台芸術の未来に向けた活動について。

A. 地元の小学校や中学校などでワークショップを実施するほか、「シアターラボ」というプロジェクトでは、募集で集まった市民の方で期間限定の劇団を結成。演劇作品の創作をゼロから行い、次世代の表現者の育成にも取り組んでいます。若い世代だけではなく、「ずっとやってみたかった！」と参加される年配の方も多いんです。少しずつ市民の方に演劇文化が根付いていることを実感しています。

Q. 北九州芸術劇場の役割とは？

A. 小倉市民会館の建て替えにともない、北九州市の文化振興の中枢施設として開館しました。現在、ピアノの発表会や学校行事など、市民への貸館事業と、劇場自ら企画を行う自主事業の2本柱で運営を行っています。劇場に人々が集い、舞台芸術を通して心が豊かになる。そんな劇場文化を育むことで、北九州の町ににぎわいをもたらすことが私たちの使命です。

Q. 「劇場で観る」以外の取り組みについて。

A. 劇場の外に出て、北九州モノレールや動物園などを舞台に、演劇やダンスを行うプロジェクトを実施。コンサートと比べて演劇やダンスはハードルが高いと思われがちです。そこで、多角的な舞台芸術の届け方を模索し、「だったら、自分たちが出向こう！」と劇場を飛び出しました。どんな場所でも、ゼロから新しい世界を創造できると信じています。

Q. 北九州にとって、どんな存在であり続けたい？

A. 北九州芸術劇場は、市民会館としての機能をもつだけに、「合唱コンクールがあった会場」「卒業式をした場所」といった市民の方の思い出に残る場所です。その一方で、舞台を観にいくという点では、少し背伸びをして訪れる場所でもあると思います。この劇場が人生のさまざまなシーンを彩り、この町や人々にとって欠かせない存在になれたらうれしいですね。

北九州弁講座

初めての人にとっては怒っているようにも聞こえることもある北九州弁。
口調はきつく聞こえるときもあるけど、ハートはあたたかい。
そんな北九州の方言を知って使って楽しく旅をしよう！

【基礎編】 これだけは覚えよう！

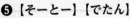 ＝博多弁も同じ使い方をする言葉

よく使われているポピュラー北九州弁

❶【なんち？】
【疑問系で使われる場合】
使用例「え？ なんち？」
訳 なんて言ったのですか？
【怒り系で使われる場合】
使用例「はぁ？ なんち？」
訳 もういっぺん言ってみろ！

❷【しゃっちが】
訳 いちいち、わざわざ
使用例「しゃっちがそんなこと言わんでもよかろうもん」
訳 わざわざそんなことを言わなくてもいいと思う

❸【すかん】
訳 好きじゃない
使用例「こんなんすかん」
訳 こんなの好きじゃない
※ただし「もう、すか～ん」と甘えて言われたら、それは「好き」ということかもしれません

❹【しゃあしい】
訳 うるさい、うっとうしい
使用例「はぁ、あんたもうしゃあしい！」
訳 あなたウザいですね
※これを言われたら黙るしかない。しつこかったり、くどかったりすると言われるので気をつけましょう

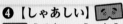

❺【そーとー】【でたん】
訳 とても
使用例「そーとー忙しい」
訳 とても忙しい
使用例「でたん大きい」
訳 とても大きい

❻【とっとーと】
使用例「ここ、とっとーと？」「うん、とっとーと（とっとー）」
訳
ここ、取ってるの？
（疑問形）
うん、取ってるよ（肯定形）

❼【なおす】
訳 片付ける
使用例「この服、なおしとくね」
訳 この服、片付けておくね
※「この服、なおさんね！」と強く言われたら「早く片付けて！」と叱られているニュアンスになります

【番外編】
恐ろしいけどあいさつ代わりの北九州弁

【きさん、なんしよんかちゃ。くらすぞ】
訳 あなたは何をしているのですか？
殴りますよ
※本当に怒っているとき、または心を許した相手に使います。口調によって空気を読んでください

北九州弁と博多弁って違うの？

　全国的に福岡＝博多弁と思われがちだが、博多弁と北九州弁では語尾の使い方やイントネーションが異なる。それは藩政時代の区分が博多は「筑前国」、北九州はおもに「豊前国」だったことに由来するといわれている。その違いの一部を紹介しよう。

似ているようでちょっと違う　北九州弁と博多弁

例	北九州弁	博多弁
何をしているの？	何しよん？	何しようと？ or なんばしよっと？ ※口調が強いと「何をしてくれているのか！」という意味になる
いい町ですよ	いい町っちゃ	いい町っちゃん or いい町ったい or いい町ばい
どうしたのですか？	どうしたん？	どげんしたと？

【実践編】使ってみよう！

語尾を変えると北九弁

❶【＿＿＿やけ（ん）】

訳　○○だから
使用例　「ここ楽しそうやけ、行ってみよう！」
訳　ここは楽しそうだから、行ってみよう！

❷【＿＿＿やろ？】

訳　○○でしょ？
使用例　「この店、おいしかったやろ？」
訳　この店、おいしかったでしょ？

❸【＿＿＿ん？】

訳　○○しているの？
使用例　「旅行しとん？」
訳　旅行しているの？

❹【＿＿＿りぃ】

訳　○○して、○○したら？
使用例　「これ、食べりぃ」
訳　これ、食べたら？

【五十音リスト】　まだまだあるヨ！

★名詞	
かべチョロ	トカゲ・イモリ・ヤモリ
きさん	貴様・お前
かしわ	鶏肉（かしわめし等）
すいばり	小さなトゲ

★動詞	
おおとる	合っている
かたる	仲間に入る（かたらせて＝仲間に入れて）
からう	背負う
くらす	殴る・くらわせる
こまめる	両替する
しかぶる	おもらしをする
ぞろびく	引きずる

たう	届く
なんかかる	寄りかかる・もたれかかる
ねぶる	舐める
はぶてる	ふて腐れる

★形容詞・副詞	
濃ゆい	濃い
つまらん	ダメ・許可しない
ちかっぱ	力いっぱい、とても
なして	なんで・どうして
ぬくい	あたたかい
いたらん	余計な
いっちょん	少しも

この街とずっと、
あなたともっと。

第4章

グルメ

北九州のローカルグルメ ………… P.276
うどん・チャンポン・かしわめし・ラーメン

"北九州前"の寿司をいただきます！

…………………………………… P.284

リーズナブルに楽しめる寿司店 … P.286

海の幸てんこ盛りの海鮮丼 …… P.288

関門ふぐを味わう ………………… P.290

地元民に愛されるベーカリー … P.292

地元で愛される喫茶店＆カフェ P.294

角打ちに潜入 ……………………… P.298

小倉のオーセンティックバーを巡る

…………………………………… P.300

小倉織
〈小倉 縞縞　白多彩〉

うどん・チャンポン・かしわめし・ラーメン

これを食べなきゃ帰れない！
北九州のローカルグルメ

海も山もある自然豊かな北九州市は、食材の宝庫。数多くの名物グルメを食べ比べて、お気に入りの味を見つけよう。市民に愛されるソウルフードを一挙大解剖。

具
たっぷりのタマネギと一緒に甘辛く煮込んだ牛肉、独自で配合した天ぷら粉でカラッと揚げたごぼう天が乗った「肉ごぼ天」がいちばん人気。優しい甘さの「かしわ（鶏肉）」も北九州ならでは

スープ
サバやコンブ・シイタケなどからていねいに取った風味豊かなだし。素材のうま味を感じられるやや濃いめの味わいが、北九州市民の舌にマッチし、愛されている

3大流派あり！

うどん

ひとことで「うどん」といえど北九州のうどんは、奥が深い。今や50以上の店舗数を誇る「資さんうどん」、うどんを愛する店主たちが切磋琢磨しながら理想の麺を追求し続ける「豊前裏打会」、甘辛く炊いた牛肉に生姜を効かせた「小倉肉うどん」の3大巨頭を筆頭に、歴史ある店や個性的な店が点在する。さらに、焼うどん（➡P.62）も北九州が発祥の地。地元で長く愛されてきた「うどん」を深掘りしてみよう！

麺
厳選した「資さんうどん専用粉」で作られる麺は、製法からゆでに加減までこだわり抜いていて、軟らかい口あたりでコシもしっかり感じられる

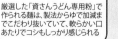

肉ごぼ天うどん
760円

小倉南区
「北九州のうどん」の代名詞
資さんうどん
（すけさんうどん）

昭和51（1976）年に戸畑区一枝の1号店からスタートし、現在は九州・山口・岡山県で64店舗を展開する老舗うどん店。うどんはもちろん丼もの、カレー、おでんなど幅広いメニューを提供する。ほどよい甘さのあんこと餅米がマッチした名物「ぼた餅」があるのもここならでは。サービスのとろろ昆布をたっぷり入れてうどんを食べるもよし、一品料理をつまみに酒を飲むもよし。家族みんなで三者三様に楽しめる。

MAP 別冊 P.10-B2

🏠 北九州市小倉南区上葛原2-18-50（本店）
☎ 093-932-3010　🕐 7:00〜24:00
（L.O.23:30）　休 無休　CC ADJMV
🅿 あり　交 JR安部山公園駅から車で4分

ぼた餅150円
店舗で炊いた餅米で作られる別腹の一品

かしわおにぎり2個240円
九州名物のかしわおにぎりも人気商品

焼うどん790円
自家製ソースが香ばしいモチモチの焼うどん

おでん5本セット550円
牛すじ、厚揚げ、たまご、ダイコン、しらたきのセット

info 資さんうどんでは、一部店舗でソフトクリームやわらび餅ソフトが味わえる。あんこ乗せも試してみて！

北九州のローカルグルメ

小倉南区

北九州が全国に誇る「豊前裏打会」の総本山

津田屋官兵衛
（つだやかんべえ）

麺を愛し理想の麺を追求し続ける大将の横山和弘さん。その熱意と麺に魅せられた人たちによって結成されたのが「豊前裏打会」だ。現在は九州から関東まで40を超える会派の店が名を連ねる。同会は麺とだしの原料は共通のものを使うというルールがあるが、製法、太さなどは自由。目指すのは「福岡の軟らかい麺とシコシコの讃岐うどんの中間」。総本山であるこの店の麺は細め。ゆで加減が難しいため、熱々の麺を指で触って見極めている。芸術ともいえる麺を求めて開店前から行列ができるので、混雑する時間を外して行くのがおすすめ。

具
薄切りのごぼう天は、だしの浸し具合によって食感の違いを楽しめる

麺
独自に配合した3種類の小麦粉を使い、理想の麺の硬さを実現

裏打会のみんながライバルです

MAP 別冊 P.11-C1

住 北九州市小倉南区津田新町3-3-20 TEL 093-475-7543 営 11:00～15:00、17:00～20:00（麺が売り切れ次第閉店） 休 第1日・月 ※31日まである月は第3日・月 CC 不可 P あり 交 JR安部山公園駅から車で7分

カウンターとテーブル席がある店内

肉ごぼ天うどん
800円

小倉南区

希少部位のほほ肉がとろける肉うどん

KITCHENあーる
（きっちんあーる）

門司港で人気を博し「もっと地元の人に肉うどんを広めたい」との思いから現在地に移転。看板メニューの「肉うどん」は圧力鍋で炊いた希少な牛ほほ肉のうま味が凝縮され、コンブ、カツオをしっかり煮出した上品なスープと細めの麺の相性もバツグンだ。「炙りチーズカレーうどん」もおすすめ。カウンターのほか、小上がり席もあるので子供連れでも気軽に利用できる。

具
甘辛く味付けし、軟らかく炊いたほほ肉が口の中でとろける。ショウガたっぷりなので、夏は疲労回復に、冬は体がポカポカに

MAP 別冊 P.10-B1

住 北九州市小倉南区徳力1-3-7-112号 TEL なし 営 9:00～15:00 休 月・祝 CC 不可 P あり 交 北九州モノレール徳力公園前駅から徒歩4分

肉うどん
800円

🔊 **Voice**　うどんのトッピングで人気の大きなごぼう天は、最初はサクサク感を、下の方はジュワッとだしが染み込んだ衣を味わえる逸品なので、ぜひ味わってみてください。

錦うどん

小倉北区

コンブが決め手の甘めだしのうどん

にしきうどん

昭和42（1967）年にオープンした、住宅街にある老舗うどん店。昭和の面影を残す店内は、昼時はいつも満席になるほど地元民に愛されている。だしに使うのは北海道の真コンブや羅臼コンブ、ウルメ、サバ節など。朝3:30から弱火でじっくり煮出しただしは甘めでまろやかな味わい。手打ちのやわ麺と絡み合い、ふくよかなあと味が口の中に余韻を残す。だしの効いたいなり寿司や塩加減が絶妙なおにぎりもぜひ味わって。

かやくうどん
650円

昭和の面影を残す店内

いなり寿司 70円
だしがジュワッとあふれ出す

伝統の味を守っています

MAP 別冊 P.8-A1
住 北九州市小倉北区中井3-1-16　TEL 093-571-4367　営 11:00～17:00　休 日
CC 不可　P あり　交 JR小倉駅から西鉄バス戸畑駅行きで中井下車、徒歩すぐ

麺BAR KOMOAN

若松区

ペットルームもあるうどん居酒屋

めんばるこもあん

しっかりコシのある讃岐うどん。天ぷらも揚げたて熱々！

のど越しのよい手打ちの讃岐うどんを味わえる。地元食材や選び抜いた安全安心な食材を使用し、麺・だしともに自家製。ここでしか味わえないオリジナルメニューをかけうどん、釜揚げうどん、ぶっかけうどんなどバラエティ豊かなアレンジで味わえる。一品料理や鉄板料理、揚げ物など居酒屋メニューやデザートも豊富でコース料理もある。ペットルームやテラス席もあるので、ペット連れでも来店可。

えびモチぶっかけ
960円

和を基調とした明るい店内

刺し身盛り 3190円
鮮度バツグン！

MAP 別冊 P.12-A3
住 北九州市若松区高須南1-1-37
TEL 093-741-5746　営 11:00～15:00（L.O.14:30）、17:00～22:00（L.O.21:30）
休 日・祝　CC 不可　P あり　交 JR折尾駅から北九州市営バス高須公営住宅行きで第二浅川橋下車、徒歩すぐ

 info　住宅地にある錦うどんは、駐車場を7台完備。麺BAR KOMOAN は、なんとペットにうどんをサービスしてくれる。

北九州のローカルグルメ

小倉南区　かかしうどん
メニューの豊富さが魅力
かかしうどん

昭和58（1983）年オープン。現在は3代目が切り盛りしている。釜ゆでにこだわった太麺、羅臼コンブをふんだんに使用し、カツオ節やイリコなどを調合した奥深いだしなど、すべて自家製。うどん職人が作ったプリンなどのデザートも人気。

太くて食べ応えたっぷりのごぼう天の存在感あり

かかしうどん
870円

だしの加減をしっかり見極める

MAP 別冊 P.10-A2
住 北九州市小倉南区高津尾 130
TEL 093-452-1905　営 10:00〜21:00　休 無休（メンテナンス日は休み）　CC 不可　P あり
交 JR小倉駅から西鉄バス中谷行きで高津尾バス停下車、徒歩 1 分

小倉北区　かすうどん大福
自家製にこだわり抜いた職人の味
かすうどんだいふく

牛の小腸を何時間もかけて素揚げし、余分な脂を取り除いた「かす」。コラーゲンたっぷりな大阪・南河内地方の郷土料理「かす」を使ったうどんを味わえるのがここ。麺は食感がよく、時間がたってもコシがあると好評。「アサリバターうどん」や「かすカレーうどん」など多彩なアレンジも楽しんで。

「かす」の油とうま味が溶け込んだ濃厚スープのうどん

かすうどん
800円

MAP 別冊 P.9-C2
住 北九州市小倉北区紺屋町10-10　TEL 093-521-3399
営 11:30〜L.O.14:00、19:00〜翌4:00（L.O.翌3:30）
休 日（月が祝日の場合営業）、土の昼　CC 不可　P なし
交 北九州モノレール旦過駅から徒歩 4 分

小倉北区　ぷらっとぴっと
駅構内の立ち食いもハイクオリティ！
ぷらっとぴっと

小倉駅のホームには1・2番ホームと7・8番ホームに「かしわうどん」の店がある。その名も「ぷらっとぴっと」。思わずクスッとなるネーミングだが、130年の伝統があり、たびたびメディアで取り上げられるほど人気だ。駅員さんのアナウンスを聞きながら、雑踏に紛れて食べるうどんの味は格別だ。

コリコリのかしわとネギがたっぷり

かしわうどん 450円
軟らかい麺のうどんに甘く煮たかしわをトッピング

電車が止まると景色が変わる

MAP 別冊 P.21-D1
住 北九州市小倉北区浅野1-1-1 JR 小倉駅ホーム
TEL 093-533-0111
営 7:00〜21:00（L.O.20:50）　休 無休　CC 不可
P なし　交 JR 小倉駅構内

Voice かかしうどんはとにかくメニューが豊富。入口入ってすぐのところにおかずの皿がずらりと並べられていて、それをつまみながらうどんを待つというのが私の定番です。

各地で進化した

チャンポン

野菜や肉がたっぷり入った「チャンポン」。北九州市の各区には個性派チャンポン店がたくさん存在する。特に地名がついた「戸畑チャンポン」は「ゆで麺」ではなく「蒸し麺」が使われるのが特徴。調理が早く、栄養バランスもいいので、近隣の工場で働いていた多忙な労働者に好まれたとか。地元民に人気のチャンポンをご紹介!

味にコクが出るニンニク入りもおすすめ

八幡西区

存在感あるチキンカツがドーン!

ぎんがのちゃんぽん

銀河のチャンポン

銀河のチャンポン
1040円

昭和45(1970)年に創業。地元民なら誰もが知るインパクト大のチャンポンを味わうことができる。チキンカツは宮崎や鹿児島から直送した新鮮な鶏肉を塩コショウでシンプルに味付け。鶏ガラを使ったあっさりめのスープとよく合う。

鶏ガラベースの自慢のスープです

MAP 別冊 P.17-C2
🏠北九州市八幡西区八枝 5-4-20
☎093-602-2040 営11:00〜19:45 (L.O.)
休日 CC DJMV Pあり 交筑豊電鉄永犬丸駅出入口1から徒歩12分

戸畑区

これぞ戸畑!スープに絡む蒸し麺が特徴

とばたちゃんぽんふくりゅう

戸畑チャンポン福龍

2代目が切り盛りする老舗は、近隣の学生やサラリーマンなどに根強い人気。タマネギやニンジン、キャベツなど厳選した野菜がたっぷり入り、戸畑名物の細い蒸し麺に豚骨100%の濃いスープが絶妙に絡み合う。豚骨ラーメンや焼き飯もおすすめ。

百聞は一食にしかず!

細い蒸し麺に、スープがよく絡む!

元祖戸畑チャンポン
900円

MAP 別冊 P.19-C2
🏠北九州市戸畑区中原西 3-1-36
☎093-871-7091 営11:00〜15:00
(L.O.14:30)、17:30〜21:00 (L.O.20:30)
休日 CC不可 Pあり 交JR九州工業大前駅から徒歩6分

門司区

チャンポンでもラーメンでもない門司港名物

にだいめきよみしょくどう

二代目清美食堂

門司区出身の芸人・芋洗坂係長が、亡き母の店を復活させ平成26(2014)年にオープンした食堂。「ちゃんら〜」は、チャンポン麺を清美食堂特製和風だしで炊き、モヤシとキャベツ炒めをのせた門司港の名物。夏は「ひやしちゃんら〜」、冬は「あんかけちゃんら〜」も登場する。

和風だしの透明スープが特徴

ちゃんら〜
600円

MAP 別冊 P.22-B2
🏠北九州市門司区東港町 2-25 ☎093-342-9386 営11:00〜15:00、17:00〜21:00 ※月は昼のみ、日・祝は 11:00〜19:00 休火 CC不可 Pあり
交JR門司港駅北口から徒歩9分

---

info 「銀河のチャンポン」は、チキンカツはもちろん、トンカツ乗せチャンポンも人気。「戸畑チャンポン福龍」の駐車場は店舗から少し離れているので、店の人に確認を。

1世紀以上愛される
折尾かしわめし

福岡の名物駅弁として取り上げられている「東筑軒」の「かしわめし」。鶏のスープが染み込んだ炊き込みご飯の上に、鶏のきざみ肉と錦糸卵、きざみ海苔をのせたものが、鶏のうま味がたっぷり染み込んだご飯がおいしいと評判になった。また、駅ホームで立ち売りスタイルを守り続けていることも、長年愛され続けている理由のひとつ。

JR折尾駅でお待ちしています

昔ながらのスタイルを守り続ける伝統の味

八幡西区

とうちくけん
東筑軒

大正10(1921)年から100年以上地域に愛されてきた東筑軒の「かしわめし」。折尾駅名物となった構内での立ち売りスタイルを守り続け、北九州のソウルフードとして親しまれている。鶏肉とガラでしっかりスープを取り、門外不出の配合の調味料で炊いたご飯に、噛めば噛むほど味わいが広がる「かしわ」、海苔、卵がきれいにトッピングされている。冷凍のかしわめしもあるのでおみやげにもおすすめ。

MAP 別冊 P.16-B1

🏠 北九州市八幡西区堀川町 4-1 ☎ 093-601-2345
🕐 8:00〜17:00 休 無休 CC ADJMV P あり
🚉 JR 折尾駅西口から徒歩 1 分

かしわと卵と海苔のラインが美しい

かしわめし
920円

駅利用者に愛される昔ながらの味

とうちくけん おりおえきうどんてん
東筑軒 折尾駅うどん店

折尾駅構内にある立ち食いスタイルのうどん店。コスパ最強の「全部のせうどん」(700円)やダシがきいた「カレーうどん」(540円)も人気。

かしわおにぎり 100円

駅弁に入っている炊き込みご飯をおにぎりで味わえます

MAP 別冊 P.16-B1

🏠 北九州市八幡西区折尾 1-12-1 JR 折尾駅構内
TEL なし 🕐 8:00 〜 19:00(L.O.18:30) 休 無休
CC 不可 P なし 🚉 JR 折尾駅構内

かしわうどん 400円

特製かしわ肉と、ほどよい歯応えの麺、やや甘めのだしが、どこか懐かしく優しい味わい

---

info 過去のイベントの思い出とともに東筑軒の「かしわめし」を思い出す北九州市民も多い。本社前の自動販売機で 24 時間冷凍うどんとかしわめしを買うことができる。

炙りチャーシューの香ばしさと良質な脂のうま味がスープに染み出す

食べ比べが面白い

北九州ラーメン

「北九州ラーメン」は、「石田一龍」に代表されるような、しっかりと白濁させた"乳化型豚骨"を中心に、透明感の残る"淡麗豚骨"や"醤油ラーメン"にいたるまで、地域に根付いたラーメンの総称といえる。博多ラーメン＝細麺、替え玉のような、明確な定義があるわけではないが、さまざまな味わいのある懐の深さが北九州ラーメンの魅力だ。

小倉南区

名実ともに北九州人気No.1！

いしだいちりゅう ほんてん

石田一龍 本店

2023年3月に行われた「北九州ラーメン王座選手権」では2日間で約5400杯を売り上げ、ぶっちぎりの優勝。同イベントの殿堂店入りを果たした。濃密シルキーな「濃厚屋台ラーメン」と「あっさりラーメン」が2大メニュー。現在系列全13店がある。

チャーシュー丼 400円
ラーメンのチャーシューと同じく、提供直前にバーナーで肉を炙る

濃厚チャーシューメン
1050円

ラーメンを通じ、北九州の名を世界に広めていきます！

店内に「北九州ラーメン王座選手権」優勝のトロフィーも飾る

MAP 別冊 P.10-B1

住 北九州市小倉南区下石田1-4-1
TEL 093-963-2650 営 10:00～21:00
休 無休 CC 不可 P あり 交 JR石田駅から徒歩7分

若松区

淡麗豚骨の超名店！

なんきんらーめんくろもん

南京ラーメン 黒門

昭和30年代に屋台から始まった伝説的名店「黒木」で修業した店主が平成15（2003）年開業。豚のゲンコツを絶妙の火加減で煮出した透明感の残る豚骨スープ、ネギの代わりに"アサツキ"が入っているのも特徴だ。メニューは潔く「ラーメン」「大盛り」「おにぎり」のみ。

大金で麺を泳がせ平網ですくいます

チャーシューは部位の異なる肉が1枚ずつ

ラーメン
800円

MAP 別冊 P.12-A2

住 北九州市若松区青葉台南 3-1-5
TEL 093-777-4688 営 11:00～15:00
休 月・火 CC 不可 P あり
交 JR折尾駅から車で12分

おにぎり 1個50円
具はなし、海苔も巻かないシンプルなおにぎりがラーメンと合う！

---

 info 屋台源流の「黒木」に端をなす「南京ラーメン黒門」の一杯には、限られた時間と火力でうまいスープを煮出す先人の知恵が詰まっている。透明度より、あくまで"より美味"を追求した結果生まれたものだ。

小倉北区

60年前のラーメンを今に伝える

東洋軒 小倉店
とうようけんこくらてん

2023年1月に復活オープンを果たした、小倉を代表する老舗ラーメン店。重厚な羽釜を用い、高火力のバーナーで煮出した豚骨スープ、紅生姜の代わりに赤く染めたタケノコをのせるなど、創業した約60年前の製法、味わいを守っている。

ワンタンメン
950円

なめらかな舌触りのワンタン入りがいちばん人気

濃厚ながら、あっさりと飲める "こっさり" 味のスープが自慢です

MAP 別冊 P.8-B2

(住) 北九州市小倉北区黄金 1-3-25
(TEL) 093-932-3333 (営) 11:00〜15:00、17:00〜21:00 (休) 無休 (CC) 不可
(P) なし (近隣駐車場の割引サービスあり) (交) 北九州モノレール香春口三萩野駅から徒歩 6 分

厨房の奥に重厚な羽釜を 2 基据えている

八幡西区

佐賀源流の一杯を北九州名物へ昇華

クモノウエ
くものうえ

佐賀市の名店「いちげん。」の味に感銘を受けた店主が同店での修業の末、2021年に開店。豚のゲンコツを材料に、炊き時間、濃度の異なる複数の釜のスープをブレンドする "呼び戻し" 手法をとる。追加トッピングでは有明産の佐賀海苔がいち押し。

のり玉ラーメン
990円

北九州ラーメンに新たな選択肢を。老若男女飲みやすいスープです

定番のラーメンに卵黄をのせ、有明海産の佐賀海苔も添えたもの

MAP 別冊 P.17-C1

(住) 北九州市八幡西区鷹の巣 1-19-7
(TEL) 093-622-8330 (営) 11:00〜15:30、17:30〜20:00、月〜木は昼のみ営業 (休) 不定休 (CC) 不可 (P) あり (交) 筑豊電鉄穴生駅から徒歩 6 分

餃子 8個500円

野菜の甘味を生かした具で皮がカリカリ。ニンニクが程よく香る

(info) 昭和 40（1965）年創業の「珍竜軒 総本店」（小倉北区）は、小倉の重鎮的な存在。豚のゲンコツと背骨を炊いた臭みのないスープに無料調味料の「赤辛子」を溶かしながら食べるのが特徴。

江戸前から進化した
"北九州前"の寿司をいただきます！

3つの海に囲まれた九州随一の寿司の聖地・北九州市。
その魅力を天寿しの大将・天野功一さんに聞きました。

2代目の天野功一さん（左）と息子の大輔さん（右）。
4万9,500円のおまかせのみ。寿司は15貫前後、酒を
出さないのでつまみはなく、汁物とデザートが付く。

北九州の寿司がおいしい理由

寒流と暖流が流れ込む「響灘」、潮の流れの速い「関門海峡」、干満差が大きく、豊かな干潟が広がる「豊前海」、異なる3つの海に囲まれた北九州市は豊かな漁場に恵まれ、魚種も豊富。そのおかげで全国に名を知られる高級店から普段使いの店まで、寿司店が多いことで知られる。

「魚種が多く鮮度がいいのはもちろんです

が、取れた魚をその場で処理するなど手間をかけてくれる漁師さんがいるのも魚がおいしい理由です」と天野さん。「さらに手をかけて生産者の思いを届けるのがわれわれの役目。店それぞれスタイルは違いますが、漁師さんと料理人の連携や信頼関係が北九州市の寿司を支えています」

北九州前といわれる寿司は、素材のよさはもちろん、職人の技が重なり合って完成する。世界中から食通たちが目指してくるここでしか味わえない寿司の吸引力は絶大だ。

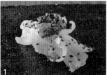

1. **いか** 足し算を象徴するいか。ウニやトビコ、錦胡麻、柚子胡椒を合わせ、塩とカボスで 2. **ヅケ** コースの中盤で出されるマグロのだしに漬けたオリジナルのヅケ 3. **エビ** 色を出すために軽くボイルしたエビは背開きすることで凛とした印象に 4. **サザエ** 炭火で炙った軟らかいサザエにオクラをのせ、塩とカボスで。おまかせ4万9500円のみ

小倉北区　　**MAP** 別冊 P.21-D2

味、香り、食感が織りなす物語をいただく
てんずし きょうまちてん
天寿し 京町店

昭和14（1939）年創業、北九州の寿司シーンをリードしてきた老舗。江戸前をベースに、先代が考案したカボスと塩でいただく天寿し流のスタイルを受け継ぐ。味を重ねていくことでうま味を引き出す"足し算"の寿司で、一貫ごとに際立つ個性がつなぐ一連の流れにワクワクが止まらない。

🏠北九州市小倉北区京町3-11-9 ☎093-521-5540 🕐12:00～13:30、14:00～15:30、17:30～19:00、19:30～21:00 🗓月・火（水は不定休）💳ADJMV 🅿あり 🚃JR小倉駅小倉城口から徒歩3分

🔊Voice がんばった自分へのごほうびに、年に一度の愉しみで「天寿し」に通っています。昔からお店でお酒の提供はありませんが、その分、仕事がほどこされたネタのおいしさにじっくり浸れます。

店主・渡邉さんのパフォーマンスは世界中の人を魅了し、来店客の6割弱は海外客。予約はホームページからとなり、3万8500円のおまかせのみとなる

【戸畑区】　MAP 別冊 P.19-C3

世界を魅了する
"劇場型エンタメ寿司店"

てるずし
照寿司

　「戸畑から世界へ。世界から戸畑へ」のコンセプトどおり、各国のグルマンたちが駆けつける寿司店。2023年10月には寿司界の風雲児、大将・渡邉貴義さんのパフォーマンスや世界観を存分に楽しめる新フロアも完成。ここでしか体験できない味と時間を求めて訪れる人が後を絶たない。

🏠北九州市戸畑区菅原 3-1-7 ☎ 090-9567-2202 🕐 12:00〜、18:00〜※一斉スタート 休不定休 💳ADJMV 🅿なし 🚃JR 戸畑駅から西鉄バス東大谷行きで天籟寺（てんらいじ）下車、徒歩3分

1. まぐろ うま味と甘味が際立つ大間のマグロが口の中で溶けていく 2. ウニ 北九州市藍島の赤ウニは照寿司が世界に広めた代表的なネタのひとつ 3. イカ キャビアをのせたヤリイカ。ジューシーなうま味から NY で「イカジュース」と名づけられた 4. 鰻 名物の鰻バーガー。肉厚の天然鰻で酢飯をサンドした豪快な一品

提供されるネタに合わせてライトの色が変えられるなど、ショーアップされている

【小倉北区】　MAP 別冊 P.21-C2

真摯で実直な姿勢が伝わる
地元の名店

すしもりた
寿司もり田

　創業から43年、現在は豊洲の仲卸でも修業した2代目・森田徹さんが父・順夫さんの味を受け継ぎ暖簾を守る。魚の枯淡な味わいを引き出した寿司は、繊細かつ香り高く、幸せな余韻を残してくれる。昼夜メニューは同じで、夜は常に満席なので、昼の予約がおすすめだ。

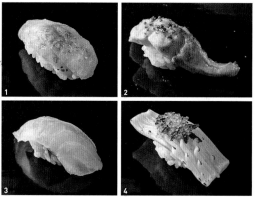

1. ふぐ もり田を代表する一貫。透ける身の中に小ネギと一味をしのばせて 2. のどぐろ じゅわっと口の中で身がほどけていく炙りのどぐろ 3. アラ さっぱりとした味わいの夏場のアラ。大葉の香りが淡い白身を引き立てる 4. イカ 軽く炙った半生のイカにはウニと木の芽、トビコをのせて

🏠北九州市小倉北区魚町 2-5-17 インクスポットビル 2F ☎ 093-531-1058 🕐 11:30〜15:00、16:30〜21:00 休水 💳ADJMV 🅿なし 🚃JR 小倉駅小倉城口から徒歩5分

「うちは地元客に支えられてきたので、コロナ禍もほぼ休まず営業できたんですよ」と森田さん。昼夜ともに寿司のみのおまかせは1万6500円〜、刺身などのアテつきは2万2000円〜

🔊 Voice すっかり予約が取りにくくなった「寿司もり田」ですが、どちらかといえば夜よりも昼の方が予約が取りやすいみたいです。昼夜同じメニューなので、昼でも存分に楽しめますよ。

こちらもレベル高し！
リーズナブルに楽しめる寿司店

回転寿司から地元で愛される寿司店まで、鮮度抜群で豊富な魚種を使った寿司を
リーズナブルに味わえる店が充実。

小倉北区 　MAP 別冊 P.21-C3

好きなネタを、好きなだけ
旦過屋台寿し満天

旦過市場からほど近いモノレール通りに面した寿司店。1貫から盛り合わせまで豊富なメニューが選べる。いち押しは、焼き目が香ばしいアナゴがついた「ぜいたく満天」。10貫＋卵焼きのボリュームと、一つひとつていねいに握られた極上の食感に大満足すること請け合いだ。

🏠北九州市小倉北区魚町
4-4-9 📞093-511-2333 🕐
12:00 〜 22:00 休水 💳MV Ｐ
なし 🚃JR小倉駅小倉城口から徒歩10分

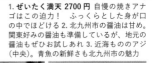

北九州は、さまざまな海の恵みが集まる。魚種の豊富さに驚きますよ！

大将の銅崎雅久さん

外に面した小窓から、持ち帰り用メニューを注文することもできる

1. ぜいたく満天 2700円 自慢の焼きアナゴはこの迫力！　ふっくらとした身が口の中でほどける 2. 北九州市の醤油は甘め。関東好みの醤油も準備しているが、地元の醤油もぜひお試しあれ 3. 近海もののアジ（中央）。青魚の新鮮さも北九州市の魅力

小倉南区 　MAP 別冊 P.10-B1

"すし街道"の老舗店　花寿し

商店街に寿司店が多く集まる小倉南区の「すし街道」で、50年以上愛され続けるアットホームな老舗店。握りはひと口で食べやすいサイズ感にこだわり、味付けした状態で提供することも。自家製醤油やポン酢で仕上げた寿司をほおばれば、見事に調和した味わいが口いっぱいに広がる。

🏠北九州市小倉南区若園3-1-3 📞093-931-7745 🕐11:30〜14:00(L.O.13:30)、17:00〜22:00(L.O.21:30) 休水、昼は不定休 💳不可 Ｐ3台 🚃JR小倉駅小倉城口から西鉄バス三萩野・城野一丁目・小倉南区役所方面行で若園児童館前下車徒歩1分

寿司はご注文を受けてから作ります

大将の林田孝一郎さん

1. 花寿しセット 2900円 寿司に茶碗蒸し、サラダまで付くおすすめのセット。握りはマグロやイカなど定番のネタに加え、さっぱりいただける漬物盛りも 2. 芽ネギ 440円 そのときどきで全国から選んだ芽ネギを使用。上に乗せたゴマと一味唐辛子が、ネギの香味を引き立てる 3. サバのバッテラ 1100円 一味唐辛子がピリッと利いた、博多巻き風のバッテラ。サバは軟らかくしっとりとした食感に仕上げている 4. カウンター席では、大将のていねいな技と優しい人柄を存分に感じられる

info 平日の日中は"おひとり様"で寿司を楽しむ客も多い「旦過屋台寿し満天」。週末には家族連れでにぎわう。誰と行っても楽しめる間口の広さも魅力だ。

小倉北区

MAP 別冊 P.21-C1

リッチなネタが揃う

かいてんずしへいしろうこくらあみゅぷらざてん

廻転寿司 平四郎
小倉アミュプラザ店

アワビにサザエ、生けすから出して握る自慢の貝は、新鮮な磯の香りを堪能できる。ふんわり軟らかな対馬産活穴子や、五島沖から直送されるマグロなど、九州の海の幸も豊富。上質な食材と職人技が光る驚きのクオリティが、回転寿司の概念を変えるはず。つねに幅広い年代層の客でにぎわう。

🏠 北九州市小倉北区浅野 1-1-1 アミュプラザ小倉 西館 6F ☎ 093-512-1224 🕐 11:00 ～ 22:00 (L.O.21:30) 🚫 アミュプラザ小倉に準じる
💳 ADJMV 🅿 あり 🚃 JR 小倉駅直結アミュプラザ内

1. 誰もが満足できる、多彩なメニューが魅力 2. 対馬産 自家製活穴子 858 円 対馬産の活穴子。ふっくらした身にはほのかな甘味が感じられ、炙った香ばしい風味がたまらない 3. 特上うに 858 円 雑味がなく、磯の香りがふんわり口の中に広がる 4. 自家製厚焼き玉子 1400 円 ジュワッとだしがあふれる、おみやげとしても人気の逸品 5. 各テーブルにまるで "花道" のように作られた個別レーンは 10 年前に九州で初めて導入された

門司区

MAP 別冊 P.22-B2

安くてうまい！魚卸問屋の直営店

かいともじこうほんてん

海人 門司港本店

直営店ならではの豊富な品揃えの旬菜旬魚を、素材を知り尽くした職人の技でさばき、握った寿司をリーズナブルに楽しめる店。1階が寿司処、2階は個室と掘ごたつ式の座敷になった関門名物のふぐ料理を出す海鮮処になっている。卸直営店の強みを生かしたメニュー展開で、あらゆる海鮮料理を楽しませてくれる。

1. 寿司盛り（特上）3580 円 とらふぐにエビ、トロ、穴子、ウニなど豪華なネタがズラリと並ぶ 2. 活とらふぐ 572 円 せっかく関門に来たならとらふぐは必食 3. ふぐ白子 605 円 貴重なふぐの白子を軍艦で。ふぐの卸問屋直営店だから味わえるネタだ 4. 活あじ 286 円 新鮮なアジのとろけるような食感と甘味を味わって。ネギとの相性も◎ 5.SNS で常に話題の人気店なので行列覚悟

🏠 北九州市門司区港町 3-3 ☎ 093-322-5522 🕐 11:30 ～ 15:00(L.O. 14:30、2 階は L.O.14:00)、17:00 ～ 21:00（L.O.20:45、2 階は L.O.20:30）🚫 水（祝日前・祝日は営業）💳 ADJMV 🅿 なし 🚃 JR 門司港駅南口から徒歩 4 分

小倉北区

MAP 別冊 P.21-C3

鮮魚店のプライドが光る極上のネタ

かつずしのとら

活鮨の虎

創業50年の水産会社が運営するとあって、ネタの鮮度は折り紙付き。食べ応えのある「北九州あわび」や小倉名物「ぬか炊き」などご当地グルメも充実している。特に「超鮮度」と銘打った当日活き締めの魚は歯応え抜群で鮮度が際立つ。リーズナブルな価格からは想像できない、極上の食感をぜひ一度味わってほしい。

🏠 北九州市小倉北区魚町 3-2-17 ☎ 093-513-1144 🕐 11:00 ～ 21:00 🚫 水 💳 ADJMV 🅿 なし 🚃 JR 小倉駅小倉城口から徒歩 9 分

1. かんぱち 220 円 肉厚でつややかなネタは、その歯触りと弾力に驚くはず 2. 特上うに 550 円 鮮度を重視すればこそ、入荷状況による数量限定のネタも多い。出合ったらぜひ食べておきたい、ねっとり濃厚なうま味だ

3.2000 円ごとに 1 回できるガチャガチャや、新幹線のレーンに子供たちも大喜び。食育の一環で設置しているそう 4. テーブルにさりげなく置いてある塩は、自社製造の「最進の塩」。「日本の塩百選」にも選ばれる海水 100% の国産塩が、魚本来の味を引き出す

寿司だけじゃない！
海の幸てんこ盛りの海鮮丼

海に囲まれた北九州市は魚の宝庫。海鮮丼で海の幸を豪快に味わおう。

特上海鮮丼 2000円

「ここに来たら必ず食べる」というファンも多い名物の豪華丼。刺身を丼に乗せながら食べるスタイルだ

小倉北区 　MAP 別冊 P.8-B1

魚も、スタッフも、生きがいい！
いちばしょくどう
市場食堂

関係者が忙しく行き交う中央卸売市場の一角にある、カウンター8席のこぢんまりとした食堂。10種以上揃う豊富な海鮮系の丼をはじめ、各種定食が味わえる。市場内とあって魚貝類はどれも鮮度抜群で、ボリュームたっぷり。店に一歩入ると元気なスタッフが出迎えてくれて、ひとりでも入りやすいのも魅力だ。

🏠北九州市小倉北区西港町 94-9 北九州市中央卸売市場内 ☎080-9071-9362 🕐10:30 ～ 14:00 🈑水・日・祝 💳不可 🅿市場入口で許可証をもらい、市場内の一般用駐車場へ 🚃JR 小倉駅から車で 10 分、JR 小倉駅から西鉄バス中央卸売市場行きで終点下車、徒歩 5 分 ※朝夕の数便しかないため注意

心を込めてお作りします！

旧知の仲良しというスタッフのおふたり

1. 特選サーモンとイクラの親子丼 1150円。お持ち帰りの場合は酢飯となる 2. バスは本数が少ないので JR 西小倉駅からレンタサイクルを使うのもおすすめ

若松区 　MAP 別冊 P.12-B2

脇之浦漁港から届く新鮮な魚を丼で
わかまつしょくどう
若松食堂

地元・若松をはじめ、九州中の新鮮な魚や野菜が集まる「産地直送市場 海と大地」（→P.203）内にある食堂。こちらのメニューは漁港から届く新鮮な魚が豪快に乗った海鮮丼2種のみ。特上海鮮丼にはタイやヒラス、シマアジ、赤エビなど10種、海鮮丼には7種が乗る。無料でご飯の大盛りもでき、苦手な魚があればほかの魚に変更可能。

🏠北九州市若松区響町 3-1-34 産地直送市場 海と大地内 ☎093-771-2222 🕐11:00 ～ 15:00 🈑無休 💳不可 🅿あり 🚃JR 二島駅から北九州市営バス若松営業所行きでひびき学園入口下車、徒歩 1 分

特上海鮮丼 1000円

1. 普通の海鮮丼は 780円。味噌汁と漬物付き 2. 人気の海鮮丼を求めて特に昼時はにぎわう

ℹ️info 「市場食堂」には乗用車で入ることも可能。駐車場入口で「市場食堂に来ました」と言えば、許可証を渡してもらえる。一般駐車場は店の目の前で、利便性も◎。同じ棟にある小売店もぜひ覗いてみたい。

小倉北区　MAP 別冊 P.21-C3
オリジナリティあふれる丼専門店
珍丼や 小倉店
（ちんどんやこくらてん）

店名のとおり、ちょっと珍しい丼が食べられる店。いちばん人気の海鮮丼は、その日の朝に締めた魚のプリプリとした歯応えを楽しめる。ご飯は白米・酢飯・緑茶飯から選ぶことができ、緑茶飯は試行錯誤の末に完成した店のオリジナル。すべてのメニューに付いてくる茶碗蒸しも特製だしを使ったコク深い味わいでリピーターに人気だ。

北九州市小倉北区魚町3-3-5 ※移転の可能性あり。要電話確認 ☎093-383-0990 ☐11:00〜15:00 ☐無休 不可 ☐なし ☐JR小倉駅小倉城口から徒歩6分 ※移転の可能性あり

日替わり海鮮丼 1280円

客の7〜8割が注文する海鮮丼。寿司店で修業したスタッフがおろした刺身は、極上の風味と食感だ

メニュー開発はあくなき挑戦です！

店主の杉本さん

緑茶で炊いたご飯は、さわやかな香味と優しい甘味がふんわりと広がる

分厚い中トロがドーンと8切れのり、食べ応えあり！

天然まぐろ中トロ丼 2000円

小倉北区
目利きが選んだ上質なマグロを
九州まぐろ 旦過店
（きゅうしゅうまぐろたんがてん）

全国にその名を知られる大卸直営のマグロ専門店。全世界の天然マグロをプロの目利きがセレクトしており、その質の高さは食べれば納得できるはず。旦過市場では鮮魚店の奥に食事処があり、昼夜ともに各種丼や寿司が揃う。大トロ、中トロ、鉄火にネギトロなど、好みのまぐろ丼を選ぼう。

DATA →P.85

1. 見た目も美しい天然まぐろ鉄火丼 1300円 2.大トロ、中トロ、赤身、ネギトロ、鉄火巻などがついた天然まぐろ尽くし握り 2500円

いちばんおいしい状態で提供します

統括部長の後藤さん

Voice 海鮮丼は市内のスーパーマーケットでもよく売られています。北九州ならではの甘いお醤油や、添えられる漬物（ぬか漬けの場合もあると思います）など、地域色ある脇役にもぜひ注目を。

ちょっと贅沢に 関門ふぐ を味わう

ふぐといえば下関が知られているが、関門海峡を隔てた門司エリアもふぐ専門店が多く、いろいろなスタイルでふぐを楽しむことができる。

1921年創業、4代続くふぐ専門店は歴史を感じるしつらえも魅力

しげる

志げる

地元はもちろん、国内外の観光客や有名人をもてなしてきた名店。目利きが素材を仕入れ、料理に添えられるポン酢も自家製というこだわりぶり。創業から100年を超えた今も、新たなふぐの魅力を追求し続けている。コース料理に添えられる「ふぐの佃煮」は、4代目の伊東始さんが作り上げた逸品。老舗でありながらアットホームな雰囲気も魅力だ。

MAP 別冊 P.22-B3

住 北九州市門司区栄町1-9 **TEL** 093-321-1711 **営** 11:30〜14:00（L.O.13:30）、17:00〜22:00（L.O.21:00） **休** 不定休 **CC** ADJMV **P** なし（近隣に提携駐車場あり） **交** JR門司港駅北口から徒歩5分

小さい頃から店の手伝いをしていました

4代目店主の伊東始さん

志げるコース　9900円

「ふぐ刺し」から「ふぐちり」、とろける食感の「ふく白子天ぷら」など、ボリュームもたっぷり

入口近くには、店の歴史を物語る写真が飾られている

店舗は貴重な木造3階建て。時代に合わせて手を入れつつ、レトロな雰囲気も残している

婚約や長寿祝いなど、集まる人々の節目を彩ってきた趣のある座敷。椅子を利用できる座敷もある

本来は非常に硬いふぐのヒレが口の中でほぐれていくふぐの佃煮。甘辛い醤油味に仕上げた珍味は料理人仲間からも評判だそう

---

info 冬場、ふぐちりに添えられる「大葉しゅんぎく」は地場の特産野菜で「ローマ」とも呼ばれる。丸みのある葉は柔らかく、生でも食べられるほど。すぐに火が通るので、サッとお湯にくぐらせて。

三宜楼茶寮KAITO
さんぎろうさりょうかいと

歴史的建造物で気軽に本格的なふぐ料理を

門司港が華やかなりし頃に料亭として繁栄した木造3階建ての建物は、現存する料亭では九州最大級の大きさ。重厚感のある店内はすべて個室でゆっくりと食事が楽しめる。ランチではふぐ刺しやふぐ握りが楽しめる御膳を、夜は薄造り、から揚げ、ちり鍋などがついたフルコースで関門ふぐを味わえる。白子焼きや焼きふぐが付いたコースもおすすめ。

MAP 別冊 P.22-B3
住 北九州市門司区清滝3-6-8 **TEL** 093-321-2651 **営** 11:30〜15:00（L.O.14:30）、17:00〜21:00（L.O.20:30）※完全予約制 **休** 月（祝前日・祝日の場合は営業）**CC** ADJMV **P** なし **交** JR門司港駅北口から徒歩8分

女将の森本寿子さん

とらふぐフルコース【月】1万1000円
定番の薄造り、から揚げ、ちり鍋が楽しめるスタンダードなコース。ふぐ料理が初めての人におすすめ

ランチはカジュアルにふぐが味わえます

ふぐ御膳 3850円
ふぐ握り寿司がメインのランチ限定の御膳。昼の御膳はこのほかふぐちり鍋がメインのものもある

1階は趣の異なる個室が4室。しっとりとした雰囲気で落ち着いて食事が楽しめる

2階には百畳間と呼ばれる大広間があり、団体利用の相談にも応じてくれる

ちょっと贅沢に関門ふぐを味わう

てん花
てんか

海外客にも人気の有名店
繊細な「盛り」をぜひご覧あれ！

美しく盛りつけられたふぐ刺しをメインに、随所に大将の技が光るふぐコースが楽しめる有名店。冬は「ふぐちり」、夏は「焼きふぐ」と、季節により趣向を凝らしたメニューが魅力。日本全国はもとより、外国人旅行者も多い。個室はもちろん、大将の手さばきを間近に見られるカウンター席もおすすめ。訪れる際はぜひ予約を。

MAP 別冊 P.22-B2
住 北九州市門司区栄町10-8 **TEL** 093-331-8080 **営** 11:30〜14:00、17:30〜22:00 **休** 不定休 **CC** ADJMV **P** なし **交** JR門司港駅北口から徒歩5分

食材豊かな北九州の魅力に触れてください

大将の小崎光生さん

夏ふぐコース 菊盛り9900円
ふぐ刺し、焼きふぐ、ふぐのから揚げなどがついた充実のコース。夏のふぐに合う黒酢やらっきょうなどの薬味が添えられている

鶴盛り 1万2100円
夏ふぐコースのふぐ刺しを芸術的な鶴盛りで。ふぐコースのほか、単品メニューも揃う

関門名物 本場とらふぐ 焼ひれ各1000円。日本酒や焼酎に入れて温めれば家庭でも本格的なヒレ酒を楽しめる。全5種

おもてなしの心が伝わってくる和のしつらえ。落ち着いた雰囲気が、料理への期待を膨らませる

地元民に愛される ベーカリー

地元で絶大な人気を誇る、行列のできるパン屋さんをピックアップ。焼きたてを手に入れよう！

小倉北区

サンドイッチの老舗。親子3代で通うファンも

さんどういっちふぁくとりーおーしーえむ
Sandwich factory OCM

この店に青春の思い出が詰まっているという北九州っ子も多い人気店。40年以上変わらぬレシピのミートソース「オリジナル」は、ドミグラスソースも使った甘めの味わいが特徴だ。具材を挟むのは「シロヤ」のパン。野菜も可能なかぎり地場産を使うなど、北九州への愛が詰まったサンドイッチだ。イートインもテイクアウトもできる。

MAP 別冊 P.20-B2
🏠北九州市小倉北区船場町3-6近藤別館2F
☎093-522-5973 🕙10:00〜19:00 休不定休
CC不可 Pなし 交JR小倉駅小倉城口から徒歩10分

いちばん人気!!
オリジナル・チキン 620円
ホットサンドにすることもできる

エッグ・エビカツ
630円もおすすめです！

リンゴや桃にたっぷり生クリームを合わせたデザート系
フルーツ・チーズ620円

15種を超える具材から、ふたつを選んでパンに挟むシステム。値段が高いほうの具材の料金を支払う

オリジナル・チキン用に毎日モモ肉30枚を仕込むそう

1978年創業当時のチラシ。当時はファストフード店が少なく、珍しがられたのだとか

小倉北区

どこか懐かしく、優しい味わいで地元に愛され続けるパン

しろや
シロヤ

市内のほか博多にも店を構える、北九州の名物ベーカリー。変わらぬ味を求めるファンや観光客で、週末には長い行列ができることもしばしば。まとめ買いをする人も多い人気店だ。いち押しの「サニーパン」は、外側がパリッとした生地と、中からトロリとしたたる練乳が相性抜群。駅前のアーケードを入ってすぐの場所にあるので、おみやげにもよさそう。

MAP 別冊 P.21-C2
🏠北九州市小倉北区京町2-6-14 ☎093-521-4688
🕙10:00〜18:00(商品がなくなり次第閉店) 休無休 CC不可 Pなし 交JR小倉駅新幹線口から徒歩2分

自家製あんがたっぷり。王の名にふさわしいリッチなパン
あんパン王 150円

ホイップクリームを優しく包み込んだフワフワのスポンジ生地が美味。スポンジに使用する卵は地元で有名な鞍手郡の「味宝卵」
オムレツ 5個入り250円

サニーパンをあしらった冠がトレードマークの社長・奥山由布子さん

ソフトフランス生地に練乳たっぷりのいちばん人気のパン
サニーパン 120円

いちばん人気はサニーパン！！私も大好きです

作りたてをご用意してお待ちしています！

厚切りソーセージにフレッシュトマト、自家製オーロラソースが味の決め手
ロールサンド 190円

ℹ️info 「シロヤ」のサニーパンやオムレツは、冷凍でお取り寄せも可能。作りたてのおいしさを全国どこでも楽しめる。詳細は同店の公式サイトをチェック。

若松区
三日月屋
みかづきや

天然酵母のクロワッサン。豊富なバリエーションも魅力

表面はパリッと軽快な歯触りで、中はしっとり、もっちり! 食感のコントラストがたまらないクロワッサンは、焼きたてを急速冷凍したものがお取り寄せでも人気だ。せっかく北九州を訪れるなら、ぜひ本社にほど近い若松店へ。町のシンボル・若戸大橋を望む海岸沿いにあり、海を見ながら作りたてをほおばるのもおすすめだ。

ラスクロ シュガー300円

クロワッサン生地をカリッと乾燥させたラスク

MAP 別冊 P.13-D3
住 北九州市若松区本町1-13-15 TEL 093-771-7979 営 9:30〜19:00 休 不定休 CC ADJMV P あり 交 JR若松駅から徒歩7分

国産よもぎを練り込んだ生地で、北海道産小豆を使った自家製あんを包んでいる

よもぎ 278円

まるでアップルパイ。しっとり仕上げた自家製のリンゴフィリングと、バターの香り豊かな生地がよく合う

ズラリと並ぶクロワッサンに、つい目移りしてしまう

アップル 284円

八幡東区
70歳パン工場 70factory1948
ななじゅっさいぱんこうじょうななじゅうふぁくとりー1948

給食の人気者がおかずパンに! ユニークな具材が魅力のコッペパン

2018年、市内の学校給食でおなじみの「クラウン製パン」が創業70年を記念してオープン。ブルーのボーダーが目印の店内には、約30種類の「おかずコッペ」と「おやつコッペ」、期間限定商品がズラリと並ぶ。いち押しの「焼きチーズカレー」は、スパイスの香りのあとに、ピリリとした辛みが広がる逸品。店内にはイートインスペースもある。

青のボーダーとライオンのマークが目印

MAP 別冊 P.15-C1
住 北九州市八幡東区荒生田1-4-1 TEL 093-651-3320 営 9:00〜18:00 休 無休 CC 不可 P なし 交 JR黒崎駅出入口1から徒歩3分、西鉄黒崎バスセンターから西鉄バス砂津行で荒生田下車、徒歩1分

エビカツオーロラタルタル 479円

エビカツのボリュームとほんのり甘酸っぱいオーロラソースが相性抜群

パンの内側も焼かれ、香ばしさが食欲をそそる

焼きチーズカレー 479円

焼きうどん目玉焼のせ 479円

ご当地グルメを具材にしたユニークなパン

小倉北区
ミニヨン小倉店
みによんこくらてん

バターの香りに誘われて♪ 全国で人気のミニクロを発祥の地で

バターの芳香に思わず引き寄せられるミニクロワッサンの店。博多駅や東京にも展開する有名店は、実は北九州発祥だ。毎朝手作業で仕込む生地は外側サクッ、内側モチッの食感。フレーバーは定番のほか季節限定など6種類あり、目移りしながら選ぶワクワク感も醍醐味。隣の系列店「クラウン京町店」にはバラエティ豊かなパンやスイーツが並ぶ。

ミニクロワッサンプレーン 100g 194円

生地のおいしさを堪能♪

ミニクロワッサンチョコ 100g 216円

焼きたてはチョコが溶け出す

MAP 別冊 P.21-C2
住 北九州市小倉北区京町2-7-20 TEL 093-511-5026 営 9:00〜21:00 休 無休 CC 不可 P なし 交 JR小倉駅小倉城口から徒歩3分

隣接する「クラウン京町店」には、ケーキ類が充実。おかず系のパンも多数販売している

 Voice 学生時代から通う「Sandwich factory OCM」、今では子どもに「ハンバーグ」や「ソーセージ」をよく頼みます。三日月屋の「シナモン」や、70歳パン工場の「大盛りキャベツと炙り焼肉」もおすすめですよ。

ついつい長居したくなる
地元で愛される 喫茶店&カフェ

レトロな雰囲気が漂う喫茶店やカフェが多く残る北九州。
そのなかから後世までずっと残ってほしい名店をご紹介。

北九州市出身
インスタグラマーが厳選！

KITAKYU
GOURMET

Profile：Yuta
地元を中心に喫茶店を巡るの
が好きな写真家。主に北九州
市のグルメ情報を発信。
photo by Yuta

Post #01　　小倉北区

50年以上愛される昔ながらの喫茶店

From
1967

かふぇどふぁんふぁん
CAFÉ DE FANFAN

♡ Recommend

小倉駅近くのアーケード商店街内にある喫茶店。
"珈琲党の店"という文字が目を引く看板を潜って中
に入ると、想像よりも広々とした客席。私は、開店
直後にうかがうことが多いのですが、常連さんたち
がモーニングを楽しむ空気感が大好きです。メニュ
ーが豊富で迷ってしまうのですが、決まって頼むの
がナポリタン。シンプルな具材ですが、クセになる
味です。そして、店名がつけられた見た目にも美し
いコーヒー。50年以上の歴史を感じながら過ごす時
間は格別です。

レトロな雰囲気が漂う
お店が多く残る北九州。
この地で、長年にわた
って地域の方に愛され
る喫茶店や、こだわり
のランチ・スイーツを
提供するカフェを中心
に選びました。どのお
店もとても居心地がい
いですよ。

MAP 別冊 P.20-B2
🏠 北九州市小倉北区京町 1-2-8
📞 093-551-4817
🕐 8:00 〜 20:00、金・土・日・祝〜
23:00　🈺 無休　💳 不可　🅿 なし
🚉 JR 小倉駅小倉城口から徒歩 6 分

❶特製カフェ・ド・ファンファン 900 円 ❷ランチのナポリタンスパ
ゲティ 950 円 ❸長い歴史を感じさせる重厚な雰囲気が漂う

❶関門海峡を眺めながらのんびりとくつろげる　❷アイスコーヒー 550 円。手作りの門司港バナナジュース 700 円なども人気　❸デミグラスソースがかかったオムライス 850 円、セット（サラダ・ドリンク付き）は 1150 円　❹昔ながらの面影を残す清滝エリアにある

Post #02　門司区

関門海峡を一望できる絶景カフェ

From 1971

こーひーてらすすいげつ

珈琲テラス すいげつ

♡ Recommend ◯◁🏳

　木々が生い茂る山道を登っていくと、山の中腹に老舗の雰囲気漂うカフェが現れます。店内に入ると、大きな窓から一望できる関門海峡。絶景を眺めながらいただく食事は格別です。豊富なメニューから選んだのはオムライス。デミグラスソースとの調和が魅力です。時間とともに茜色に染む門司の街並みを見ながら、落ち着く店内で飲むコーヒー。50 年にわたっておいしい食事と絶景で人々を魅了し続ける名店です。

MAP 別冊 P.22-B3
🏠 北九州市門司区元清滝 5-22
📞 093-331-2631　⏰ 11:30 〜 19:00
（L.O.18:15）、日〜 18:00（L.O.17:15）
🈺 月・火（祝日の場合は営業）　💳 不可
🅿 あり　🚉 JR 門司港駅南口から車で5分

Post #03　八幡西区

焙煎されたコーヒーの香りに包まれる

From 1989

もりこーひーてん さいのかみてん

もり珈琲店 幸神店

♡ Recommend ◯◁🏳

　国道沿いにたたずむコーヒー専門店。店内に入ると、和風の外観とは異なるクラシカルモダンな内観が広がります。専門店らしく、豆や器具の販売も充実。ゆったりとしたテーブルに座り、頼んだのは熱々の鉄板で提供されるナポリタン。湯気が食欲をそそる一品を平らげたあと、すっきりした味わいの水出しコーヒーを。気さくに話しかけてくださる店主さんとの会話を楽しみながら、ゆっくりと過ごせるお店です。

❶ 12 時間かけて抽出する特製水出し珈琲 600円　❷クラシカルな雰囲気の落ち着いた店内でおいしいコーヒーが味わえる　❸ナポリタンにサラダ、デザート、ドリンクがつくパスタセット 1500 円　❹おいしいコーヒーを目当てにおとずれる地元ファンが多い

MAP 別冊 P.17-C2
🏠 北九州市八幡西区幸神 3-11-41
📞 093-645-0582　⏰ 10:00 〜 22:00
🈺 火　💳 ADJMV　🅿 あり　🚌 黒崎バスセンターから西鉄バス引野口・下上津役・馬場山方面行きで京良城下車、徒歩すぐ

③

Post #04　⊘ 若松区

☕ 海風を感じるカフェでゆっくりと朝食を

From 2010

あさ かふぇ

Asa cafe

♡ Recommend ◯☑🔖

　若松と戸畑を結ぶ若戸渡船の若松渡場のすぐ近くにあるAsa cafeさん。お店は大正時代に建てられた歴史ある上野海運ビルの3階にあり、洞海湾を眺めながら遅めの朝食を食べる際によくうかがいます。おすすめはフレンチトースト。添えられたアイスクリームと一緒にフレンチトーストをほおばりつつ、コーヒーを飲みながらゆっくりとくつろぐ。大好きな休日の過ごし方です。

MAP 別冊 P.13-D3

🏠 北九州市若松区本町 1-10-17 上野海運ビル 3 階　☎ 093-771-8700　🕐 11:00 ～ 18:00 (L.O.17:00)　🈺 木　💳 ADJMV　🅿 あり
🚉 若松渡場から徒歩 1 分

❶窓からは若松と戸畑の間にある洞海湾を望む
❷フレンチトースト（アイスクリーム付）650円、ブレンドコーヒーホット400円 ❸フードもスイーツもメニューが豊富。15:00 までがランチタイム

Post #05　⊘ 八幡西区

☕ こだわりの食材で作る料理が楽しめる

From 2016

かふぇあんどきっちんせらむ

Cafe & kitchen SELAM

♡ Recommend ◯☑🔖

　体に優しいランチを求めて向かったのは、折尾のSELAMさん。定期的に変わるメニューのなかでも、おすすめはプレートランチ。信頼のおける農家さんこだわりの野菜のよさを存分に引き出した料理が楽しめます。また、国産牛のローストビーフ丼もぜひ！ お肉はもちろん、こちらにも野菜がたくさん使われています。体を労わりたいときに行きたくなる店です。

❶体にいいものをと素材を厳選した食事やスイーツ、ドリンクが揃う ❷旬の野菜がたっぷりと盛られた本日のランチプレート 1300円 ❸肉のうまみが存分に味わえるローストビーフ丼 1280円 ❹アンティークな雰囲気が漂う店内。ゴージャスなシャンデリアが目を引く

MAP 別冊 P.16-B1

🏠 北九州市八幡西区折尾 5-8-5　☎ 093-883-7675　🕐 11:30 ～ 16:30 (L.O.16:00)　🈺 日・月
💳 ADJMV　🅿 あり　🚉 JR折尾駅から徒歩12 分

Post #06　門司区

🍵 レトロな町で繊細に作られたスイーツを

From 2013

こまやかなものときっさむーな
細やかなものと喫茶 muna

♡ Recommend 💬✈🔖

昭和初期に建てられた新海運ビルの1階にあるmunaさんは、中に入るとこだわりの家具や装飾に囲まれた静かな空間が広がっています。素材や関わる方々への思いが伝わるメニューが揃いますが、おすすめは季節のヴィーガンタルト。小麦や乳製品、白砂糖を使用せず軽やかに仕上がったこのタルトは、一度試していただきたい味わいです。

  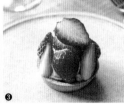

❶真っ白な外観が目印。スイーツの販売も行っている ❷どこを切り取っても絵になる店内。静かでゆったりとした時間が流れる ❸無農薬のブランドいちご・さがほのかを使用した苺のヴィーガンタルト

MAP 別冊 P.22-A3
🏠 北九州市門司区西海岸 1-4-16 新海運ビル 102　📞 093-331-0670
🕐 12:00 〜 17:00（L.O.16:00）　🈺 水（喫茶：水・木）　💳 ADJMV
🅿 なし　🚃 JR 門司港駅北口から徒歩 3 分

Post #07　小倉南区

🍵 旬にこだわったスイーツとあたたかい空間

From 2009

すいーつしょっぷふぁぼりぷりゅ
sweets shop FAVORI PLUS

♡ Recommend 💬✈🔖

ショーケースに並べられたスイーツの持ち帰りはもちろん、カフェでゆっくり過ごすこともできるFAVORI PLUSさん。栄養バランスを考慮した体に優しいランチメニューやスイーツが選べます。なかでも旬の果物を使ったパフェは絶品。桃1.5個ぶんを使用した贅沢なパフェは、自家製のクランブルや濃厚カスタード、ジュレが敷き詰められたこだわりの一品です。

MAP 別冊 P.11-C2
🏠 北九州市小倉南区上曽根新町 11-22
📞 093-473-0023　🕐 10:00 〜 19:00
(L.O.18:30)　🈺 不定休　💳 ADJMV
🅿 あり　🚃 JR 朽網駅から徒歩 14 分

❶かわいらしい看板で思わず入りたくなる ❷おみやげにしたいカラーバウム各 440 円。フレーバーはピスタチオやキャラメル、紫芋など全 12 種 ❸フルーツをたっぷりと使った季節限定のパフェ 1200 円〜

Post #09　小倉北区

🍵 リノベ長屋にある居心地のよい空間

From 2019

でいとぅでい
day to day

♡ Recommend 💬✈🔖

「comichiかわらぐち」（→P169）の一室にあるday to dayさんは、女性店主がコーヒーやスイーツを提供するお店です。ガトーショコラをはじめとしたスイーツや、ハンドドリップで淹れられたコーヒーはもちろんですが、何より店主の人柄に惹かれて通う方が多いのではないでしょうか。落ち着く空間で気さくな店主との会話を楽しむ。そんなお店です。

❶2 階にテーブル席があり、ゆっくりくつろげる ❷54m の長屋に約 10 軒の店が並ぶ「comichi かわらぐち」にある ❸ガトーショコラ 550 円とチーズケーキ 550 円、ブレンドコーヒー 500 円

MAP 別冊 P.9-C2
🏠 北九州市小倉北区香春口 1-5-21 comichi かわらぐち 2 号室　📞 なし　🕐 13:00 〜 18:00（変更あり）　🈺 不定休　💳 ADJMV
🅿 なし　🚃 北九州モノレール香春口三萩野駅から徒歩 2 分

情緒あふれる下町の社交場

角打ちに潜入！

市内各地には酒屋が営む立ち飲み「角打ち」があり、市民に愛されている。
地元の人たちにその楽しみ方を聞いてみた。

心地よい気遣いと静けさが魅力の老舗店

うおずみしゅてん 魚住酒店

栄町銀天街にほど近い路地にある、趣あるたたずまい。瓦屋根を頂く漆喰の壁に「魚住」の看板が目印だ。静かに談笑しつつ、手元のコップに目を落とす。そんな飲み方をしたくなる、穏やかな空気が流れる角打ちだ。

常連さんの愉しみを邪魔しない心遣いが大切です

3代目店主の魚住哲司さん

MAP 別冊 P.22-B3

住 北九州市門司区清滝4-2-35 TEL 093-332-1122
営 11:45〜13:45、15:30〜19:45 休 不定休
CC 不可 P なし
交 JR 門司港駅北口から徒歩5分

魚住酒店の角打ちは、こんな感じ

❶ ひと声かけて飲み物を取り出す

❷ 自分で注ぐ

❹ 小銭で支払う

❸ 楽しむ

「下関から関門トンネル人道をウオーキングして、ここで1杯飲むのが楽しみ」
「鉄道好きの人がビールのラベルにある星印を7つ（つまり瓶7本！）並べて『ななつぼし』（JR九州の観光列車）なんて言いながら飲んだことも。思いがけずそうした光景に出会えるのも魅力です」

十年来のなじみ客、
下関市の酒井一さん、由美子さん夫婦

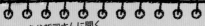

店主・魚住哲司さんに聞く
知っておきたい角打ちのイロハ

●お店に入ったら、まず飲みものを注文
　注文のやり方は店によってさまざま。臆せず聞いてみよう

●飲食店ではないため、サービスは最小限
　グラスや皿の提供、実は店の厚意によるもの
　「『あるものでもてなす』を信条としています」（魚住さん）

●食べ物の持ち込みも不可のところが多い

●よほどのことがないかぎり、滞在時間は
　長くても1時間程度を目安に

●トイレがない店も多いので注意

●大人数ではほかのお客を困らせることもあるので
　配慮を忘れずに

●支払いに高額紙幣はNG。千円札や小銭の用意を

ビール（大瓶）：400円　缶詰：500〜600円
スナック菓子：30〜100円

いいもの発見！　溝上酒造 UOZUMI 各1600円
北九州の地酒「天心」とコラボしたオリジナルボトル。
4合瓶で買いやすく、おみやげとしても人気

Voice 初めての角打ち。常連さんが多いと聞いていたので、少し心配していましたが、実際にお店に伺ってみるとみなさんが温かく迎えてくれて、旅行者にも優しかったです。ぜひまた行きたいと思います。

**角打ち
とは？**

酒販店で買った酒を立ち飲みで楽しめる「角打ち」。北九州で角打ちが定着したのは、3交代制で働いていた人々が仕事帰りにさっと飲んで帰る場所として人気になったことに起因するといわれる。また、「角打ち」の語源は「（日本酒を入れる）桝の角から飲んだから」など諸説ある。2023年7月現在、北九州市内で65軒が営業。「角打ち」をこよなく愛する人たちによる「北九州角打ち文化研究会」もある。

「北九州角打ち文化研究会」が発行する冊子がJR小倉駅観光案内所で配布されている

グルメ

角打ちに潜入

長年地域で愛され続けてきた憩いの角打ち

さいとう酒店 （さいとうさけてん）

昭和58（1983）年に創業。41年目に突入した老舗の角打ち。冷蔵庫には店主・斉藤明子さんが先代から受け継いだバラエティ豊かな料理が並び、好きなものを自分で取って味わう。「うちは角打ち初心者の方でも過ごしやすいと思いますよ」と斉藤さん。気軽に扉を開けてみよう。

店内には先代がファンで自ら描いた高倉健の似顔絵も

看板ネコのスーさんが迎えてくれる

グリーンのシェードが目印。角打ちは酒屋の左に入口がある

ポテトサラダ

MAP 別冊 P.15-D3
住 北九州市八幡東区中央 2-8-19 中央町グリーンマンション 1F TEL 093-662-0122 営 12:00〜21:00 休日 CC 不可 P なし 交 JR 八幡駅から徒歩 5 分・八幡駅入口第二バス停から西鉄バス砂津行きで中央二丁目下車、徒歩 1 分

人気の豚キムチ。お酒との相性抜群

北九州の地酒も豊富

かんぱ～い！！

発泡酒190円、缶ビール250円

仕事帰りの常連客でにぎわう、町の角打ち

末松酒店 （すえまつさけてん）

長く仕事帰りの人々をいたわってきた店は大正3（1913）年創業。当時、小倉駅は現在の西小倉駅付近にあり、町の活気は驚くほどだったという。長崎街道の始点にも近く、歴史の移り変わりに思いをはせるにもぴったり。初めて訪れる客も、店主が優しく迎えてくれる。

MAP 別冊 P.20-B1
住 北九州市小倉北区室町 2-4-6 TEL 093-582-0001 営 15:00 〜 21:00 休日 CC 不可 P なし 交 JR 西小倉駅から徒歩 3 分

年季の入ったカウンターからも、店の歴史を感じられる

「とにかく大将が優しい。それがこの店の魅力だね」

40年来通っている "ヒロさん"

韓国のり 100 円
酢こんぶ 150 円

お客の好みに合わせて、さまざまなおつまみを用意

冷奴150円
一味唐辛子とすりゴマ、醤油で食べる夏限定メニュー。冬は湯豆腐を楽しめる

Voice ここでいろんな人と出会って、仲良くなりました。飲みながら「そういえば、あれはどうなった？」と、困りごとを聞いたり、聞いてもらったり。人情味あふれる場所です。

小倉のオーセンティックバーを巡る

北九州市の繁華街・小倉は夜遊びに事欠かない！
1日の終わりを正統派のバーで締めくくろう。

老舗 訪れる人をそっと包み込む大人の社交場

ばーりっちたいむ

BAR Rich Time

1946年製のジュークボックスが迎えてくれる老舗バー。店主・古村健二さんは日本バーテンダー協会の北九州支部を立ち上げた重鎮ながら、物腰柔らかで、訪れる人をくつろぎへと導いてくれる。紳士的な人柄を慕い、長年常連客たちが足を運んでいるのも納得だ。

MAP 別冊 P.21-C3

住 北九州市小倉北区鍛治町1-3-15堺町テラスビル1F **TEL** 093-521-4267 **営** 18:00～翌1:00※要事前予約 **休** 日・祝 **CC** ADJMV **P** なし **交** 北九州モノレール平和通駅から徒歩2分

カクテル 800円～
チャージ 800円

① クラシックであたたかみのある空間が広がる　② マンハッタン（ドライ）1000円。熟練の技が光る　③ 古村さんと会話をしていると気持ちが緩んでいく　④ ジュークボックスにはコレクションしたEPレコードが入っている

隠れ家 洗練された空間でスコッチを傾ける

ばーきりん

BAR KILIN

表通りに面しながら、隠れ家感が漂うオーセンティックバー。店主・秋吉貴寛さんはリーガロイヤルホテル小倉で15年研鑽を重ね独立。北九州郊外で農業にも携わり、店で使う各種ハーブ、材料などを栽培している。300種ほどあるウイスキーのラインアップも圧巻だ。

① カウンターのほか、4名から利用できる個室もある　② モヒート1500円。自家製ミントが香り立つ　③ 国内外からセレクトしたウイスキーの品揃えが豊富　④ 予約制。インターホンを押し、ロックを解除してもらおう

カクテル 1000円～
チャージ 1000円

MAP 別冊 P.21-C2

住 北九州市小倉北区魚町2-5-17インクスポットビル1F **TEL** 093-383-7828 **営** 19:00～24:00、金・土～翌1:00※要事前予約 **休** 日・祝 **CC** ADJMV **P** なし **交** JR小倉駅小倉城口から徒歩5分

モダン 今宵の締めは最上階の隠れ家で

れざん

raisin

秘密基地を訪れるような高揚感を抱きつつ扉を開けると、松のカウンターを設えたシックな空間が広がる。ここで味わいたいのがフレッシュフルーツを使ったカクテル。「お好みに合わせてお作りします」とマスター。対話を楽しみながら好みの一杯で旬を感じたい。

① ドライマティーニ1500円。オリーブは別添えで提供される　② 建物に向かって左の階段を上ると、優しい明かりが出迎える　③ カウンターに加えボックス席、外にはテラス席も

季節のカクテル 1300円～
チャージ 1100円

MAP 別冊 P.21-D3

住 北九州市小倉北区堺町1-8-9小倉暖簾村4F **TEL** 093-533-0033 **営** 19:30～翌3:00 **休** 日・祝 **CC** ADJMV **P** なし **交** 北九州モノレール平和通駅から徒歩5分 ※移転の可能性あり。インスタグラム（@raisin_kokura）で告知

第 5 章
ショッピング

北九州市自慢のおみやげ ……… P.302

伝統工芸とご当地雑貨 …………… P.308

復元・再生され進化する小倉織 … P.310

お買い物クルーズ ………………… P.311

地元スーパーへ行ってみよう！ … P.315

北九州の食材と旬 ………………… P.316

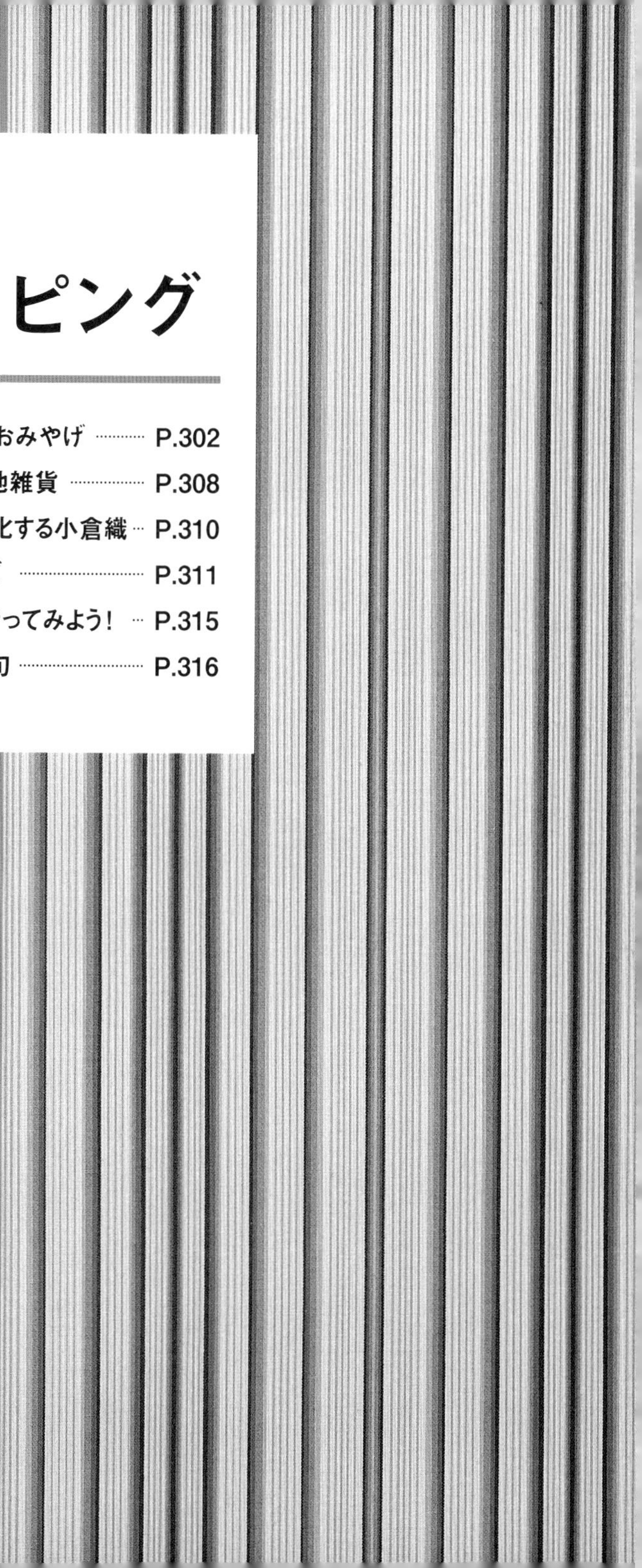

小倉織
〈小倉 縞縞　花衣 2021〉

食べたい！買いたい！

北九州市 自慢のおみやげ

シュガーロードの終点、北九州市には和洋問わずおいしいスイーツがいっぱい！ また、歴史のなかで育まれた伝統食や新旧の技術が感じられる工芸品や雑貨など、魅力的なおみやげ品も充実。旅の思い出に買って帰ろう。

銘菓編
長く愛されてきた老舗の逸品から、知る人ぞ知るスイーツまで、地元で人気の銘菓をご紹介！

① 福を呼ぶ 河豚最中 1個 162円

② 栗饅頭 1個 140円

関門名物「ふぐ」をかたどった最中。減農薬堆肥で育てられた大粒の北海道産大納言小豆を平釜直火製法でじっくりと炊き上げてあんを作り、佐賀産ひよく米を使った香ばしい皮で挟んでいる。あんがたっぷりで食べ応えあり！

栗を練り込んだしっとりとした白あんで、蜜漬けしたむき栗を包んで焼き上げた「湖月堂」の栗饅頭は北九州を代表する銘菓。艶やかで美しく贈答品としても人気。明治28 (1895) 年の創業以来受け継がれている伝統の味だ。

クリームぎっしり

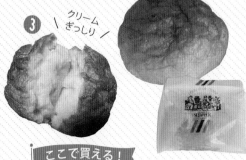
③

シュークリーム 1個 195円

極薄のシュー皮の中にカスタードクリームをぎっしりと詰め込んだシュークリームは昼過ぎにはなくなってしまうことも。遠方から買いにくる人も多いほど人気だ。ぜひ予約してから訪れよう。

ここで買える！

① 梅園 門司駅前本店
うめぞの もじえきまえほんてん
MAP 別冊 P.6-B2
住 北九州市門司区柳町2-2-1
TEL 093-381-0881 営 9:00~20:00
休 無休 CC ADJMV P あり (提携駐車場) 交 JR門司駅南口から徒歩1分

② 湖月堂 本店
こげつどう ほんてん
MAP 別冊 P.21-C2
住 北九州市小倉北区魚町1-3-11
TEL 093-521-0753 営 9:00~19:00、喫茶11:00~20:00(L.O.19:15) 休 無休 CC ADJMV P なし 交 JR小倉駅小倉城口から徒歩3分

③ 洋菓子のシュレック
ようがしのしゅれっく
MAP 別冊 P.8-A2
住 北九州市小倉北区井堀3-9-23
TEL 093-561-8702 営 9:30~19:00
休 日、第3月 CC 不可 P あり 交 JR小倉駅から西鉄バスJR戸畑駅行きで一枝下車、徒歩2分

Voice 「湖月堂 喫茶去」(→P.175) は小さい頃から祖母や母とよく通っていました。今は私が娘を連れて通っています。ちょっと甘いものが食べたいとき、しっかり食事をとりたいとき、お茶したいときと、使い勝手抜群です。

④ きくたろう饅頭 黒
1個 130円

北九州市内に数店を構える人気店。沖縄県産のコクのある黒糖を生地に練り込み、あんを包んでカリッと香ばしく揚げた「きくたろう饅頭 黒」のほか白あんを包んだ「白」（100円）もある。どちらも店頭で揚げたてを購入できる。

⑤ 焼生ショコラ
1本 1850円

完全予約制の高級フレンチを営んでいたオーナーが、小麦アレルギーの親友のために開発したグルテンフリーのガトーショコラ。「超低温超長時間加熱」という技法で作られ、濃厚な味わいと口溶けのよさが魅力。

⑥ ネジチョコ
5個入り 540円

2015年、官営八幡製鐵所関連の施設が世界文化遺産に登録されたことをきっかけに誕生。鉄鋼の町にふさわしいネジチョコはボルトとナットの形。精巧に作られていて、実際にボルトを締めることができる。

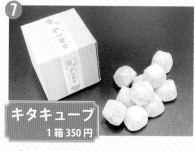

⑦ キタキューブ
1箱 350円

「北九州を代表するお菓子に！」という思いで名づけられたスノーボールクッキー。希少糖プレーン、メープルレモン、和三盆いちご、チョコバナナ、黒蜜きなこ、抹茶ラテの6種類が揃う。購入の場合は事前に電話予約をしておこう。

⑧ 星野村抹茶生大福　1個 215円

第二十五回「全国菓子大博覧会」にて名誉総裁賞を受賞。福岡県八女市「星野産抹茶」を贅沢に使った香り豊かで濃厚な抹茶クリームを、丹波大納言のつぶあんと羽二重餅で包み、上からたっぷりと抹茶をかけた大福。日持ちは冷蔵で当日のみ。

---

④ かしょうきくたろうほんてん
菓匠きくたろう 本店
MAP 別冊 P.11-C2
住 北九州市小倉南区上曽根新町11-11　TEL 093-474-6006　営 10:00～19:00、　KIKUTARO Caféは～L.O.18:30、ランチ11:30～15:30　休 不定休　CC ADJMV　P あり　交 JR朽網駅空港口から徒歩15分

⑤ がとーりあんこくらてん
Gateau-Lien小倉店
MAP 別冊 P.21-C2
住 北九州市小倉北区浅野1-1-1 VIERRA小倉3F　TEL 093-541-2555　営 10:00～20:00　休 無休　CC ADJMV　P あり　交 JR小倉駅新幹線口から徒歩3分

⑥ ぐらんだじゅーる
グランダジュール
（DATA➡P.190）

⑦ こうのとりぬまほんてん
こうのとり 沼本店
（DATA➡P.189）

⑧ なごし もじこうほんてん
なごし 門司港本店
（DATA➡P.148）

---

info　ネジチョコはホワイト、博多あまおう、抹茶、ストロベリーなどフレーバーも多彩。門司港バナナ、銀河鉄道999、ギラヴァンツ北九州といった北九州らしいコラボ商品も展開している。

⑨

一ゝ堂長寿豆
1袋 420円

創業から100余年、4代にわたり豆菓子一筋に歩んできた名店。看板商品のひとつ「一ゝ堂長寿豆」は北海道産の希少な特大サイズの黒大豆を使用。直火でじっくりと煎り、大豆の甘味と香ばしさを引き出している。

⑩

菓子合併
913円

昭和38（1963）年、五市合併で誕生した北九州市。その市政55周年を記念して作られた人気菓子の詰め合わせ。門司・小倉・戸畑・八幡・若松の各地域で長年愛されてきた銘菓が1種ずつ入っている。

⑪

生パイ 1個1480円

パイ生地の上にスポンジを敷き、生クリームとカスタードクリームを合わせたクリームをたっぷりとのせ、キャラメリゼしたパイを盛りつけた「生パイ」は遠方から買い求めに訪れる人も多い看板商品。予約がベターだ。

⑫

ひですけ餅 1個100円

北海道産小豆を使った甘さ控え目なつぶあんを柔らかな極上の羽二重餅で包んだシンプルな餅。お茶ともコーヒーとも相性抜群で、食べ飽きることなく地元で愛され続けてきたロングセラー商品だ。

ここで買える！

⑨ ごめいとういってんどう
御銘豆一ゝ堂
MAP 別冊 P.16-A3
住 北九州市八幡西区黒崎1-11-17 TEL093-621-2393 営10:00〜18:30、祝〜14:00 休日 CC不可 Pなし（提携あり）交JR黒崎駅南口から徒歩5分

⑩ つるへいほんてん
つる平 本店
MAP 別冊 P.11-C1
住 北九州市小倉南区下曽根新町1-3 TEL093-471-4777 営9:30〜16:30 休無休 CCADJMV Pあり交JR下曽根駅南口から徒歩2分

⑪ けーきぎゃらりーえすぷり
ケーキギャラリーエスプリ
（DATA➡P.220）

⑫ ひですけもちほんぽなかむらやほんてん
ひですけ餅本舗 中村屋 本店
（DATA➡P.190）

info 「御銘豆一ゝ堂」には多彩な豆菓子が揃い、ギフトにもおすすめな商品が並ぶ。豆菓子以外で人気となっているのがマカロニ菓子「ポップル」。カリカリとした食感と絶妙な味付けでリピーター続出中！

ほかにこんな銘菓も！

夜景金平糖
各 540 円

令和4年に北九州市が「日本新三大夜景都市」全国1位に認定されたことをきっかけに誕生した金平糖。4色タイプは煌めく夜空と町の明かりを、白は光輝くイルミネーションを表現している。

北九州おみやげ館（DATA➡P.147）

くろがね堅パン 200 円〜
くろがね羊羹 250 円〜

"くろがね"とは鉄の意味。鉄のように硬い「堅パン」、疲れを癒やしてくれる「羊羹」はどちらも大正時代に「官営八幡製鐵所」で働く従業員の栄養補給のために作られたもの。保存食としても最適だ。

※北九州おみやげ館ほか西鉄ストア・スピナマート各店、食品スーパー各社、みやげ店などで販売中

フレンチパピロ
希望小売価格 172 円

太鼓せんべい
希望小売価格 334 円

全国のスーパーなどで取り扱われている「フレンチパピロ」や「太鼓せんべい」は北九州市小倉南区に本社を構える「七尾製菓」によるもの。日本でいちばん小麦粉を使った焼き菓子を製造していると認定されたこともあるメーカーだ。

※スーパー、ディスカウントストア、ドラッグストアなど、日本全国で販売中

北九州めんべい （いわしぬか炊き入り）
2枚×12袋入り 1200円

福岡みやげの定番「めんべい」のご当地シリーズ。小倉の郷土料理「いわしのぬか炊き」を生地に練り込み、ぬか床の発酵特有のうま味が効いている。おやつにも、おつまみにも最適。パッケージも北九州らしさ満点！

※JR小倉駅、北九州空港などで販売中

話題を集めること間違いナシ！

ウケ狙いみやげ

食べてびっくり！の金平糖や開けてびっくりの便器チョコに石けんチョコ。ユニークなおみやげはいかが？

食べるトイレ!?
トイレットショコラ
5個入 756円

北九州市に本社を構える企業にちなんで作られたチョコレート。トイレ型のパッケージの中には洋式トイレ型のホワイトチョコレートが！

北九州おみやげ館
（DATA➡P.147）

泡は出ません！
シャボン玉石けんチョコ
6個入 648円

「グランダジュール」と「シャボン玉石けん」「西日本工業大学」のコラボ商品。「シャボン玉石けん」のキャラクター・シャボンちゃんがキュート。

北九州おみやげ館
（DATA➡P.147）

鉄味の金平糖って？
鐵平糖 540 円

「千草ホテル」オリジナルの金平糖。同じ八幡東区にある「入江製菓」の金平糖を錆びた風合いの"鉄の味"にアレンジ。発売当時から「鉄錆をなめたときの味……」「口の中を切ったときのような……」と話題に！

しっくすこーじー
6 kozzy
MAP 別冊 P.14-B1
住 北九州市八幡東区西本町1-1-1千草ホテル内　TEL 093-671-1131　営 11:00-19:00　休 不定休
CC ADJMV　P あり　交 JR八幡駅から徒歩9分

総菜＆その他名物編

北九州市にはご飯やお酒と相性抜群の総菜や名物グルメがめじろ押し。おみやげに買って帰ると喜ばれること間違いなし！

しょうやさんのこんぶ
庄屋さんの昆布

北海道産昆布や唐辛子を使い、独自の製法でうま味を閉じ込めた昆布の佃煮。本格的に辛いがご飯やお酒との相性抜群で、一度食べたらクセになるとリピート率は何と83％！ 有名人にもファンが多い逸品だ。

庄屋さんの昆布
150g 756円

※JR小倉駅や小倉井筒屋など、市内各所で販売中

SHIMABOKO
（しまぼこ） 1036円

こくらかまぼこ （DATA➡P.85）
小倉かまぼこ

江戸時代から伝わる小倉織を現代に復活させたブランド「小倉縞縞」と旦過市場の老舗かまぼこ店がコラボしたおしゃれなかまぼこ。黄色は柚子味、赤は辛子明太子味、グリーンはあおさ味。おつまみによさそう。

❶

昆布漬辛子めんたい「雷」
1910円～

❷

中辛 辛子明太子
250g（4本入り）2160円

辛子明太子は10段階の辛さが揃い、それぞれにたれの味つけや唐辛子のブレンドを変えるというこだわりぶり。約1ヵ月以上漬け込み、オーダーが入ってから仕分けする手作り明太子が地元で支持されている。

老舗漬物店時代から受け継がれてきた「漬ける」技術を生かし、北海道産の肉厚昆布と仕込みづゆに漬け込んだ「かば田」の辛子めんたいはうま味たっぷり。なかでも粒がしっかりとした「雷」は長く愛されてきた代表作だ。

❸

台湾で作られていた豚まんを試行錯誤を繰り返しながら日本人向けに改良。きめ細やかでモチモチの生地、豚と玉ねぎのうま味たっぷりのあんは相性抜群！ 一つひとつていねいに職人が手で包んで蒸しあげる北九州の名物豚まんだ。

揚子江の豚まん 1個 250円

ここで買える！

かばたほんてん
❶ かば田本店
MAP 別冊 P.17-C2
住北九州市八幡西区八枝5-4-52
TEL 093-603-2579　営9:00～19:00
休無休 CCADJMV Pあり 交筑豊電鉄永犬丸駅から徒歩10分

ひらつかめんたいこえだみつほんてん
❷ 平塚明太子 枝光本店
MAP 別冊 P.15-C1
住北九州市八幡東区白川町1-5 TEL
093-671-0846　営10:00～19:00 休
無休 CCADJMV Pあり 交JR枝光駅から徒歩11分

ようすこうのぶたまんこくらえきまえてん
❸ 揚子江の豚まん 小倉駅前店
MAP 別冊 P.21-C2
住北九州市小倉北区京町2-7-3 TEL
080-1789-2020営10:00～17:30※なくなり次第終了 休無休 CCADJMV
Pなし 交JR小倉駅小倉城口から徒歩2分

お酒編

伝統の技を受け継ぐ老舗酒蔵からこだわりのワイナリーやブルワリーまで、北九州ではバラエティ豊かな酒が作られている。

むほうまつしゅぞう
無法松酒造 (DATA➡P.188)

明治10(1877)年に創業した「無法松酒造」の人気梅酒。北九州市内の梅の名所「三岳梅林」の無農薬梅を手作業で仕込み、フルーティな吟醸酒の酒粕を主原料とした粕取焼酎に漬け込んでいる。甘さ控えめで飲みやすい。

小倉の梅酒 三岳梅林
500ml 1320円

みぞかみしゅぞう
溝上酒造 (DATA➡P.219)

弘化元(1844)年創業の「溝上酒造」は皿倉山の麓で清らかな湧き水を使い、酒作りを行う老舗蔵。代表銘柄「天心」山田錦純米酒は北九州産の山田錦を使用したふくよかな味と香りが特徴で、米のうま味が感じられる。

天心 山田錦純米酒
720ml 1793円

どめぬるみやき
Domaine le Miyaki (DATA➡P.189)

石灰質の土壌と昼夜の温度差が大きいというワインに適した平尾台にて2009年よりブドウを栽培しワイン作りをしているワイナリー。現在6種のワインが揃っている。

平尾台ワイン
4400円

わたりせふぁーむ&わいなりー
ワタリセファーム&ワイナリー
(DATA➡P.205)

ワイン作りに魅せられた藤田佳三さんが営むワイナリー。自家栽培のブドウで赤・白・ロゼ・微発泡を生産している。「シュナンブラン」は酸味がしっかりとしつつ穏やかな味わい。

シュナンブラン
750ml 3300円〜

北九州おみやげ館 (DATA➡P.147)

加熱殺菌やろ過を行わず、少量生産されるビール。数々の賞を受賞した「ヴァイツェン」「ペールエール」と大正時代に門司で作られた「サクラビール」を再現したビールセット。

門司港地ビール
詰合せ3缶セット 1760円

北九州おみやげ館
(DATA➡P.147)

北九州市若松区で収穫されたレモンとハチミツを使ったレモンサワーの素。赤は紫芋からの色素を使い「若戸大橋」をイメージしている。強炭酸で割るとおいしさが引き立つ。

北九州レモンサワーの素
500ml 1589円

北九州市自慢のおみやげ

北九州を代表するお総菜

「ぬか炊き」とは？

サバやイワシなどの青魚をぬか床で炊き込んだ小倉の郷土料理。小倉藩主がぬか漬けを好んで食べ、城下の人々に推奨したことからぬか漬けが広まり、その後近海で取れる新鮮な魚を炊き込むようになったといわれている。

ひゃくねんどこうさみしょうてん
百年床 宇佐美商店 (DATA➡P.83)

代々受け継がれてきたぬか床を使って炊き上げるぬか炊きの専門店。サバやイワシなどの青魚を醤油ベースで甘辛く仕上げている。ぬかの香り、山椒や唐辛子の辛みが相まってご飯にもお酒にもピッタリ！

サバのぬか炊き
2枚 850円

ぬかみそだきのふじたほんしゃこうじょうてん
ぬかみそだきのふじた 本社工場店 (DATA➡P.148)

フレーク状にして食べやすい瓶詰めにしたイワシのぬかみそだき。熱々ご飯の上に乗せてそのままや、お湯をかけてお茶漬けにしてもおいしくいただける。また、炒め物など料理の隠し味にするのもオススメ。

ちょびぬか 810円

北九州の伝統工芸とご当地雑貨

小倉織（こくらおり）

江戸時代から武士の袴や帯用に織られてきた小倉織。昭和初期に一時途絶えていたが染織家・築城則子が1984年に復元・再生。さらに汎用性をも備えた機械織りのブランドも誕生。用途も広がり、美しい縞のデザインは国内外で高く評価されている。

シンプルバッグS 3300円

小倉縞縞本店（こくらしましまほんてん）

緻密な糸の配色によって生まれる縞のグラデーションが特徴の「小倉織」。ロングセラーのシンプルバッグはコンパクトなのに、収納力たっぷり。パッケージつきで贈り物としても人気の商品だ。

MAP 別冊 P.20-A3
住北九州市小倉北区大手町3-1-107 TEL093-561-8152 営10:00～18:00 休水 CCADJM V Pなし 交北九州モノレール旦過駅から徒歩8分

しろテラス（しろてらす）（DATA➡P.155）

北九州市伝統織物ピンバッチ 3300円

北九州市の形の中に小倉織を織り込んだピンバッジ。中に入っている小倉織は合馬の竹を使って染めたもの。すべて手作りによる1点ものだ。タイピン（4070円）もある。

孫次凧（まごじだこ）

福岡県の特産工芸品にも指定されている「孫次凧」は明治末期に誕生した郷土玩具。冬の季節風が強く昔から凧揚げが盛んだった北九州市で、竹内孫次氏が作り始めたのがルーツ。大きな目と鮮やかな色合いが特徴で、縁起物としても愛されている。

カイトハウスまごじ（かいとはうすまごじ）（DATA➡P.242）

孫次凧を代表する「セミ凧」。子供たちが遊ぶものだからという理由で絵付けには食紅を使っている。実際に飛ばしてみてもよく飛ぶ！ ほかに多彩なデザインの凧が揃っている。

セミ 小サイズ 2500円

白石土鈴（しらいしどれい）

北九州市小倉南区で作られている「白石土鈴」はていねいな彩色と音のよさが魅力。初代の白石喜平氏は「音の喜平」と呼ばれるほど、鈴の音のよさにこだわっており、現在もその伝統の技が受け継がれている。

北九州おみやげ館（きたきゅうしゅうおみやげかん）（DATA➡P.147）

手描きで仕上げた鈴はそれぞれに表情が異なる1点モノ。鳴らしてみると素朴な音色が広がり、心和む。ふぐは赤・青のほか、黒もある。

小倉城鈴 880円

戸畑ちょうちん山笠鈴 770円

ふぐ土鈴 各440円

孫次凧は子供の頃、よく遊んでいました。色がキレイで青空に映えるんですよ。「カイトハウスまごじ」に行けば、たくさんの凧に出合えますし、郵便物になる「通信凧」やしおりなども販売されています。

「地図に親しむ空間」をコンセプトに、地図をデザインしたさまざまな商品を販売する専門店。大人気で売り切れ続出のピンバッジは市町村の形まで緻密に表現されている。

都道府県ピンバッジ
各1100円

折りたたみ傘／小倉
3630円

小倉の実際の地図を和テイストに仕上げ、小倉城主・小笠原家の家紋の形にデザイン。生地はUVコーティングされ、晴雨兼用で使える。重さも210gと軽量。

まっぷでざいんぎゃらりーこくら
Map Design GALLERY小倉
MAP 別冊 P.20-A2
住北九州市小倉北区室町1-1-1リバーウォーク北九州1F
TEL093-482-3510 営10:30〜18:30 休無休 CCADJMV
Pあり(リバーウォーク北九州駐車場) 交JR小倉駅より徒歩10分

きたきゅうしゅうおみやげかん
北九州おみやげ館 (DATA➡P.147)

歴史的建造物や、潮風号など門司港にゆかりのあるモチーフをデザインした手拭い。肌触りもよく、機能的でおみやげにぴったり!縦90cm×横30cm。

門司港もだん手拭い
各1100円

シャボン玉浴用 3個入
478円

無添加石けんのパイオニア「シャボン玉石けん」の人気商品。熟練の職人が昔ながらの製法で約1週間かけてじっくり丁寧に作り、成分は石けん素地だけ。3個入なので、おすそわけにもピッタリ。

ステンレス絵葉書
各1100円

ステンレスプレートにシルクスクリーンで、北九州出身の切り絵作家・芹田騎郎氏の原画を再現したメタリック絵葉書。実際に切手を貼って送ることもできる。全7種あり。

「鉄の都・北九州」からヒントを得て誕生した鉄分補給ができる商品。鉄分の純度が高く、やかんや炊飯器に入れると手軽に鉄分を取れ、ぬか床や黒豆を煮るときに加えると色鮮やかになる。

鐵やづけ 各990円

発泡剤に石鹸成分のみの純植物性無添加石けん(※)を使用した歯磨きペースト。天然のペパーミント香味料を使用。歯磨きしたあとも味覚が変化しない。
※合成界面活性剤、着色料、酸化防止剤不使用

**「シャボン玉石けん」
せっけんハミガキ** 440円

シャボン玉石けんの商品はJR小倉駅おみやげ街道のほか、ドラッグストアやスーパーで販売中

ここがすごい！
よこ糸よりたて糸を2倍以上多く使うことにより、立体的にたて縞が浮かび上がってくるように見える。繊細なたて縞のグラデーションが美しい

店舗情報は➡P.308へ

北九州が世界に誇る工芸品

復元・再生され進化する小倉織

丈夫さと美しさを兼ね備えた小倉織の歴史と今をご紹介。

《 昭和に途絶えた小倉織が復活！ 》

Photo:kyoko omori

北九州市にある小倉織の機械織り工場

江戸時代から豊前小倉藩（現北九州市）で織られ、徳川家康も羽織を愛用したという小倉織。地厚で丈夫な木綿の生地は「槍をも通さぬ小倉織」と称され、使い続けるとなめし革のような光沢のある風合いになるのが特徴だ。明治時代には学生服の生地として全国に広がるが、時代の波に押されて昭和初期に途絶えてしまう。その後、昭和59（1984）年に染織家・築城則子が試行錯誤を繰り返しながら手織りで小倉織を復元・再生。平成19（2007）年には築城氏監修のもと、小倉織の美しいたて縞（しま）を生かした機械織りのブランド「小倉 縞縞（こくら しましま）」がスタートした。

現代のライフスタイルに合うアイテムを多数展開

Photo:kyoko omori

築城則子の手織工房の様子

《 次の時代に向けて変化し続ける 》

機械織りが可能になったことで、手織りではできなかった広幅の生地を作れるようになり、デザインの表現がさらに広がっていった。インテリアやアートの世界にも躍進し、小倉織の魅力を世界に発信している。さらに世界的に活躍するファッションデザイナーとのコラボや再生ポリエステルを使ったサステナブルな生地の開発など、「今」という時代に合ったチャレンジを続けている。時代とともに歩む「小倉 縞縞」にこれからも注目したい。

Photo:kyoko omori

北九州空港のラウンジにも小倉織のアートパネルが

日本のデニムのルーツとも言われる小倉織から誕生したデニム生地「KOKURA DENIM」を用いたハカマデニム。デザインは世界的なファッションブランド「ANREALAGE（アンリアレイジ）」の森永邦彦が手がける

Photo:masayuki hayashi

2023年、建築家・隈研吾とコラボしたインテリアテキスタイルブランド「KUMASHIMA」がスタート。建築やインテリア家具などに展開する

Photo:Daiki Morita

「ザ・リッツ・カールトン福岡」のインテリアに小倉織を採用。画像：日本料理「幻珠（椅子の背面に使用）」（design:STRICKLAND Inc.）

北九州市をぐる～り
お買い物クルーズ

北九州市民に人気のショッピングスポットをご紹介。
老舗百貨店から2022年に誕生したアウトレットまで、多彩な施設が揃っている。

紫川沿いに位置する。信楽焼タイル貼りの本館（左）と、ピンクの外観の新館（右）。手前にあるのが井筒屋 紫江's

🛍 北九州市唯一の百貨店
こくらいづつや
小倉井筒屋

　創業以来89年にわたり、地域に根ざした百貨店として北九州市民に愛されている井筒屋の本店。ハイブランドから地元の名産品、バイヤーえりすぐりの商品まで、百貨店ならではの逸品が揃い、"贈答品は信頼ある井筒屋の包装紙で贈りたい"という市民も多い。現在の店舗は昭和47（1972）年に増改築されたもので、平成10（1998）年に新館が建設され今の形に。県内および大分県、山口県に複数のサテライトショップもある。
DATA ➡ P.167

井筒屋ミニ年表

昭和11（1936）年 10月
「井筒屋」（現在の本店）を開店

平成10（1998）年9月
本店新館を開設

平成12（2000）年7月
井筒屋 紫江's（しこうず）を開設

昭和30年代の姿

地元っ子
推し！

いづづや饅頭 （本館B1）
70年間変わらぬ製法、変わらぬレシピで愛され続けてきた「いづつや饅頭」（1個40円）はまとめ買いする人も多い。機械で作られる工程も見ることができる

井筒屋マーク入り！
幅広い年代層に
人気がある

おみやげ探しに
おすすめ！

きたきゅう
コロンブス （本館6階）
地元作家の作品を購入できるショップ。お気に入りの作家を見つけよう！

サステナベース （本館7階）
サステナブルを意識した地球に優しい商品を取り扱う

🛍 散歩コースとしても楽しめるショッピングモール

THE OUTLETS KITAKYUSHU
じ あうとれっと きたきゅうしゅう

2022年4月に、スペースワールド跡地に誕生した九州最大級のアウトレット。総敷地面積約27万平方メートル、駐車場収容台数は約4500台という大型商業施設で、イオンモール八幡東と隣接。国内外の人気ブランドなど約170店舗が揃い、ファッションやインテリアなど、多彩なショップが並ぶ。敷地内は開放的で散策を楽しめる。DATA➡P.215

周遊性をもたせているので買物しやすく、まるで公園を散歩しているような心地よさが感じられる

地元っ子推し！

ASOBLE

「遊べば遊ぶほど未来が良くなる場所」をコンセプトに、世界中からゲームや遊具を集めたアミューズメントパーク。無料で遊べる次世代遊具スペースや、ARシューティングゲームなど盛りだくさん

フードコート「FOOD FOREST」

「光」「木」「緑」をテーマにしたフードコート。地元の人気店から全国の有名店まで、充実のラインアップで、食事目当てに訪れる人も多い。内装および家具には福岡県産の木材が使われている

Mannekenpis & CERES
福岡発祥のパンと洋菓子の店「Mannekenpis & CERES」。常時80種以上の商品が並ぶ

極味や
国産の薪火で燻した香り豊かなハンバーグにファンが多い

海鮮丼 角島魚心
新鮮な地元の海鮮を味わうことができる豪華な海鮮丼が人気

ナチュガーデン
10階にあるナチュガーデンでは太陽の光を浴びながらのんびりできる。イベントなども開催

ショップ
広々としているので子供連れにもおすすめ

アトミカ
7階のコーワキングスペース「アトミカ」

🛍 人気ショップが集まる小倉駅前の複合施設

SAINT city
せんとしてい

2021年春から「セントシティ」として生まれ変わった駅前の複合施設。地下にはスーパーマーケット、1〜7階にはライフスタイル雑貨にファッション、大型書店など、さまざまなショップが軒を連ねる。さらに上には保育園やオフィス、ラジオ局、病院、レストランなどが入っている。売り場が広々としていて買い物しやすいのも魅力だ。DATA➡P.170

地元っ子推し！

地元グルメも充実

11階のレストラン街は穴場スポット。カフェや地元グルメが楽しめる店など選択肢も多い

濃厚魚介系スープが決め手！

華咲庵
地元にこだわった食材を使用した北九州版おふくろの味

博多つけ麺 御○屋
コシが強くのどごしのいいそばをコクのある深い味わいのだしにつけて味わう

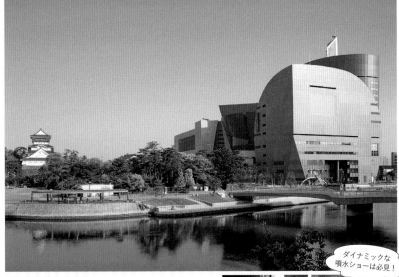

ダイナミックな
噴水ショーは必見！

📖 小倉の文化基地として人気のランドマーク

りばーうぉーくきたきゅうしゅう

リバーウォーク北九州

平成15（2003）年にオープンした大型複合商業施設。紫川や小倉城、勝山公園など、豊かな自然や観光スポットに囲まれている。ショップ、レストランはもちろん、毎回演目が注目されている「北九州芸術劇場」や「北九州市立美術館分館」、「ゼンリンミュージアム」といった美術館も入り、北九州市の文化発信の場としても親しまれている。巨大なツリーが登場し、イルミネーションで彩られるクリスマスシーズンの美しさも圧巻だ。
DATA➡P.168

左／曲線を生かした美しい建築が特徴的。柔らかい自然光が注ぐキャニオンウォーク　右／メインエントランスにある「エナジーコート」ではダイナミックな噴水のショーも開催される

地元っ子推し！

アート作品がいっぱい！

館内には国内外のアーティストよる作品が飾られていて、ミュージアムのよう。ショッピングの合間に美術鑑賞できる。さすが文化発信基地！

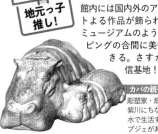

カバの親子
彫塑家・畑満／富山県
紫川にちなみ、川や淡水で生活する親子のオブジェがある

ゴールデンドリームマーメード像
作者／クリス・アレクサンダー
北九州市の姉妹都市、アメリカ・ノーフォーク市から市に寄贈されたマーメード像

レストランゾーン（4階）

和食・洋食など幅広い飲食店が集まる。フードコートには子供優先ゾーンもありファミリーも安心

ここも Check!

本誌で紹介しているリバーウォーク北九州内のおもな施設

・北九州市立美術館分館→P.99
・ゼンリンミュージアム→P.55
・北九州芸術劇場→P.270

📖 小倉駅直結のショッピングスポット

あみゅぷらざこくら
アミュプラザ小倉

　九州の玄関口、小倉駅ビルに直結した「アミュプラザ小倉」は、ファッションや生活雑貨はもちろん、スーパーマーケット、ドラッグストア、おみやげやスイーツなどが揃う大充実のショッピング施設。西館6階レストラン街に加え、ラーメン、とりかわ、海鮮料理、串カツなどの居酒屋が集結した東館1階「小倉宿 駅から三十歩横丁」もある。DATA➡P.170

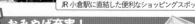
JR小倉駅に直結した便利なショッピングスポット

地元っ子推し!

おみやげ充実!

北九州の銘菓やおみやげが集結する西館1階のアミュキッチン。出発前におみやげをチェック!

辛子明太子やおしゃれなパッケージで人気のバウムクーヘン、和食料理人監修のアイスクリームなど、贈り物にも自宅用にも喜ばれる北九州のおみやげやスイーツが勢揃いしている
※写真はイメージ

一杯いっとく!?

仕事帰りに立ち寄りたくなる魅力的な飲食店が並ぶ「小倉宿 駅から三十歩横丁」

イベント広場をチェック!

ライブやパフォーマンスなど毎日多彩なイベントが開催されている

📖 愛称は「チャチャ」のショッピングモール

ちゃちゃたうんこくら
チャチャタウン小倉

　北九州の方言「〜ちゃ」にちなんで名づけられた商業施設。西鉄北九州線砂津車庫跡地に平成12（2000）年11月オープンした。赤い観覧車が目印で、スーパーやショップ、アミューズメント施設、映画館などがある。映画の半券や観覧車の乗車券を見せると受けられる特典や、1階のオープンスペースで開催される日替わりイベントも要チェック!
DATA➡P.168

地元っ子推し!

冬のイルミネーションは圧巻!

幻想的に彩られる景色を観覧車から眺めるのもおすすめ。

直径50mの観覧車。36台のゴンドラのうち、2台がシースルーの透明ゴンドラでスリル満点!

ローカルに愛される個性派揃い

地元スーパーへ行ってみよう！

北九州市発祥のスーパーマーケットは、福岡県下でも知られる存在。
どちらも個性豊かで、毎日訪れたくなるワクワク感にあふれている。

自社焙煎コーヒーと上質な冷凍食品が揃う

ファディ 小倉北区

契約農園をはじめ、世界中から厳選されたコーヒー豆が並ぶ

『『おいしい』を食卓に」がモットーの食品専門店。コーヒーと業務用食品の卸売りから事業をスタートし、1990年代からは小売りも開始。プライベートブランドを中心に、取り扱いは1万2000品目を超える。いつ行っても新しい発見があり、店舗から全国への発送も可能だ。カフェ併設の店舗もある。

ファディ小倉店（カフェ併設）
MAP 別冊 P.9-C1
🏠 北九州市小倉北区浅野3-6-6
☎ 093-541-2253 🕙 10:00〜19:00 休 無休
CC ADJMV P あり 交 JR小倉駅新幹線口から徒歩7分

おいしいコーヒーと冷凍食品で料理する方も、食べる方も笑顔にしたいです！

- 1350円
アップルパイ
144層の手折りのパイ生地で、国産リンゴの蜜煮とシナモンを包んだ人気のスイーツ

- 646円
焼き小籠包
もちもちの皮からうま味たっぷりのスープがあふれる

- 538円
いわしの梅煮
国産マイワシに梅とかかだしが食欲をそそる逸品。少量パックで使いやすい

ディスプレイを楽しみながらこだわりの逸品に出合える

ハローデイ 小倉北区

北九州市内だけでなく、福岡市など福岡県、熊本県、山口県でも店舗展開している。写真は足原店

徹底的に味を追求したオリジナルブランド「極旨」シリーズをはじめ、生鮮食品から総菜まで揃う、市民の暮らしに欠かせないスーパー。会社理念「アミューズメントフードホール」を具現化した、店ごとに異なる内装にも注目を。「都会のオアシス」がテーマの足原店では、その居心地のよさを体験してみてほしい。

ハローデイ足原店 **MAP 別冊 P.9-C2**
🏠 北九州市小倉北区足原1-7-3 ☎ 093-512-1671
🕙 9:00〜22:00 休 無休 CC ADJMV P あり
交 北九州モノレール三萩野駅から徒歩20分

- 321円
極旨 国産輪切りレモン 100g 386円
国産の輪切りレモンを使用した、まるで生フルーツ！なドライレモン。紅茶との相性◎

極旨 4種の素焼きミックスナッツ
塩分不使用。アーモンド・クルミ・カシューナッツ・マカダミアナッツのうま味をそのまま味わえる

- 429円
極旨 やみつき高菜
従業員による試食を経て世に出る「極旨」シリーズ。なかでも、従業員の最高評価を獲得した逸品がコチラ！

限界まで糖度を下げた、何個でも食べられるあっさりおはぎもオススメです

ファディミニ年表	
昭和28(1953)年	小倉市大門（当時）で「極東商会」創業
平成3(1991)年	ファディ1号店（現小倉店）オープン
平成18(2006)年	ファディ太宰府店（カフェ併設1号店）オープン
平成27(2015)年	ファディONLINE SHOPオープン
令和5(2023)年	コーヒー焙煎所移転開設（株式会社篠栗珈琲焙煎所）

ハローデイミニ年表	
昭和33(1958)年	京都郡苅田町に加治久典氏が有限会社かじやを設立
昭和47(1972)年	「徳力店」（現・徳力本店）開店で北九州市進出
昭和63(1988)年	株式会社ハローデイへ商号変更
令和2(2020)年	オリジナルブランド「極旨」シリーズの販売をスタート
令和5(2023)年	ハローパーク千早店 開店

北九州の食材と旬

山海の幸が
てんこ盛り！

工業のイメージが強い北九州市だが、実は優れた漁場をもつ魚の宝庫であり、恵まれた自然環境を生かした農業も盛ん。北九州の食材と旬を知って、そのおいしさを確かめにいこう。

海

北九州市は3つの漁場に恵まれている。北側は対馬海流とリマン海流がぶつかり潮の入れ替わりが絶えない「響灘」、東には日本3大急潮流といわれる「関門海峡」と、河川の流入が豊富で干瀬が続き、プランクトンが多く育つ「周防灘」。それぞれに違う魚が生息しており、その魚種の豊富さは全国でも有数だ。

ぶぜんほんがに
豊前本ガニ

潮の干満差が大きく、広大な干潟が発達している周防灘沿岸はワタリガニ（ガザミ）が取れることで有名。そのなかでも大きく身が詰まったものが「豊前本ガニ」と呼ばれる。

ぶぜんかいひとつぶかき
豊前海一粒かき

適度な海流が養分を運び、プランクトンが豊富な周防灘沿岸、曽根干潟の沖合いで養殖されるかき。アクがなくておいしいと評判。身が詰まっているのは1〜2月。

北九州カニ・カキロード

門司区〜小倉南区の周防灘沿岸を走る道路。中央分離帯や歩道に設置された案内板を目印に進むと、漁協など、豊前本ガニや豊前海一粒かきの産地にたどり着ける。周辺にはかき小屋なども営業している。

あらかぶ
アラカブ

響灘で取れる根魚の代表格。釣りの対象魚としてメバルやアイナメとともになじみの深い魚。プリプリとした脂肪の少ない白身で、煮つけや味噌汁にして食べることが多い。

けんさきいか
剣先イカ

体は透明で環境や状況によって赤くなったり白くなったり変化する。身が軟らかくて味もよく、活き作りで食べられる高級イカ。刺身や焼き物、煮つけ、干物なども美味。

まだい
真鯛

その姿、形、色などにより、昔から「めでたい」魚として珍重されてきた。福岡県は漁獲量全国2位。大きなものでは約1mになる。刺身、煮つけ、焼き物、鍋にと調理法も幅広い。

関門海峡たこ

激しい潮流に流されないようにと海底の岩にしがみついているため、短い脚には吸盤が足の先までついていて、筋肉が発達しプリプリの歯応え。噛めば噛むほど味がある。

農

北九州市内で農業が盛んに行われているのは若松区と小倉南区。若松区は沿岸の風土を利用したトマトやトウモロコシ、キャベツ、スイカなどが多く育てられ、"若松"を冠にしたブランド野菜も多い。小倉南区には、全国に名を知られる「たけのこ」の産地・合馬があるほか、ナスやシイタケ、大葉しゅんぎくなど、豊かな自然のなかでたくさんの野菜が育てられている。

わかまつみずきりとまと
若松水切りトマト

与える水の量をぎりぎりまで減らし、枯れない程度にまで水分を抑えることで甘さを最大限に引き出したトマト。フルーツのような糖度の高さが売り。

わかまつくいーん
若松クイーン

縦長でラグビーボールのような楕円形をし「ラビットスイカ」とも呼ばれる。小玉ながらずっしりと重く、皮が薄く、高い糖度とシャリシャリとした食感が特徴。

すいーとこーん
スイートコーン

トウモロコシの甘味種で、高い糖度が特徴。収穫して時間がたつうちに糖度が下がってくるので、産地に行って採れたてを買うのがおすすめ。買ったらすぐに調理保存を。

わかまつしおかぜきゃべつ
若松潮風®キャベツ

潮風の刺激によって甘味を増す若松のブランドキャベツ。ずっしりとした重みがあり、巻きが強いのが特徴。特に11月から出荷される冬キャベツで知られている。

おうまのたけのこ
合馬のたけのこ

全国有数の竹林面積を誇る北九州市。なかでも合馬のたけのこは、高級料亭などでも珍重される極上品。香り、味、歯応えともに評価が高いのは、時期を見極めて掘り出し、出荷されるから。

おおばしゅんぎく
大葉しゅんぎく

通常のしゅんぎくと違って葉先が丸く、ギザギザのない大葉しゅんぎくは、地元では古くから親しまれている野菜。アクがなく軟らかいので、サラダでも味わえる。

加工品もチェック!

北九州食材を使った加工品もおみやげとしておすすめ。

合馬筍ごはんの素 2合用160g 540円

ていねいに管理されて育った合馬のたけのこを使った炊き込みご飯の素。たけのこの風味を存分に楽しんで。小倉織を思わせる袋入りでおみやげにも◎。→Ⓐ

若松みかん梅酒・Mikkan 500ml 1210円

若松みかんジャム 110g 486円

若松みかん紅茶 2g×10包 594円

若松海岸で太陽と潮風をたっぷり浴びた甘い温州ミカンを使ったジャムや手作りの梅酒は女性に人気。紅茶は茶葉もミカンも無農薬栽培のものを使用。→Ⓐ

旬の野菜ドレッシング 各100ml 450円

若松のトマトをはじめ、合馬のたけのこや大葉しゅんぎくなど、北九州産野菜のうま味が生きたドレッシング。野菜によって販売時期が異なる。

和布刈神社 献上わかめ 40g 1404円

和布刈神社前の関門海峡で採れたワカメ。和布刈神社では旧暦の元旦に神職がワカメを刈り神前にお供えして豊漁や航海安全などを祈る神事が行われる。→Ⓑ

Ⓐ=北九州おみやげ館→P.147 Ⓑ=めかりパーキングエリア→P.46

魚に野菜、豊富な食材に恵まれた北九州市。
せっかくなら旬を知って、おいしい時期に訪れよう！

北九州食材の

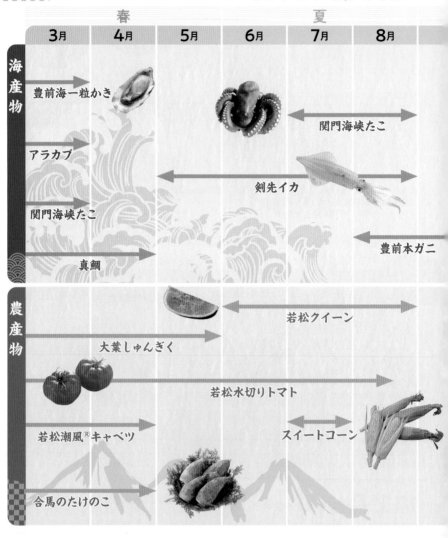

	春			夏		
	3月	4月	5月	6月	7月	8月

海産物

豊前海一粒かき
アラカブ
関門海峡たこ
真鯛
剣先イカ
関門海峡たこ
豊前本ガニ

農産物

若松クイーン
大葉しゅんぎく
若松水切りトマト
若松潮風®キャベツ
スイートコーン
合馬のたけのこ

産直ショップ

小倉北区
ひらまつとれとれあさいち
平松とれとれ朝市　　**MAP** 別冊 P.8-B1
🏠 北九州市小倉北区西港町船溜り 特設会場　📞 093-571-0265（北九州市漁業協同組合平松支所）🕐4～12 月の日※ 2024 年の営業時間は未定　🅿 あり
🚃JR 西小倉駅から車で 8 分

小倉南区
だいちのめぐみ にしなかてん
大地の恵み 西中店　　**MAP** 別冊 P.10-B2
🏠 北九州市小倉南区徳吉西 1-4-11　📞 093-451-5139
🕐9:00 ～ 18:00　🚫水　💳ADJMV　🅿 あり　🚃北九州モノレール徳力嵐山口駅から西鉄バス中谷行き

で長行校下下車、徒歩 4 分

小倉南区
ひまわり市場（花農丘公園）　**DATA → P.180**
合馬農産物直売所　**DATA → P.189**
合馬観光たけのこ園　**DATA → P.188**

ひまわり市場　　　　　合馬観光たけのこ園

旬カレンダー

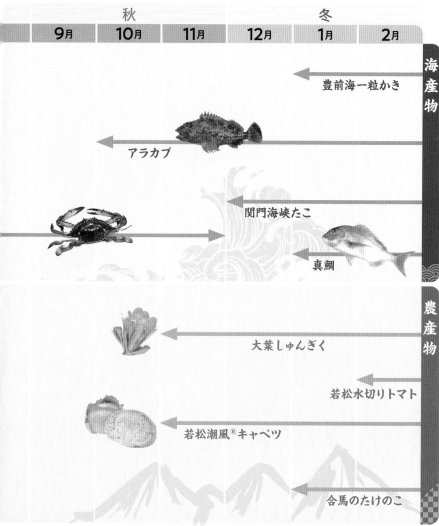

	秋			冬		
	9月	10月	11月	12月	1月	2月

海産物

豊前海一粒かき

アラカブ

関門海峡たこ

真鯛

農産物

大葉しゅんぎく

若松水切りトマト

若松潮風®キャベツ

合馬のたけのこ

産直ショップ

若松区
産地直送市場 海と大地
DATA → P.203
SIOIRI
DATA → P.201
若松 田中農園
DATA → P.203
松浦ファーム
DATA → P.204
HIRAYAMA FARM
DATA → P.204

産地直送市場 海と大地

八幡西区
じぇいえーきたきゅうかっぱのさとやはたてん
JA 北九かっぱの里八幡店
MAP 別冊 P.17-C3
住 北九州市八幡西区馬場山東 2-9-7
TEL 093-618-0101　営 9:00 ～ 18:00　休 水　CC JMV
P あり　交 筑豊電鉄楠橋駅から車で 6 分

小倉のランドマーク「セントシティ」

小倉駅から徒歩1分

セントシティ

小倉駅

モノレール

▌駅近！個性派ビル！

- ☐ ペデストリアンデッキを通って濡れずに行ける！
- ☐ 円塔を中心とした建物で特徴的な外観が目印です！

▌買う・食べる・働く

- ☑ 駅前ランドマークとは思えないショップラインナップ。
- ☑ 仕事をしたいときはコワーキングスペースを利用可能。

ユニクロ　UNIQLO　LoFt　無印良品　ZARA　ベスト電器　Seria　サイゼリヤ

セントシティ

〒802-0002 北九州市小倉北区京町3-1-1

営業時間 10:00-20:00　※一部店舗を除く

最新情報は
セントシティの
ホームページを
チェック ▶▶▶

第6章
宿泊

プレミアムなホテル7選 ⋯⋯⋯⋯ P.322

民泊・ゲストハウス ⋯⋯⋯⋯⋯⋯ P.326

リーズナブルにステイ ⋯⋯⋯⋯ P.330

グランピング&キャンプ場 ⋯⋯⋯ P.332

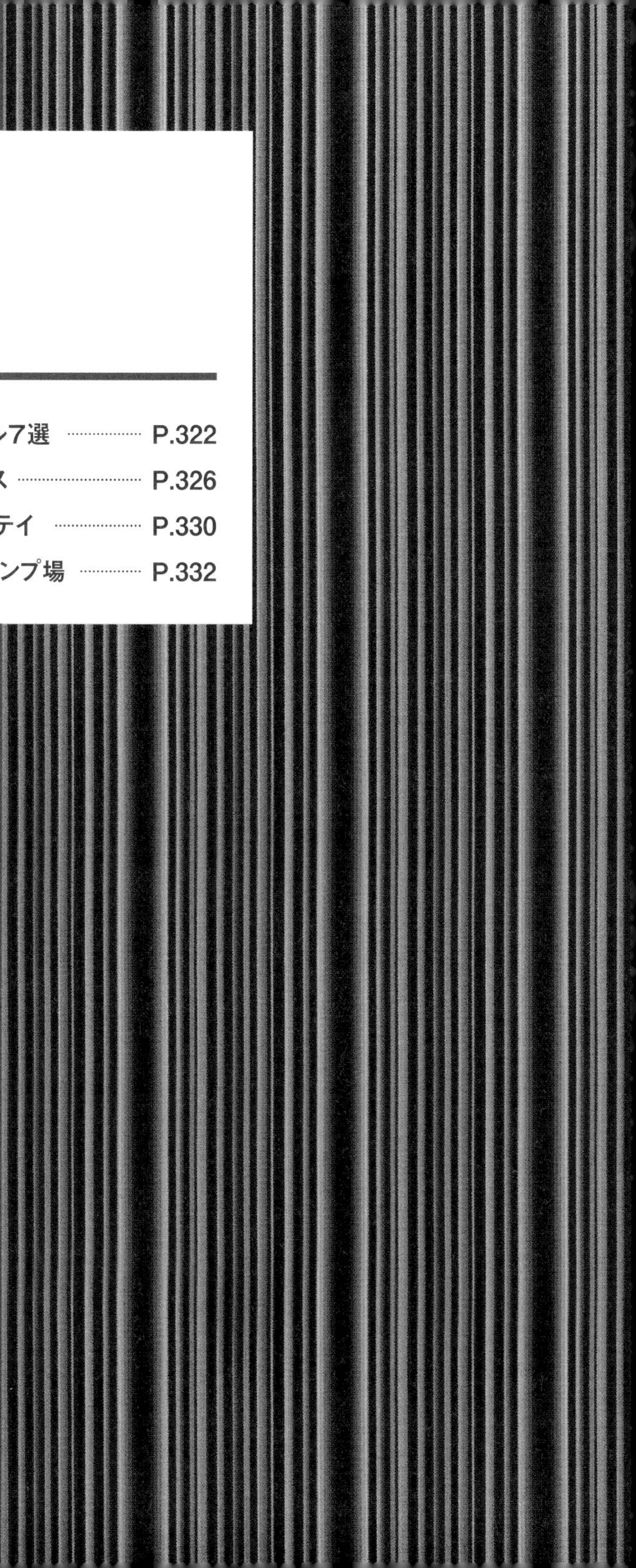

小倉織
〈小倉 縞縞　水紫〉

非日常感を心ゆくまで満喫できる
プレミアムなホテル7選

旅の満足度を上げてくれるハイクラスなホテル。北九州市の町並みや自然とともにステイそのものも楽しみたい。

高層シティホテルで優雅なひとときを

小倉北区

リーガロイヤルほてるこくら

リーガロイヤルホテル小倉

北九州市街を一望できる地上30階建ての高層シティホテル。全室30平方メートル以上の広々とした造りで、小倉の町並みを見渡せる。客室フロア最上階の26・27階にある「タワーフロア」は、北九州のシンボルである小倉城と紫川周辺の桜並木をモチーフにした客室デザインが魅力。鉄板焼や中国料理など7つのレストランやヘルスクラブを備え、プレミアムなステイをかなえてくれる。

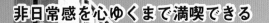

抜群の眺望
地下1階から地上29階のホテル。客室は14階以上にあり眺望抜群!

❶高層ホテルにジムやプール、サウナを揃えた会員制フィットネスや8つのレストランとバーがある ❷タワーフロア専用の朝食。福岡や九州の食材をぎゅっと凝縮した洋食か和食を選べる ❸小倉の街の灯りをデザインに取り入れた「スーペリアフロア」でくつろぎのひとときを ❹「レストラン シャンボール」で夜景を眺めながらロマンティックディナーを楽しもう ❺26・27階の「タワーフロア」。抜群の眺望や専用の朝食などワンランク上のステイをかなえる ❻街側の客室からの眺め。海と山、そして街の灯りが融合した美しい眺望が広がる

MAP 別冊 P.21-D1

住北九州市小倉北区浅野2-14-2 **TEL**093-531-1121 **IN**15:00
OUT11:00 **S**2万2000円〜 **T**3万3000円〜 **CC**ADJMV
室295 **P**あり **交**JR小倉駅新幹線口から徒歩3分

info 26・27階に宿泊すると、2フロア専用施設「タワーライブラリー」を利用できる。小倉の町を一望する広々とした空間に、北九州にゆかりのある本がズラリ! ドリンク無料なのもうれしい。

建築界の巨匠によるリゾートホテル

門司区

ぷれみあむほてるもじこう

プレミアホテル門司港

異国情緒あふれるレトロな町並みと関門海峡を眺める門司港ならではの場所に位置。建築界の巨匠、アルド・ロッシの遺作となったデザイナーズホテルで、豪華客船をイメージした客室で非日常を味わおう。シェフ自慢の朝食には九州の食材がふんだんに使われ、門司港名物の焼きカレーも並ぶほか、スパークリングワインも飲み放題だ。

MAP 別冊 P.22-A2

住北九州市門司区港町9-11 TEL093-321-1111 IN15:00〜24:00 OUT11:00 S5000円〜 T1万円〜 CCAJMV
室162 Pあり 交JR門司港駅北口から徒歩2分

❶世界的な建築家が手がけた美しい建築は、門司港レトロのランドマーク的存在だ ❷2023年にリニューアルしたツインルーム。海をイメージしたオリジナルカーペットが美しい ❸プレミア海峡デラックスツイン ❹オープングリルで九州産の和牛を味わえるステーキハウス「レッド＆ブラック」 ❺クラシックな雰囲気のイタリアンレストラン「ポルトーネ」 ❻プレミアルームとスイートルーム宿泊者限定のクラブラウンジ「テンポ」。特別な時間を過ごせる

建築がすばらしい
関門海峡の風景に溶け込むアートのような造形美や美しいインテリアにうっとり

ステーキハウスで、上質な肉を存分に楽しもう！

Voice 門司港レトロの観光を楽しめる抜群のロケーションとレトロでモダンな唯一無二のたたずまいが素敵な「プレミアホテル門司港」。北九州に遊びに来る友人によくおすすめしているホテルです。

小倉北区

130年の歴史ある庭園に癒やされる

百年庭園の宿 翠水
ひゃくねんていえんのやどすいすい

国の登録有形文化財に登録された宿。約700坪の広さを誇る池泉回遊式庭園に、伝統的な数寄屋造りの客室が3室点在する。庭園内をゆっくりと散策しながら、春は新緑、秋は紅葉など四季折々の風景を楽しみたい。

MAP 別冊 P.9-C2

住北九州市小倉北区古船場町3-46 TEL093-521-7000 IN15:00〜18:00 OUT11:00 S2食付4万1700円〜 T2食付6万4800円〜 CCADJMV 客室3 Pあり 交北九州モノレール旦過駅より徒歩2分

①客室の様々な角度から"百年庭園"の景観美を楽しめる ②こだわりの九州産食材を眼前で感動的な一皿に仕上げる鉄板焼も評判 ③伝統の技が冴えわたる趣向を凝らした和会席が味わえる ④客室「菅生（すがお）」。日本の伝統美を堪能できる趣の異なる3棟からなる ⑤まるで小舟に乗っているような気分に浸れる客室「企救（きく）」 ⑥和モダンにリニューアルした客室「玄海」

文化財にステイ
2022年に建造物が文化財に登録された宿で、日本の伝統建築の美しさに浸ろう。

若松区

玄界灘を見渡す温泉リゾート

亀の井ホテル 玄界灘
かめのいほてるげんかいなだ

玄海国定公園にある「岩屋海岸」の岬にあり、眺望抜群。特に夕日や漁火の美しさは格別だ。温泉は「若松ひびき温泉」と「光明石温泉」のふたつの泉質を楽しめる。客室は和室、洋室、和洋室を用意し、平日はJR折尾駅まで無料送迎バスがある。

MAP 別冊 P.12-A1

住北九州市若松区有毛2829 TEL093-741-1335 IN15:00〜18:00 OUT10:00 S1泊2食付1万5200円〜 T1泊2食付2万3800円〜 CCADJMV 客室50 Pあり JR折尾駅から車で30分

温泉が自慢
保湿効果の高い天然温泉「若松ひびき温泉」、湯触り柔らかな人工温泉「光明石温泉」を楽しめる

海の幸を生かした会席料理を味わって。

①海を眺める露天風呂と大浴場でリラックス ②落ち着いた趣きの和室は、8畳、10畳、6畳2間の3タイプあり ③ツインルーム は和洋室や和室ツインルームなど5タイプ。バス付きは数に限りあり

info 「亀の井ホテル 玄界灘」では、宿泊者限定で夜は「夜鳴き担々麺」の1杯無料サービスあり。ピリ辛の四川、香り高い黒ごま、クリーミーな白ごまの3種類から月替わりで1種登場するのでお楽しみに！

喧騒を忘れる ターミナルホテル

小倉北区

じぇいあーるきゅうしゅうすてーしょんほてるこくら

JR九州ステーションホテル小倉

北九州の玄関口であるJR小倉駅の真上にありアクセス抜群。町の中心部にありながら、全面リニューアルしたスーペリアフロアやスイートルームがあり、心落ち着くステイを約束してくれる。商業施設「アミュプラザ」も併設している。

こだわりの朝食
北九州の郷土料理「じんだ煮」などこだわりの朝食を味わえる！

MAP 別冊 P.21-C1

住北九州市小倉北区浅野1-1-1 TEL093-541-7111
IN15:00 OUT11:00 S7600円～ T1万1800円～
CCADJMV 客室294 Pあり 交JR小倉駅直結

❶新幹線、在来線、モノレールなどが集まり、旅の起点に最適 ❷コーナーツインルームは角に位置するため、2方向の眺望が楽しめる ❸朝食はシェフが目の前で作ってくれるライブ感満点のオムレツが人気

アートも魅力の由緒正しいホテル

八幡東区

ちぐさほてる

千草ホテル

大正3（1914）年創業の「料亭千草」から数えて約100年の歴史を誇る。館内には国内外から集めた現代アート作品が点在し、感性を刺激してくれる。皿倉山の夜景を眺めるベランダ付きの客室も人気。

客室ゆったり！
全室23平方メートル以上の広々とした客室が自慢！

❶夜になると美術家・逢坂卓郎氏が手がけた外壁のライトアートが輝く ❷元料亭のこだわりが詰まった朝食 ❸バルコニー付きの洋室や数寄屋造りの和室など多彩な客室を用意 ❹館内には絵画や彫刻などさまざまなアートが配され美術館のよう

MAP 別冊 P.14-B1

住北九州市八幡東区西本町1-1-1 TEL093-671-1131
IN15:00 OUT10:00 S8000円～ T1万4400円～
CCADJMV 客室21 Pあり
交JR八幡駅から徒歩10分

歴史と緑を感じるシティホテル

八幡西区

ほてるくらうんぱれすきたきゅうしゅう

ホテルクラウンパレス北九州

JR黒崎駅や旧長崎街道「曲里の松並木」からほど近い緑あふれる場所に立つ。シックなインテリアの客室が揃い、館内には漫画が並ぶライブラリーやマッサージチェアのコーナーも。

MAP 別冊 P.17-C1

住北九州市八幡西区東曲里町3-1
TEL093-631-1111 IN14:00
OUT12:00 S1万4000円～ T1万8000円～ CCADJMV 客室220
Pあり 交JR黒崎駅から徒歩15分

❶白い外観が遠方からも目を引くホテル。無料駐車場も完備している ❷シックなインテリアで統一されたツインルーム。シングルやトリプルルームも ❸40種以上の和食や洋食のメニューが並ぶ朝食バイキングが大好評

ご飯のお供が充実
朝食にイクラやなめたけなど約20種あるご飯のお供が人気

ディープでローカルな地元密着型宿泊施設
民泊・ゲストハウス

暮らすような滞在を楽しめる民泊やゲストハウス。その土地らしさや人との交流を楽しみながらとっておきの時間を過ごしたい。

おしゃれにステイ
古い建物を生かしたおしゃれであたたかい雰囲気。朝は港の汽笛の音が目覚ましに

❶シングルルーム「船」。部屋の一角に、船をモチーフにしたステンドグラスが飾られている ❷明るい日差しが差し込む2階の廊下に並ぶカウンター。中庭を眺めながら読書はいかが？ ❸ツインルーム「碧」は、周辺の海や山をイメージしたエメラルドグリーンの壁が印象的 ❹ハートマークのように見えてかわいい、館内にある昔ながらの猪目窓を探してみよう ❺スタッフが厳選した本が並ぶ図書館がある。本は館内のどこでも持ち出して読める ❻3階のギャラリーでは、Tシャツやバッグなども販売しているのでおみやげをゲットしよう

門司区

のんびりとした港町のムードを満喫

もじこうげすとはうすぽると

門司港ゲストハウスポルト

築70年の旅館をリノベーションした「ポルト（PORTO）」。イタリア語で「港」を意味し、「船」「波」といった海を思わせる客室が5室、6名まで宿泊できる大広間も1室ある。茶室のようなリビングや中庭を見渡すカウンターといった共同スペースもあり、楽しい出会いが期待できそう。ギャラリーでは門司の作り手による雑貨やオリジナルグッズなどを販売している。

MAP 別冊 P.22-B2

住 北九州市門司区東門司 1-10-6　TEL 093-342-9938
IN 16:00～22:00　OUT 10:00　S 5200円～　T 9400円～
CC ADJMV　駐車 6　P なし　交 JR門司港駅北口から徒歩15分

オリジナルポーチ
各1800円

小倉
南区

平尾台の大自然に抱かれる一棟貸切の宿

別荘気分で過ごそう
一棟貸で家族や友人など最大15人まで泊まれる。ひとりで贅沢に利用してもOK！

❶

やまのいえいきむらひらおだい
山の家 粋邑 HIRAODAI

　日本3大カルストのひとつに数えられ、美しい高原が広がる平尾台にたたずむ。平屋の5DKの一軒家をリフォームした室内でわが家のようにくつろげるのが魅力。高原野菜やブルーベリーの収穫、ドラム缶風呂、キャンプ、ハイキングなどの体験も充実しているので、ぜひオプションで楽しみたい。カレーが自慢のカフェも併設する。

MAP 別冊 P.10-B3

住 北九州市小倉南区平尾台 2-1-20
TEL 093-287-4867　IN 15:00 ～ 20:00　OUT 7:00 ～ 10:00
料 1棟：8200 円〜（宿泊は 2 泊から）
CC ADJMV　駐 1 P あり　交 JR 石原町駅から車で 12 分

❷

❸

❶和室 2 室と板の間3室にキッチンがある。地元の食材を持ち込んで気ままに調理しよう　❷2段ベッドがひとつ用意されている。布団も12組あるのでお好みで選ぼう　❸華やかな朱色が印象的な玄関付近。1室ごとに壁紙の色や模様が異なるのもポイント　❹縁側や庭がある広々とした一軒家。チェックイン＆アウト時のみスタッフが滞在する　❺ダイニングのかわいい照明。いたるところにこだわりのインテリアが配されている

❹

❺

門司区

JR門司港駅から徒歩圏内の好立地

ぐらんどべーすもじこう

グランドベース門司港

「自宅に帰ってきたように安心できる場所」をコンセプトに、全国展開する無人ホテル「グランドベース」。門司港では、ブラウンやライトグリーンなどをキーカラーにしたリゾートスタイルの客室を用意する。ダブルベッド2台と4台を備えた4タイプの部屋があり、定員は4〜8名。全室にキッチンとバスルーム、食器などを完備。

MAP 別冊 P.22-B3

🏠北九州市門司区錦町11-28
☎なし（予約は公式HPから）
🕒15:00 🕙10:00 💴1室:9000円〜
💳ADJMV 🛏7 🅿あり
🚃JR門司港駅北口から徒歩10分

最新スマートホテル
チェックインはタブレットで楽々！客室にはAndroid TVを設置している

❶JR門司港駅から徒歩圏内で便利。門司港レトロからも近いので観光とも組み合わせたい ❷37平方メートルのスーペリアルーム。気分を明るくしてくれるライトグリーンが印象的 ❸各部屋は広々としたキッチン付き。調理器具や食器も揃うので、食材だけ買っていこう ❹明るくて清潔なバスルーム。手足を存分に伸ばして旅の疲れを癒やしたい ❺28平方メートルのベーシックルーム。ブラウンを基調にした落ち着いた雰囲気

328

ℹ️info 九州を中心に展開している無人ホテル「グランドベース」。「グランドベース門司港」から徒歩3分の場所に、京都の旅館をコンセプトにした「グランドベース 門司 和」もある。

八幡東区

趣ある一軒家を貸し切ろう

ひがしやまのこべっそう

ひがしやまの小別荘

高台にある庭付き一軒家で、まるで別荘のように過ごせる。昔ながらの趣を残した古民家に流れるノスタルジックなムードを満喫しよう。日本の昔ながらの暮らしを楽しめると海外からのゲストも多い。

❶昭和を感じる趣のある一軒家。外で食事ができるウッドデッキもある ❷就寝時は和室に布団を並べるスタイル。ベッドも1台ある ❸明るい日差しが差し込むダイニング。キッチンは料理道具が揃う ❹リビングにはソファやオーディオが配されゆっくりとくつろげる

MAP 別冊 P.15-C1

🏠北九州市八幡東区東山1-4-31 **TEL**なし(予約・問い合わせ bnb@nakashimaseisaku.com)

IN15:00〜 **OUT**11:00 **料**1棟:2万円〜(宿泊は2泊から) **CC**不可 **室**1 **P**あり **交**JR枝光駅から車で10分

ほっと落ち着ける空間

昔ながらの欄間のある和室もあり、まるで親戚の家を訪れたような気分になれる

門司区

関門海峡を眺める小さな宿

とうだいしたのちいさいげすとはうすとうか

灯台下のちいさいゲストハウス 灯火

その名のとおり、灯台のすぐそばにあるこぢんまりとした隠れ家的な宿。高台の途中にあり、関門海峡を望む抜群の景色を楽しめる。和室の混合ドミトリーと洋室の女性専用ドミトリーがある。各部屋、貸切利用可能。

❶夕日の美しさにうっとり。関門海峡と巌流島を見下ろす抜群の眺望 ❷静かな住宅街のなかにあり、ほっと落ち着ける雰囲気の宿 ❸行き交う船を眺められる男女混合ドミトリー。共同のキッチンもある ❹夜は町の明かりがきらめく関門海峡の夜景や灯台の明かりを堪能したい

MAP 別冊 P.6-B2

🏠北九州市門司区南本町 6-7 **TEL**080-3224-0634 **IN**16:00 〜 22:00 **OUT**11:00 **料**ドミトリー:3200 円〜 **CC**不可 **室**2 **P**なし **交**JR 小森江駅から徒歩 7 分

サービス充実

釣り竿やヨガマットの無料レンタル、BBQグリルなどの有料レンタルもある

🔊 **Voice** 「灯台下のちいさいゲストハウス 灯火」の最寄駅は、JR小森江駅。ホームから関門海峡を望むことができる駅で、港や赤レンガ倉庫、工場の煙突が見えるなど北九州らしい風景を楽しめます。

設備も充実してコスパ抜群！
リーズナブルにステイ

北九州市にはお手頃な価格で、快適に過ごせる宿も充実している。大浴場や無料の朝食付きなど魅力いっぱいの宿をご紹介。

小倉北区

アクセス抜群で大浴場&サウナも完備

にしてついんこくら
西鉄イン小倉

JR小倉駅から徒歩5分、北九州空港からエアポートバスで33分という好立地。シックなインテリアで、全室にゆったりとしたベッドが用意されている。男女ともに大浴場とサウナ、水風呂があり旅の疲れを癒やせる。

MAP 別冊 P.21-D2

住 北九州市小倉北区米町1-4-11　TEL 093-511-5454
IN 15:00〜24:00　OUT 10:00　S 6000円〜　T 1万2000円〜
CC ADJMV　室 570　P あり　交 JR小倉駅小倉城口から徒歩5分

北九州らしい朝食
北九州ならではの「かしわうどん」やぬか炊きをはじめ、朝カレーやデザートも！

❶街の中心部にあり、飲食街からも近くアクセス抜群！　❷朝食は和洋ビュッフェ。水炊きなど福岡名物も　❸新館2階にある男性用の大浴場。ゆったりとした広さを確保　❹サウナは常時約90℃。チラー（冷却水循環装置）を導入し、水風呂は17℃に保っている　❺ダブルベッドを配した新館のシングルルーム。ダブルやツインもある

小倉南区

空港そば&無料の朝食がスゴい！

とうよこいんきたきゅうしゅうくうこう
東横INN北九州空港

北九州空港から徒歩すぐの場所にあり、全室オーシャンビュー。目玉は「元気にホテルを出発してほしい」と作られた和洋食を味わえる無料の朝食。また、小型犬と泊まれるペット同伴可能な客室もある。早朝や夜は便に合わせて空港までの送迎バスも運行。

MAP 別冊 P.11-D1

住 北九州市小倉南区空港北町2-4　TEL 093-472-1042
IN 16:00〜24:00　OUT 10:00　S 5500円〜　T 8500円〜
CC ADJMV　室 237　P あり　交 北九州空港から徒歩6分

全室オーシャンビュー
遮るものがない360度海に囲まれた宿で全室オーシャンビュー。朝日も夕日も見事！

❶海に囲まれ、飛行機の離発着も眺められる宿。駐車場は280台収容可能　❷地産地消にこだわった朝食。夕食にカレーも無料で提供している　❸3〜4人で泊まれるファミリーツイン。ペット同伴可能なタイプもある　❹クイーンサイズベッドのダブルルーム。ティーテーブル付き

info 「東横INN北九州空港」は、短時間の利用が可能な無人レンタカーを駐車場に用意。専用アプリをダウンロードすれば気軽にレンタルできるのでちょっとした観光に利用したい。

小倉北区

旦過市場の暮らしを感じるステイ

ほすてるあんどだいにんぐ　たんかてーぶる

ホステル&ダイニング TangaTable

> **多彩な客室を選べる**
> 個室ベッドルームや和室など多彩な客室がある

❶国籍や性別を問わず交流できる混合ドミトリー。シモンズのベッドを使用 ❷多彩な客室を選べる ❸併設するレストランは11:00〜15:00まで営業している ❹レストランではホットサンドやキッシュなどが人気

「北九州の町の隠れた魅力を、旅する人に伝えたい」がテーマのゲストハウス。レストランを併設し、北九州の台所・旦過市場の食材を使った料理を楽しめる。キッチンや男女別のバスルーム、家族や友人と利用できる4人部屋や和室もある。

MAP 別冊 P.20-B3

🏠北九州市小倉北区馬借1-5-25 ホラヤビル4F ☎093-967-6284
🕐16:00〜22:00 🕚11:00
💰2800円〜 🛏3800円〜
💳ADJMV 🛏67 🅿なし
🚃北九州モノレール旦過駅西出口から徒歩6分

八幡西区

無料の朝食と高級ベッドで元気になれる

あるくいんくろさきぷらす

アルクイン黒崎PLUS

　JR黒崎駅から徒歩3分とアクセス抜群の「アルクイン黒崎」の新館。全室にフランスベッド社製のベッドを配し、くつろぎの時間を提供する。自慢は無料の朝食。焼きたてのパンや淹れたてのコーヒーでパワーチャージしよう。

❶周辺にたくさんの飲食店やコンビニがある便利な立地に立つ ❷シンプルで落ち着きのある客室。なかでもコネクティングルームが人気 ❸ワーケーションスペースとしても利用できる朝食会場

> **カレーは必食**
> 朝食はカレーやクロワッサン、焙煎コーヒーなど充実の内容

MAP 別冊 P.16-A3

🏠北九州市八幡西区黒崎2-10-2
☎093-632-8700
🕐15:00〜22:00 🕚10:00
💰7590円〜 🛏1万4960円〜
💳ADJMV 🛏123 🅿あり
🚃JR黒崎駅南口から徒歩3分

八幡西区

無料の飲み物&朝食！ さらに快眠もサポート

こんふぉーとほてるくろさき

コンフォートホテル黒崎

　客室はすべて禁煙で、落ち着いた雰囲気。パンやスープ、サラダなどが揃う無料の朝食や、ひきたてコーヒーをはじめとしたウエルカムドリンクも好評だ。寝具メーカーと共同で開発した快眠サポートピローを導入しており、快適な休息を約束してくれる。

❶全151室と豊富な部屋数を誇る。全室禁煙なのもうれしい ❷ツインエコノミーは、広めのデスクで作業しやすいと好評

> **元気をチャージ**
> ワッフル素材のガウンやフットピローで体を休めよう

MAP 別冊 P.16-A3

🏠北九州市八幡西区黒崎3-13-13
☎093-644-1411
🕐15:00 🕚10:00
💰6000円〜 🛏9200円〜
💳ADJMV 🛏151 🅿あり
🚃JR黒崎駅南口から徒歩3分

 Voice 「アルクイン黒崎PLUS」のワーケーションスペースは11:00〜20:00まで利用可能。カウンター席にはUSBや電源のポートがあり、ミーティングソファーなども用意されていて便利です。

アウトドアにステイする心地よさを体験

グランピング&キャンプ場

アウトドアブームでますます過熱するグランピング&キャンプ場。
北九州市の豊かな自然を満喫できる施設をご紹介!

町からすぐの別世界から夜景を眺める

八幡西区

れむぶらんべーすきゃんぷ
REMBULAN BASE CAMP

住宅街から車で10分ほど坂を上ったところに広がるキャンプ場。「REMBULAN」とはインドネシア語で「月」を意味し「夜空を見上げて元気になってほしい」というオーナーの思いが込められている。受付兼カフェのトレーラーがあり、敷地内にはレンタルスペースのトレーラー3台のほか、3種のキャンプサイトがある。キャンプ場からの夜景がすばらしい。

MAP 別冊 P.17-C2
住北九州市八幡西区大畑町5-2 TELなし(予約はHPから) IN14:00〜18:00 OUT11:00 休無休(カフェは月・木、ほか不定休) 料トレーラー1時間1650円〜、キャンプ1泊3300円 CCADJMV CCADJMV Pあり 交JR黒崎駅から車で10分

> **町からすぐ**
> 町なかに近い立地なのに自然に囲まれた異空間。サブスク利用も可能

①キャンプ場はソロ、ファミリー、オートの3種。日帰りと宿泊利用ができる ②車椅子でも楽しめるよう整備が進められている ③まずはキャンピングトレーラーで受け付けを。カフェ(11:00〜17:00)ではカレーやスイーツなどが楽しめる ④トレーラーは時間制 ⑤町の夜景を眺められる都市型キャンプ場

公園で遊んで、公園に泊まる

若松区

ひびきなだきゃんぷべーす
HIBIKINADA CAMP BASE

北九州市内最大の公園「響灘緑地/グリーンパーク」(➡P.198)内のキャンプ場。広々とした敷地には、オートサイトやフリーサイト、ペットと泊まれるドギーサイトやドッグランを完備。「手ぶらde楽キャンサイト」やBBQセットなどのプランもある。施設の利用は公式サイトからの事前予約制。

MAP 別冊 P.12-B2
住北九州市若松区竹並1058-11 グリーンパーク内 TEL093-701-5575 IN13:00 OUT10:00 料1サイト1泊3800円〜 CC現地での決済はカード不可 Pあり 交JR二島駅から車で10分

> **ゆったり設計**
> 広々とした敷地にゆとりをもってサイトが配置されている

①外観の丸太がユニークな管理棟でチェックイン。道具のレンタルや販売はこちら。カフェも併設 ②営業時間内は公園とキャンプ場を自由に行き来できる ③トイレ、シャワー、洗い場のあるサニタリー棟。2023年春にオープン ④ペットと泊まれるサイトもある

> 子供も
> ペットも
> 大歓迎!

キャンプ場運営スタッフの亀川優太さん

info REMBULAN BASE CAMPはサブスク利用もできる新しいスタイル。トレーラーは、BBQでの利用のほか、ワークショップやワーケーションでも利用できる。

国定公園に泊まる特別感を味わう

小倉南区

ふぉれすときゃんぷこくら

FOREST CAMP KOKURA

ソラランド平尾台（➡P.178）内、入場口そばにあるグランピング施設。テント内には、ベッドはもちろん、冷蔵庫や冷凍庫、Wi-Fiなども完備しており、アウトドアでありながら快適なリゾート体験ができる。夜はグランピング利用者だけの貸し切り！ BBQなどを取り入れたシェフこだわりのアウトドア流フルコースや朝食の弁当など、食事も楽しみだ。

MAP 別冊 P.10-B3

住 北九州市小倉南区平尾台1-1-1ソラランド平尾台内
TEL なし（予約は公式サイトから） **IN** 15:00 **OUT** 10:00
料 1泊2食付1万9800円〜（1棟4名利用時） **CC** ADJMV
P あり **交** JR石原町駅から平尾台地区おでかけ交通乗合タクシー平尾台観察センター行きで平尾台自然の郷下車すぐ（無料送迎あり※要予約）

朝食はお弁当スタイルなので、テント内や敷地内にあるテーブルなど、好きな場所でいただこう

見たことない景色を
見渡すかぎりの大地と空。景観の素晴らしさに感動

❶木のデッキの上に設置されたテントが並ぶ。隣と離れているのでプライベート感たっぷり ❷広々としたテント内でのんびりくつろぐ ❸レストラン横に記念撮影スポットがある。レストラン棟にはシャワーやトイレがある ❹国定公園は火気厳禁のため、BBQはホットプレートで ❺室内は快適そのもの。2〜4名用のテントが全12棟
※2024年以降、内容変更の予定あり

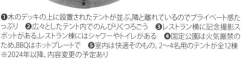

大自然と一体になって遊ぶ

小倉南区

そそらんどひらおだいきゃんぷしょう

ソラランド平尾台キャンプ場

標高417mの高台にあるソラランド平尾台南側に位置するキャンプ場。開放感抜群で草ソリ場や平尾台アスレ（➡P.87）が近く、園内の施設はもちろん、平尾台の自然を満喫しながらステイできる。サイトは柵で仕切られた広めのオートサイトと、グループ利用に最適な芝地の広場サイトの2種。予約開始とともにすぐいっぱいになってしまうほど人気のキャンプ場だ。

MAP 別冊 P.10-B3

住 北九州市小倉南区平尾台1-1-1ソラランド平尾台内
TEL なし（予約は専門サイトから）
IN 10:30〜17:00 **OUT** 10:00
休 火、1〜2月
料 1サイト1泊3000円〜
CC ADJMV **P** あり
交 JR石原町駅から平尾台地区おでかけ交通乗合タクシー平尾台観察センター行きで平尾台自然の郷下車すぐ（無料送迎あり※要予約）

❶見晴らし抜群のオートサイト。広々とした敷地も魅力 ❷草ソリは子供たちに人気。ソリのレンタルあり

子供連れに人気
公園と行き来できるので子供連れにはうれしい

第7章

旅の準備と技術

旅のプランニング ……………… P.336

北九州市への道 ……………… P.338

北九州市へのアクセス早わかり

……………… P.340

旅の予算 ……………… P.342

旅のシーズン ……………… P.344

旅の情報収集 ……………… P.346

便利なサービス ……………… P.349

旅の安全情報とトラブル対策 … P.350

習慣とマナー ……………… P.352

小倉織
〈小倉 縞縞　檸檬(れもん)〉

旅のプランニング

■ツアーは予算に合わせて
ツアーで泊まる宿泊施設は高級、中級、格安など予算に合わせて選べることが多い。また、中高年向けの高価格帯ツアー、若者向けのエコノミーツアーなどのグレードごとに、ブランド名を変えている旅行会社もある。最近は女性限定ツアーや、ひとりでもほぼ同料金で参加できるツアーも増えてきている。

■フリーツアーもおすすめ
飛行機や鉄道と宿泊がセットになったフリーツアー（フリープラン）は、パッケージツアーと個人旅行の中間ともいえる存在。出発地から北九州市までの交通機関とホテルは旅行会社が手配してくれるが、基本的に到着地での移動と観光は各自で行う。なかにはレンタカー付きプランも。航空会社や列車の出発時間を選ぶことができ、ホテルの選択肢も多い。
フリーツアーの場合、運行本数の多い福岡市の福岡空港まで飛行機で行き、そこから新幹線や特急電車、高速バスなどで北九州市へ行くのもおすすめ。

🧳 パッケージツアーと個人旅行

旅に出ようと思い立ったが吉日。さっそく、旅のプランニングを始めよう。まず日程と予算を決め、その次に「どうしてもここだけは外せない」というポイントをリストアップ。この3要素を基準に、パッケージツアーにするか、個人旅行にするかなど、旅のスタイルを考えるといい。

▶ツアーのメリットとデメリット

おもに関東や甲信越、中部、関西地方の主要都市から北九州市を訪れるパッケージツアーが催行。特に個人では予約が取りにくいピークシーズンやイベント時は利用価値が高い。

▶個人旅行に比べて安上がり

パッケージツアーでは航空券、宿泊施設などの料金に団体割引が適用されている。ゴールデンウイークや夏の花火大会、クリスマス、年末年始などの時期は料金が高くなるが、それでも個人で手配するより安上がりだ。

▶面倒な各種手配や現地での案内もお任せ

旅のさまざまな手続きは、選択肢が多くて決めるのに時間がかかるし面倒。すべて旅行会社がやってくれれば楽だし、効率的な回り方も工夫されていて時間の無駄がない。また、ツアーガイド付きの場合は、不慣れな土地でも安心だ。

▶宿泊施設の質が安定している

ホテルの善し悪しはツアーの印象に直結するので、どこの旅行会社でも宿の選定には細心の注意を払っている。一部の格安ツアーを除いて、ツアーで利用するホテルなら大きなハズレはないと思っていい。ときにはオープンしたばかりの話題のホテルに泊まることができるツアーもある。

▶旅の印象が薄れる

何もかも旅行会社任せで、現地でもガイドに連れ回されるパッケージツアーは、どうしても印象の薄いものになる。下手をするとどこをどう回ったかすら覚えていないこともあり、後日「このお寺、行ったっけ？」なんてことも。

▶ガイドやほかの参加者に左右される

ツアーガイドのなかには客から指名を受けるほどのベテランもいれば、初心者もいる。知識や技術の差はもちろん、相性によっても旅の印象は大きく変わる。また、同じツアーに参加した人とは半日から数日間を一緒に過ごすことになるが、皆が仲よく気持ちよく過ごせるかどうかはわからない。

info 「わっしょい百万夏まつり」や「戸畑祇園大山笠」などが行われる夏休みの期間は、福岡市や下関市など近隣都市からも大勢の人が集まる。夏に北九州市を訪れる際はホテルをなるべく早めに抑えておこう。

▶個人旅行のメリットとデメリット

自分自身で作り上げる旅には、パッケージツアーにはない魅力がある。初めての旅でツアーを選択した人が、2回目からは個人旅行で訪れるというケースも多い。

▶旅をデザインする楽しみがある

情報を一から調べ、ああでもない、こうでもないと思いを巡らせる、それこそが個人旅行の醍醐味だ。気持ちのいい海辺の町にじっくり滞在する、城や古墳を巡る、各地の名物を味わい尽くす、祭りを見にいく、花やイルミネーションの写真を撮るなど、テーマを絞った旅を計画するのもいい。

▶体力、体調に合わせられる

同行者に幼児や高齢者がいるので長い階段は避けたい、トイレが近い、アレルギーがあるなど、事情に合わせたスケジュールを組むことができる。旅の途中で体調を崩したときにも、残りの日程を調整しやすい。

▶地元の人との触れ合いがある

道に迷ったら、人に聞いてみよう。食堂へ入ったら、付近のおすすめスポットを店の人に教えてもらおう。川べりで休憩しているとき、ベンチで隣り合わせた人に橋の名前を尋ねたら、思いがけず橋の歴史やこぼれ話まで聞かせてくれるかもしれない。地元の人との触れ合いは、旅をより豊かなものにしてくれるだろう。

▶記憶に強く残る

自分の力で知らない場所を訪ねる旅には、ある程度の集中力を必要とする。地図を読み、標識や看板を読み、周囲の風景をよく見て、車内アナウンスにも耳を傾ける。その結果、短期間であっても長く記憶に残る旅になるのだ。

▶やっぱり高くつく？

旅費を節約するなら添乗員による案内がないフリープランがおすすめ。県内での移動には周遊券や各種割引チケット（➡P.122）を上手に利用するといい。

▶つい欲張ってしまいがち

旅行先には見たいものや食べたいものがあふれていて、あれもこれもと欲張ってしまいがち。そこをグッと抑えて訪れる場所を絞り、それぞれをじっくりと楽しむことを強くすすめたい。疲れたときには無理に動かず、予定を取りやめて早めにホテルへ戻って休むのがいい。「北九州市にはいつでも来られる！」という気持ちでいよう。

▶トラブルが心配

個人旅行で最も心細く感じるのがトラブルに遭ったとき。しかし過剰な心配はいらない。海外とは違って言葉も通じるし、いざとなったらホテルの人や警察（➡P.350）に頼ればいい。ハプニングも旅の楽しみのうちだ！

■情報収集が成功のカギ

行きたい美術館が臨時休館していないか、観たい絵画が展示されているかどうかといった最新情報は、ウェブサイトで確認しておこう。できれば、訪れる場所にゆかりの小説、写真集、映画などで予習をしておくと、感動がさらに大きくなるだろう。旅の途中ではニュースと気象情報をこまめにチェックしよう。

■ボランティアガイド

自由度の高い個人旅行だからこそ、シーンや目的に合わせてガイドをお願いするのもおすすめ。北九州市観光案内ボランティアが、門司港レトロ地区や小倉地区、世界遺産構成資産など市内の見どころをていねいに案内してくれる。北九州市のことを詳しく知れるだけでなく、地元の人と触れ合える絶好のチャンスでもあるため、積極的に活用したい。

●北九州市観光案内ボランティア

☎ 093-541-4189（北九州市総合観光案内所）

料 謝礼1000円（2時間まで、以降1時間につき500円追加）

※1週間前までに要申し込み

北九州市内全域を、1年を通してガイドを実施。案内方法は基本徒歩。エリアや時間など、希望に応じたコースを自由にアレンジできる。

URL www.kitakyushu-volunteer-guide-form.jp

■緊急用メモを作ろう

個人旅行ではトラブルの際にも自分で対処しなくてはいけない。いざというときに慌てないように、旅に出る前に簡単な備忘録を作っておこう。あらゆる情報はスマホの中という人も多いが、そのスマホを盗まれたり、遊覧船から海に落としたりしたらアウトだ。できることなら、クレジットカードとキャッシュカードの紛失時連絡先やホテルの電話番号、服用中の薬剤名などをメモして、スーツケースの奥にしのばせておこう。

北九州市への道

北九州市へ行くには、飛行機、鉄道、フェリー、バスなどの交通手段があり、時間と予算に合わせて選べる。飛行機の場合は、北九州空港へは東京（羽田空港）からのみ発着しており、関東からのアクセスはスムーズ。また、関西エリアからの場合は、JR小倉駅が山陽新幹線の全列車が停車するため、新幹線移動が断然楽ちん。そのほか、時間に余裕があれば、移動時間も旅の一部として楽しめるフェリーや高速バスもおすすめ。また、その他のエリアからは、福岡空港（福岡市）発着の便は運航本数も多いため、福岡市経由で北九州を楽しむのもいい。

🧳 飛行機で北九州市へ

▶北九州空港

北九州市小倉南区空港北町と京都郡苅田町空港南町にまたがる海上空港。九州では唯一の24時間空港として運用されている。その利点を生かした早朝・深夜便が運航されているため、仕事終わりや日帰り旅行などの利用にも便利。また、深夜に到着しても、小倉市街地までエアポートバスが運行しているため移動も安心だ。国内線で運航する航空会社は、北九州空港に本社を置くスターフライヤーのほか、日本航空（JAL）が定期便を運航。

▶北九州空港に就航する航空会社の特徴
▶ スターフライヤーは、ブラックの機体と、機内は黒の革張りシートで統一した、落ち着いた雰囲気が魅力。早めに予約をすればLCC並みの価格でチケットが手に入る。

▶ 日本航空は、大手ならではの安心感と充実した各種サービスが魅力。

▶早めの予約がお得
航空券は予約のタイミングや時期によって価格に大きな開きがある。購入が早いほど割引率は大きく、スターフライヤーは79日前、日本航空は330日前、全日空は355日前からチケットを販売。各社「○日前までの予約であればいくら」といった割引料金を設定している。特に年末年始、ゴールデンウイークなど、繁忙期は間近になればなるほど正規運賃に近い料金となるため要注意。また、ビジネス利用の多い朝や夕方は価格が高く、逆に日中や早朝、深夜は比較的安い。航空券を予約する際は、キャンセルはいつまで可能か、日程の変更はできるか、マイルが加算されるかなどの規定も必ず確認を。

■航空券の子供運賃
3〜11歳は普通運賃の半額。そのため、もともと割引率が高いチケットは、1、2割程度しか安くならないこともある。3歳未満の幼児は、ひざの上で同乗する場合は大人ひとりにつきひとり無料だが、座席を占有する場合は子供運賃と同額となる。なお、これはあくまで普通運賃についてで、割引運賃では子供割引が設定されていないほか、設定されていても割引率が異なる場合が多い。

■空港問い合わせ先
●北九州空港
☎ 093-475-4195
●福岡空港　国内線旅客ターミナルビル
☎ 092-621-6059

■主要航空会社問い合わせ先
●日本航空（JAL）
☎ 0570-025-071
🔗 www.jal.co.jp
●全日空（ANA）
☎ 0570-029-222
🔗 www.ana.co.jp
本社は北九州市
●スターフライヤー（SFJ）
☎ 0570-07-3200
🔗 www.starflyer.jp
●スカイマーク（SKY）
☎ 0570-039-283
🔗 www.skymark.co.jp
●日本トランスオーシャン航空（JTA）
☎ 0570-025-071（日本航空と同じ）
🔗 jta-okinawa.com
●エア・ドゥ（ADO）
☎ 03-6741-1122
🔗 www.airdo.jp
●ソラシドエア（SNA）
☎ 0570-037-283
🔗 www.solaseedair.jp
●ジェットスター・ジャパン（JJP）
☎ 0570-550-538
🔗 www.jetstar.com
●ピーチ（APJ）
☎ 0570-001-292
🔗 www.flypeach.com

🔵 info 北九州空港の1階には、北九州空港総合観光案内所がある。観光案内や観光パンフレットの配布などを行っているので、いざというときに心強い。

▶福岡空港

希望する北九州空港発着の便が取れない場合や、関東以外の出発地から飛行機で移動したい場合は、福岡市にある福岡空港行きの便を選ぶと便利。路線数も大変多く、日本航空や全日空といったフルサービスキャリアのほか、LCCまで合わせると10社以上の航空会社が乗り入れている。

🏛 新幹線で北九州市へ

安全性の高さと時間の正確性、そして全国に張り巡らされた路線が高い利便性を誇る新幹線。今や北海道からも1〜3回の乗り換えで、大阪や鹿児島からは乗り換えなしで、北九州市へ来ることができる。車窓の風景を楽しみながら、ゆっくりと旅をするのも一興だ。新幹線はJRの5社により運営されており、割引プランは各社で異なる。インターネット予約サービスを利用すれば、さまざまなお得な割引切符があるため、旅行の日程が決まったら1日でも早くチェックしよう。

福岡空港に発着する飛行機を利用する際は、JR博多駅からJR小倉駅までは所要時間約15分と新幹線が早くて便利。

新幹線は移動も早く、乗る際の手続きもスピーディ

🏛 高速バスで北九州市へ

東京（新宿）、名古屋、岡山、松山などの都市からは小倉駅発着の高速バスが運行。新幹線と比べて所要時間は3倍かかるが、料金は半額以下。夜行バスを使えば宿泊費を1泊ぶん浮かせることができる。長距離移動のバスの車内は独立3列シートが一般的で、路線バスと比べてかなりゆったり。Wi-Fiやコンセント、レッグレストなども完備されていることが多く、夜行バスとはいえ、思いのほか疲れは少ない。

他の移動手段と比べ、圧倒的にお得な夜行バス

🏛 船で北九州市へ

九州最大のフェリー基地、新門司フェリーターミナルからは、東京、横須賀、大阪、神戸、徳島への大型フェリーが就航。また、小倉（浅野）フェリーターミナルからは、小倉と四国・松山を結ぶ大型フェリーが就航。所要時間は新幹線の5、6倍はかかるが、マイカーを乗せて移動ができたり、船旅ならではの景色や旅情を楽しんだりと、フェリーだからこそ味わえる醍醐味もたくさん。

時間に余裕があればのんびり船旅も楽しい

●JR西日本「JRおでかけネット」
URL www.jr-odekake.net

●西日本鉄道 高速バス
TEL 050-3616-2150（8:00〜20:00）
URL www.nishitetsu.jp

■主要フェリー会社
●オーシャン東九フェリー
【北九州（新門司）−徳島−東京】
URL www.otf.jp
●東京九州フェリー
【北九州（新門司）−横須賀（新港）】
tqf.co.jp
●阪九フェリー
【北九州（新門司）−大阪（泉大津）】
【北九州（新門司）−神戸（六甲アイランド）】
URL www.han9f.co.jp
●名門大洋フェリー
【北九州（新門司）−大阪（大阪南港）】
URL www.cityline.co.jp
●松山・小倉フェリー
【北九州（小倉）−松山（松山観光港）】
URL www.matsuyama-kokuraferry.co.jp

■船で御船印をゲット！
北九州市に就航するすべての船会社で、御朱印の船バージョンである「御船印（ごせんいん）」をもらうことができる。各社こだわりのデザインなので、色々と集めてみたい。
URL gosen-in.jp

北九州市へのアクセス早わかり

全国の主要都市から北九州市へのおもな交通手段を解説。飛行機、新幹線、高速バス、フェリーなどがあるため、時間を優先するのか、費用を優先するのか、旅のスタイルに合わせて選ぼう。北九州空港への直行便は羽田空港発のみのため、路線数の多い福岡市の福岡空港行きの便を選ぶのもおすすめ。

大阪から

| 新大阪駅 | 山陽新幹線「のぞみ」 2時間11分〜 1万3870円〜 | 小倉駅 |

| 泉大津港 | 阪九フェリー 泉大津航路 11時間30分〜 旅客運賃7590円〜 | 新門司港 |

名古屋から

| 名古屋駅 | 東海道・山陽新幹線「のぞみ」 3時間2分〜 1万6600円〜 | 小倉駅 |

| 名鉄バスセンター | 西鉄バス「どんたく号」 9時間35分〜 8400円〜 | 小倉駅前 |

金沢から

| 金沢駅 | 特急サンダーバード＋東海道・山陽新幹線「のぞみ」 4時間49分〜 1万7500円〜 | 小倉駅 |

福岡空港（福岡市）へ直行便あり

| 小松空港 | ANA／ORC 1時間40分〜 4万5010円〜 | 福岡空港 |

広島から

| 広島駅 | 山陽新幹線「のぞみ」「さくら」 45分〜 7140円〜 | 小倉駅 |

| 広島バスセンター | 中国ジェイアールバス「広島ドリーム博多号」 約3時間50分〜 4500円〜 | 小倉駅前 |

鹿児島から

| 鹿児島中央駅 | 九州新幹線「さくら」 1時間34分〜 1万1980円〜 | 小倉駅 |

凡例:
- 飛行機
- 新幹線
- バス
- フェリー

※ANA＝全日空、JAL＝日本航空、SFJ＝スターフライヤー、SKY＝スカイマーク、JTA＝日本トランスオーシャン航空、ADO＝エア・ドゥ、IBX＝アイベックスエアラインズ、ORC＝オリエンタルエアブリッジ

下図はすべての就航路線を示しているものではありません。

北九州市へのアクセス早わかり

函館から

| 新函館北斗駅 | 北海道新幹線「はやぶさ」＋東海道・山陽新幹線「のぞみ」 9時間38分〜 4万60円〜 | 小倉駅 |

新潟から

福岡空港（福岡市）へ直行便あり

| 新潟空港 | JAL／ANA 2時間5分〜 5万5310円〜 | 福岡空港 |

札幌から

福岡空港（福岡市）へ直行便あり

| 新千歳空港 | JAL／ANA SKY／ADO 2時間45分〜 3万1680円〜 | 福岡空港 |

東京から

| 羽田空港 | JAL／SFJ（ANA） 1時間50分〜 4万6400円〜 | 北九州空港 |

| 東京駅 | 東海道・山陽新幹線「のぞみ」 4時間35分〜 2万1560円〜 | 小倉駅 |

| バスタ新宿 新宿駅南口 | 西鉄バス「はかた号」 12時間51分〜 9000円〜 | 小倉駅前 |

| 東京港 | オーシャン東九フェリー 22時間〜 旅客運賃2万460円〜 | 新門司港 |

福岡空港（福岡市）へ直行便あり

| 羽田空港 | JAL／ANA／SKY／SFJ 2時間5分〜 2万7480円〜 | 福岡空港 |

仙台から

| 仙台駅 | 東北新幹線「はやぶさ」＋東海道・山陽新幹線「のぞみ」 6時間30分〜 2万9580円〜 | 小倉駅 |

福岡空港（福岡市）へ直行便あり

| 仙台空港 | JAL／ANA IBX 2時間10分〜 5万8100円〜 | 福岡空港 |

沖縄から

福岡空港（福岡市）へ直行便あり

| 那覇空港 | JTA／ANA／SKY 1時間40分〜 2万3150円〜 | 福岡空港 |

※所要時間、料金は目安として参考にしてください。

旅の予算

旅の予算は、どこへ行きたいか、何がしたいかで大きく変わってくる。北九州市内を旅行するのに必要な予算を、項目ごとに考えてシミュレーションしてみよう。

宿泊費は？

宿泊費はホテルのグレードやロケーションだけでなく、曜日や時期による変動も大きい。週末や連休、夏休み、年末年始は高めになる。また、北九州市は企業城下町であるため、市外からビジネスで訪れる人も多く、ビジネスユースをメインにしたホテルも多い。そのため、比較的リーズナブルに設定されている。

宿泊料金の目安（2名利用時の1名の1泊料金※カプセルホテル以外）

シティホテル	1万円～	ビジネスホテル	4500～1万5000円
旅館	6000～2万円	カプセルホテル	2500～8500円

飲食費は？

北九州市の物価は全国平均並なので、あまり意識しなくていいだろう。また、都市部にはファストフード店やファミリーレストラン、コンビニが多く、うどん店など、ローカルのチェーン店などもあり、何かと便利。

▶朝食

朝食はホテル料金に含まれていることも多いが、高級感のあるシティホテルのレストランだと1500円～3000円かかる。一方、「朝うどん」の文化がある北九州市では、郊外など公共交通機関では行きづらい店が多いが、"安くてうまい"と好評。公共交通機関とタクシーを乗り継いで、足を運んでみたい。

▶昼食

おしゃれなレストランや老舗のランチなら、2000円～4000円。ラーメンやうどんであれば600円～とお手頃。ランチの代わりに、旦過市場で総菜を食べ歩きするなら、1000円程度でいろいろなおいしさを腹いっぱい楽しめる。

▶夕食

角打ち文化のある北九州では、立ち飲みの価格はとてもリーズナブル。明るい時間から開いている店もあり、早めの晩酌にもってこい。一方、しっかり食事を楽しむなら、レストランのフルコースはひとり1万円以上。さらに、寿司店などではひとり3万円以上する高級店から、1万円以下でしっかり楽しめる大衆店まで幅広くあるため、予算やシーンに応じて選ぼう。

■ホテルは直前に割引されることも
ホテル代は通常、予約が早いほうが割安。しかし直前まで客室が埋まらないときなどは、突然大幅な割引料金が提示されることもある。急に旅行が決まったときなどは、そうした割引料金がないかをホテル予約サイトでチェックしてみるといい。
●じゃらんnet
URL www.jalan.net
●Booking.com
URL www.booking.com
●エクスペディア
URL www.expedia.co.jp

■レストラン利用時はレストラン予約サイトを活用しよう
北九州市の有名レストランの多くは、レストラン予約サイトに特別メニューを用意していることもある。店に直接出かけてオーダーできるメニューに1ドリンク付けて同料金だったり、通常設定されていない金額のコースがあったりとさまざま。まずは行ってみたいレストランが予約サイトにあるかどうかをチェックしてみよう。
●食べログ
URL tabelog.com
●ぐるなび
URL www.gnavi.co.jp

info 北九州市内には高級旅館やラグジュアリーホテルなど、高価格帯の宿泊施設が少ない。そのため、宿泊費は抑えつつ、グルメやみやげを存分に楽しむような旅のスタイルが北九州を満喫する秘訣かも。

▶入場料

見どころの入場料には子供割引や団体割引があるほか、65歳以上の人や各種障がい者手帳保持者は割引料金の適用が受けられたり、無料になることがある。細かい条件が設定されている場合があるので、各公式サイトで確認しよう。

各施設の大人料金（1日券）

北九州市立いのちのたび博物館（→P.213）	常設展600円
小倉城（→P.154）	350円
北九州市立美術館（→P.237）	コレクション展300円
到津の森公園（→P.158）	800円
九州鉄道記念館（→P.134）	300円
関門海峡ミュージアム（→P.136）	500円

▶エンターテインメント

北九州ソレイユホールや北九州市立響ホールなどでライブやクラシックコンサートなどを楽しめるほか、北九州芸術劇場では北九州でしか観られない人気公演が上演されることも多い。ミクニワールドスタジアム北九州ではJリーグの試合も楽しめる。

エンターテインメント料金の目安

クラシックコンサート	3000～1万1000円
演劇／ミュージカル	3000～1万3000円
ライブハウス	2000～8000円
お笑いライブ	1500～3500円
Jリーグ（ギラヴァンツ北九州）	1500～6000円

▶買い物

何も買わなければもちろんゼロ。しかし、旅先ではいろいろと欲しいものが出てくるはず。

例えば、道の駅やサービスエリア、パーキングエリアをはじめ、リバーウォーク北九州や門司港レトロ、または市内各地にある物産館や直売所では、地元で取れた新鮮な野菜や果物、さらには水産加工品、地酒など、おみやげにぴったりなものが販売されている。

▶交通費

意外にかかるのが観光に要する移動費。広い市内をモノレールや路線バスが張り巡らされているとはいえ、郊外に行くほど本数が少ないため、公共交通機関だけの移動では時間のロスも否めない。そのため、郊外に行くときは、タクシー（初乗り770円）を利用するか、レンタカー・タイムシェアを利用するのが賢明。中心部の移動は、北九州モノレールの1日乗車券が700円とお手頃なため、買っておくと便利。また、近場の移動ならシェアサイクルもおすすめ。

▶ふるさと納税で北九州の魅力的な返礼品をゲット

北九州市へのふるさと納税の申し込みは「ふるさとチョイス」「楽天ふるさと納税」「さとふる」「三越伊勢丹ふるさと納税」「ふるなび」「ANAふるさと納税」の6つのサイトから。

■限定みやげ
北九州空港にあるショップには、北九州らしいみやげが大集結。ぬか炊きといった郷土料理から、地元の銘菓まで揃い、効率よく人気みやげをゲットできる。

旅の思い出を家でも満喫！

旅した土地には特別な愛着がわくもの。その思いを「ふるさと納税」にたくしてみるのもいいかも。海や山などの自然にも恵まれ、ものづくりの歴史もある北九州市は返礼品も充実している。ふるさと納税の申込みは、下記6つのサイトからできる。
URL www.city.kitakyushu.lg.jp/kikaku/2018_file_0006.html

●楽天ふるさと納税
URL event.rakuten.co.jp/furusato
●さとふる
URL www.satofull.jp
●三越伊勢丹ふるさと納税
URL mifurusato.jp
●ふるなび
URL furunavi.jp
●ANAのふるさと納税
URL furusato.ana.co.jp
●ふるさとチョイス
URL www.furusato-tax.jp

旅のシーズン

■梅雨入りと梅雨明け

平年	6月4日頃／	7月19日頃
2021年	5月11日頃／	7月13日頃
2022年	6月11日頃／	7月22日頃
2023年	5月29日頃／	7月25日頃

■持参するとよい持ち物
●帽子。夏は日射病予防、冬は防寒に。特に子供には必須
●日焼け止め。海や山などで日差しを浴びることが多いため
●雨具。旅のスタイルによっては傘よりもポンチョが便利
●健康保険証。おなかを壊したりけがをしたりしたときのために
●あれば運転免許証。身分証明書としても使える
●あればETCカード。高速道路の通行料金が割引になり、ポイントもたまる
●モバイルバッテリーと充電器。意外に忘れる人が多い

■荷物が増えてしまったら
旅の途中で買い物をして荷物が増えてしまったときには、無理に持って帰るより宅配便の利用を考えるといい。特に格安航空会社を利用する場合、受託手荷物の超過料金と比べて考えよう。

「小倉城」を囲むように桜が咲き誇る

季節で変わる町の表情と楽しみ方

北九州市は、東は瀬戸内海（周防灘）、北は日本海（響灘）に面し、瀬戸内海気候と日本海気候の中間的な傾向を示す、比較的温暖なエリア。1年を通して旅行がしやすいエリアでもある。しかし、どの季節で訪れるかによって、旅の印象は180度変化。桜咲くのどかな春、強い日差しと祭りで活気に満ちあふれる夏、鮮やかな紅葉と実りの秋、美しいイルミネーションがともる冬と、町の表情はさまざま。季節ならではの景色や体験を意識して、予定を組んでみよう。

春　春の花の季節。町のいろいろな場所で鮮やかな花が咲き誇り、訪れる人を優しく迎えてくれる。この時期は、町のシンボル・小倉城も春色に染まる。城周辺にある約300本のソメイヨシノやしだれ桜などが次々に咲き誇る様は格別に美しい。夜間のライトアップも趣深いが、日中に桜の下で小倉城を眺めながらの昼食をとるのもおすすめ。また、九州最大級のミモザ公園である「到津の森公園」（➡P.90）では、春の訪れを告げるミモザが2月中旬になると咲き誇る。園内が黄色一色に染まり、動物たちと一緒に画角に収める絶好のチャンス。さらに、周防灘を望む小高い丘にある「白野江植物公園」（➡P.146）も見逃せない。樹齢500年の県指定天然記念物・白野江のサトザクラをはじめ、早咲きのカワヅザクラ、薄緑色の花を咲かせるギョイコウなどサクラの品種コレクションがなんと約60種800本。2月中旬から4月下旬までサクラのお花見ができる。

春の滋味として有名な「合馬のたけのこ」もこの時期。関東、関西の一流の料亭で使われる最高級のたけのこを、産地で食べられる絶好のチャンス。時期はゴールデンウイーク頃まで。

夏　北九州の夏といえば、祭り。特にこの時期は町が一気に活気づく。7月には、北九州市各地で祇園祭が開催。高さ約10mの提灯山笠が美しい「戸畑祇園大山笠」（➡P.256）、両面打ちの太鼓が鳴り響く「小倉祇園太鼓」（➡P.257）、豪華な人形やきらびやかな電飾で飾られた人形飾山が町を駆け回る「黒崎祇園山笠」（➡P.257）など、地域ごとの

info　ギラヴァンツ北九州の試合を観戦するなら、3〜11月のJリーグのシーズン中に訪れよう。ホームの「ミクニワールドスタジアム北九州」はスタンドからも海が望めるほど海に近いため、春や秋も防寒着がマスト。

特色あふれる祭りばかり。8月に
入ると、夏の風物詩「わっしょ
い百万夏まつり」（➡P.258）が行
われる。約1万5000人の参加
者が集う、北九州市を代表する
祭りで、150万人を超える市内
外からの観衆が集まるといわれ

華やかで迫力満点の「黒崎祇園山笠」

ている。なかでも、約1万人が色とりどりの衣装を着て小倉城
周辺を踊り歩く「百万踊り」は必見だ。
　また、暑さを思いきり楽しんだあとは、涼を求めて、国指定
の天然記念物である平尾台の「千仏鍾乳洞」（➡P.179）へ行
ってみては？　地下に広がる鍾乳洞の中は年間を通じて16度と
ひんやり。天然のエアコンを思い切り味わおう。

秋　秋の深まりとともに、木々が色づき始め、紅葉の
時期ならではの景色が旅情を誘う。小倉周辺では、
小倉城や勝山公園が10月下旬頃から少しずつ色づき始め、自
然の中に分け入らずとも秋を感じることができる。少し足を延
ばして、700本ものカエデやモミジが色づく「河内藤園」（➡
P.212）を訪れるのも一興だ。藤の名所として世界中から観光
客が集まるが、実は秋の景色も格別に美しい。
　さらに、意外な紅葉スポットとしておすすめしたいのが、「北
九州銀行レトロライン 門司港レトロ観光列車 潮風号」（➡
P.118）から見る沿線の紅葉。沿線には、秋になると赤や黄に
色づく樹木が植えられており、時速15kmとゆっくりと走る車窓
からその美しい光景を眺めることができる。さらに、もうひとつ
が「皿倉山ケーブルカー・スロープカー」（➡P.118）。11月中
旬から12月中旬にかけて、全面ガラス張りの車窓から、紅葉
したモミジやイチョウに彩られた見事なパノラマ景観が楽しめる。

冬　11月に入ると、町のいたるところにイルミネーショ
ンがともり始める。小倉駅周辺や市庁舎近くの紫川
河畔などの小倉都心部でも、一気に冬の雰囲気を演出。門
司港レトロ地区も、この時期はさらにロマンティックなムードに！
淡く輝く約30万球の幻想的な光に包まれる。
　冬といえば、海鮮がおいしくな
る季節でもある。なかでも、曽
根干潟の沖合いで育った大粒の
「豊前海一粒かき」は、うま味た
っぷりで身もプリプリ。身が詰まっ
ていちばんおいしいという1、2月
を狙って出かけたい！

美しくライトアップされた門司港レ
トロ地区

■知っておきたい魚介類の旬

マグロ類	10〜7月
カツオ	3〜6月、9月中旬〜10月中旬
マダイ	9〜11月
アナゴ類	5〜11月
イセエビ	4〜5月、8〜12月（6〜7月は禁漁）
アワビ類	5〜9月中旬（9月中旬〜3月は禁漁）
サザエ	4〜5月、8月（6〜7月は禁漁）
ハマグリ	3〜8月中旬

「河内藤園」の紅葉のトンネル

🔊 **Voice**　冬のライトアップといえば、小倉駅周辺も美しさはピカイチ！ 毎年さまざまな趣向を凝らしたイルミ
ネーションで彩られ、行き交う人を優しく、そしてあたたかく迎えてくれます。

旅の情報収集

　旅を効率的かつお得に楽しむなら、出かける前の下調べが不可欠。さまざまな収集方法があるなかで、ガイドブックは町の全体的な魅力や、主要観光地の概要を簡単に把握できる。ニューオープンなどの最新情報やリアルなクチコミを知りたいなら、やはりインターネットが便利だ。

　旅先に到着したら、まず訪れたいのが観光案内所。人気スポットや交通情報を教えてもらえるのはもちろん、わからないことをその場で解消できるのも強みだ。観光パンフレットや地元のフリーマガジンなどが配布されているので、旅の手引きとして忘れずにもらっておこう。

📓 インターネット

　場所や時を選ばないインターネットは、プランニングはもちろん、旅先でも大活躍。観光情報、乗り換え案内などのサイトやアプリをチェックしておけば、困ったときに心強いはずだ。

▶ぐるリッチ！北Q州 ［ウェブサイト］

　北九州市にある「Q（謎）」や魅力を紹介する観光サイト。定番や穴場、グルメ、最新のイベント情報など、北九州市の旅がさらに楽しくなるコンテンツが充実している。

▶北九州ノコト ［ウェブサイト］

　北九州最大級を誇るローカルウェブメディア。グルメやおでかけスポット、イベント、暮らしに関する情報や町の小ネタまで、北九州市のヒト・モノ・コトを発信する。

▶キタキュースタイル ［ウェブサイト］

　平成29（2017）年に誕生したローカルウェブメディア。取材やインタビュー記事を通して、町と人の魅力を伝える。X（旧Twitter）、Instagram、YouTubeでも情報を発信。

▶あつキタ ［ウェブサイト］

　北九州市のおいしい店や話題の店、老舗といった人の"あつ"まるスポットに加え、おすすめのイベント情報も紹介。情報は毎月更新され、エリア、ジャンル、ハッシュタグで検索できる。

▶日本遺産 関門"ノスタルジック"海峡 ［ウェブサイト］

　日本遺産「関門"ノスタルジック"海峡〜時の停車場、近代化の記憶〜」の専用サイト。構成文化財の紹介や、コース提案や施設紹介など、関門エリアの多彩な楽しみ方をお届け。

▶門司港レトロ ［ウェブサイト］

　門司港レトロの観光9施設に関する情報を網羅。施設の魅力やイベント情報、対岸の下関市や近隣の門司港駅周辺を含めたモデルコースなどを紹介。門司港の歴史を学べるページもあり。

●ぐるリッチ！北Q州
URL www.gururich-kitaq.com

●北九州ノコト
URL kitaq.media

●キタキュースタイル
URL kitaq.style

●あつキタ
URL atsukita-kitaq.jp

●日本遺産 関門"ノスタルジック"海峡
URL www.japanheritage-kannmon.jp

●門司港レトロ
URL mojiko-retoro9.jp

Voice　旅行前の情報収集として、まずはローカルのウェブメディアは必ずチェックします。地元の人が編集しているだけに、どの情報もハズレが少ない！旅の参考になる情報が手に入ります。

▶クロスロードふくおか［ウェブサイト］

福岡県の公式観光・旅行情報サイト。人気スポットやグルメ、イベント、体験プランなど県内の観光情報が盛りだくさん。門司港など北九州市の情報も掲載されている。

●クロスロードふくおか
URL www.crossroadfukuoka.jp

▶リビングふくおか・北九州Web［ウェブサイト］

北九州市のほか、福岡県内のグルメ、イベント、お出かけ情報が満載。「地域特派員レポート」では、地元在住のレポーター「リビング地域特派員」が、地域の最新情報や注目スポットを紹介。

●リビングふくおか・北九州Web
URL mrs.living.jp/fukuoka

▶JR九州［アプリ］

JR九州のインターネット列車予約や、時間・運賃の検索など、移動に欠かせない情報が得られる。起動するだけでたまるスタンプ＆ポイントなど、お得な機能も備えている。

●JR九州
URL www.jrkyushu.co.jp/app/lp

▶にしてつバスナビ［アプリ］

バスの時刻表や運行状況をまとめた、西鉄バスの公式アプリ。バス停名や位置がわからなくても、地図や一覧から「のるところ」「おりるところ」を指定すると簡単にバスを検索できる。

●にしてつバスナビ
URL nishitetsu.jp/bus/app/busnavi

▶北九州モノレール［ウェブサイト］

小倉北区と小倉南区を結ぶ北九州モノレールの公式サイト。時刻表や運賃情報など、乗車する際に欠かせない情報が得られる。路線情報では、各駅コンコースのマップも掲載。

●北九州モノレール
URL www.kitakyushu-monorail.co.jp

▶NAVITIME［ウェブサイト／アプリ］

全国の鉄道、高速バス、航空機、フェリーの乗り換え情報を集約。運賃や所要時間、乗り換えやすい場所などがわかるほか、遅延情報や迂回ルートの表示（アプリの有料機能）も便利。

●NAVITIME
URL www.navitime.co.jp
URL corporate.navitime.co.jp/service_jp

▶Googleマップ［ウェブサイト／アプリ］

ルート検索や乗り換え案内、ナビなど機能が充実。「カフェ」などのキーワード検索をすると、地図上に複数物件を表示できクチコミも閲覧できる。気になる店はリストに保存可能。

●Googleマップ
URL www.google.co.jp/maps

▶Funliday［アプリ］

旅のルート作成に最適な旅行計画アプリ。出発日や時間、訪問地を選ぶと、各地への移動時間や移動ルートが表示される。シェアや共同編集にも対応。海外で使用できるのも強み。

●Funliday
URL www.funliday.com

▶コインロッカーなび［ウェブサイト］

コインロッカーがある場所や収容サイズ、個数、料金などを、主要駅や観光地の名前から検索できる。支払い方法や両替機の有無、利用可能時間が表示されるロッカーもある。

●コインロッカーなび
URL www.coinlocker-navi.com

▶Check A Toilet［ウェブサイト／アプリ］

多機能トイレ情報共有サービス。高齢者、障害者、子育て中の人に対応したトイレを検索・登録できる。

●Check A Toilet
URL checkatoilet.com

▶トイレ情報共有マップくん［アプリ］

現在地から最も近いトイレを、GoogleMap上に表示してナビで案内。洗浄機能、車椅子対応といった条件検索も可能。

●情報共有マップくん（トイレ情報共有マップくん）
URL share-map.net

info 旅行者にとって乗りこなすにはハードルが少々高いバス。しかし、「にしてつバスナビ」があれば、乗る予定のバスが今どこにいるか、定刻よりも何分遅延しているのかなどをリアルタイムに確認できてとても便利。

パンフレットと情報誌

ローカルな情報を集めるうえで欠かせないのが、地元のフリーペーパー。クーポンが付いているものもある。

▶雲のうえ（→P.266）

平成18（2006）年に、「北九州市にぎわい懇話会」が創刊した無料の情報誌。東京在住の制作スタッフが、外からの視点で地元の人も気づかないような魅力を紹介している。

▶ナッセ北九州

北九州市のグルメやビューティスポットなどを掲載したフリーマガジン。市内の商業施設や北九州モノレール主要駅などで配布。公式サイト「NASSE online」と連動している。

ラジオ

ニュースやイベントなどの情報を、リアルタイムで配信。移動中や滞在先など、シーンを選ばずに聴くことができる。

▶CROSS FM

堀江貴文氏が会長を務めるFM局。ベテランのナビゲーターが多く、古くからのリスナーにも支持されている。今後はラジオ局の枠にとらわれない、新たな仕掛けづくりに期待。

▶FM KITAQ

北九州市初のコミュニティFM放送局として、平成16（2004）年に開局。78.5MHzで、地域密着情報を生放送で届ける。PCやスマホを使えば全国どこでも聴取できる。

観光案内所

駅や観光地周辺など便利な場所にあることが多く、旅の起点に最適な観光案内所。観光パンフレットなども手に入る。

▶北九州市総合観光案内所

北九州市内全域および近隣地域の観光案内を行う。ほか、観光パンフレットの配布やフリーWi-Fi、手荷物預かり、モバイルバッテリーレンタルなど幅広いサービスがうれしい。

▶北九州空港総合観光案内所

北九州空港の1階にあるため、目的地に向かう前に、北九州市内全域および近隣地域の観光情報を知ることができる。観光パンフレットの配布やフリーWi-Fiのサービスもあり。

▶門司港駅観光案内所

門司港エリアおよび市内全域の観光案内、観光パンフレットの配布、フリーWi-Fiに対応。案内所のあるJR門司港駅では、大正ロマンあふれる雰囲気が旅の高揚感をかき立てる。

▶北九州市観光案内カウンター

大型商業施設内にあり、ショッピングの前後に立ち寄ることができる。東田エリアおよび北九州市内全域の観光案内を行うほか、観光パンフレットも配布している。

サイドバー（左段）

●雲のうえ
🔗 kumonoue.lets-city.jp

●ナッセ北九州
🔗 nasse.com/kitakyushu

●CROSS FM
🔗 www.crossfm.co.jp

●FM KITAQ
🔗 www.fm-kitaq.com

●北九州市総合観光案内所
🏠 北九州市小倉北区浅野 1-1-1 JR 小倉駅 3F 📞 093-541-4189
🕐 9:00〜19:00 休 無休
🚇 JR 小倉駅構内

●北九州空港総合観光案内所
🏠 北九州市小倉南区空港北町 6 北九州空港 1F
📞 なし 🕐 9:00〜18:00
休 無休 🚇 北九州空港構内

●門司港駅観光案内所
🏠 北九州市門司区西海岸 1-5-31 JR 門司港駅 1 階
📞 なし 🕐 9:00〜18:00
休 無休 🚇 JR 門司港駅構内

●北九州市観光案内カウンター
🏠 北九州市八幡東区東田 4-1-1 ジ アウトレット北九州インフォメーション棟 1 階
📞 なし 🕐 10:00〜19:00
休 無休 🚇 JR スペースワールド駅から徒歩 2 分

 Voice　市内外でも根強いファンを持つ北九州市の情報誌『雲のうえ』。スターフライヤーの機内でも配布されており、移動の時間から、北九州の旅の気分を盛り上げてくれる。見つけたらぜひ手にとってみよう。

便利なサービス

旅先に到着してからは、荷物を減らして身軽に動きたいもの。時間を有効活用するために、事前にコインロッカーや荷物預かり所の場所を調べておこう。荷物が多い場合は、到着地点からホテルへ、駅から自宅などへ配送してくれるサービスが便利だ。

コインロッカー

▶主要の鉄道駅

おもだった観光地の鉄道駅に備える。JR小倉駅の場合、新幹線改札口やモノレール改札付近など構内の複数箇所に設置。荷物の大きさや量に合わせて、大・中・小のサイズを選ぼう。

手荷物預かり所

▶エクボクローク

コンビニや飲食店などの提携先に、荷物を預けることができるサービス。空きがあれば当日でも予約でき、ゴルフバッグやスキー板もOK。預ける際はスマホのQRコードを見せるだけなので、待ち時間がほとんどないのも魅力。

●エクボクローク
URL cloak.ecbo.io/ja
料 最大辺が45cm未満は1日500円、それ以上は1日800円

手荷物宅配

▶ヤマト運輸「往復宅急便」

行きは宿泊施設に、帰りは自宅に30kgまでの荷物を届けてもらえるサービス。2日前（一部地域は3日前）の発送締め切り時間までに、営業所や取扱店などで引き渡そう。ただし、行きの宛先を個人宅や民泊施設にすることはできないので注意。

●ヤマト運輸「往復宅急便」
URL www.kuronekoyamato.co.jp/ytc/customer/send/services/bothways/

北九州空港の各種サービス

たくさんの観光客やビジネス客でにぎわう北九州空港には、旅行で役立つサービスが充実している。旅の始まりと終わりに活用して、時間を有意義に活用したい。

▶コインロッカー

1階国内線到着ロビー、2階国内線出発ロビーに設置されており、到着後、出発前に食事やショッピングを楽しむ際に気軽に荷物を預けられる。利用時間は、ターミナルビルの開館時間帯。使用期限は利用開始から7日間（168時間以内）。

●コインロッカー
料 小型200円、大型300円（利用開始から24時間以内）※利用時間が24時間を過ぎると小型200円、大型300円の超過料金が加算され、以後24時間ごとに小型200円、大型300円が加算される。

▶手荷物宅配

1階国内線到着ロビーにあるヤマト運輸を利用。料金は荷物の大きさや重さなどにより決められており、割れやすいものや腐りやすいもの、高額商品などは送ることができないので注意。

●ヤマト運輸
TEL 0570-200-000
営 9:00〜19:00 ※当面の間10:00〜15:00

旅の安全情報とトラブル対策

■福岡県警察本部
TEL 092-641-4141
URL www.police.pref.fukuoka.jp

現在、北九州市の治安は改善され、かつての「怖い町」のイメージからはかけ離れているといっていい。ただし、繁華街ではトラブルが起こることもあるので、夜間の外出時は巻き込まれないように細心の注意を払いたい。また、祭りや季節のイベントなど、多くの人が集まる時期やエリアも同じように注意しよう。ほかにも、自然災害や事故、犯罪などトラブルに巻き込まれる可能性は十分にありうる。万一に備えて対処法を頭の隅に入れておくと安心。

北九州市で注意すること

▶ひったくり、置き引き

被害者の約9割が女性といわれている。オートバイと自転車による犯罪が多く、バッグなどを車道側に持っているときにひったくられることが多い。とっさに抵抗して引きずられると危険なので、ひったくりに遭遇したら諦めて手を放そう。

また、飲食店では椅子に荷物を置いて場所取りをしたり、トイレに行く際などに貴重品を放置しないよう注意しよう。

レンタカーを借りた際などは、たとえ閑静な場所や自然豊かな田舎に駐車していたとしても、車上荒らしや自動車盗難のリスクはあるため、必ず施錠しよう。貴重品を車内に置いたままなどはもってのほか。

レンタカーの施錠は忘れずに

▶繁華街での強引な客引きに要注意

最近ではあまり見られないが、強引な客引きには注意しよう。現在、北九州市では小倉駅周辺の京町2丁目と魚町1〜3丁目は客引き行為等禁止区域に指定されているが、違反行為をする人もいるかもしれないので、繁華街を歩くときは要注意。

▶自然災害

ゲリラ豪雨による洪水などの自然災害にも注意。台風の場合は公共交通機関の計画運休が実施されることがある。気象情報は毎日チェックしよう。

また、大きな地震による被害も想定されているので、地震が起きたときの行動を確認しておこう。特に海に近いエリアでは、津波警報が発せられたときの避難所を確認しておきたい。

雨雲レーダーをチェックしよう

■福岡県防災ホームページ
URL www.bousai.pref.fukuoka.jp
現在出ている地域ごとの警報・注意報、避難所の開設情報などを随時発信。

info 近年の異常気象もあり、特に九州では夏は豪雨、秋は台風と自然災害に気をつけるのが基本となっている。ゲリラ豪雨などの予報はなかなか先読みできないが、台風シーズンはなるべく避けて旅程を組みたい。

旅先でトラブルに遭ったら

　北九州市および福岡県では地震、台風、津波、大雨、大雪、感染症、テロなどさまざまな災害を想定した注意喚起を行っている。ぜひ一度右記サイトに目を通して、もしもに備えよう。

　建物の中で大きな揺れを感じたとき、慌てて外へ飛び出すのは非常に危険。ビルの窓ガラスや外壁、看板などが頭の上から降ってくるかもしれない。鳥居、石垣、門、塀からも離れよう。外出時にはバッグなどで頭を保護するといい。

　ホテルにいるときには、まず客室のドアを開放し、可能であれば太い柱のそばや廊下などに避難して、揺れが収まるのを冷静に待つのが正解だ。

　狭い路地が迷路のようになっている人口集中地域では、地震後に火災が広がることが危惧されている。離れた場所の小さな火災でも決して油断せず、早めに避難を。

▶災害時伝言ダイヤル・伝言板

　大規模な地震などの災害が発生して、被災地への電話などがつながりにくくなった際に設置される。使い方を予習しておくといい。

▶体調不良やけが

　急に具合が悪くなったとき、けがをしたとき、まずは落ち着いて周囲の人に相談を。診察や薬が必要になったら、右記の問い合わせ先から、病院や薬局を探すことができる。

▶航空券や乗車券をなくしたら

　紙の航空券をなくした場合、航空会社のカウンターで紛失届と代替航空券の購入が必要。再発行はできない。eチケットなら、身元を確認したうえで無料で再発行してもらえる。

　JRの場合は駅員に申し出て紛失再発行用のきっぷを買い直し、下車駅で再収受証明を受け取ること。1年以内に見つかれば払い戻してもらえる。

▶忘れ物、落とし物をしたときは

　列車内や駅構内での忘れ物や落とし物は、当日中なら各駅または列車の終着駅に電話で問い合わせる。翌日以後は集約駅でシステム登録されるので、電話などで問い合わせて検索してもらう。見つかった場合、着払いで送ってもらうことも可。持ち主がわからないまま数日たつと警察署へ引き渡される。

　タクシー車内に忘れ物をした場合で、領収書を持っている場合は領収書に記載されたタクシー事業者へ、事業者がわからない場合は最寄りの警察署か交番へ届け出よう。

忘れ物に気づいたらすぐ問い合わせよう

■災害用伝言ダイヤル・伝言板
●伝言ダイヤル
☎ 171
🔗 www.ntt-east.co.jp/saigai/voice171
●伝言板
🔗 www.ntt-east.co.jp/saigai/web171

■医療機関相談窓口
●福岡県救急医療電話相談
急な病気やけがに関する相談に対して、看護師などが電話でアドバイスしてくれる
☎ #7119（または ☎ 092-471-0099）
●テレフォンセンター（夜間・休日急患センター内）
看護師などによる医療相談への対応や医療機関の紹介を行う
☎ 093-522-9999（24時間対応）
●福岡県小児救急医療電話相談
子供の急な病気やケガに関する相談に対して、看護師などが電話でアドバイス
☎ #8000（または ☎ 092-731-4119）

■薬局を探す
●福岡県薬局情報ネット
🔗 www.yakkyoku.pref.fukuoka.lg.jp

■航空券紛失時の連絡先
●日本航空 ☎ 0570-025-071
●全日空 ☎ 0570-029-222
そのほかの航空会社→ P.338

■落とし物、忘れ物
●日本航空 ☎ 0570-025-071
●全日空 ☎ 0476-33-2300
●西鉄バス ☎ 0570-00-1010
●北九州市営バス
　☎ 093-771-2765（若松営業所）
●北九州モノレール
　☎ 093-961-7200
● JR西日本 新幹線小倉駅
　☎ 093-541-2671
● JR九州小倉駅
　☎ 093-521-2050

■福岡県　落とし物・忘れ物検索システム
🔗 www.police.pref.fukuoka.jp/somu/kaikei/otoshimono/otoshimono.html

習慣とマナー

■外国人への配慮
アジアの玄関口、福岡県には世界中から観光客がやって来るので、旅先で外国人と触れ合う機会も多いはず。言葉や宗教もいろいろ、習慣やマナーも異なる人々だ。基本的に彼らは日本の習慣に従って旅をしているが、なかにはどうしても受け入れられないこともある。例えば子供の頭を撫でたり、赤ちゃんをかわいいと褒めたりされると「縁起が悪い」と感じる人もいる。子供や女性にはこちらから手を触れないほうがいい。また宗教によってはニンニク、タマネギ、豚肉など禁忌とされる食材や調理法があるので、食事に誘う際には注意。アルコールをすすめるのも避けよう。

海外ではないのだから、たいていの習慣やマナーはわかっているか、聞いたことがあるはず。旅行者として北九州市を訪れるぶんには、あまり気にする必要はない。

🧳 電車で

市民の通学・通勤の足でもあるため、特にJR鹿児島本線の区間の一部では朝と夕方のラッシュアワーは大変混み合うので注意が必要。特に子供連れの場合は、満員電車はときに危険をともなうため、時間をずらして利用したい。そして、手荷物はなるべく少なくして乗車しよう。

▶乗車するとき

▶ほとんどの駅で整列乗車が実施されており、ホームに表示されたラインに並んで待つ。次の電車に乗るためのスペースが隣に設けられていることもある。

▶凸凹がある黄色い線は点字ブロックなので、その上に立ち止まったり荷物を置いたりしてはいけない。

▶電車が到着したらドアの両端に寄り、乗客の降車が済んでから乗り込む。

▶車内で

▶車内が混雑しているときには荷物の持ち方に気を配ろう。リュックなどの背負うかばんや肩からたすき掛けにするポーチなどは、ほかの乗客の迷惑にならないように胸の前に抱えるか、網棚や足元に置こう。

▶携帯電話はマナーモードに設定し、通話は控えよう。通話する際は最寄りの駅で下車しよう。

▶途中の駅に停車した際、もしもドア付近に立っていたなら、降りる人の邪魔にならないようにいったんホームに降りよう。

🧳 エスカレーター

北九州市では、エスカレーターに乗る際にはステップの左側に立ち、右側は歩く人のために空けるという暗黙のルールが定着している。しかし日本エレベーター協会では、「エスカレーターの安全基準はステップ上に立ち止まって利用することを前提にしている」として歩行禁止をうたっている。

これを受けて福岡県や鉄道各社でも、エスカレーターでは歩いたり走ったりせず、立ち止まって乗ることを推奨している。それでもすべて、転倒など危険な事故につながる可能性があるがゆえ。エスカレーターに乗ったら手すりにつかまり、キャリーバッグやスーツケースはしっかりと持ち、黄色い線の内側に立とう。

エスカレーターの歩行禁止が定着するまではまだ時間がかかりそうなので、左側に立って乗るのが無難

🧳 エレベーター

おもな駅にはエレベーターが設置されている。改札内と改札外の両方にある駅と、いずれかにしかない駅がある。場所も、改札の近くにあったり、遠く離れたホームの端にあったり、駅によっていろいろだ。エレベーターに乗る際には車椅子の人や、足の不自由な人、ベビーカーを押している人、スーツケースなどを持っている人を優先しよう。

🧳 バス

後方扉から乗車し、前方扉より下車する。乗車の際、交通系ICカードを利用する場合は乗車口のリーダーにタッチ、現金払いの場合は乗車口そばの整理券を取って乗車。その整理券は、降車時現金とともに料金箱に投入しよう。車内では5000円札、1万円札の両替ができないため、事前に崩しておくことが必要。ただし、乗り合わせた車内の乗客に運転手が「1万円両替できる方はいませんか?」と尋ねてくれるため、もしものときも安心。

🧳 タクシー

▶乗車するとき

タクシーに乗車する場合、駅などのタクシー乗り場で待つ、大きな道路の道端で手を挙げて「空車」と表示された流しのタクシーを呼び止める、配車アプリで呼ぶ、などの方法がある。場所と時間を指定して予約することも可能で、郊外では流しのタクシーが少ないため、配車アプリの利用がおすすめだ。いずれも車を停めやすい場所を考慮するのがポイント。横断歩道、交差点、バス停などでの停車は禁止されている。

また、近距離のタクシー利用は運転手によっては嫌がられる場合があるが、乗車拒否は禁じられているので遠慮しないで利用しよう。

▶車内で

乗車したらシートベルトを締め(後部座席も装着が義務づけられている)、運転手に行き先を告げる。まれに地理に不案内な人もいるので、わからないと言われたらガイドブックやスマホで地図を示すか、住所を伝えるといい。

▶料金の支払い

近年は大半のタクシーがクレジットカード決済の対応が進んでいるが、なかには個人タクシーなど対応不可の場合がある。カードで払いたいときには、予約時または乗車時に確認を。また、Suicaなどの交通系ICカードや、PayPayといったQRコード決済が使えるタクシーもある。

現金で支払う場合、短距離なのに高額紙幣で支払うのはマナー違反。あらかじめ千円札を用意しておこう。

■便利な配車アプリ

タクシーの到着予定時刻がわかるほか、登録をすればスマートフォンで支払いを済ますことができる。なお、複数のアプリで配車注文するのはマナー違反。ただし、ひとつのアプリで検索して近くにいない場合、他のアプリで検索するのはOK。なお、対応していない地域もあるので注意。

●第一交通 モタク

URL www.daiichi-koutsu.co.jp/taxi/motaku.php

●DiDi

URL didimobility.co.jp

■タクシー料金

普通車の初乗り運賃は770円/1600mと2022年に値上げ。しかし、近距離の人が利用しやすいようにと、初乗距離短縮運賃制度を北九州交通圏の事業者の大半が導入し、初乗り運賃を610円/1040mとしている。

🔊 📻 タクシーに乗ると運転手さんとの何気ない会話から、「あの店がおいしいよ!」などと地元ネタを教えてくれることがあります。地元を知り尽くす運転手さんだけに、ローカルグルメネタはハズレなしです!

📱 携帯電話

電車内ではマナーモードに設定し、通話は控えよう。優先席の近くでは混雑時に電源を切ることが求められている。

もちろんレストラン、神社や寺院などでもマナーモードにすることを忘れずに。劇場や美術館では電源オフにしよう。

歩きながら携帯やスマホの画面を見る人が多いが、とても危険なうえ、通行の邪魔にもなるのでやめよう。

📷 写真撮影

スマホだろうとデジタルカメラだろうと、シャッターを切るときには肖像権、著作権など他人の権利を侵害することのないように気をつけたい。他人が写り込んでいる写真は、場合によっては肖像権侵害になることがある。特に幼児や子供を、かわいいからといって勝手に撮るのはトラブルのもと。必ず親の承諾を得てからにしよう。美術館や博物館でも、館内は撮影不可の場合が多いので、入館時に必ず確認しておこう。

また駅のホーム、電車内などではフラッシュが使用できないことが多いので、あらかじめカメラや携帯などの「自動フラッシュ」の設定をオフにしておくといい。

自分のカメラやスマホにどのような機能があるのか再確認を。普段あまり使わない機能については操作方法を予習しておくといい

■ドローン撮影
人口集中地域や空港周辺などでは、原則無許可でドローンを飛ばすことはできない。まずは役所や役場などにドローンを飛ばせる場所があるかどうかを確認しよう。

■観光施設内の撮影
観光施設内の撮影については、施設ごとにその対応はまちまち。撮影はOKでも、自撮り棒や三脚の使用、フラッシュはNGだったりすることもある。いずれにしてもスタッフから許可を取ったうえで撮影すること。また、海水浴場での撮影は、意図せずとも盗撮を疑われる可能性があるので注意。

■地元への配慮とマナー
現地での行動が、地元の人の生活に迷惑になっていないかどうか、改めて考えたうえで行動するといいだろう。例えば、棚田や花畑などは私有地のことが多いので、勝手に立ち入らないようにしよう。

🏛 神社と寺院

観光スポットとしてどんなに有名な神社や寺院でも、宗教施設であることを忘れずに。厳粛な気持ちでお参りしている信徒もいるので、大声を出したりはしゃいだりするのは慎もう。

参拝の作法は厳密には各神社、寺院によって異なるが、一般的なやり方は以下のとおり。

▶鳥居や山門をくぐる際には帽子を取って軽く一礼。

▶神社では参道の中央は神様の通り道とされているので、両端を歩く。中央を横切るときには軽く頭を下げて。

▶手水舎の柄杓で両手を清め、手のひらにためた水で口をすすぐ。

▶拝殿に進んだら賽銭を入れ、軽く鈴を鳴らして拝礼する。一般的に神社では二礼・二拍手・一礼、寺院では合掌する。

▶帰る際にも、鳥居や山門を出たら向き直って一礼。

■参拝時の服装
観光客が多い場所ではカジュアルな服装でかまわないが、あまりにも肌の露出が多い格好や奇抜なファッションは避けるべきだろう。社寺によっては正装で参拝する人もいるので、場の雰囲気を壊さないよう気を配りたい。

■御朱印のいただき方
御朱印は社寺に参拝した証となるものなので、社殿や本堂などには必ずお参りしよう。また最近は、御朱印帳に直書きではなく、書き置きのみという場合も多い。御朱印をいただく際に納める志納（お金）は300〜500円が多いので、小銭を用意しておこう。

info 神社仏閣に行く際、基本的に平服で大丈夫だが、あまりにも露出が多い服装は避けるのが賢明。ついつい夏の旅行は薄着になりがちだが、事前にスケジュールがわかっていれば、TPOに合わせて服装を選ぼう。

喫煙

受動喫煙対策の一環として、2020年4月から屋内は原則として禁煙。施設が設けた喫煙場所以外ではたばこを吸えなくなった。飲食店やホテルのロビーはもちろん、駅やバス停も禁煙。電子たばこも同様の扱いだ。屋外でも喫煙できる場所はかぎられているので、ヘビースモーカーの人は覚悟しておこう。もちろん携帯用灰皿は必携。また、北九州市内の迷惑行為防止重点地区(小倉駅周辺、黒崎駅周辺など)において、「路上喫煙」「ごみのポイ捨て」などの迷惑行為のうちいずれかを行った場合は、迷惑行為防止巡視員が見つけ次第、その場で過料1000円が科される。

喫煙マナーを守って楽しく過ごそう

飲酒

基本的に公共の場所で酔っぱらうのはマナー違反だ。さらに、深夜の繁華街で泥酔すると、事故や犯罪に巻き込まれる危険があるので注意すべき。また、銭湯やサウナで入浴後のビールは至福のひとときだが、入浴前に飲むのは体に大きな負担がかかるので控えよう。

銭湯と温泉

銭湯は昔から社会のルールやマナーを学ぶ場であった。どの家にも風呂がある現在、銭湯のマナーを知らなくて当たり前。遠慮なく周囲の人に教えてもらおう。

▶ ほとんどの銭湯ではタオルやミニ石けん、ミニシャンプーなどの入浴セットが販売されているので、手ぶらで立ち寄ることができる。スーパー銭湯や温泉テーマパークでは入館料に含まれていることが多い。

▶ 中へ入ったら靴を下足棚に入れ、番台と呼ばれる受付で料金を払う。脱衣所で脱いだ服はロッカーへ。鍵はリストバンドになっている。

▶ タオルで前を隠しながら浴室へ入ったら、シャワーやかけ湯で体の汚れを軽く流してから湯船につかろう。

▶ TV番組ではタオルを体に巻いて湯船に入るが、実際にはマナー違反。タオルや手ぬぐいは体の汚れを落とすためのものなので、湯船に入れてはいけない。長い髪も湯につからないように束ねておこう。

▶ 浴室から出る前に絞ったタオルで全身をサッと拭こう。脱衣所がびしょびしょになるのを防ぐことができる。

体の芯から温まれば、旅の疲れもリセット!

■お酒は20歳になってから
2022年4月に民法上の成年年齢が18歳に引き下げられたが、飲酒の年齢制限は20歳のまま。20歳未満の飲酒は法律で禁じられている。
また福岡県では、男性は純アルコール約20gまで、女性は約10gまでを節度ある適度な飲酒量としている。純アルコール20gの目安は、ビールなら中瓶1本程度。飲酒量を守ってお酒と上手に付き合いながら旅をしよう。

■タトゥーはNG
入れ墨やタトゥーがある人は銭湯への入場を断られる場合がある。タトゥーシールやボディペイントも同様なので注意。

■北九州市の温泉施設って?
あまり温泉のイメージがない北九州市だが、市内に数ヵ所天然温泉の施設がある。旅の疲れをお風呂で癒やしたいときは、日帰りの温泉施設や温浴施設を利用するのもいいだろう。(→別冊 P.28)

Voice　銭湯は、地域の人が集まる憩いの場。ローカル色の強い場所だけに、最初は少し緊張しますが、一歩踏み込めば旅の楽しさが何倍にも広がる出会いが待っています。お風呂に入れば、旅の疲れもリセット!

355

索引　INDEX

あ

藍島 (見どころ)	160
赤壁酒店 (グルメ)	83
AKARENGA	175
Asa cafe (グルメ)	296
あさの汐風公園 (見どころ)	165
朝日湯 (体験)	別冊P.29
東湯 (体験)	別冊P.29
浅生公園 (見どころ)	240
足立公園 (見どころ)	35・166
アドベンチャープール (見どころ)	117・185
安部山公園 (見どころ)	181
アミュプラザ小倉 (見どころ)	170・314
有毛のひまわり (見どころ)	92・208
あるあるCity (見どころ)	76・168
アルクイン黒崎PLUS (宿泊)	331
淡島神社 (見どころ)	144
Under Land (ショップ)	77
安徳天皇陵 (見どころ)	181
あんとめん (グルメ)	231

い

石田一龍 本店 (グルメ)	282
一宮神社 (見どころ)	228
市場食堂 (グルメ)	288
106 SouthIndian 北九州店 (グルメ)	243
出光美術館 (門司) (見どころ)	99・142
到津八幡神社 (見どころ)	164
到津の森公園 (見どころ)	90・158
田舎庵 小倉本店 (グルメ)	172
いぬまる商店 (ショップ)	241
岩田家住宅 (見どころ)	141

う

上野海運ビル (見どころ)	107・195
魚住酒店 (グルメ)	298
魚虎 (グルメ)	233
魚町銀天街 (ショップ)	49・163
ウオマチヒカリテラス (グルメ)	171
『宇宙海賊キャプテンハーロック』像 (見どころ)	80
馬島 (見どころ)	160
梅園 門司駅前本店 (ショップ)	302

え

枝光本町商店街アイアンシアター (見どころ)	220
ABA絵場 (見どころ)	47

お

鷗外橋 (見どころ)	159・262
合馬観光たけのこ園／合馬茶屋 (体験)	188
合馬竹膳 (グルメ)	191
合馬竹林公園 (見どころ)	182
合馬農産物直売所 (ショップ)	189
御馬橋 (見どころ)	239
大池公園 (見どころ)	230
岡田神社 (岡田宮) (見どころ)	227
お好み焼き いしん (グルメ)	62
お汐井汲みの場 (見どころ)	239
牡鹿鍾乳洞 (見どころ)	87・179
おふくろの味 和 (グルメ)	169

か

廻転寿司 平四郎 小倉アミュプラザ店 (グルメ)	287
カイトハウスまごじ (ショップ)	242・308
海人 門司港本店 (グルメ)	287
かかしうどん (グルメ)	279
菓匠きくたろう本店 (ショップ)	303
かしわ屋くろせ・とりかつ丼の黒兵衛 (グルメ)	82
かすうどん大福 (グルメ)	279
春日神社 (見どころ)	228
香月・黒川ほたる館 (見どころ)	232
活鮨の虎 (グルメ)	287
河童封じ地蔵 (見どころ)	197
勝山公園 (見どころ)	166
Gateau-Lien小倉店 (ショップ)	303
かば田本店 (ショップ)	306
Cafe & kitchen SELAM (グルメ)	296
CAFÉ DE FANFAN (グルメ)	294
カフェドブリック	140
亀の井ホテル 玄界灘 (宿泊)	324・別冊P.29
蒲生八幡神社 (見どころ)	184
咖哩本舗 門司港レトロ店 (グルメ)	65
河内純天然水 美人の湯 (家族風呂) (体験)	別冊P.29
河内貯水池 (見どころ)	214
河内藤園 (見どころ)	92・212
官営八幡製鐵所 旧本事務所 眺望スペース (見どころ)	53・212
神田湯 (体験)	別冊P.29
関門海峡クルージング (体験)	47
関門海峡花火大会 (祭りとイベント)	260
関門海峡ミュージアム (見どころ)	136
関門橋 (見どころ)	145
関門トンネル人道 (見どころ)	46・145
関門"ノスタルジック"海峡 (見どころ)	53
カンモンハート (見どころ)	47

き

きく湯 (体験)	別冊P.28

きくわか通り商店街 (ショップ) ……… **188**
北九州アーバンサップ協会 (体験) …… **93**
北九州おみやげ館 (ショップ)
……… **43・147・305・307・308・309・317**
北九州カニ・カキロード ……… **319**
北九州銀行 門司支店 (見どころ) …… **139**
北九州銀行レトロライン門司港レトロ観光列車
「潮風号」(体験) ……… **118・146**
北九州空港メーテル像 (見どころ) …… **80**
北九州芸術劇場 (見どころ) ……… **159・270**
北九州交通公園 (見どころ) ……… **166**
北九州国際映画祭 (祭りとイベント) …… **109**
北九州国際会議場 (見どころ) ……… **161**
北九州市エコタウンセンター (見どころ) …… **110・199**
北九州市平和のまちミュージアム (見どころ) …… **157**
北九州市ほたる館 (見どころ) ……… **158**
北九州市漫画ミュージアム (見どころ) … **78・156**
北九州市門司麦酒煉瓦館 (見どころ) … **140**
北九州下関フェニックス (スポーツ) …… **68**
北九州市立いのちのたび博物館 (見どころ) … **94・213**
北九州市立子育てふれあい交流プラザ 元気のもり
(見どころ) ……… **160**
北九州市立子どもの館 (見どころ) ……… **232**
北九州市立中央図書館 (見どころ) … **105・160**
北九州市立美術館 (見どころ) ……… **98・107・237**
北九州市立美術館分館 (見どころ) …… **99・161**
北九州市立響灘緑地/グリーンパーク
(見どころ) ……… **49・88・198**
北九州市立響ホール (見どころ) ……… **214**
北九州市立文学館 (見どころ) ……… **158・264**
北九州市立松本清張記念館 (見どころ) … **155・265**
北九州市立山田緑地 (見どころ) ……… **165**
北九州スケートボードパーク (延命寺臨海公園)
(体験) ……… **165**
北九州釣りいこか倶楽部 (体験) ……… **91**
北九州・平尾台トレイルランニングレース (祭りとイベント) **69**
北九州フィルム・コミッション (その他) … **104**
北九州ポップカルチャーフェスティバルwithある
あるCity (祭りとイベント) ……… **77**
北九州マラソン (祭りとイベント) ……… **69**
北九州名物かしわうどん 旦過市場店 (グルメ) …… **109**
北九州メディアドーム (見どころ) …… **117・167**
北九州夜景鑑賞定期クルーズ (体験) …… **37**
キッサネコノジ (グルメ) ……… **207**
吉祥寺公園 (見どころ) ……… **229**
KITCHENあーる (グルメ) ……… **277**
ギャラリーGarland & ハーブカフェ PocaPoco (ショップ) …**149**

旧大阪商船 (見どころ) ……… **41・137**
旧サッポロビール醸造棟 (見どころ) …… **140**
九州工業大学 正門守衛所 (見どころ) …… **237**
九州コミティア (祭りとイベント) …… **75**
九州鉄道記念館 (見どころ) ……… **129・134**
九州まぐろ 旦過店 (グルメ) ……… **85・289**
旧大連航路上屋 ……… **141**
旧高崎家住宅 (伊馬春部生家) (見どころ) …… **225**
旧百三十銀行八幡支店 (北九州市立旧百三十
銀行ギャラリー) (見どころ) ……… **216**
旧古河鉱業若松ビル (見どころ) ……… **195**
旧松本家住宅 (西日本工業倶楽部) (見どころ) …**107・236**
旧門司税関 (見どころ) ……… **42・135**
旧門司三井倶楽部 (見どころ) ……… **41・135**
旧安川邸 (見どころ) ……… **236**
ぎょうざ工房 風人。(グルメ) ……… **61**
清滝地区 (見どころ) ……… **45**
ギラヴァンツ北九州 (スポーツ) ……… **66**
『銀河鉄道999』車掌フィギュア (見どころ) … **80**
『銀河鉄道999』星野鉄郎・メーテル像 (見どころ) … **80**
銀河のチャンポン (グルメ) ……… **280**

く

CUOCUO! CATERING (グルメ) ……… **109**
くきのうみ花火の祭典 (祭りとイベント) …… **260**
葛原八幡神社 (見どころ) ……… **184**
雲のうえ (歴史と文化) ……… **266**
クモノウエ (グルメ) ……… **283**
クラシックノン1982 (ショップ) ……… **208**
グランダジュール (ショップ) ……… **190・303**
グランドベース門司港 (宿泊) ……… **328**
黒崎イルミネーション (祭りとイベント) … **39・261**
黒崎祇園山笠 (祭りとイベント) ……… **257**
黒崎商店街 (ショップ) ……… **230**
軍艦防波堤 ……… **202**
燻製処 いぶしや (ショップ) ……… **84**

け

KFC BASE (見どころ) ……… **105**
ケーキギャラリー エスプリ (ショップ) ……… **220・304**

こ

甲宗八幡宮 (見どころ) ……… **143**
こうのとり 沼本店 (ショップ) ……… **189・303**
高炉台公園 (見どころ) ……… **218**
GOURD (ショップ) ……… **149**
珈琲テラス すいげつ (グルメ) ……… **295**
KOGU うつわとライフスタイル雑貨 (ショップ) …… **44**
小倉井筒屋 (ショップ) ……… **105・167・311**

小倉イルミネーション（祭りとイベント）········ **38・261**
小倉かまぼこ 旦過店（ショップ）············ **85・306**
小倉祇園太鼓（祭りとイベント）····················· **257**
小倉けいりん（体験）······················ **100・102**
小倉サウナ TOTONOI-ととのい-（体験）···· **別冊P.28**
小倉 縞縞 本店（ショップ）············ **308・310**
小倉城（見どころ）················ **37・70・154**
小倉城竹あかり（祭りとイベント）····················· **38**
小倉城庭園（見どころ）··············· **73・154**
小倉昭和館（見どころ）····························· **109**
小倉 菅原神社（見どころ）····················· **163**
KOKURA堂（グルメ）······························· **84**
湖月堂 喫茶去（グルメ）························· **175**
湖月堂 本店（ショップ）··············· **174・302**
コトブキッチン（グルメ）······················· **231**
寿百家店（ショップ）····························· **231**
細やかなものと喫茶 muna（グルメ）··········· **297**
comichi かわらぐち（ショップ）··················· **169**
御銘豆ーゝ堂（ショップ）····················· **304**
小森江子供のもり公園（見どころ）············· **147**
コンフォートホテル黒崎（宿泊）··················· **331**

さ
さいとう酒店（グルメ）························· **299**
サウナ＆カプセルホテル グリーンランド小倉
（体験）······························· **別冊P.28**
栄町銀天街（ショップ）··············· **44・142**
幸温泉（体験）························· **別冊P.28**
皿倉山（見どころ）················· **34・215**
三宜楼（見どころ）················· **45・141**
三宜楼茶寮KAITO（グルメ）··················· **291**
産地直送市場 海と大地（ショップ）··········· **203**
Sandwich factory OCM（グルメ）··········· **292**

し
THE OUTLETS KITAKYUSHU（ショップ）**215・312**
志井公園（見どころ）····························· **185**
シーサイドスパ（体験）··············· **別冊P.29**
ジーストア小倉（ショップ）························· **77**
JRA小倉競馬場（体験）··············· **100・187**
JR九州小倉工場鉄道ランド（体験）··············· **57**
JR九州ステーションホテル小倉（宿泊）**119・325**
JR門司港駅（見どころ）····· **40・50・129・134**
ＪＡ北九かっぱの里八幡店（ショップ）········· **319**
SIOIRI（ショップ）····························· **201**
志げる（グルメ）····························· **290**
6 kozzy（ショップ）····························· **305**

篠崎八幡神社（見どころ）····················· **162**
写真と雑貨のお店 虹のいろいろ（ショップ）······ **207**
シャボン玉石けん 株式会社 本社工場（体験）······· **56**
酒房 武蔵（グルメ）····························· **173**
旬菓茶舎 日と時季（グルメ）····················· **173**
JOYPOLIS SPORTS 北九州 イノベーション
センター店（体験）····························· **226**
荘八幡神社（見どころ）························· **183**
昭和池（見どころ）····························· **186**
昭和湯（体験）························· **別冊P.29**
白島展示館（白島国家石油備蓄基地）（見どころ）··· **200**
白野江植物公園（見どころ）··········· **92・146**
しろテラス（ショップ）········· **73・155・308**
シロヤ（ショップ）····························· **292**
城山緑地（黒崎城跡）（見どころ）··············· **224**
新運海ビル（見どころ）························· **138**
新導寺念佛堂（見どころ）····················· **186**

す
sweets shop FAVORI PLUS（グルメ）········· **297**
スイートルーム カワシマ（ショップ）··········· **151**
スーパー銭湯 四季の華 小倉南（体験）········ **別冊P.28**
スーパー銭湯 四季の華 下上津役（体験）······· **別冊P.29**
スーパー銭湯 四季の華 ひびきの（体験）······· **別冊P.29**
末松酒店（グルメ）····························· **299**
菅生の滝（見どころ）····························· **181**
菅原神社（見どころ）····························· **237**
資さんうどん（グルメ）························· **276**
"すし街道"の老舗店 花寿し（グルメ）··········· **286**
寿司竹（グルメ）····························· **221**
寿司もり田（グルメ）····························· **285**
スパリゾート パピリオ曽根の湯（体験）······· **別冊P.28**
スパリゾート パピリオ日明の湯（体験）······· **別冊P.28**
スペースLABO ANNEX（見どころ）··········· **53**
スペースLABO（見どころ）··········· **96・213**
諏訪一丁目公園（見どころ）····················· **217**

せ
瀬板の森北九州ゴルフコース（体験）············· **93**
瀬板の森公園（見どころ）····················· **229**
声優トークイベント「YATTEKURU」（祭りとイベント）··· **77**
世界にひとつだけの焼きカレー
プリンセスピピ門司港····························· **64**
世界平和パゴダ（見どころ）··········· **49・144**
石炭会館（見どころ）····························· **195**
千畳敷（見どころ）····························· **205**
SAINTcity（ショップ）··············· **170・312**

千仏鍾乳洞（見どころ） ……………………… **87・179**
ゼンリンミュージアム（見どころ） …………… **55・58**

そ
曽根臨海公園（曽根東臨海スポーツ公園）（見どころ）**180**
ソラランド平尾台（平尾台自然の郷）（見どころ）… **87・178**
ソラランド平尾台キャンプ場（宿泊） ……… **333**

た
第一交通産業（その他） ……………………… **49・170**
大黒湯（小倉北区）（体験） ………………… **別冊P.28**
大黒湯（八幡東区）（体験） ………………… **別冊P.29**
大元元（グルメ） ……………………………… **151**
大地の恵み 西中店（ショップ） …………… **318**
帝踏石（見どころ） …………………………… **183**
大連友好記念館（見どころ） ………………… **139**
takagi 北九州 Water Wave（スポーツ） … **67**
高崕山公園（見どころ） ……………… **34・92・196**
高崕山ロックフェス（祭りとイベント） ……… **260**
高見神社（見どころ） ………………………… **218**
タカミヤ環境ミュージアム（北九州市環境
ミュージアム）（見どころ） ………………… **111・214**
立場茶屋銀杏屋（見どころ） ………………… **225**
田中華麺飯店（グルメ） ……………………… **233**
旅道具と人 HouHou（ショップ） …………… **169**
玉川食堂（グルメ） …………………………… **63**
だるま堂（グルメ） …………………………… **62**
旦過市場（見どころ） ………………… **82・117・162**
旦過うどん（グルメ） ………………………… **83**
旦過屋台寿し満天（グルメ） ………………… **286**

ち
千草ホテル（宿泊） …………………………… **325**
チャチャタウン小倉（ショップ） …………… **168・314**
中将湯（体験） ………………………………… **別冊P.29**
鎮西座禅道場（体験） ………………………… **164**
珍丼や 小倉店（グルメ） ……………………… **289**

つ
辻利茶舗 京町本店（グルメ） ……………… **173**
津田屋官兵衛（グルメ） ……………………… **277**
Tsumugi ＋（ショップ） ……………………… **207**
鶴の湯（若松区）（体験） …………………… **別冊P.29**
鶴の湯（八幡西区）（体験） ………………… **別冊P.29**
つる平本店（ショップ） ……………………… **304**

て
day to day（グルメ） ………………………… **297**
手しごと雑貨ニコ屋（ショップ） …………… **207**
鉄板焼 沢（グルメ） …………………………… **63**

鉄板焼よしむら（グルメ） …………………… **221**
照葉スパリゾート 門司店（体験） ……… **149・別冊P.28**
照寿司（グルメ） ……………………………… **285**
てるちゃんのバナナジュース（グルメ） …… **44**
てん花（グルメ） ……………………………… **291**
天神商店街（ショップ） ……………………… **242**
天寿し 京町店（グルメ） ……………………… **284**
天然温泉 コロナの湯 小倉店（体験）… **171・別冊P.28**
天然温泉 美人の湯 華の湯 ヒブラン（体験）… **別冊P.28**
展望レストラン 陽のあたる場所（グルメ） … **65**

と
灯台下のちいさいゲストハウス 灯火（宿泊） … **329**
東筑軒（ショップ） …………………………… **281**
東筑軒 折尾駅うどん店（グルメ） ………… **281**
道原ガーデンカフェ（グルメ） ……………… **191**
TOMORROW COAST（宿泊） ……………… **93**
東洋軒 小倉店（グルメ） ……………………… **283**
東横INN北九州空港（宿泊） ………………… **330**
TOTO 株式会社小倉第一工場／
TOTO サニテクノ株式会社（体験） ……… **57**
TOTOミュージアム（見どころ） ……… **54・117・156**
遠見ヶ鼻（見どころ） ………………………… **194**
常盤橋（見どころ） …………………………… **156**
戸畑あやめ（歴史と文化） …………………… **51**
戸畑あやめ公園（見どころ） ………………… **241**
戸畑祇園大山笠（祭りとイベント） ………… **256**
戸畑チャンポン福龍（グルメ） ……………… **280**
飛幡八幡宮（見どころ） ……………………… **238**
Domaine le Miyaki（ショップ） ………… **189・307**
豊山八幡神社（見どころ） …………………… **216**
トランポリンパークとびくる（体験） ……… **226**
鶏の北湘（グルメ） …………………………… **108**

な
長崎街道木屋瀬宿記念館（見どころ） ……… **224**
長野緑地（見どころ） ………………………… **186**
中本町商店街（ショップ） …………………… **242**
仲宿八幡宮（見どころ） ……………………… **217**
なごし 門司港本店（ショップ） …………… **148・303**
七尾製菓（その他） …………………… **48・305**
70歳パン工場 70factory1948（ショップ） **293**
南京ラーメン 黒門（グルメ） ……………… **282**
なんじゃもんじゃ通り（見どころ） ………… **239**
南大門（グルメ） ……………………………… **150**

に
錦うどん（グルメ） …………………………… **278**

西鉄イン小倉 (宿泊) ……………………………330
西日本総合展示場 (見どころ) ……………………161
二代目清美食堂 (グルメ) …………………………280
日本製鉄株式会社 九州製鉄所八幡地区総合
センター西口ゲストスペース (見どころ) ……56
日本サバイバルトレーニングセンター (その他) …50
日本製鉄堺ブレイザーズ (スポーツ) ……………68

ぬ
ぬかみそだきのふじた 本社工場店 (ショップ) …**148・307**

ね
Natureトマトファーム (体験) ……………………205
ねこのじterasu (ショップ) ………………………207

の
ノーフォーク広場 (見どころ) ……………………146

は
BAR KILIN (グルメ) ………………………………300
BAR Rich Time (グルメ) …………………………300
梅月 (グルメ) ………………………………………150
白頭山 駅前店 (グルメ) ……………………………171
バナナの叩き売り (祭りとイベント) ……………43
花農丘公園 (北九州市立総合農事センター)
(見どころ) ……………………………………**92・180**
華の湯 片野店 (体験) ……………………**別冊P.28**
林芙美子記念室 …………………………………262
ハローデイ足原店 (ショップ) ……………………315

ひ
日明・海峡釣り公園 (体験) ………………**91・167**
東田大通り公園 (見どころ) ………………………219
東田第一高炉跡 (見どころ) ………………**53・212**
ひがしやまの小別荘 (宿泊) ………………………329
ひつじ café HIRAODAI (グルメ) ………………190
ひですけ餅本舗 中村屋 本店 (ショップ) …**190・304**
hinawari to (ショップ) ……………………………169
火野葦平旧居 (河伯洞) (見どころ) ……………197
火野葦平資料館 (見どころ) ………………………197
日峯神社 (見どころ) ………………………………227
ひびき海の公園人工海浜 (見どころ) ……………201
ひびき動物ワールド (見どころ) …………**50・89・199**
HIBIKINADA CAMP BASE (宿泊) ………**89・332**
響灘ビオトープ (見どころ) ………………**111・200**
百年庭園の宿 翠水 (宿泊) ………………………324
百年床 宇佐美商店 (ショップ) ……………**83・307**
氷菓子屋KOMARU (グルメ) ……………………233
平尾台クロスカントリー (祭りとイベント) ……69
平尾台自然観察センター (見どころ) ……**86・178**

平尾台テラス (グルメ) ……………………………87
平尾台観光まつり (祭りとイベント) ……………260
平塚明太子 枝光本店 (ショップ) ………………306
平松とれとれ朝市 (ショップ) ……………………318
HIRAYAMA FARM (ショップ) …………………204

ふ
ファディ小倉店 (ショップ) ………………………315
FOREST CAMP KOKURA (宿泊) ………………333
福岡県営中央公園 (見どころ) ……………………164
福岡ひびき信用金庫本店 (見どころ) ……………216
藤高酒店 (グルメ) …………………………………243
藤ノ木白山神社 (見どころ) ………………………206
ふじの湯 (体験) …………………………**別冊P.28**
プラザ祇園 (ショップ) ……………………………148
ぷらっとぴっと (グルメ) …………………**119・279**
ブルーウィングもじ (見どころ) …………………137
プレミアホテル門司港 (宿泊) ……………………323
文化記念公園 (見どころ) …………………………183

へ
BEAR FRUITS 門司港本店 (グルメ) ……………64
部埼灯台 (見どころ) ………………………**129・147**
BENNY'S COFFEE (グルメ) ……………………84

ほ
ボートレース若松 (体験) …………………**101・103**
ホーム・リンガ商会 (見どころ) …………………135
ポケふた (見どころ) ………………………………80
ホステル&ダイニング Tanga Table (宿泊) ……331
ホテルクラウンパレス北九州 (宿泊) ……………325
堀川運河 (見どころ) ………………………………232
ボルクバレット北九州 (スポーツ) ………………67
本城天然温泉 おとぎの杜 (体験) …**230・別冊P.29**
本店鉄なべ (グルメ) ………………………………60

ま
曲里の松並木 (見どころ) …………………………225
牧山展望公園 (見どころ) …………………………240
ます渕ダム (見どころ) ……………………………182
松浦ファーム (ショップ) …………………………204
松永文庫 (見どころ) ………………………………106
Map Design GALLERY小倉 (ショップ) …**59・309**
松本零士デザインマンホール (見どころ) ………80
まつり起業祭八幡 (祭りとイベント) ……………259
丸ふじ (ショップ) …………………………………108
丸窓天ぷら店 (グルメ) ……………………………209
丸和前ラーメン (グルメ) …………………………85
漫画トンネル (見どころ) …………………………81

み

御祖神社（足立山妙見宮）（見どころ）・・・・・・・・・・・**163**

三日月屋（ショップ）・・・・・・・・・・・・・・・・・・・・・・・**293**

ミクニワールドスタジアム北九州（見どころ）・・・・**167**

水環境館（見どころ）・・・・・・・・・・・・・・・・・・・・・・・**157**

溝上酒造（ショップ）・・・・・・・・・・・・・・・・**219・307**

三岳梅林公園（見どころ）・・・・・・・・・・・・・・・・・・・**187**

ミツバチカレー（グルメ）・・・・・・・・・・・・・・・・・・・・・**42**

ミニオン小倉店（ショップ）・・・・・・・・・・・・・・・・・・**293**

都島展望公園（見どころ）・・・・・・・・・・・・・・・・・・・**240**

みやび 小倉本店（ショップ）・・・・・・・・・・・・・・・・**268**

む

陸奥A子ギャラリー花café（グルメ）・・・・・・・・・・**81**

無法松酒造（ショップ）・・・・・・・・・・・・・・**188・307**

無法松之碑（見どころ）・・・・・・・・・・・・・・・・・・・・・**161**

め

めいどりーみん 小倉あるあるCity店（グルメ）・・・**76**

メーテルタペストリー（見どころ）・・・・・・・・・・・・・・**80**

和布刈公園（見どころ）・・・・・・・**46・48・106・145**

和布刈神社（見どころ）・・・・・・・・・・・・・・・・・・・・・**143**

めかりパーキングエリア（ショップ）・・・・・・・・・**46・317**

目白鍾乳洞（見どころ）・・・・・・・・・・・・・・・**87・179**

麺BAR KOMOAN（グルメ）・・・・・・・・・・・・・・・・・**278**

も

Mooon de Retro（グルメ）・・・・・・・・・・・・**43・106**

門司赤煉瓦プレイス（見どころ）・・・・・・・・・・・・・**140**

mojioji（グルメ）・・・・・・・・・・・・・・・・・・・・・・・・・・・**44**

門司港レトロ地区（見どころ）・・・・・・・・**36・40・106**

門司港海峡フェスタ（祭りとイベント）・・・・・・・・・**259**

門司港ゲストハウスポルト（宿泊）・・・・・・・・・・・**326**

門司港レトロ海峡プラザ（見どころ）・・・・・・・・・・**138**

門司港レトロ展望室（見どころ）・・・・・・・・・**47・139**

門司港レトロ浪漫灯彩（祭りとイベント）・・・・・**39・261**

門司中央市場（ショップ）・・・・・・・・・・・・・・・・・・・**142**

門司電気通信レトロ館（NTT西日本）（見どころ）・・・**136**

門司みなと祭（祭りとイベント）・・・・・・・・・・・・・・・**258**

moji*loji（ショップ）・・・・・・・・・・・・・・・・・・・・・・・・**45**

桃園公園（見どころ）・・・・・・・・・・・・・・・・・・・・・・・**219**

森鷗外旧居（見どころ）・・・・・・・・**117・159・262**

もり珈琲店 幸神店（グルメ）・・・・・・・・・・・・・・・・**295**

や

八坂神社（見どころ）・・・・・・・・・・・・・・・・・・・・・・・**155**

安川電機みらい館（見どころ）・・・・・・・・・・・・・・・**226**

やす多"（グルメ）・・・・・・・・・・・・・・・・・・・・・・・・・・**172**

八劔神社（見どころ）・・・・・・・・・・・・・・・・・・・・・・・**228**

やなぎ湯（体験）・・・・・・・・・・・・・・・・・・・・**別冊P.28**

八幡izakaya1901（グルメ）・・・・・・・・・・・・・・・・・**61**

八幡中央区商店街（ショップ）・・・・・・・・・・・・・・・**220**

山の家 粋邑 HIRAODAI（宿泊）・・・・・・・・・・・・**327**

ゆ

ufotable Cafe&マチ★アソビCAFE北九州（グルメ）・・**77**

よ

洋菓子のシュレック（ショップ）・・・・・・・・・・・・・・・**302**

揚子江の豚まん 小倉駅前店（ショップ）・・・・・・・**306**

夜宮公園（見どころ）・・・・・・・・・・・・・・・・**92・238**

夜宮の大珪化木（見どころ）・・・・・・・・・・・・・・・・・**241**

ら

らーめん志士（グルメ）・・・・・・・・・・・・・・・・・・・・・**243**

り

リーガロイヤルホテル小倉（宿泊）・・・・・・・・・・・・**322**

リバーウォーク北九州（ショップ）・・・・・・・**168・313**

龍潜寺（見どころ）・・・・・・・・・・・・・・・・・・・・・・・・・**217**

料亭金鍋（グルメ）・・・・・・・・・・・・・・・・・・・・・・・・**209**

れ

raisin（グルメ）・・・・・・・・・・・・・・・・・・・・・・・・・・・**300**

REMBULAN BASE CAMP（宿泊）・・・・・・・・・・**332**

わ

脇田海釣り桟橋（体験）・・・・・・・・・・・・・・・**91・202**

脇田海水浴場（見どころ）・・・・・・・・・・・・・・・・・・・**202**

脇田漁港フィッシャリーナ（見どころ）・・・・・・・・・**201**

わかちく史料館（見どころ）・・・・・・・・・・・・**55・200**

若戸大橋（見どころ）・・・・**36・51・107・129・194**

若戸渡船（見どころ）・・・・・・・・・・・・・・・・・・**51・199**

若松 田中農園（ショップ）・・・・・・・・・・・・・・・・・・**203**

若松イルミネーション（祭りとイベント）・・・・・・・**39・261**

若松恵比須神社（見どころ）・・・・・・・・・・・・・・・・・**198**

若松北海岸（見どころ）・・・・・・・・・・・・・・・・・・・・・**196**

若松食堂（グルメ）・・・・・・・・・・・・・・・・・・・・・・・・**288**

若松鉄なべ（グルメ）・・・・・・・・・・・・・・・・・・・・・・**209**

若松白山神社（見どころ）・・・・・・・・・・・・・・・・・・・**206**

若松南海岸通り（見どころ）・・・・・・・・・・・・・・・・・**195**

わたせせいぞうギャラリー門司港（見どころ）・・**81・137**

WADACHI（グルメ）・・・・・・・・・・・・・・・・・・・・・・・**171**

綿都美神社（見どころ）・・・・・・・・・・・・・・・・・・・・・**184**

ワタリセファーム＆ワイナリー（ショップ）・・・・**205・307**

わっしょい百万夏まつり（祭りとイベント）・・・・・・**258**

和羅部（グルメ）・・・・・・・・・・・・・・・・・・・・・・・・・・・**63**

あなたの**旅の体験談**をお送りください

「地球の歩き方」は、たくさんの旅行者からご協力をいただいて、
改訂版や新刊を制作しています。
あなたの旅の体験や貴重な情報を、これから旅に出る人たちへ分けてあげてください。
なお、お送りいただいたご投稿がガイドブックに掲載された場合は、
初回掲載本を1冊プレゼントします！

ご投稿はインターネットから！

URL www.arukikata.co.jp/guidebook/toukou.html
画像も送れるカンタン「投稿フォーム」
※左記のQRコードをスマートフォンなどで読み取ってアクセス！

または「地球の歩き方　投稿」で検索してもすぐに見つかります

地球の歩き方　投稿　　 検索

▶投稿にあたってのお願い

★ご投稿は、次のような《テーマ》に分けてお書きください。
　《**新発見**》―――ガイドブック未掲載のレストラン、ホテル、ショップなどの情報
　《**旅の提案**》―――未掲載の町や見どころ、新しいルートや楽しみ方などの情報
　《**アドバイス**》――旅先で工夫したこと、注意したこと、トラブル体験など
　《**訂正・反論**》――掲載されている記事・データの追加修正や更新、異論、反論など

> ※記入例「○○編20XX年度版△△ページ掲載の□□ホテルが移転していました……」

★データはできるだけ正確に。
　ホテルやレストランなどの情報は、名称、住所、電話番号、アクセスなどを正確にお書きください。
　ウェブサイトのURLや地図などは画像でご投稿いただくのもおすすめです。

★ご自身の体験をお寄せください。
　雑誌やインターネット上の情報などの丸写しはせず、実際の体験に基づいた具体的な情報をお
　待ちしています。

▶ご確認ください
※採用されたご投稿は、必ずしも該当タイトルに掲載されるわけではありません。関連他タイトルへの掲載もありえます。
※例えば「新しい市内交通バスが発売されている」など、すでに編集部で取材・調査を終えているものと同内容のご投稿をい
　ただいた場合は、ご投稿を採用したとはみなされず掲載本をプレゼントできないケースがあります。
※当社は個人情報を第三者へ提供いたしません。また、ご記入いただきましたご自身の情報については、ご投稿内容の確認
　や掲載本の送付などの用途以外には使用いたしません。
※ご投稿の採用の可否についてのお問い合わせはご遠慮ください。
※原稿は原文を尊重しますが、スペースなどの関係で編集部でリライトする場合があります。

地球の歩き方 シリーズ一覧

2024年1月現在

*地球の歩き方ガイドブックは、改訂時に価格が変わることがあります。 *表示価格は定価（税込）です。 *最新情報は、ホームページをご覧ください。www.arukikata.co.jp/guidebook/

地球の歩き方 ガイドブック

A ヨーロッパ

A01 ヨーロッパ	¥1870
A02 イギリス	¥2530
A03 ロンドン	¥1980
A04 湖水地方＆スコットランド	¥1870
A05 アイルランド	¥1980
A06 フランス	¥2420
A07 パリ＆近郊の町	¥1980
A08 南仏プロヴァンス コート・ダジュール＆モナコ	¥1760
A09 イタリア	¥1870
A10 ローマ	¥1760
A11 ミラノ ヴェネツィアと湖水地方	¥1870
A12 フィレンツェとトスカーナ	¥1870
A13 南イタリアとシチリア	¥1870
A14 ドイツ	¥1980
A15 南ドイツ フランクフルト ミュンヘン ロマンチック街道 古城街道	¥2090
A16 ベルリンと北ドイツ ハンブルク ドレスデン ライプツィヒ	¥1870
A17 ウィーンとオーストリア	¥2090
A18 スイス	¥2200
A19 オランダ ベルギー ルクセンブルク	¥2420
A20 スペイン	¥2420
A21 マドリードとアンダルシア	¥1760
A22 バルセロナ＆近郊の町 イビサ島／マヨルカ島	¥1760
A23 ポルトガル	¥2200
A24 ギリシアとエーゲ海の島々＆キプロス	¥1870
A25 中欧	¥1980
A26 チェコ ポーランド スロヴァキア	¥1870
A27 ハンガリー	¥1870
A28 ブルガリア ルーマニア	¥1980
A29 北欧 デンマーク ノルウェー スウェーデン フィンランド	¥1870
A30 バルトの国々 エストニア ラトヴィア リトアニア	¥1870
A31 ロシア ベラルーシ ウクライナ モルドヴァ コーカサスの国々	¥2090
A32 極東ロシア シベリア サハリン	¥1980
A34 クロアチア スロヴェニア	¥2200

B 南北アメリカ

B01 アメリカ	¥2090
B02 アメリカ西海岸	¥1870
B03 ロスアンゼルス	¥2090
B04 サンフランシスコとシリコンバレー	¥1870
B05 シアトル ポートランド	¥2420
B06 ニューヨーク マンハッタン＆ブルックリン	¥1980
B07 ボストン	¥1980
B08 ワシントンDC	¥2420
B09 ラスベガス セドナ＆グランドキャニオンと大西部	¥2090
B10 フロリダ	¥2310
B11 シカゴ	¥1870
B12 アメリカ南部	¥1980
B13 アメリカの国立公園	¥2640
B14 ダラス ヒューストン デンバー グランドサークル フェニックス サンタフェ	¥1980
B15 アラスカ	¥1980
B16 カナダ	¥2420
B17 カナダ西部 カナディアン・ロッキーとバンクーバー カナダ東部	¥2090
B18 ナイアガラ・フォールズ メープル街道 プリンス・エドワード島 トロント オタワ モントリオール ケベック・シティ	¥2090
B19 メキシコ	¥1980
B20 中米	¥2090
B21 ブラジル ベネズエラ	¥2200
B22 アルゼンチン チリ パラグアイ ウルグアイ	¥2200
B23 ペルー ボリビア エクアドル コロンビア	¥2200
B24 キューバ バハマ ジャマイカ カリブの島々	¥2035
B25 アメリカ・ドライブ	¥1980

C 太平洋 / インド洋島々

C01 ハワイ オアフ島＆ホノルル	¥2200
C02 ハワイ島	¥2200
C03 サイパン ロタ＆テニアン	¥1540
C04 グアム	¥1980
C05 タヒチ イースター島	¥1870
C06 フィジー	¥1650
C07 ニューカレドニア	¥1650
C08 モルディブ	¥1870
C10 ニュージーランド	¥2200
C11 オーストラリア	¥2200
C12 ゴールドコースト＆ケアンズ	¥2420
C13 シドニー＆メルボルン	¥1760

D アジア

D01 中国	¥2090
D02 上海 杭州 蘇州	¥1870
D03 北京	¥1760
D04 大連 瀋陽 ハルビン 中国東北部の自然と文化	¥1980
D05 広州 アモイ 桂林 珠江デルタと華南地方	¥1980
D06 成都 重慶 九寨溝 麗江 四川 雲南	¥1980
D07 西安 敦煌 ウルムチ シルクロードと中国西北部	¥1980
D08 チベット	¥2090
D09 香港 マカオ 深圳	¥2420
D10 台湾	¥2090
D11 台北	¥1980
D13 台南 高雄 屏東＆南台湾の町	¥1650
D14 モンゴル	¥2090
D15 中央アジア サマルカンドとシルクロードの国々	¥20
D16 東南アジア	¥18
D17 タイ	¥22
D18 バンコク	¥18
D19 マレーシア ブルネイ	¥2C
D20 シンガポール	¥19
D21 ベトナム	¥22
D22 アンコール・ワットとカンボジア	¥22
D23 ラオス	¥24
D24 ミャンマー（ビルマ）	¥2C
D25 インドネシア	¥18
D26 バリ島	¥22
D27 フィリピン マニラ セブ ボラカイ ボホール エルニド	¥22
D28 インド	¥26
D29 ネパールとヒマラヤトレッキング	¥22
D30 スリランカ	¥18
D31 ブータン	¥19
D32 マカオ	¥17
D34 釜山 慶州	¥15
D35 バングラデシュ	¥20
D37 韓国	¥20
D38 ソウル	¥18

E 中近東 アフリカ

E01 ドバイとアラビア半島の国々	¥20
E02 エジプト	¥19
E03 イスタンブールとトルコの大地	¥20
E04 ペトラ遺跡とヨルダン レバノン	¥20
E05 イスラエル	¥20
E06 イラン ペルシアの旅	¥22
E07 モロッコ	¥19
E08 チュニジア	¥20
E09 東アフリカ ウガンダ エチオピア ケニア タンザニア ルワンダ	¥20
E10 南アフリカ	¥22
E11 リビア	¥22
E12 マダガスカル	¥19

J 国内版

J00 日本	¥33
J01 東京 23区	¥22
J02 東京 多摩地域	¥20
J03 京都	¥22
J04 沖縄	¥22
J05 北海道	¥22
J07 埼玉	¥22
J08 千葉	¥22
J09 札幌・小樽	¥22
J10 愛知	¥22
J12 四国	¥24
J13 北九州市	¥22

地球の歩き方 aruco

●海外

1 パリ	¥1650
2 ソウル	¥1650
3 台北	¥1650
4 トルコ	¥1430
5 インド	¥1540
6 ロンドン	¥1650
7 香港	¥1320
9 ニューヨーク	¥1320
10 ホーチミン ダナン ホイアン	¥1650
11 ホノルル	¥1650
12 バリ島	¥1320
13 上海	¥1320
14 モロッコ	¥1540
15 チェコ	¥1320
16 ベルギー	¥1430
17 ウィーン ブダペスト	¥1320
18 イタリア	¥1760
19 スリランカ	¥1540
20 クロアチア スロヴェニア	¥1430
21 スペイン	¥1320
22 シンガポール	¥1650
23 バンコク	¥1650
24 グアム	¥1320
25 オーストラリア	¥1430
26 フィンランド エストニア	¥1430
27 アンコール・ワット	¥1430
28 ドイツ	¥1430
29 ハノイ	¥1430
30 台湾	¥1650
31 カナダ	¥1320
33 サイパン テニアン ロタ	¥1320
34 セブ ボホール エルニド	¥1320
35 ロスアンゼルス	¥1320
37 ポルトガル	¥1650
38 ダナン ホイアン フエ	¥1430

●国内

東京	¥1540
東京で楽しむフランス	¥1430
東京で楽しむ韓国	¥1430
東京で楽しむ台湾	¥1430
東京の手みやげ	¥1430
東京おやつさんぽ	¥1430
東京のパン屋さん	¥1430
東京で楽しむ北欧	¥1430
東京のカフェめぐり	¥1480
東京で楽しむハワイ	¥1480
nyaruco 東京ねこさんぽ	¥1480
東京で楽しむイタリア＆スペイン	¥1480
東京で楽しむアジアの国々	¥1480
東京ひとりさんぽ	¥1480
東京パワースポットさんぽ	¥1599
東京で楽しむ英国	¥1599

地球の歩き方 Plat

1 パリ	¥1320
2 ニューヨーク	¥1320
3 台北	¥1100
4 ロンドン	¥1320
6 ドイツ	¥1320
7 ホーチミン／ハノイ／ダナン／ホイアン	¥1320
8 スペイン	¥1320
10 シンガポール	¥1100
11 アイスランド	¥1540
13 マルタ	¥1540
14 フィンランド	¥1320
15 クアラルンプール／マラッカ	¥1100
17 ウラジオストク／ハバロフスク	¥1430
18 サンクトペテルブルク／モスクワ	¥1540
19 エジプト	¥1320
20 香港	¥1100
22 ブルネイ	¥1430
23 ウズベキスタン サマルカンド ブハラ ヒヴァ タシケント	¥165
24 ドバイ	¥132
25 サンフランシスコ	¥132
26 パース／西オーストラリア	¥132
27 ジョージア	¥154
28 台南	¥1430

地球の歩き方 リゾートスタイル

R02 ハワイ島	¥1650
R03 マウイ島	¥1650
R04 カウアイ島	¥187
R05 こどもと行くハワイ	¥154
R06 ハワイ ドライブ・マップ	¥1980
R07 ハワイ バスの旅	¥1320
R08 グアム	¥1430
R09 こどもと行くグアム	¥1650
R10 パラオ	¥1650
R12 プーケット サムイ島 ピピ島	¥1650
R13 ペナン ランカウイ クアラルンプール	¥1650
R14 バリ島	¥1430
R15 セブ＆ボラカイ ボホール シキホール	¥1650
R16 テーマパーク in オーランド	¥1870
R17 カンクン コスメル イスラ・ムヘーレス	¥1650
R20 ダナン ホイアン ホーチミン ハノイ	¥1650

地球の歩き方 旅の図鑑シリーズ

見て読んで海外のことを学ぶことができ、旅気分を楽しめる新シリーズ。
1979年の創刊以来、長年蓄積してきた世界各国の情報と取材経験を生かし、
従来の「地球の歩き方」には載せきれなかった、
旅にぐっと深みが増すような雑学や豆知識が盛り込まれています。

W01
世界244の国と地域
¥1760

W07
世界のグルメ図鑑
¥1760

W02
世界の指導者図鑑
¥1650

W03
世界の魅力的な
奇岩と巨石139選
¥1760

W04
世界246の首都と
主要都市
¥1760

W05
世界のすごい島300
¥1760

W06
世界なんでも
ランキング
¥1760

W08
世界のすごい巨像
¥1760

W09
世界のすごい城と
宮殿333
¥1760

W11
世界の祝祭
¥1760

W10 世界197ヵ国のふしぎな聖地&パワースポット ¥1870		**W12** 世界のカレー図鑑 ¥1980	
W13 世界遺産 絶景でめぐる自然遺産 完全版 ¥1980		**W15** 地球の果てへの歩き方 ¥1980	
W16 世界の中華料理図鑑 ¥1980		**W17** 世界の地元メシ図鑑 ¥1980	
W18 世界遺産の歩き方 ¥1980		**W19** 世界の魅力的なビーチと湖 ¥1980	
W20 世界のすごい駅 ¥1980		**W21** 世界のおみやげ図鑑 ¥1980	
W22 いつか旅してみたい世界の美しい古都 ¥1980		**W23** 世界のすごいホテル ¥1980	
W24 日本の凄い神木 ¥2200		**W25** 世界のお菓子図鑑 ¥1980	
W26 世界の麺図鑑 ¥1980		**W27** 世界のお酒図鑑 ¥1980	
W28 世界の魅力的な道 178選 ¥1980		**W29** 世界の映画の舞台&ロケ地 ¥2090	
W30 すごい地球！ ¥2200		**W31** 世界のすごい墓 ¥1980	

※表示価格は定価（税込）です。改訂時に価格が変更になる場合があります。

あとがき

全国初めての市版として制作した「地球の歩き方 北九州市」。歴史・文化・グルメ・自然とその魅力は分かっていたものの、取材を進めるほど奥深さを知り、新しい出会いの連続でした。7区すべてが想像のナナメ上いく、まさに読んでびっくり、来て納得の一冊になりました。制作にご協力いただいたすべての方に感謝いたします。そして本書を手に取っていただいたすべての旅人が、キタキューファンになることを願っています。

STAFF

制作：日隈理絵
編集：Travel Lab.(トラベル ラボ)
執筆：Travel Lab.(トラベル ラボ)、岩﨑洋明、大迫章代、上村敏行(J.9)、木下貴子(CXB)、佐藤麻由美、中尾真奈美、西村亮子
写真：高倉勝士(スタジオテック)、森寛一(ジオダダ)
写真協力：北九州市、潮洋一、時と風の博物館、若戸渡船(@Wakatotosen)、福岡県、PIXTA
デザイン：大池てるみ、又吉るみ子(メガスタジオ)、佐藤勝志・坂部陽子(有限会社エメ龍夢)、有限会社ホームランスタジオ
DTP：冨田麻衣子(開成堂印刷株式会社)
表紙：日出嶋昭男
地図：齋藤直己・鶴谷紀子(アルテコ)
校正：東京出版サービスセンター
制作協力：北九州市、辻正隆・吉田結佳・鶴友紀子(株式会社gaaboo)、株式会社ソライロ
Special Thanks：株式会社みらい創造機構、新ケミカル商事株式会社、アマゾン ウェブ サービス ジャパン合同会社、富士通コミュニケーションサービス株式会社、ワイズ・パートナーズ税理士法人、旭興産グループ、株式会社エコマテリアル、日本製鉄株式会社、日鉄エンジニアリング株式会社、日鉄興和不動産株式会社、株式会社LC2、東京経済株式会社、北九州市産業経済局、ボートレース若松、小倉けいりん

本書についてのご意見・ご感想はこちらまで
読者投稿　〒141-8425　東京都品川区西五反田 2-11-8
　　　　　株式会社地球の歩き方
　　　　　地球の歩き方サービスデスク「北九州市編」投稿係
　　　　　https://www.arukikata.co.jp/guidebook/toukou.html
地球の歩き方ホームページ（海外・国内旅行の総合情報）
　　　　　https://www.arukikata.co.jp/
ガイドブック『地球の歩き方』公式サイト
　　　　　https://www.arukikata.co.jp/guidebook/

あなたの声を
お聞かせください！

**毎月3名様に
読者プレゼント！**

ウェブアンケートにお答えいただいた方の中から毎月抽選で3名様に地球の歩き方オリジナル御朱印帳または地球の歩き方オリジナルクオカード(500円)をプレゼントいたします。あなたの声が改訂版に掲載されるかも！？
(応募の締め切り：2026年1月31日)

https://arukikata.jp/kagcsz

※個人情報の取り扱いについての注意事項はWEBページをご覧ください。

地球の歩き方 J13

北九州市

2024年 2月13日　初版第1刷発行
2024年 4月26日　初版第4刷発行

Published by Arukikata. Co., Ltd.
2-11-8 Nishigotanda, Shinagawa-ku, Tokyo, 141-8425, Japan

著作編集　地球の歩き方編集室
発 行 人　新井 邦弘
編 集 人　由良 暁世
発 行 所　株式会社地球の歩き方
　　　　　〒141-8425　東京都品川区西五反田 2-11-8
発 売 元　株式会社Gakken
　　　　　〒141-8416　東京都品川区西五反田 2-11-8
印刷製本　開成堂印刷株式会社

※本書は基本的に 2023 年 5 〜 10 月の取材データに基づいて作られています。
　発行後に料金、営業時間、定休日などが変更になる場合がありますのでご了承ください。
　更新・訂正情報：https://www.arukikata.co.jp/travel-support

●この本に関する各種お問い合わせ先
・本の内容については、下記サイトのお問い合わせフォームよりお願いします。
　URL ▶ https://www.arukikata.co.jp/guidebook/contact.html
・広告については、下記サイトのお問い合わせフォームよりお願いします。
　URL ▶ https://www.arukikata.co.jp/ad_contact/
・在庫については　Tel 03-6431-1250（販売部）
・不良品（乱丁、落丁）については　Tel 0570-000577
　学研業務センター　〒354-0045　埼玉県入間郡三芳町上富 279-1
・上記以外のお問い合わせは　Tel 0570-056-710（学研グループ総合案内）

学研グループの書籍・雑誌についての新刊情報・詳細情報は、下記をご覧ください。
学研出版サイト　https://hon.gakken.jp/